삼연집

이 책은 2021~2022년도 정부(교육부)의 재원으로 한국고전번역원의 지원을 받아 수행된 '권역별거점연구소협동번역사업'의 결과물임.

This work was supported by Institute for the Translation of Korean Classics - Grant funded by the Korean Government.

한국고전번역원 한국문집번역총서/성균관대학교 대동문화연구원

삼연집 4

三淵集

김창흡 지음 이승현 옮김

金昌翕

일러두기

1. 이 책의 번역 대본은 한국고전번역원에서 간행한 한국문집총간 165집 소재《삼연집(三淵集)》으로 하였다. 번역 대본의 원문 텍스트와 원문 이미지는 한국고전종합DB(http://db.itkc.or.kr)에서 확인할 수 있다.
2. 내용이 간단한 역주는 간주(間註)로, 긴 역주는 각주(脚註)로 처리하였다.
3. 한자는 필요한 경우 이해를 돕기 위하여 넣었으며, 운문(韻文)은 원문을 병기하였다.
4. 맞춤법과 띄어쓰기는 한글 맞춤법과 표준어 규정을 따랐다.
5. 이 책에서 사용한 부호는 다음과 같다.

   (　) : 번역문과 음이 같은 한자를 묶는다.

   〔　〕: 번역문과 뜻은 같으나 음이 다른 한자를 묶는다.

   "　" : 대화 등의 인용문을 묶는다.

   '　' : "　" 안의 재인용 또는 강조 문구를 묶는다.

   「　」: '　' 안의 재인용을 묶는다.

   《　》: 책명 및 각주의 전거(典據)를 묶는다.

   〈　〉: 책의 편명 및 운문·산문의 제목을 묶는다.

삼연집 제8권

시 詩

삼연집 제9권

시 詩

삼연집

제8권

詩 시

시詩

황벽계의 땅을 남 사군 척형에게 받고서[1] 남 사군은 남택하이다. 임오년(1702, 숙종28)

芳谷主人淸風南使君戚兄 宅夏 許以黃檗溪廛土歸于愚弟 永使食息于玆 惠書珍重 所陳授受來歷 古意深長 藹然仁者之意 其爲尋常約券也 雅且重矣 區區銘篆之餘 不能忘言 輒以兩律 攄申感悃 亦以仰博一粲 壬午

방곡주인 청풍 남 사군 척형이 황벽계의 전장을 이 아우에게 허락하여 길이 여기에서 먹고 숨 쉬게 해주셨다. 진중한 서찰에 이 땅을 주고받아온 내력을 진술하셨는데 예스러운 뜻이 심장하였다. 성대한 인자의 뜻으로 평범한 땅문서를 지음에도 고아하고 중후하시니 내가 이를 마음에 깊이 새기고서 아무런 말이 없을 수 없었다. 그리하여 문득 율시 두 편을 지어 감사한 심경을 펼쳐 보이고, 또한 이것으로 척형의 한 번 웃음과 맞바꾼다

1 황벽계의……받고서 : 남택하(南宅夏, 1643~1718)는 본관은 의령(宜寧)이고 자는 경백(敬伯)이다. 의금부 도사(義禁府都事), 옥과 현감(玉果縣監), 청풍 부사(淸風府使) 등을 역임하였다. 남택하의 조부인 남호학(南好學)이 삼연의 증조인 김상용(金尚容)의 사위였다. 《承政院日記》《萬家譜》《性潭集 卷20 參判南公墓碣銘》

제1수

사암 노재상이 옛 도구를	思菴老相舊菟裘
동강에게 선뜻 주어 오래도록 머물게 했네[2]	捨與東岡許久留
이 뜻은 바위와 샘을 공공의 물건으로 본 것이니	此意巖泉視公物
옛사람은 물건 주고받을 때 풍류가 있음이라	古人授受有風流
당우의 시대 이미 머니 누가 물려줄 수 있을까[3]	唐虞已遠誰能禪
화석을 서로 전하며 각자 도모하도다[4]	花石相傳各自謀
오늘 어진 자손이 대대로 맺은 교분 드높여	今日賢孫高世誼
시내와 숲이 부끄러움 없게 하라 나를 권면하누나[5]	勖余無俾澗林羞

2 사암(思菴)……했네 : 사암은 선조(宣祖) 때 영의정을 지낸 박순(朴淳, 1523~1589)의 호이고, 동강은 남택하의 고조부인 남언경(南彦經, 1528~1594)의 호이다. 도구는 춘추(春秋) 시대 노 은공(魯隱公)이 은퇴하여 만년을 보내려고 계획했던 곳으로, 보통 만년의 은거처를 비유한다.《春秋左氏傳 隱公 11年》 박순이 남언경에게 양주 황벽계의 땅을 제공한 일이 있는 듯하다.

3 당우(唐虞)의……있을까 : 당(唐)은 요(堯) 임금의 나라 이름이고, 우(虞)는 순(舜) 임금의 나라 이름이다. 상고 시대에 요 임금과 순 임금이 천자의 자리를 아무런 대가 없이 선양(禪讓)했듯이 산천의 토지를 물려줄 사람이 지금은 없다는 말이다.

4 화석(花石)을……도모하도다 : 경치 좋고 아름다운 전장(田莊)을 오직 자기 집안 안에서만 전하면서 다른 사람에게 주지 않는다는 말이다. 이는 당나라 때 재상인 이덕유(李德裕)가 기화괴석(奇花怪石)이 가득한 자신의 평천장(平泉莊)을 후손들에게 물려주면서 "후대에 이 평천장을 파는 사람은 내 자손이 아니며, 평천장의 나무 하나 돌 하나라도 남에게 주는 자는 훌륭한 자제가 아니다.〔後代鬻平泉者, 非吾子孫也, 以平泉一樹一石與人者, 非佳子弟也.〕"라고 한 뜻을 취한 것이다.《古今事文類聚 續集 卷9 居處部 平泉莊》

5 시내와……권면하누나 : 황벽계의 산천을 버리고 떠나지 말라는 말이다. 남제(南齊) 때 주옹(周顒)이 종산(鍾山 북산)에 은거하다가 조정의 부름에 응해 해염 현령(海鹽縣令)이 되어 나갔는데, 임기를 마치고 다시 종산에 들르려 하자 그와 함께 은거했던

제2수 其二

기울어진 둥지로 정처 없이 떠도는 발걸음 경봉 같더니[6]
欹巢飄迹梗蓬如

영야[7]의 서남쪽에서 비로소 더부살이하누나　　靈野西南始僦居

화산을 반으로 나눔[8]은 본디 꿈에서 받은 것이요　　一半華山元夢賚

맑은 물 있거니[9] 어찌 문서 필요하랴　　有如白水豈文書

피차간의 경계를 뉘 다투랴　　此疆爾界誰爭所

앞 채마밭 뒷동산 내게 오두막 있다네　　前圃後園吾有廬

이제부터 죽을 때까지 여기서 먹고 살리니　　食土從今至死日

공치규(孔稚圭)가 그의 변절(變節)을 비판하면서 지은 〈북산이문(北山移文)〉에 "숲의 부끄러움이 끝이 없고 시냇물의 부끄러움이 그치지 않는다.〔林慚無盡, 澗愧不歇.〕"라고 하였다. 《文選 卷43》

6 기울어진……같더니 : 기울어진 둥지로 떠돈다는 것은 삼연이 이곳저곳 산중의 임시 거처를 떠돌아다닌 것을 가리킨다. 경봉은 끊어진 갈대 줄기와 바람에 날리는 쑥대를 뜻하는데 모두 정처없이 떠돌아다니는 것을 비유한다.

7 영야(靈野) : 정확히 어디를 가리키는지 미상이다.

8 화산을 반으로 나눔 : 시주(詩註)에서 청화산(青華山)을 언급하기도 했으나, 이는 송(宋)나라 때 장영(張詠)이 화산(華山)에 은거하고 있는 진단(陳摶)을 만나 "제가 선생의 화산 반쪽을 나누어 살고 싶은데 되겠습니까?〔某欲分先生華山一半住得無?〕"라고 물으니, 진단이 "다른 사람은 안 되지만 공이라면 괜찮소."라고 했던 뜻을 취한 것이다. 《青箱雜記 卷10》

9 맑은 물 있거니 : 두 사람이 나눈 마음의 맹세를 맑은 강물이 지켜보고 있으므로 다른 보증이 필요 없다는 말이다. 《춘추좌씨전(春秋左氏傳)》 희공(僖公) 24년 조에, 중이(重耳)가 황하 앞에서 외숙 자범(子犯)에게 맹세하기를 "내가 외숙과 마음을 함께 하지 않는다면 저 맑은 물이 있습니다.〔所不與舅氏同心者, 有如白水.〕"라고 하며 벽옥을 황하에 던졌다.

우로에 젖은 뽕과 삼[10] 모두 그대가 남겨준 것　　桑麻雨露摠君餘

당초 전장(田莊)을 구할 때 꿈에서 방곡을 만났는데 산을 나눠주겠노라 허락하면서 남쪽에 우뚝 솟은 봉우리를 가리키면서 "이곳이 청화산(靑華山)이다."라고 하였다. 꿈에서 깨어 기이하게 여기고 마침내 그 이름 그대로 불렀다. 그러므로 함련(頷聯)에서 언급한 것이다.

10 우로에……삼 : 주희(朱熹)의 〈무이구곡가(武夷九曲歌)〉에 "구곡이 다할 즈음 앞이 활짝 트이니, 뽕과 삼 우로에 젖고 평평한 시내 보이네.〔九曲將窮眼豁然, 桑麻雨露見平川.〕"라고 한 표현을 쓴 것이다. 《朱子大全 卷9》

정재문에 대한 만사[11] 정재문은 정용하이다

鄭載文 龍河 挽

제1수[12]

푸르디푸른 신령스런 산의 소나무	靑靑神嶽松
드높이 일만 그루 섰어라	丸丸萬株立
성대한 기운 여기 모이니	蔥鬱氣斯鍾
굳세고 꼿꼿해 사람들 우러렀다	勁直衆所挹
아 그런데 근년에 시들어	咄喈比年凋
잎 다 떨어지고 황충 더욱 모였네	葉盡蝗愈集
싹 튼 것 얼마 되지도 않건만	無幾萌蘖生
거기에다 도끼 자귀 들이대도다	復有斧斤入
한 그루 어린 나무 기이한 종자	孤穉自奇種
고고하게 돌계단에 의지하였네	昂藏寄石級
구름 밀치고 장차 백 척 높이 솟으려 했더니	排雲將百尺
홀연 새벽바람 급히 부누나	忽此曉風急

11 정재문에 대한 만사 : 정용하(鄭龍河, 1671~1702)는 본관은 연일(延日)이고 재문은 자이다. 송강(松江) 정철(鄭澈)의 5대손으로 김창립(金昌立), 홍유인(洪有人) 등과 함께 삼연 밑에서 공부한 바 있다. 《陶谷集 卷14 學生鄭君墓碣銘》

12 제1수 : 1수에서 소나무를 비유로 취한 것은 정용하의 훌륭한 선조인 송강 정철에게 뜻을 붙인 것이다. 곧 송강 정철이 우뚝하게 문호를 수립하였고, 그 이후 자손들이 그만큼 훌륭하지 못하다가 정용하가 송강만큼의 인재가 될 자질이 있었음에도 일찍 죽었음을 말한 것이다.

꺾이고 부러져 서리 내린 골짝에 엎어지니 摧折倒霜壑
아래에서 장석[13]이 눈물 흘리도다 下有匠石泣

제2수 其二

동방의 존귀한 모범 東方模楷尊
송로가 드높은 용문이시니[14] 松老抗龍門
청렴함에 나약한 이 뜻 세우고 廉淸懦者立
효우에 각박한 자 돈독해졌네[15] 孝友薄夫敦
외로운 충정은 자기 이익 도모할 줄 몰랐고 孤忠昧自謀
준엄한 행실은 사람들 비방 개의치 않으니 危行任衆喧
율곡 선생도 경외하였고 能爲栗翁畏
송가의 무덤에 곡하지 않았도다[16] 不哭宋家墳

13 장석(匠石) : 고대의 유명한 장인(匠人)으로 좋은 재목을 잘 판별하였다. 《莊子 人間世》

14 동방의……용문이시니 : 정용하의 선조인 정철이 동방의 훌륭한 인물이었다는 말이다. 한(漢)나라 때의 명사(名士)로 자(字)가 원례(元禮)인 이응(李膺)을 천하의 선비들이 모두 사모하여 "천하의 모범 이원례〔天下模楷李元禮〕"라고 하였으며, 선비 중에 그의 인정과 대접을 받는 자가 있으면 모두 용문에 올랐다고 일컬었다. 《後漢書 卷67 李膺列傳》

15 청렴함에……돈독해졌네 : 정철의 청렴함과 효우를 보고 사람들이 교화되었다는 말이다. 《맹자》 〈만장 하(萬章下)〉에 "백이의 풍모를 들은 사람들은 완악한 자들이 청렴해지고, 나약한 자들이 뜻을 세우게 되었다.〔聞伯夷之風者, 頑夫廉, 懦夫有立志.〕"라고 하고, 또 "유하혜의 풍모를 들은 사람들은 비루했던 자들이 관대해지고, 각박한 자들이 돈독해지게 되었다.〔聞柳下惠之風者, 鄙夫寬, 薄夫敦.〕"라고 하였다.

16 송가(宋家)의……않았도다 : 정철이 의리의 분별에 밝았다는 말이다. 송가의 무덤이란 송익필(宋翼弼)의 부친 송사련(宋祀連)의 무덤을 뜻한다. 송사련은 중종 때 안처

금경[17]의 맑은 한 기운　金莖一氣爽
항해[18]가 후손들에게 흘러들어　沆瀣流仍雲
다섯 대 만에 빼어난 풍골 드러나니　五世見秀骨
이 사람이 실로 선조 닮은 자손이라　之子實肖孫
주현[19]의 곧음 이어받고　承來朱絃直
백옥 같은 따스함 머금으니　含玆白玉溫
맑은 풍모는 선악 가려내고　淸裁甄淑慝
고아한 지조는 반원[20] 끊었어라　雅操絶畔援

겸(安處謙)의 역모를 고변하여 신사무옥(辛巳誣獄)을 일으켜 출세한 인물인데, 이 일로 사림의 존경을 받던 안당(安瑭) 등 많은 사류가 화를 입었다. 송사련이 죽었을 때 정철은 일부러 문상을 가지 않았고, 이산해(李山海)는 잠깐 갔다가 복통을 핑계 대고 돌아왔으며, 이이(李珥)는 송익필의 호소와 간청을 이기지 못하여 송사련의 신주를 써주는 제주(題主) 역할을 맡았다. 삼연의 스승인 이단상(李端相)은 이 일을 하나의 곤욕스러운 상황으로 평가하기도 하였다. 《松江集 別集 卷1 日記十五條》《本集 拾遺 卷25 靜觀齋先生言行錄》

17 금경(金莖) : 한 무제(漢武帝)가 신선을 사모하여 건장궁(建章宮)에 구리로 선인장(仙人掌)을 만들어 세워서 이슬을 받게 하고 그 이슬을 마셨는데, 이때 세웠던 승로반(承露盤)의 구리 기둥을 금경이라 하였다. 《漢書 卷25上 郊祀志》

18 항해(沆瀣) : 신선이 마신다는 북방의 밤기운이 어려 맺힌 맑은 이슬이다. 《楚辭 遠遊》

19 주현(朱絃) : 종묘 제사에 쓰는 비파의 붉은 줄을 뜻하는데 훌륭한 재능을 가리킨다. 남조 송(南朝宋) 포조(鮑照)의 〈백두음(白頭吟)〉에 "곧기가 붉은 거문고 줄과 같고, 맑기는 옥호의 얼음 같아라.〔直如朱絲繩, 淸如玉壺氷.〕"라고 하였다. 《文選 卷28》

20 반원(畔援) : 지조 없이 상황에 따라 취사(取捨)가 무상(無常)함이다. 《시경》〈대아(大雅) 황의(皇矣)〉에 "상제께서 문왕에게 이르시되 그렇게 이것을 버리고 저것을 잡으려 들지 말며, 그렇게 흠모하고 부러워 말아 크게 먼저 도의 지극한 경지에 오르라 하시니라.〔帝謂文王, 無然畔援. 無然歆羡, 誕先登于岸.〕"라고 하였다.

도타운 부자의 즐거움　從容父子樂
장암이 매사를 논했더니　丈巖每事論
갑작스레 지기 잃음에　居然失知己
슬픔 깊어 혼이 빠진 듯해라[21]　悼深若喪魂
집 뜰에 자라기를 바란 것　階庭欲其生
항상 지란이라 말했는데[22]　芝蘭乃常言
거대한 물결 눈에 가득하니　洪流浩滿目
누가 함께 미친 물살 막으려나[23]　誰與遏狂奔

제3수 其三

후한(後漢)의 당고[24] 이후에　東京黨錮後

21 도타운……듯해라 : 정용하와 숙부 정호(鄭澔)가 마치 부자지간처럼 사이가 좋았다는 말이다. 정호는 본관은 연일(延日), 자는 중순(仲淳), 호는 장암(丈巖), 시호는 문경(文敬)이다. 송시열의 제자 가운데서도 고제(高弟)로 촉망받았으며 줄곧 노론의 중심이 되었다. 교리, 부제학, 대사성, 이조 판서, 영의정 등을 역임하였다. 정호는 정용하를 매우 아끼고 소중히 여겨서 그에게 의지하고 모든 일을 상의하니 사람들이 부자와 같은 지기(知己)라고 일컬었다.《陶谷集 卷14 學生鄭君墓碣銘》

22 집……말했는데 : 정용하가 더 크게 성장하여 집안의 빼어난 사람이 되기를 바랐는데, 지금 죽어서 그렇게 되지 못했다는 말이다. 진(晉)나라 사안(謝安)이 자제들에게 어떤 자제가 되겠느냐고 묻자, 그의 조카 사현(謝玄)이 대답하기를 "비유하자면 지란과 옥수가 집 뜰에 자라게 하고 싶습니다.〔譬如芝蘭玉樹, 欲使其生於階庭耳.〕"라고 하였다.《世說新語 言語》

23 거대한……막으려나 : 세상 사람들이 큰물에 휩쓸려가듯 혼탁한 풍조인데 맑은 지조로 이들을 막을 정용하가 없다는 말이다.《논어》〈미자(微子)〉에 초(楚)나라 은자 걸닉(桀溺)이 자로(子路)에게 "큰물에 휩쓸려 흘러가는 꼴이 천하가 모두 한 모양이니, 누구와 함께 이 세상을 바꿀 수 있겠는가.〔滔滔者天下皆是也, 而誰以易之?〕"라고 하였다.

사류의 절조 침체했나니	士節亦銷沮
조정에는 직언하는 기풍 사라지고	朝無謇諤風
가정에서는 이해나 따졌어라	家有利害語
명장의 시대[25]가 쇠함이여	明章其衰矣
진씨와 순씨[26]는 장차 어이 처하려나	陳荀將奚處
장양은 장례에 문상객 있고	張讓葬有客
당형은 사위를 과시했도다[27]	唐衡侈其壻
세상의 환란은 참으로 돌고 도는 것이요	世禍良所轉
쇠망은 고금에 항시 있는 일	陵遲自今古
마침내 큰물에 휩쓸려 떠내려가고 잠기니	滔滔竟漂沒

24 후한(後漢)의 당고(黨錮) : 후한 말엽 환제(桓帝)와 영제(靈帝) 때 환관이 사류(士流)들에게 가한 탄압으로, '당인금고(黨人禁錮)'의 줄임말이다. 정치적으로 결합을 맺은 유가 지식인들이 관직에 진출하는 것을 금지한 것으로, 처벌받은 인원이 700여 명에 이르렀다.

25 명장(明章)의 시대 : 후한 명제(明帝)와 장제(章帝)의 치세(治世)를 가리킨다. 한나라를 중흥한 광무제(光武帝) 이후에 즉위한 두 황제의 치세로 후한은 안정을 찾고 융성하였으나, 장제를 이어 어린 나이에 즉위한 화제(和帝) 때부터 외척과 환관이 득세하여 점차 쇠퇴의 길로 접어들었다.

26 진씨와 순씨 : 진씨는 진식(陳寔)의 집안을 가리키고, 순씨는 순숙(荀淑)의 집안을 가리킨다. 이들은 모두 명제와 장제 이후에 관직에 오른 인물들로 당대의 명사였다.

27 장양(張讓)은……과시했도다 : 진씨와 순씨가 모두 절개를 지키지 못했다는 말이다. 당시 천하에 권세를 떨치던 환관 장양의 부친상에 명사(名士)들이 아무도 가지 않아 장양이 매우 수치스럽게 여기고 있던 차에 진식이 홀로 가서 조문하였다. 이 때문에 후에 당고의 화가 일어났을 때 진식은 화를 면하였다. 《後漢書 卷62 陳寔列傳》 또 당시 권세를 떨치던 환관 당형은 순숙의 손자인 순욱(荀彧)을 사위로 맞아들여 당시 사류들로부터 비난거리가 되었다. 《三國志 卷10 魏書 荀彧傳》

누가 용맹하게 버티고 막으려나[28] 　矯矯孰撑拒
명문가에서 의로운 가르침 지키는 것은 　名家守義訓
그대들 한둘뿐 　一二數爾汝
캄캄하게 비바람 치는 밤 　冥冥風雨夜
닭만이 시절을 알도다[29] 　信雞獨知序
하염없이 그대의 죽음 아파하니 　悠悠爲子痛
세상 근심이 다시 이와 같도다[30] 　憂世復如許

제4수 其四

천하에 세 가지 즐거움 있으되 　天下有三樂
아 나는 두 가지 없는지라[31] 　緊我兩則無
영재 얻는 일에 유독 마음 써서 　英才獨眷眷
군자다운 유자 사랑하였네 　所愛君子儒

28 마침내……막으려나 : 28쪽 주23 참조.

29 캄캄하게……알도다 : 《시경》 〈정풍(鄭風) 풍우(風雨)〉에 "비바람 어둑한데, 닭 울음 그치지 않네. 이미 군자를 만났으니, 어찌 기쁘지 않으리.〔風雨如晦, 鷄鳴不已. 旣見君子, 云胡不喜.〕"라고 하였다. 이 시는 난세를 당해 절조를 변치 않는 군자를 그리워하는 시이다.

30 하염없이……같도다 : 정용하의 죽음으로 혼탁한 세상을 바로잡을 이가 없어졌으므로 이렇게 말한 것이다.

31 천하에……없는지라 : 세 가지 즐거움이란 부모가 모두 생존해 계시고 형제가 무탈한 것, 위로 하늘에 부끄러움이 없고 아래로 사람에게 부끄러움이 없는 것, 천하의 영재를 얻어 교육하는 것이다. 《孟子 盡心上》 이 가운데 삼연의 부친 김수항(金壽恒)은 사사(賜死)받아 죽었고 스스로 하늘과 사람에 부끄러움이 있다고 느끼므로 천하의 영재를 얻는 것만이 남았다는 말이다.

아득히 사해 넓은데 悠悠四海廣
풍화가 동쪽 모퉁이에 막히니 風化阸東隅
청아의 도[32] 이미 사라져 菁莪道旣消
거의 나라에서 시서를 금하는 모양새라[33] 邦禁殆詩書
계수나무 숲은 혹 좀 벌레 생기고 桂林或蟲蠹
곤륜산의 옥은 되레 무부 되니[34] 崑玉却珷玞

32 청아(菁莪)의 도 : 인재를 육성하는 도를 말한다. 《시경》 〈소아(小雅) 청청자아(菁菁者莪)〉에 "무성하고 무성한 새발 쑥이여, 저 언덕 가운데 있도다. 이미 군자를 만나보니 나에게 많은 재물을 주신 듯하여라.〔菁菁者莪, 在彼中陵. 旣見君子, 錫我百朋.〕"라고 하였는데, 모서(毛序)에 "청청자아는 인재를 육성함을 즐거워한 시이다."라고 하였다.

33 거의……모양새라 : 본디 국법으로 시서를 금하는 것은 진(秦)나라의 분서갱유(焚書坑儒) 때나 있을 법한 일이지만, 나라에서 인재를 교육하는 방향이 성현의 시서가 중심이 아니라 출세하는 과문(科文) 위주가 되어 선비들이 모두 과문에만 공력을 쏟으므로 이것이 마치 나라에서 금한 것과 같은 모양새라는 말이다.

34 계수나무……되니 : 선비들이 과거에 급제하여 조정에 출사해도 녹만 축내는 쓸모없는 관리가 된다는 말이다. 계수나무 숲과 곤륜산의 옥은 막 과거에 급제하여 출사한 사람을 가리킨다. 진 무제(晉武帝) 때 극선(郤詵)이 현량 대책(賢良對策)에서 장원하였는데, 소감을 묻는 무제의 질문에 "계수나무 숲의 가지 하나요, 곤륜산의 옥돌 한 조각입니다.〔桂林之一枝, 崑山之片玉.〕"라고 답한 데서 유래하였다. 《晉書 卷52 郤詵列傳》 또한 《초사(楚辭)》 〈원세(怨世)〉에 "계수나무의 좀 벌레는 머물 바를 알지 못한다.〔桂蠹不知所淹留兮〕"라고 하였는데, 왕일(王逸)의 주(註)에 "계수나무의 좀 벌레는 녹을 먹는 신하를 비유한 것이다. 계수나무의 좀 벌레가 향기로운 잎사귀를 먹고 높은 곳에 살다가 그곳에 머물러야 한다는 사실을 알지 못하고 망령되이 자리를 옮기면 달고 아름다운 계수나무를 잃고 자신이 처할 곳을 상실한다는 말이니, 이로써 신하들이 임금의 녹을 먹으면서 충신(忠信)을 세우지 않고 망령되이 아첨과 거짓을 행하다가 장차 지위를 잃고 자신이 처할 곳을 상실함을 말한 것이다."라고 하였다. 무부는 옥처럼 생겼지만 진짜 옥이 아닌 돌이다. 곧 선비들이 가짜 옥과 같은 거짓된 사람이 된다는 말이다.

재질이 좋지 않은 것 아니라　　才非爲不善
선비들 추향(趨向)이 바르지 않음이로다　　士未正其趨
지금 시절에 예스러운 말 하다가는　　今時出古言
번번이 사람들 비방과 조롱받으니　　輒遭衆揶揄
그대처럼 홀로 뜻이 큰 사람[35] 아니라면　　非君獨嘐嘐
은밀한 뜻을 누구에게 전할까　　密意向誰輸
아양의 소리 언뜻 귀에 들리자　　峩洋乍到耳
얼굴에 기쁜 기색 드러나니[36]　　眉髮見敷腴
임하에서 소요하기를 기다리고　　逍遙待林下
상유에서 진작하고 가다듬기를 바랐건만[37]　　振礪庶桑榆

35 뜻이 큰 사람 : 원문의 '교교(嘐嘐)'는 실제적인 행실은 조금 부족하지만 그래도 옛사람을 추구하는 큰 뜻을 둔 사람을 가리킨다. 《논어》〈자로(子路)〉에 공자가 "중도(中道)의 선비를 얻어서 함께할 수 없다면 반드시 광자나 견자와 함께할 것이다. 광자는 진취적이고 견자는 하지 않는 바가 없다.〔不得中行而與之, 必也狂狷乎. 狂者進取, 狷者有所不爲也.〕"라고 하였는데, 이때의 '광자'에 대해 맹자는 《맹자》〈진심 하(盡心下)〉에서 "그 뜻이 담대하여 '옛사람이여, 옛사람이여!'라고 하되, 평소에 그의 행실을 살펴보면 행실이 말을 가리지 못하는 자이다.〔其志嘐嘐然曰古之人, 古之人, 夷考其行, 而不掩焉者也.〕"라고 풀이하였다.

36 아양(峩洋)의……드러나니 : 삼연과 정용하가 서로 뜻을 알아주는 지기로 즐겁게 함께했다는 말이다. 아양은 옛날 거문고의 명인인 백아(伯牙)가 높은 산을 연주하면 친구인 종자기(鍾子期)가 "태산처럼 높고 높도다.〔峩峩兮若泰山〕"라고 평하였고, 백아가 흐르는 물을 연주하면 종자기가 "강하처럼 넘실대도다.〔洋洋兮若江河〕"라고 평했다는 고사에서 유래한 말로, 지기를 뜻한다. 《列子 湯問》

37 임하에서……바랐건만 : 삼연이 정용하와 함께 임하에서 소요하며 같이 지내면서 학문을 닦고 수양하여 만년까지 삶을 잘 수습할 수 있기를 바랐다는 말이다. 상유는 《회남자(淮南子)》에 "해가 서쪽으로 기울어져, 그림자가 나무 끝에 있는 것을 상유라

아아 그대가 죽음이여	嗚呼子死矣
이 막다른 길에서 소매로 눈물 훔치노라	反袂此窮途

제5수 其五

그대 만나는 일 참으로 드물었거니와	遇子苦稀闊
만나면 그때마다 가슴속의 말 쏟아냈나니	有遇輒輸瀉
지난번 장동[38]에서 나눈 말은	昨日墻東話
심오한 토의요 문아한 내용 아니었지	玄討非文雅
기황의 문답[39] 있으되	岐黃有問答
이 이치에 밝은 자 드무니	玆理晰者寡
음양은 주객의 자리 교대하고	陰陽遞主客
천천은 혹 상하에 처하네[40]	天泉或上下

한다."라고 한 데서 인생의 만년을 뜻하는데, 초년의 실패를 만년에 수습하여 만회한다는 말이기도 하다. 후한(後漢) 때의 장수인 풍이(馮異)가 적미(赤眉)의 난을 토벌하기 위해 나섰다가 처음 싸움에서 대패하고, 얼마 뒤에 다시 군사를 정비하여 적미의 군대를 격파하였는데, 황제가 친히 글을 내려 위로하기를 "처음에는 회계(會稽)에서 깃을 접었으나 나중에는 민지(澠池)에서 떨쳐 비상하니, 참으로 '동우에 잃었다가 상유에 수습하였다.〔失之東偶, 收之桑楡.〕'라고 할 만하다."라고 하였다. 《後漢書 卷17 馮異列傳》

38 장동(墻東) : 담장 동쪽이라는 뜻으로 곧 저자 가운데에 은거함을 뜻하는 말인데, 여기에서는 도성에서 만났다는 뜻으로 쓰였다. 후한(後漢) 때 은사(隱士) 왕군공(王君公)은 난리를 만나서 홀로 멀리 피란하지 않고 저자에서 소거간꾼 행세를 하면서 숨어 살았으므로, 당시 사람들이 그를 두고 논평하기를 "담장 동쪽에서 난세 피하는 이는 왕군공.〔避世墻東王君公〕"이라고 한 데서 온 말이다. 《後漢書 卷83 逸民列傳 逢萌》

39 기황(岐黃)의 문답 : 《황제내경(黃帝內經)》을 가리킨다. 이 의서(醫書)는 대체로 황제(黃帝)가 묻고 그의 신하 기백(岐伯)이 대답하는 형식으로 쓰여 있다.

40 음양은……처하네 : 한의학에서 질병의 발생을 설명할 때 전통적인 음양오행설과

오묘하게 순환하는 육기를	回薄六氣妙
한 손으로 움켜쥐듯 잡아냈으니	攬來只一把
얼음이 없는 것은 지난겨울 징험했고	無氷徵往冬
홍수가 질 것은 오는 여름이 두려워라[41]	有水畏來夏
이 한 부분을 다 궁구하지 못했는데	未究此一段
그대 이미 세상 저버리니	君已與世捨
모를레라 어떤 운기가	不知何運氣
그대를 몰아 조화로 돌아가게 했는고	驅君返化者

제6수 其六

그대는 죽은 사람 되고 나는 산 사람 되었으니	與君爲存沒
우리 만남의 시작부터 끝까지 함께한 북악산	北山以終始
산 아래 중택재[42]	山下重澤齋

결부하여 운기(運氣)라는 개념이 있는데, 토운(土運)·금운(金運)·수운(水運)·목운(木運)·화운(火運)의 5운과 풍(風)·열(熱)·화(火)·습(濕)·조(燥)·한(寒)의 6기가 운기의 구체적 항목들이다. 이러한 운기는 음양의 변화에 따라 순환하는데, 매년 바뀌지 않고 상생(相生)의 순서대로 진행하는 것을 주운주기(主運主氣)라 하고 해가 바뀜에 따라 순서가 뒤바뀌는 것을 객운객기(客運客氣)라고 하였다. 보통 주운주기는 천지의 정상적인 자연운행을 말하고, 객운객기는 만물이 태어나는 시점에 따라 받아 변화하는 이상징후를 말하는데 한의학에서는 이 객운객기를 위주로 병증을 판단한다. 이러한 개념 속에서 천상의 기후변화를 관장하면서 한 해의 상반년을 주관하는 것을 사천(司天)이라고 하고, 아래에 처하여 한 해의 하반년의 기후변화를 주관하는 것을 재천(在泉)이라고 하였다.

41 얼음이……두려워라 : 삼연과 정용하가 운기를 추산하면서 겨울에 얼음이 얼지 않을 정도라 기온이 오를 것이라고 예측했는데 그 사실이 지난겨울에 징험되었고, 또 다가오는 여름에 홍수가 질 것으로 예측했다는 말이다.

이곳에서 문회가 성대했어라	文會盛於此
아름다운 옥 빛깔 엄연히 비추고	琳琅儼玉映
서로 어울리며 다투어 제비 일어나는 듯하니[43]	頡頏競鵲起
고상하고 화려한 탁이의 문사요	高華卓爾詞
심오하고 통달한 인보의 이치로다[44]	玄通仁甫理
쇠미한 세상 어찌 인재 많이 얻으랴	衰世豈多得
차례대로 세상 저버리고 죽으니	次第見其死
고풍스런 옛사람의 마음과 모습	蒼然古心貌
뒤에 남은 그대에게 의지했어라	殿後賴有子
만년을 함께하자 마음으로 기약하고	襟期卽遲暮
게다가 집도 가까웠거늘	棟宇況伊邇
천지 사이에 말라붙은 눈 달고[45] 나만 남으니	天地一枯眼
안중에 보이던 사람 전부 사라졌구나	眼中人盡矣
하얗게 센 머리로 만가 부르며	薤歌我頭白
상여 부여잡고서 애통함이 골수에 사무치니	攀輀慟切髓
쇠한 몸 이끌고 백문[46] 나가서	衰軀白門闕

42 중택재(重澤齋) : 삼연의 아우 김창립(金昌立)의 서실 이름이다. 삼연이 북악산 영경전(永慶殿) 동남쪽에 낙송루(洛誦樓)를 세우자 김창립이 그 왼편에 중택재를 세우고 뜻을 같이 하는 이들과 시문을 연마하였다.

43 아름다운……듯하니 : 옥 같은 인재들이 서로 어울려 재주를 드러내는 모습을 형용한 것이다. 제비가 일어난다는 것은 명성이 흥기하는 것을 비유하는 말이다.

44 고상하고……이치로다 : 탁이는 김창립의 자이고, 인보는 홍유인(洪有人)의 자이다.

45 말라붙은 눈 달고 : 더 이상 흘릴 눈물도 남아 있지 않을 만큼 아끼던 사람들을 모두 떠나보냈다는 말이다.

멀리 푸른 강가에서 눈물 흘렸네	遙淚淸江涘
돌아올 제 새벽 별 지는데	歸來曙星殘
쓸쓸히 인리[47]에 누워 있노라	寥落臥仁里

46 백문(白門) : 서남방은 금기(金氣)이고 금기의 색은 백색이므로 도성의 서남방에 있는 문을 가리킨다.

47 인리 : 단순히 인자(仁者)가 사는 마을이라기보다 구체적인 지명을 가리킨 듯하다. 혹 인왕산의 인왕동(仁王洞)을 가리킨 것은 아닌가 한다.

현 참봉에 대한 만사[48] 현 참봉은 현징이다
玄參奉 徵 挽

제1수

차마 남쪽 고을 밟지 못하겠으니[49]	不忍南州踐
어이하면 사정[50]에 이를까	何由到社亭
살아생전 다시 만나고픈 마음 있었으니	生前意猶在
꿈속에서 자주 모임 가졌어라	夢裏會頻經
보내오신 서찰에 평소 정다움 담겨 있고	鴈信存情素
세필(細筆) 보고 강녕하신 줄 알았더니만	蠅書驗健寧
어이 알았으랴 하늘 저편 멀리 바라보다가	那知天外望
노인성 사라짐에 깜짝 놀랄 줄	驚失老人星

제2수 其二

선친께서 죽림정 기리실 때	先人竹林贊

48 현……만사 : 현징(玄徵, 1629~1702)은 본관은 성주(星州), 자는 사휴(士休)이다. 전라도 영암(靈巖) 월출산(月出山) 구림리(鳩林里)에 세거하였으며, 삼연의 부친 김수항(金壽恒)이 1675년(숙종1) 영암에 유배 갔던 시절부터 삼연 집안과 인연이 있었다.

49 차마……못하겠으니 : 부친이 유배 가고 사사된 곳이므로 차마 가지 못한다는 말이다.

50 사정(社亭) : '사'는 촌락의 뜻이고, '정'은 구림 마을에 있는 현씨 집안의 죽림정(竹林亭)을 가리킨다. 죽림정의 기문을 김수항이 직접 써주었으며, 삼연과 삼연의 형 김창협(金昌協) 또한 죽림정에 관한 시를 남긴 바 있다.

완씨 중용이 어질다 하셨네[51] 阮氏仲容賢
거문고 타고 시 읊조리며 풍류 즐기는 곳이요 琴嘯風流地
안개와 구름 끼는 월출산 앞이로다 煙雲月出前
이름난 원림은 소봉[52]을 얻음이요 名園素封得
헌신짝 버리듯 미관말직 버렸어라[53] 弊屣一官捐
관락[54]의 더할 나위 없는 복 寬樂無雙福
아아 감히 나이를 묻노라[55] 嗚呼敢問年

제3수 其三

낭주[56]에서 한량없이 술 마시니 朗州無限酒

51 선친께서……하셨네 : 현징은 숙부 현유후(玄裕後)의 취음당(就陰堂)이 자손들의 영락(零落)함으로 인해 황폐해지자 이를 안타깝게 여겨 자신의 집으로 재목을 옮겨와 짓고 김수항에게 이름을 지어줄 것을 부탁하였는데, 김수항은 진(晉)나라 때 죽림칠현(竹林七賢) 가운데 숙부와 조카 사이였던 완적(阮籍)과 완함(阮咸)이 돈독했던 뜻을 취하여 죽림정이라고 이름을 지어주었다. 중용은 곧 완함의 자이다. 《文谷集 卷26 竹林亭記》

52 소봉(素封) : 관작이나 봉토(封土)는 없어도 전원(田園)에서 수확하는 이익이 많아 왕후에 봉해진 것이나 다름없이 풍족한 생활을 누리는 것을 말한다. 《史記 卷129 貨殖列傳》

53 헌신짝……버렸어라 : 현징이 참봉 벼슬을 버리고 전원으로 초연히 낙향한 것을 말한 것이다.

54 관락(寬樂) : 《일주서(逸周書)》 권6 〈시법해(諡法解)〉에 "한가롭고 즐겁게 살다가 일생을 마친 것을 '정'이라 한다.〔寬樂令終曰靖〕"라고 하였다.

55 나이를 묻노라 : 안락하게 일생을 잘 보낸 데다 일흔넷의 나이로 장수까지 누렸음을 말한 것이다.

56 낭주(朗州) : 영암의 옛 이름이다.

근심이 그곳에서 사라졌어라　　愁到此間消
숲 사이 집 정자에서 달맞이하고　　邀月林家榭
대나무 섬[57]으로 노 저으며 물결 탔네　　乘潮竹嶼橈
매화꽃 날리는 가운데 푸른 새 지저귀고　　梅飄翠禽囋
순채 무르익는 가운데 하얀 물고기 뛰었지[58]　　蓴脆雪魚跳
하나하나 질탕하게 노닐던 자취　　一一流連迹
쓸쓸하게 그 시절 아득히 멀구나　　蕭條歲月遙

제4수 其四

황망한 변고에 줄줄 흘린 피눈물　　緩急漣如血
생사 간에 마음 환하게 통했어라　　幽明洞澈腸
어느 날인들 마음에서 잊으랴만　　心乎何日忘
자세히 말하지 못할 일이로다[59]　　事有不堪詳

57 대나무 섬 : 구림 마을 뒤편의 서호(西湖)에 있는 섬이다. 삼연이 이 섬을 소재로 지은 시가 몇 편 있다.《本集 卷1 島竹寄士興·嘗夜登西湖亭潮水與月俱滿島竹沙鴈俱凄寒有響心悲遂作海潮歌寄士興》

58 순채……뛰었지 : 진(晉)나라 장한(張翰)이 가을바람이 불어오는 것을 보고는 고향인 오(吳) 땅의 순챗국과 농어회가 생각나서 벼슬을 그만두고 바로 돌아갔다는 고사가 있다.《晉書 卷92 張翰傳》 여기에서는 고향이 그립다는 뜻을 취한 것은 아니고 다만 정다운 정취만을 취한 것이다. 하얀 물고기는 곧 농어이다. 원(元)나라 왕운(王惲)의 〈농어를 먹다〔食鱸魚〕〉 시에 "섬세한 비늘은 눈빛과 겨루네.〔鱗纖雪爭光〕"라고 하였다.《秋澗集 卷4》

59 어느……일이로다 : 이는 군자를 만난 즐거움을 노래한 《시경》〈소아(小雅) 습상(隰桑)〉에 "마음으로 사랑하니 어찌 말하지 않으랴? 마음속에 간직하고 있으니, 어느 날인들 잊으리오?〔心乎愛矣, 遐不謂矣? 中心藏之, 何日忘之?〕"라고 한 뜻을 취하되,

골육과 차별 없이 대해주셨으니	骨肉無差別
산천이 어찌 우리의 정 가로막으랴	山川豈阻長
심상한 세한의 설[60]을	尋常歲寒說
그대와 상전벽해처럼 변하는 세상 속에서 살펴보았네	曾與閱滄桑

현징의 후의(厚意)를 자세히 말하고 싶으나 부친의 고난과 죽음에 관련된 일들이므로 또한 자세히 말하지 못하겠다고 한 것이다.

60 세한(歲寒)의 설 : 《논어》 〈자한(子罕)〉에 "날씨가 추워진 뒤에야 소나무와 측백나무가 늦게 시듦을 안다.〔歲寒然後, 知松柏之後彫也.〕"라고 한 것을 가리킨다. 현징이 삼연의 집안이 고난을 겪는 중에도 후하게 대한 것을 비유한 말이다.

내족당에서[61]

十月廿六夜 襆被過內足堂 喜其牕几幽淨 復聞溪水韻長 泠然淸坐 遂忘夜深

10월 26일 밤에 짐을 꾸려 내족당에 들렀는데 창문 아래 책상이 놓인 모습이 그윽하고 맑아 보기 좋은 데다 시냇물 소리가 길게 들려오니 청량하게 앉아 마침내 밤이 깊어가는 것도 잊었다

성시에서 정신없이 잠에 흠뻑 취했다	城市饒昏夢
내 지금 이 당에서 묵누나	吾今宿此堂
거문고와 서책은 시내 물굽이에 놓였고	琴書留澗曲
여라와 벽려는 등불 빛에 드러난다	蘿薜見燈光
묵묵히 아양의 계합[62] 있으니	默有峩洋契
호젓하여 잠자리 들 생각 잊었어라	蕭然枕席忘
푸른 산중에 조촐한 약속 있거니	翠微存小約
하늘에는 아스라이 눈 내리려 하네	天欲雪迷茫

61 내족당에서 : 본집 권10에서 담화헌(湛華軒)을 말하면서 내족당을 언급하였는데, 김창협(金昌協)의 《농암집(農巖集)》 권24 〈유만취대기(游晩翠臺記)〉에서 담화헌은 양주에 있는 이운(李澐)의 집으로 소개되고 있다. 김창협의 기문도 삼연의 이 시와 같은 해에 지은 것이다. 이를 미루어보면 내족당은 담화헌 안의 건물인 듯하다. 《本集 卷10 元日夕襆被湛華軒會者凡五人》

62 아양의 계합 : 32쪽 주36 참조.

눈 내리는 중에 묘적암을 방문하다[63]

雪中訪妙寂菴

제1수

큰 눈이 흥취를 막을 수 없으니	大雪莫禁興
초연하게 신욕이 움직이네[64]	超超神欲行
옥 같은 숲[65] 헤치며 지나고	瓊林歷披拂
명아주 지팡이로 높은 봉우리 이른다	藜杖到峥嶸
산허리에는 차가운 바람 가득하고	半嶺寒風積
먼 산은 어지러운 주름 펴졌어라[66]	遙山亂皺平
청광은 적각을 감내할 만하고[67]	淸狂堪赤脚

63 눈……방문하다 : 묘적암은 현재의 남양주시 와부읍 묘적산에 있는 묘적사이다.

64 신욕이 움직이네 : 신욕은 심신(心神)의 의향(意向)을 뜻한다. 《莊子 養生主》 곧 눈 내린 풍광을 보고자 하는 뜻이 일어난다는 말이다.

65 옥 같은 숲 : 나무에 눈이 덮여 백옥 같은 광경을 가리킨다. 사혜련(謝惠連)의 〈설부(雪賦)〉에서 뜰과 나무가 눈에 덮인 풍광을 묘사하여 "뜰에는 옥 섬돌이 늘어섰고 숲에는 옥 나무가 솟았다.〔庭列瑤階, 林挺瓊樹.〕"라고 하였다. 《文選 卷7》

66 어지러운 주름 펴졌어라 : 주름은 산에 바위와 나무와 산길 등이 엉키면서 문양을 만들어 마치 주름이 진 것처럼 보이는 모습인데, 지금 눈이 가득 내려 온통 하얀색이므로 주름이 펴진 듯하다고 말한 것이다.

67 청광(淸狂)은……만하고 : 청광은 맑은 흥취로 인해 거리낌 없이 방종함을 뜻하고 적각은 맨발을 뜻한다. 곧 눈 내리는 풍광에 심취하여 맨발로 산에 오르는 일도 감수할 수 있다는 말이다. 이는 명(明)나라 때 왕면(王冕)이 큰 눈이 쏟아진 날 맨발로 잠악봉(潛嶽峯)에 올라가 온 세상이 백옥처럼 변하여 사람의 마음을 맑게 하니 신선이 되어 속세를 떠나고 싶다고 크게 소리친 일의 뜻을 취한 것이다. 《文憲集 卷10 王冕傳》

폭포 보는 맛도 기이하구나　看瀑也奇情

제2수 其二

눈 속에 반쯤 기운 탑　雪裏半攲塔
절간에 비껴 쏟아지는 샘　雲門斜註泉
차가운 산에 햇살 비치지 않고　山寒無佛日
늙은 나무[68] 있는 암자 연기 피어오른다　樹老更人煙
이 땅에서 성쇠를 보거니와[69]　成毁看玆土
만년에 의지해 살기 좋겠네　依歸合暮年

어떤 본에는 "상주(常住)하지 않음이 응당 공의 이치이니, 한평생 인연 따라 살아왔도다.〔不住應空理 隨緣亦百年〕"[70]라고 하였다.

하씨 집안의 대소 은자[71]　何家大小隱
배우려니 마음 아득하여라　欲學意悠然

68 늙은 나무 : 20년 만에 묘적암에 다시 온 것을 뜻한다. 삼연은 1682년(숙종8)에 이곳에 왔었다. 당나라 왕파(王播)가 20년 만에 다시 찾은 절을 두고 "나무는 늙어 꽃이 없고 중은 머리 세었네.〔樹老無花僧白頭〕"라고 하였다.《全唐詩 卷466 題木蘭院》

69 성쇠를 보거니와 : 흥성과 쇠락을 거친 고찰이므로 이렇게 말한 것이다.

70 상주(常住)하지……인생이로다 : 상주는 불변으로 계속 머무름을 뜻한다. 삼연이 공의 이치를 따라 한곳에 머물지 않고 이곳저곳을 인연 따라 다녔다는 말이다.

71 하씨……은자 : 하씨는 양 무제(梁武帝) 때 하구(何求), 하점(何點), 하윤(何胤) 형제를 가리킨다. 하윤의 형인 하구와 하점이 모두 은거하고 하윤만 벼슬을 하고 있었는데, 큰형인 하구가 세상을 떠나자 하윤도 약야산(若邪山) 운문사(雲門寺)에 은둔하니 세상 사람들이 하점을 대산(大山), 하윤을 소산(小山)이라고 칭하였다.《梁書 券51 何點列傳》

밤에 동작의 강기슭에서 묵으면서 주인에게 주다
夜宿銅雀江岸 贈主人

빙호[72] 건너가기 어려워	欲過氷湖利涉難
군평의 발[73] 아래 가는 말 머물렀네	君平簾下駐征鞍
구등 아래 착종하는 음양 묘하고[74]	篝燈錯綜陰陽妙
거니는 뜰에 맑고 밝은 눈과 달 차가워라	步院虛明雪月寒
정원 나무 빽빽하니 십 년 살려 심은 것 알겠고[75]	園木森知十歲種
뜰에 난초 싹트니 한 아이가 관 쓴 것 보이누나[76]	庭蘭茁見一兒冠
종남산 북쪽에는 분잡한 일 많거니와	終南以北多塵事

72 빙호(氷湖) : 빙고(氷庫)가 있던 한강 지역으로, 지금의 동빙고동과 서빙고동 앞 일대를 가리킨다.

73 군평의 발 : 유숙하는 집을 은사(隱士)의 집으로 높여 부른 말이다. 전한(前漢) 때 엄준(嚴遵)은 자가 군평으로, 촉(蜀)에 은거하여 성도(成都)의 저자에서 점을 쳐주며 먹고살았는데 하루에 100전(錢)만 벌면 점치는 것을 그만두고 문을 닫고 발을 내리고서는 《노자(老子)》를 읽었다. 《漢書 卷72 王貢兩龔鮑傳》

74 구등(篝燈)……묘하고 : 유숙한 집 주인이 《주역》을 읽고 있었다는 말이다. 구등은 바람을 막기 위해 불어리를 씌운 등이다. 주희(朱熹)가 말하기를 "역은 음양이 착종하여 교환하고 대역함을 이른다.〔易者, 陰陽錯綜交換代易之謂.〕"라고 하였다. 《朱子語類 卷95》

75 정원……알겠고 : 《사기(史記)》 권129 〈화식열전(貨殖列傳)〉에 "1년을 사는 데는 곡식을 심고, 10년을 사는 데는 나무를 심고, 100년을 사는 데는 덕 있는 자를 남긴다."라고 하였다.

76 뜰에……보이누나 : 유숙하는 집의 아들이 훌륭한 사람이 될 것이라고 칭찬한 말이다. 28쪽 주22 참조.

근본에 힘쓰는 그대는 소찬[77]하지 않도다　　務本惟君不素餐

77 소찬(素餐) : 자격도 없이 벼슬을 차지하고 녹을 축낸다는 뜻의 시위소찬(尸位素餐)을 줄인 말이다.

저녁에 갈원의 서재에 투숙하다[78]

暮投葛院書齋

갈원으로 돌아 들어가니	葛院迂回入
서재는 마을에서 이름 있어라[79]	書齋里有名
인가 연기는 두 언덕 감싸고	人煙兩岡抱
들판 눈은 온 들 평평히 덮었네	野雪萬田平
말 기르느라 말린 콩깍지 쌓였고	養馬枯萁積
닭 삶느라 작은 촛불 밝혔다	烹雞小燭明
별장이 귀한 줄을 비로소 알겠으니[80]	方知別將貴
투숙한 곳에 또 순찰을 도는구나	宿處又巡更

78 저녁에……투숙하다 : 갈원은 진위현(振威縣)의 속원(屬院)으로 지금의 경기도 평택 지역이다. 삼연은 이해 2월과 11월에 각각 고모상(姑母喪)과 막내아들 김후겸(金厚謙)의 초례(醮禮)를 위해 회덕(懷德)에 다녀왔다. 본집의 시 편차 순서가 완전히 정확하다면 이 시는 11월에 지은 것이다. 《三淵先生年譜》

79 서재는……있어라 : 2월 고모상 때의 여정을 기록한 본집 습유 권27의 〈호행일기(湖行日記)〉에 의하면 이해 2월 14일 저녁에 진위의 성환촌(成懽村)에서 나덕린(羅德麟)을 만났고, 그가 역동(驛童)을 가르치는 초당(草堂)이 역 앞의 가장 승경(勝景)인 곳에 있었는데 바로 이곳에서 투숙했다고 되어 있다. 서재는 바로 이 초당을 말한 것이다. 이 시가 11월의 시라 하더라도 경로는 같았을 것이므로 이때의 서재 역시 나덕린의 초당을 가리킨 듯하다.

80 별장이……알겠으니 : 이 구절은 의미가 미상이다. 혹 나덕린이 별장 직임을 맡았으므로 별장의 손님이 투숙한 서재에 순찰을 돌아준다는 의미는 아닌지 모르겠다.

소제에서의 감회[81]

蘇堤感懷

근년에 산 무너지고서[82] 세월 흘렀는데　自頃山頹歲月遒
인택[83]을 찾아와 무얼 얻고자 하는가　來尋仁宅欲何求
부들 갈댓잎 얼어붙은 둑은 예와 같고[84]　蒲蘆葉凍堤仍舊
구기자 국화 뿌리 깊이 내린 밭은 가을 들었네[85]　杞菊根深圃有秋
당시에 나아가고 물러남은 원래 여유로우셨거니와　當日行藏元綽綽

81 소제에서의 감회 : 소제는 송시열(宋時烈)의 남간정사(南澗精舍)가 있는 곳으로, 지금의 대전시 소제동이다.

82 산 무너지고서 : 현인(賢人)의 죽음을 말한다. 공자가 아침 일찍 일어나 지팡이를 끌고 문 앞에 한가로이 노닐며 노래하기를 "태산이 무너지고 대들보가 부러지고 철인(哲人)이 죽겠구나.〔泰山其頹乎, 梁木其摧乎, 哲人其萎乎.〕"라고 했는데, 그 후 곧 세상을 떠났다. 《禮記 檀弓上》

83 인택(仁宅) : 송시열의 거처를 높여 부른 말이다. 《맹자》 〈이루 상(離婁上)〉에 "인은 사람의 편안한 집이다.〔仁, 人之安宅也.〕"라고 한 뜻을 취한 것이다.

84 부들……같고 : 부들과 갈대는 생장이 빠르므로 보통 정치의 교화가 백성들에게 빨리 퍼져나가는 것을 뜻한다. 《중용장구(中庸章句)》 20장에 노 애공(魯哀公)이 정사가 무엇인지 묻자, 공자가 "정사란 부들과 갈대와 같습니다.〔夫政也者, 蒲蘆也.〕"라고 답한 데서 온 말이다. 부들과 갈댓잎이 얼어붙었다는 것은 물론 눈앞의 실경을 그대로 읊은 것이겠지만, 지금의 정치가 침체되었음을 은연중에 말했다고도 볼 수 있다.

85 구기자……들었네 : 구기자와 국화는 벼슬에 나가지 않고 은거하여 유유자적한 삶을 말한다. 당(唐)나라 말기의 시인 육귀몽(陸龜蒙)이 은거하여 구기자와 국화를 심어 먹으면서 〈기국부(杞菊賦)〉를 지어 그 감회를 서술한 데서 온 말이다. 《新唐書 卷196 陸龜蒙列傳》 송시열은 만년에 남간정사를 짓기에 앞서서 1654년(효종5)에 소제 옆에 기국정(杞菊亭)을 짓고 생활한 바 있다.

사문의 흥성과 쇠퇴는 끝내 아득하여라　斯文興廢竟悠悠
오래된 측백 길게 읊조리는 노년의 뜻[86]　長吟古栢衰年意
울면서 선생이 누우셨던 누대 물어보노라　泣問先生所臥樓

86 오래된……뜻 : 송시열이 만년에 누각에 누워 두보(杜甫)의 〈고백행(古柏行)〉을 읊은 뜻을 생각하는 것이다. 〈고백행〉은 두보가 제갈량의 사당을 찾아 그 앞에 서 있는 오래된 측백나무를 보고서 읊은 작품인데, 주희(朱熹)가 만년에 다릿병을 앓으면서 누각 아래에 누워 〈고백행〉을 읊으며 중원이 수복되지 못함을 한탄한 일이 있다. 《朱子語類 卷127 本朝一 孝宗朝》《宋子大全隨箚 賦詩》

동춘당
同春堂

우뚝 솟은 나무 꺾여 시들고 우물 메워지려 하거니와 喬木摧凋井欲堙
오래된 당에서 여전히 선생이 남기신 봄기운 보도다 舊堂猶復見遺春
처마에 상서로운 햇살 머무니 사람들은 솜옷 품고[87] 簷留瑞旭人懷襖
자리에 온화한 바람 부니 객은 순주를 마신다[88] 座有和風客飮醇
온 천하 사람이 동포임은 당초 강설한 것이요[89] 四海同胞初講說

87 처마에……품고 : 이는 실제 광경이면서 또한 동춘당(同春堂) 송준길(宋浚吉)의 남은 은덕 속에 사람들이 평온함을 누린다는 뜻이다. 솜옷은 곧 햇살을 뜻한다. 송(宋)나라 나대경(羅大經)의 《학림옥로(鶴林玉露)》 권1에 "임인년 정월에 잇따라 열흘 동안 눈이 내리다가 홀연히 날이 개니, 동네 사람들이 서로 축하하며 '누런 솜옷이 나왔다.〔黃綿襖子出矣〕'라고 탄성을 질렀다."라고 하였고, "구주 사해에 베풀어주는 누런 솜옷 중에 무엇이 천공이 골고루 베풀어주는 이것과 같으랴.〔九州四海黃綿襖, 誰似天公賜與均.〕"라고 하였다.

88 자리에……마신다 : 위의 구절과 같은 뜻이다. 북송(北宋)의 학자 주광정(朱光庭)이 일찍이 명도(明道) 정호(程顥)를 만나보고 돌아와서는 사람들에게 말하기를 "내가 봄바람 속에 한 달 동안 앉아 있었다.〔光庭在春風中坐了一月〕"라고 하였다. 《近思錄 卷15》 또 삼국 시대 오(吳)나라 정보(程普)가 주유(周瑜)에 대해 말하기를 "주공근과 사귀다 보면 마치 순주를 마신 것처럼 나도 모르게 절로 훈훈하게 취해온다.〔與周公瑾交, 若飮醇醪, 不覺自醉.〕"라고 하였다. 《三國志 卷54 吳書 周瑜傳》

89 온……것이요 : 무엇을 가리키는지 미상이다. 혹 송준길이 동춘당을 짓고 북송 장재(張載)의 〈서명(西銘)〉에서 모든 사람이 나의 동포이고 모든 만물이 나와 함께

한 고을이 덕에 훈습됨은 작게 경륜 펼친 것이라	一鄕熏德小經綸
공자 가문의 지결은 솔개와 물고기의 생동함이니[90]	孔家旨訣鳶魚活
가업을 이음에 어찌 긍구만 새로우랴[91]	嗣業寧惟肯構新

살아간다는 이치를 말한 것처럼 사방의 학자들을 제접하고 가르쳤다는 뜻은 아닌지 모르겠다.

90 공자……생동함이니 : 솔개와 물고기가 생동한다는 것은 천리(天理)가 상하(上下)에 유행한다는 말이다. 《중용장구(中庸章句)》 제12장에 "《시경》에 이르기를 '솔개는 날아서 하늘에 이르고, 물고기는 못에서 뛴다.'라고 하였으니, 이는 천지의 도가 높은 하늘이나 낮은 못이나 모두 똑같이 행해지고 있음을 말한 것이다.〔詩云鳶飛戾天, 魚躍于淵, 言其上下察也.〕"라고 하였다.

91 가업을……새로우랴 : 송준길이 동춘당이라는 건물을 지은 것만 새로운 것이 아니라 공자 가문의 지결을 제대로 계승한 점이 새롭다는 말이다. 긍구는 아버지가 집을 지으려던 계획을 이어 자식이 집을 잘 짓는다는 뜻으로, 《서경(書經)》 〈주서(周書) 대고(大誥)〉에 "아버지가 집을 지으려 작정하여 이미 그 규모를 정했는데 그 아들은 당의 터도 만들려고 하지 않으니 하물며 기꺼이 건물을 만들려고 하겠는가.〔若考作室, 旣底法, 厥子乃弗肯堂, 矧肯構?〕"라고 한 데서 온 말이다.

비래 계곡의 누각에서 삼가 판상운에 차운하다[92]

飛來澗閣 謹次板上韻

비래 계곡의 승경이 오묘하다. 바위와 골짝의 그윽하고 가파름과 폭포와 냇물의 표일하고 상쾌함, 그리고 조각돌과 다복솔과 고개에 걸린 구름과 들판의 빛깔이 참으로 하나의 아름다운 정취이다. 그러나 이는 비래 계곡의 승경이 아름다워서가 아니라 바로 선현의 발걸음이 거친 곳이기에 소중한 것이다. 이곳 푸른 벼랑에 새겨진 큰 네 글자와 누각에 걸린 오언시[93]는 실로 동춘(同春) 송 선생(宋先生)

92 비래……차운하다 : 비래 계곡은 현재의 대전광역시 대덕구 비래동이다. 이곳의 비래암(飛來菴)에서 동춘당(同春堂) 송준길(宋浚吉)이 강학하였으며, 후에 문인 송규렴(宋奎濂) 등이 송준길의 학덕을 기리기 위해 1693년(숙종19)에 중층 규모로 옥류각(玉溜閣)을 건립하였다. 판상운은 현판에 적혀 있는 시이다.

비래동 옥류각

93 푸른……오언시 : 네 글자는 옥류각 앞의 바위에 새겨진 '초연물외(超然物外)' 각자(刻字)이다. 오언시는 《동춘당집(同春堂集)》 권24 〈김 옥천 수창의 비래암 시에

의 문장이니 찬란한 인문이 산수에 광채를 더하기 충분하다. 시내 위에 누각이 날개를 펼친 듯 여덟 기둥으로 걸쳐져 있는데 옥류각(玉溜閣)이라 명명하였으니 이는 선생이 지은 시의 빼어난 시어[94]를 취한 것이며, 팔분체(八分體)[95]로 쓴 편액은 아아 우리 숙부 곡운공(谷雲公 김수증(金壽增))의 필체이다. 배회하고 우러러보며 떠날 수가 없기에 마침내 누각 동편 작은 방에서 묵었다. 밤이 되어 은하수는 공활하며 밝고, 솔과 대는 아늑하며 맑았다. 그 와중에 냇물이 잠자는 방 밑으로 흘러 지나가는데 콸콸 흐르는 소리는 밤이 깊을수록 더욱 또랑또랑하였다. 같이 누운 송생(宋生) 요화(堯和)는 바로 선생의 증손이다. 오늘의 일이 남다르고 마음이 상쾌하여 아무런 말이

차운하다〔次金沃川壽昌飛來菴韻〕〉이다.

초연물외 각자(刻字)

94 선생이……시어 : 《동춘당집》 권24 〈김 옥천 수창의 비래암 시에 차운하다〉 가운데 "층층 바위에는 옥 같은 물방울 날린다.〔層巖飛玉溜〕" 구절의 '옥류(玉溜)'를 가리킨다.

95 팔분체(八分體) : 팔분체는 서체의 하나로 예서(隸書)의 이분(二分)과 전서(篆書)의 팔분을 절충하여 만든 것이다.

없을 수 없는데 송생이 나에게 판상운에 화운하기를 몹시 힘써 청하므로 마침내 변변찮은 재주를 헤아리지 않고 시운을 따라 삼가 차운하여 눈으로 보고 마음으로 느끼며 얻은 감정을 드러낸다

바위는 장서각 둘러쌌고	石擁藏書閣
솔은 탄서대[96] 받쳐주네	松扶嘆逝臺
사문에 이 한 골짝 있으니	斯文一丘壑
오래된 길에 이끼가 반쯤 덮였다	故道半莓苔
밤기운은 구름 눈[97]을 일으키고	夜氣生雲雪
냇물은 우레처럼 울리누나	泉聲應地雷
그리워라 봄옷의 모임[98]	懷哉春服會
늦게야 내 바야흐로 찾아왔노라	遲暮我方來

96 탄서대(嘆逝臺) : 비래암 앞의 석벽이다. 《雲養集 卷2 翌日與諸益共訪飛來庵……》 이는 옥류각으로 흐르는 시냇물을 조망하는 곳으로, 《논어》 〈자한(子罕)〉에 공자가 흐르는 시냇물을 보면서 "흘러가는 것이 이와 같구나, 주야로 쉬지 않는구나.〔逝者如斯夫! 不舍晝夜.〕"라며 탄식한 뜻을 취한 것이다.

97 구름 눈 : 문맥상 은하수를 형용한 말이다.

98 봄옷의 모임 : 옛날 송준길이 사람들과 비래 계곡을 소요하던 것을 말한 것이다. 《논어》 〈선진(先進)〉에 공자가 제자들에게 각자의 뜻을 말해보라고 했을 때, 증점(曾點)이 말하기를 "늦봄에 봄옷이 완성되면 관을 쓴 어른 대여섯과 동자 예닐곱과 함께 기수에서 목욕하고 무우에서 바람 쐬고 노래하면서 돌아오겠습니다.〔莫春者, 春服旣成, 冠者五六人, 童子六七人, 浴乎沂, 風乎舞雩, 詠而歸.〕"라고 하였다.

법천사에서 밤에 묵다[99]

法泉寺夜宿

푸른 노새 등에 행장 꾸려 타니	襆被蒼驟背
그윽한 약속이 또 법천사에 있도다	幽期又法泉
혼례 치른 뒤에 몸은 가볍고	身輕婚嫁後
대숲 앞에서 흥취 드높네	興逸竹林前
저녁 먹고 구름을 뚫고 가서	晩飯穿雲去
차가운 등불 아래 냇물 소리 들으며 잔다	寒燈聽澗眠
비래 계곡 모습 다시 꿈에 맴도니	飛來更牽夢
고개 너머에서 마음은 살랑살랑[100]	隔嶺意娟娟

99 법천사에서 밤에 묵다 : 법천사는 회덕(懷德)의 계족산(鷄足山)에 있던 절이다. 《大東地志》 3구에 혼례의 일을 말하고 있는 것으로 볼 때, 이 시는 이해 11월 막내아들인 김후겸(金厚謙)의 초례(醮禮)를 행하러 회덕에 갔을 때 지은 것이다. 초례를 행한 뒤 성만징(成晩徵), 송일원(宋一源), 송요화(宋堯和)와 함께 속리산 용유동(龍游洞)을 유람하였다. 《三淵先生年譜》

100 마음은 살랑살랑 : 원문의 '연연(娟娟)'은 여러 뜻이 있으나, 나비가 사뿐히 날개를 움직여 나는 모양을 말할 때도 쓰인다. 여기에서는 그와 같이 자신의 마음이 자신이 그리는 곳으로 움직여 날아가는 모습을 표현한 것이다.

동관음동 어귀에서[101]

東觀音洞口

맑고 엄숙하게[102] 갖옷에 말 타고 깊은 숲 지나니 淸嚴裘馬度穹林
천 길 높이 선 절벽에 마음 오싹해진다 壁起千尋懍我心
하늘 지탱하여 버티고 선 형세 어찌 이리 장대하며 撑極胡然抗勢壯
깊은 못에 뿌리 내리꽂은 것 바야흐로 깊어라 揷淵方始著根深
걷혔다 꼈다 하는 구름 안개는 아침저녁으로 떠다니고
吸噓雲靄流晨夕
시들었다 만개했다 하는 단풍과 꽃은 고금의 세월 거쳤도다
凋爛楓葩閱古今
거기에 또 용이 노닌 흔적이 바위에 남아 있으니 亦有龍遊痕在石
얼음 낀 여울 내려다보며 앉아 거문고 퉁기고저 坐臨氷瀨欲彈琴

101 동관음동 어귀에서 : 동관음동은 속리산의 계곡 이름이다.

102 맑고 엄숙하게 : 원문의 '청엄(淸嚴)'은 보통 사람의 인품을 가리킬 때 쓰는 표현으로 적절한데, 여기에서는 맑은 흥취와 단단히 행장을 차리고 산길을 조심히 가는 의미로 보는 것이 적절할 듯하다.

속리산 계곡 어귀에서

俗離洞口

층층 겹겹 신선 산 보이니	層疊仙山出
빽빽하게 옥이 선 듯하여라	森如玉立然
흰 구름이 본디 봉우리 아래 있는데	白雲元在下
가랑눈이 다시 산꼭대기에 내렸구나	微雪更添巓
아득한 옛날 홍몽[103]을 지나왔고	閱歷鴻濛古
하늘은 섣달이라 맑고 또렷하다	淸眞臘月天
기우뚱한 다리는 혹 나무가 빠져 있기도 하니	攲橋或疎木
저녁 산봉우리 앞에서 말이 울도다	嘶馬夕峯前

103 홍몽(鴻濛) : 하늘과 땅이 나뉘기도 전의 태고를 가리킨다.

서양갑[104]

西洋岬

양갑의 절에 볼만한 것 없으되　　洋岬招提無可觀
승려 하나 청정히 앉아 자세히 산 이야기하네　　一僧淸坐細談山
동쪽 숲 좋은 암자 몇몇을 손가락으로 가리키니　　指點東林數菴好
학 둥지에 가랑눈 내리는 석문이 차갑다　　鶴巢微雪石門寒

104 서양갑 : 속리산의 지명인 듯하나 미상이다.

복천사[105]

福泉寺

일천 봉우리가 부처를 빙 둘러싼 형세이니	千峯環佛勢周遭
붉은 누각의 백옥호[106]가 밝게 비치네	皎映紅樓白玉毫
금빛 푸른빛 회랑에는 등불 환히 빛나고	金碧回廊燈炯炯
소나무 삼나무 깊은 골짝엔 바람 소리 씽씽	松杉穹壑籟嘈嘈
광릉의 어필은 구름 사이에 숨겨져 있고[107]	光陵宸翰雲間閟
족조의 부도는 눈 속에 드높아라[108]	族祖浮圖雪裏高
가장 뛰어난 제호 같은 샘물 맛 특별하니[109]	絶勝醍醐泉味別
내시가 수고로이 병으로 실어 날랐지	黃門曾亦馱甁勞

105 복천사 : 현재 속리산 법주사의 말사인 복천암이다.

106 붉은 누각의 백옥호 : 복천사의 불상이다. 부처의 두 눈썹 사이의 희고 빛나는 터럭에서 끊임없는 광명이 나오는데, 이를 백호광(白毫光), 옥호광(玉毫光)이라 한다.

107 광릉의……있고 : 광릉은 세조(世祖)의 능호(陵號)이다. 세조가 1464년 복천사에서 신미(信眉), 학조(學祖), 학열(學悅) 등과 함께 3일 동안 기도를 드린 뒤 절에서 나오는 샘물을 마시고 목욕을 하고서 피부병이 깨끗이 낫자 이 절을 중수하도록 하고, '만년보력(萬年寶曆)'이라는 사각 옥판을 내렸다.

108 족조의……드높아라 : 복천사에 있는 학조화상탑(學祖和尙塔)을 말한 것이다. 보물 제1418호로 지정되어 있으며 1514년(중종9)에 세워졌다. 학조화상은 안동 김씨로 본명은 영형(永衡)이다.

109 가장……특별하니 : 복천사의 샘물을 제호에 비긴 것이다. 우유를 정제하면 유(乳), 낙(酪), 연유(煉乳), 생수(生酥), 숙수(熟酥)의 단계를 거쳐 제호가 되는데, 이 중에서 제호의 맛이 가장 좋으므로 불교에서는 '제호상미(醍醐上味)'를 가장 높은 부처의 경지를 비유하는 말로도 쓴다.

절에 이르러 옛날 같이 놀던 노승을 만나

到寺 遇舊遊老僧

삼십 년 전[110] 다니던 길 눈 덮여 흐릿하니	卅年行逕雪糢糊
가을 달 희미하고 단풍은 시들었지	秋月依俙赤葉枯
사자암에서 함께 웃던 세 짝 중에[111]	獅子菴中三笑伴
한 승려가 수척한 내 얼굴 보고 놀라는구나	一僧驚我面蒼癯

110 삼십 년 전 : 삼연은 1673년(현종14) 가을, 회덕(懷德)에 있는 고모를 뵈러 간 길에 속리산과 백마강 등을 유람하였다.

111 사자암에서……중에 : 사자암은 속리산 법주사의 부속암자이다. 함께 웃던 세 짝이란 호계삼소(虎溪三笑)의 고사를 말한 것이다. 호계는 중국 여산(廬山)의 동림사(東林寺) 앞에 있는 시내인데, 이 시내를 넘어가면 범이 울었기 때문에 이렇게 이름하였다. 진(晉)나라 고승 혜원 법사(慧遠法師)가 손님을 전송할 때 이 시내를 넘지 않았다. 뒷날 도잠(陶潛), 육수정(陸修靜)과 뜻이 맞아 자신도 모르게 넘어가자 범이 갑자기 우니, 세 사람이 놀라 크게 웃고는 헤어졌다고 한다. 《山堂肆考 卷24 虎號》 삼연이 찾았을 때도 아마 실제로 세 사람이기 때문에 세 짝이라 했을 듯한데, 나머지 한 사람이 누구인지는 기록이 없어 알 수 없다.

성달경을 만나 나란히 누워[112] 성달경은 성만징이다
遇成達卿 晩徵 聯枕

다생 간의 습기를 참으로 제거하기 어려우니	多生習氣苦難除
묵은 체기가 참으로 옛집 그리워하는 듯하네[113]	宿滯眞如戀舊廬
정적의 방편 도모하여 백업을 가까이하고[114]	靜寂圖便隣白業
수척한 몸의 건강 생각하여 단서 사랑하노라[115]	淸羸思健愛丹書
그대 이미 중도 구한 지 오래인 것 아나니	亦知君已求中久
내 오히려 스스로 성찰함 소활한 것 부끄럽도다	獨愧吾猶省已踈
도를 논하고 교유를 논함이 응당 한 이치이니	論道論交應一致
말을 뱉음에 먼저 이 마음을 비워야 하리라	吐言先要此心虛

112 성달경을……누워 : 성만징(成晩徵, 1659～1711)은 본관은 창녕(昌寧), 자는 달경, 호는 추담(秋潭)이다. 권상하(權尙夏)의 문인으로 강문팔학사(江門八學士)의 한 사람이며, 저서로 《추담문집(秋潭文集)》이 있다.

113 묵은……듯하네 : 묵은 체기는 앞 구절의 '다생 간의 습기'와 같은 뜻으로 오래 묵은 나쁜 행업(行業)을 비유한 것이다. 옛집을 그리워하는 듯하다는 것은 마치 사람이 고향으로 돌아가려 하듯이 자꾸만 나쁜 습기대로 행동하게 된다는 뜻이다.

114 정적의……가까이하고 : 나쁜 습기를 없애기 위한 방편으로 불교의 수행을 가까이한다는 말이다. 정적은 곧 불가의 선정(禪定), 적정(寂靜)의 뜻이다. 백업은 불교 용어로 선업(善業)을 뜻한다.

115 수척한……사랑하노라 : 양생(養生)을 위해 도가의 수행을 취한다는 말이다. 단서는 연단술(鍊丹術)이 적힌 도가서를 뜻한다.

성달경과 길이 갈리며

與成達卿分路

이별하는 산 이별하는 벗 모두 애틋하니	別山別友兩依依
떠나가는 말 울 제 떠나가는 옷 잡노라	別馬嘶時攬別衣
이 모두 우리들이 떠나고 머무는 마음	摠是吾人去留意
눈 쌓인 봉우리 승려는 절간 사립 닫았구나	雪峯僧自掩禪扉

밤에 밤티를 넘으며[116]

夜踰栗嶺

용화에서 말 먹이는 것 더뎌	龍華遲秣馬
고개 이르니 밤 깊어지려 하네	到嶺夜將深
이미 속리산 눈 쌓인 풍광 볼 수 없는데	已失俗離白
거기에 송면[117]의 그늘 이어지누나	仍連松面陰
삽살개 소리 어느 점에서 들려오나	聞狵定何店
범 무서워 흥얼거리지 못하겠네	畏虎不成吟
달 떠오고 높은 산길 끝나니	月出崎嶇斷
평지 내달림에 그제야 마음 시원해라	平驅始快心

116 밤에 밤티를 넘으며 : 밤티는 청주 방면의 용화지구와 상주 방면의 장암리 사이에 있는 속리산의 고개 이름이다.

117 송면 : 밤티 위쪽에 있는 지명이다. 이 부근은 노송의 군락지이다.

병천에서 송백성에게 주다[118] 송백성은 송하적이다

瓶泉 贈宋伯成 夏績

이레 동안 바위 골짝 함께 유람하면서 七日同遊巖壑中

그대 흉금이 옛사람과 같음을 보았어라 看君襟抱古人同

노나라에 군자 없었다면 이 사람이 어디서 이 덕 취했으랴[119] 魯無君子斯焉取

백아(伯牙)에게 지음 있으니 그대의 귀 밝도다[120] 牙有知音爾乃聰

수사의 한 줄기 근원 자나 깨나 보존하고[121] 洙泗一源存寤寐

118 병천에서 송백성에게 주다 : 병천(瓶泉)은 문경시 농암면 내서리 계곡 안의 지명으로 본래 이름은 병천(屛川)이다. 두 산이 병풍처럼 펼쳐져 있고 바위와 시내의 승경이 훌륭하다. 계곡물이 바위 가운데를 통과해 아래의 못으로 흘러드는데 물이 떨어지는 부분에 큰 바위가 덮여 있어 그 모습이 마치 병의 입구와 비슷하므로 송요좌(宋堯佐)가 병천(瓶泉)이라고 이름을 바꾸었다. 송하적은 송준길(宋浚吉)의 문인으로 본관은 은진(恩津), 자는 여성(汝成), 호는 장청헌(藏淸軒)이며, 감역(監役)을 지냈다. 《閑靜堂集 卷9 瓶泉記略》《同春堂集 續集 卷12 門人錄》

119 노나라에……취했으랴 : 송하적이 송준길의 문하에서 공부하여 이런 훌륭한 덕을 지니게 되었다는 말이다. 이 구절은 《논어》〈공야장(公冶長)〉에서 공자가 제자인 복자천(宓子賤)을 칭찬한 말이다.

120 백아(伯牙)에게……밝도다 : 삼연 자신을 백아에 비기고, 송하적을 백아의 벗인 종자기(鍾子期)에 비겨 두 사람이 서로의 마음을 잘 알아주는 지음(知音)이라고 한 것이다. 32쪽 주36 참조.

121 수사(洙泗)의……보존하고 : 송하적이 도학(道學)에 항상 뜻을 두었다는 말이다. 수사는 노(魯)나라에 있던 수수(洙水)와 사수(泗水)를 말하는데, 공자가 이곳에서 제자들을 모아놓고 학문을 강론하였으므로 뒤에 공자의 학문을 뜻하는 말로 쓰였다.

곤산의 한 조각 옥에 곤궁과 형통 내려놓았네[122] 崑山片玉委窮通
지난번 산사에서 텅 비고 밝던 마음을 向來崖寺虛明意
《주서》로 옮겨 크게 공부할지로다 移就朱書大著功

122 곤산의……내려놓았네 : 곤산의 옥은 과거에 급제하여 벼슬길에 나아가는 것을 뜻한다. 31쪽 주34 참조. 송하적이 벼슬에 뜻을 두지 않고 그에 따른 곤궁과 형통에는 마음을 내려놓았다는 말이다.

용유담에서 송백순에게 보이다[123] 송백순은 송일원이다

龍游潭 示宋伯純 一源

화양동주 노선생[124]께서	華陽洞主老先生
일찍이 이곳을 걸으셨어라	杖屨曾從是處行
분수 따라 머문 무이는 마음에 맞았고	隨分武夷心亦可
놀랍고 기이한 여산은 눈 번쩍 뜨였네[125]	驚奇廬阜眼偏明
품제에서 또한 다시 공도가 보존되고	品題也復存公道
제우에서 도리어 물정을 알 수 있도다[126]	際遇還應見物情

123 용유담에서 송백순에게 보이다 : 용유담은 속리산 용유계곡에 있는 못 이름인 듯하다. 송일원은 송시열의 증손으로, 백순은 자이다.

124 화양동주 노선생 : 송시열(宋時烈)이다.

125 분수……뜨였네 : 무이와 여산은 모두 주희(朱熹)와 관련된 곳이다. 무이는 주희가 무함(誣陷)을 받고 관직에서 물러나 있을 때 은거하던 복건성(福建省)의 산 이름으로 송시열의 화양구곡은 주희의 무이구곡을 본뜬 것이다. 여산은 주희가 남강 지사(南康知事)로 있을 때 강학하던 곳이다. 이 구절은 송시열이 속리산의 풍광을 사랑하여 이곳에 머문 것을 주희의 일에 비긴 것이다.

126 품제에서……있도다 : 이 두 구절의 뜻은 자세하지 않으나, 이 시가 송시열의 속리산 은거를 배경으로 하고 있고, 송시열의 증손인 송일원에게 선조의 사적을 칭양하는 뜻이 내포되어 있음을 감안하면 아마도 다음과 같은 뜻일 듯하다. 품제는 시문(詩文), 인물, 풍광에 대한 비평의 뜻이 있다. 이는 아마도 송시열이 용유담을 유람하며 남긴 시문에 공도가 담겨 있다는 뜻이거나, 혹은 송시열이 이곳에 머문 일을 읊은 다른 이의 시들에 송시열에 대한 높은 평가가 있으므로 공도가 보존되었다고 한 듯하다. 제우는 단순히 만난다는 뜻이기도 하지만, 보통은 임금과 신하가 서로 뜻이 맞음을 나타내는 표현으로 쓰인다. 곧 당시 송시열과 임금 사이의 제우를 보면 사람들의 여론이 송시열을 얼마나 존숭했는지 알 수 있다는 뜻인 듯하다.

오늘 한 잔의 술 누굴 위해 권할거나　今日一杯誰爲勸
움푹 파인 바위에 와서 옛날 술동이 기울이던 곳 묻노라
窪巖來問舊樽傾

선생이 와서 노니셨을 때 움푹 파인 바위에 술을 부은 일이 있기에 말한 것이다.

이별할 때 주다

臨別相贈

신선 산 이레 동안 유람하니	仙山七日遊
이리저리 복잡한 산길 올라다녔네	登歷路參差
짚신 신은 다리 부르트려 하고	靑鞋脚欲胝
옥가루 담은 자루 이미 드리웠어라[127]	瓊糜槖已垂
깊은 골짝에서 한림을 찾고	幽洞訪翰林
오래된 협곡에서 왕비 불렀도다[128]	古峽問王妃
우는 노새는 가파른 비탈길 넘고	鳴騾凌絶磴
소나무에 내린 눈은 옥구슬처럼 흩날렸지	松雪散瑤璣
같이 걸으며 앞서거니 뒤서거니	同行互後先
완상의 마음 일어남을 각자 알았어라	賞心各自知

127 옥가루……드리웠어라 : 산에서 신선을 만나 신선으로부터 받은 옥가루를 담은 자루를 찼다는 말이다. 당(唐)나라 태화(太和) 연간에 두 사람이 숭산(嵩山)을 유람하다가 길을 잃었는데, 그때 깨끗한 차림의 어떤 사람이 보자기를 베고 자는 모습을 발견하였다. 두 사람이 그에게 길을 물었더니, 그는 보자기에서 두 알의 옥설반(玉屑飯)을 꺼내주면서 이것을 먹으면 장생하지는 못하더라도 질병은 면할 수 있다고 하고서 길을 가르쳐주었다고 한다. 《山堂肆考 卷193 玉屑》

128 깊은……불렀도다 : 이는 모두 속리산과 관련된 속설에 기반한 것이다. 한림은 한림학사를 지낸 적이 있는 최치원(崔致遠)이고, 왕비는 신라 진평왕의 왕비인 마야부인(摩耶夫人)이다. 최치원이 속리산에 왔다가 "도는 사람을 멀리하지 않는데 사람이 도를 멀리하고, 산은 속세를 떠나지 않는데 속세가 산을 떠난다.〔道不遠人人遠道, 山非離俗俗離山.〕"라는 시를 남겼다는 속설이 있으며, 속리산의 입석대는 마야부인이 서라벌을 향해 기도를 올릴 때 세웠다는 설화가 있다.

드높은 산 넘실대는 물 웃으며 말하고　　峩洋入笑語
품평하며 풍광의 고하 따졌네　　品題隨高低
용추는 참으로 가장 웅장한데　　龍湫固擅雄
하계가 다시 풍취 넘치네　　霞溪更饒姿
달빛 아래 청아하게 산책하고　　淸散月下策
바위 위에서 그윽하게 생각 잠겼어라　　幽凝巖上思
깊은 도원 들어본 적 없던 것이요　　不聞桃源邃
기이한 옥연 그 안에 감추어져 있었네　　中藏玉淵奇
질탕한 흥취 이에 극에 달했더니　　跌宕於斯極
이별의 시간 문득 뒤따르네　　離別輒相隨
아득한 저 남악의 유람이여　　緬彼南嶽遊
주자와 장자는 시를 버리지 않았도다[129]　　朱張未廢詩
가지고 돌아가 어디에 쓸까　　持歸欲何用
내가 무리 떠나 홀로 거처할 때 위안하리라　　慰我索居時

129 아득한……않았도다 : 남송(南宋) 때 주희(朱熹)와 장식(張栻)이 남악 형산(衡山)을 유람하고 도중에 지은 시 140여 수를 모아 《남악창수집(南嶽唱酬集)》을 엮은 일을 가리킨다.

까치내에 다리가 없어[130]

鵲川無梁

내가 청주 경내 지나며 我過淸州境
백성들 사정 살펴보고 한번 크게 탄식한다 觀風一喟然
게으른 목사 누구인가 誰爲懶明府
백성들 도보로 찬 시내 건너는 것 괴로워하거늘 民病涉寒川
정강이 자름은 혹독하게 인을 해치는 것이요[131] 斫脛傷仁酷
수레를 태워줌은 치우치게 은혜를 쓴 것이라[132] 乘輿用惠偏

130 까치내에 다리가 없어 : 까치내는 청주목(淸州牧) 청안현(淸安縣) 경내로 흐르던 시내 이름이다. 《東國輿地志 卷3 忠淸道 左道 淸州牧》

131 정강이……것이요 : 《서경》〈주서(周書) 태서 하(泰誓下)〉에 "아침에 물을 건너는 사람의 정강이를 자른다.〔斮朝涉之脛〕"라고 하였는데, 이는 폭정을 일삼던 은(殷)나라 주왕(紂王)이 추운 겨울 아침에 정강이를 걷고 시내를 건너는 사람을 보고 그 사람의 정강이는 추위를 잘 견디게 되어 있을 것이라며 정강이를 잘라 살펴본 악행을 말한다. 이는 곧 다리를 놔줄 생각은 하지 않고 백성들이 차가운 시내를 그대로 건너는 상태를 방치하면서 백성들이 튼튼하여 별문제가 없다고 생각하는 관원을 풍자한 것이다.

132 수레를……것이라 : 《맹자》〈이루 하(離婁下)〉에 "자산이 정나라의 정사를 다스릴 적에 자기가 타는 수레를 가지고 진수와 유수에서 사람들을 건네주었다. 맹자가 말씀하기를 '은혜로우나 정치를 하는 법을 알지 못하였다. 11월에 작은 다리가 완성되고 12월에 수레가 다니는 큰 다리가 완성되면 백성들이 물 건너는 것을 괴롭게 여기지 않는다. 군자가 정사를 공평히 한다면 출행할 때에 사람들을 벽제(辟除)하는 것도 가하니, 어찌 사람마다 모두 건네줄 수 있겠는가.'라고 하셨다.〔子產聽鄭國之政, 以其乘輿, 濟人於溱洧. 孟子曰, 惠而不知爲政. 歲十一月徒杠成, 十二月輿梁成, 民未病涉也. 君子平其政, 行辟人可也, 焉得人人而濟之?〕"라고 하였다. 곧 다리를 놓아서 모든 백성이 공평하게 혜택을 받게 하지 않고 수레로 백성들을 건너게 해주는 것도 자신의 사사로운

길 다니는 사람이 전최를 할 수 있나니[133] 行人能殿最

두려워할 만한 것이 어찌 하늘이 아니랴 可畏豈非天

은혜를 한정된 사람에게만 치우치게 베푸는 꼴이라는 말이다.

133 길……있나니 : 전최는 관리 평가 등급에서 최상등급인 최(最)와 최하등급인 전(殿)을 합친 말이다. 곧 길 다니는 일반 백성들도 관리의 우열을 평가할 수 있다는 말이다.

이수겸에게 주다[134]

贈李秀謙

까치내 다리 끊어져 얼음장 여울에 몸 담그니　鵲川橋斷陷氷灘
십 리를 이빨 딱딱 부딪히며 추위 참지 못했노라　十里波咤不耐寒
여행길 고생스러움을 누가 피할 수 있으랴만　行旅間關誰得免
온후한 집주인 만나기 가장 어렵다네　主人溫厚最爲難
밥 내음 맡아보니 고생한 땔나무로 지은 맛 아니요[135]　飯香不是勞薪味
국수 슴슴한 것이 병든 위장 편안케 하누나　麵淡能令病胃安
도성 돌아가서 감히 이 밤 보낸 것 잊으랴　歸洛敢忘經此夜
죽계[136]의 차가운 달빛이 흉금을 비추리　竹溪霜月照心肝

134 이수겸에게 주다 : 이수겸이 누구인지는 미상이나, 시의 내용상 까치내를 건너 유숙한 집의 주인인 듯하다.

135 밥……아니요 : 고생한 땔나무는 곧 수레바퀴를 땔나무로 쓴 것이다. 이에 대한 유래는 두 가지가 있는데, 하나는 순욱(荀勖)이 진 무제(晉武帝)와 식사를 하면서 사람들에게 이 밥은 수고한 땔나무로 만들었다고 하기에 알아보니 과연 수레바퀴를 땔나무로 사용한 것이었고, 또 하나는 춘추 시대 진(晉)나라의 사광(師曠)이 밥을 먹으면서 그 밥이 수고한 땔나무로 만들었다고 하기에 알아보니 역시 수레바퀴를 땔나무로 사용했다는 고사이다. 순욱의 고사는 보통 그 사람의 박식함을 말하는 것이고, 사광의 고사는 밥 짓는 나무에 따라 불의 기운이 달라지고 불의 기운에 따라 밥맛이 달라지므로 불 때는 나무를 가려 써야 한다는 의미로 인용한 것이다. 이 구절에서는 후자의 의미로, 곧 밥맛이 담박했다는 의미로 쓰인 것이다. 《晉書 卷39 荀勖傳》《隋書 卷69 王劭傳》

136 죽계 : 이수겸의 집이 있는 곳인 듯하다.

재차 경양헌에 들렀으나 주인이 부재중이기에 장난스레 율시 한 수를 적다[137]

再過景楊軒 値主人不在 戲題一律

구실아치 일 인연 따라 지겨워지자 곧장 쉬어버리고 吏役隨緣倦卽休

전원에 돌아와 그대로 다시 송추[138]에 기댔어라 歸田仍復倚松楸

어찌 굳이 일천의 거마로 조송할 것 있으랴 何須祖送千車馬

절로 편안히 쉴 만한 아무 물 아무 언덕 있도다[139] 自有棲遲某水丘

헌함은 거북 바위의 푸른 소나무와 어우러지고 軒向龜巖松翠合

137 재차……짓다 : 경양헌과 그 집 주인이 누군지는 미상이다.

138 송추(松楸) : 소나무와 가래나무로, 선영(先塋)에 많이 심는 나무이므로 선조의 산소가 있는 고향 또는 선산(先山)을 가리킨다.

139 어찌……있도다 : 부귀영화를 좇으며 바쁘게 살다 죽는 것보다 고향에서 마음 편안하게 사는 것이 훨씬 낫다는 말이다. 조송은 장사를 지낼 때 발인(發靷)하기 전에 영결(永訣)을 고하는 제사를 지내면서 조전(祖奠)을 올려 죽은 이를 전송하는 의식을 말한다. 소식(蘇軾)의 〈박박주(薄薄酒)〉에 "한(漢)나라 황제처럼 구슬 장식 수의(壽衣)와 옥으로 만든 관 속에 누워 만인의 조송을 받으며 북망산으로 돌아가는 것이, 메추라기를 매단 것처럼 일백 곳이나 꿰맨 옷을 입고서라도 홀로 앉아 아침 햇볕을 등에 쬐는 것만 못하다.〔珠襦玉匣萬人祖送歸北邙, 不如懸鶉百結獨坐負朝陽.〕"라고 하였다. 《蘇東坡詩集 卷14》 아무 물 아무 언덕은 고향을 가리킨다. 한유(韓愈)의 〈소윤 양거원을 전송하며 쓴 서문〔送楊巨源少尹序〕〉에 "지금 그대가 고향에 돌아가서는 나무를 가리키며 '저 나무는 우리 선인께서 심은 것이요, 아무 물가와 아무 언덕〔某水某丘〕은 내가 어렸을 때에 낚시질하며 놀던 곳이다.'라고 할 것이다."라고 한 데서 온 말이다. 《昌黎先生集 卷21》

못은 고기 낚는 섬의 대 그늘 머금어 그윽하다　池涵魚嶼竹陰幽
반계라는 만호에도 일이 많으니　磻溪晩號猶多事
갑자기 낚싯대 던지고 떠나 주나라 돕지 마시라[140]　莫遽投竿去佐周

140 반계(磻溪)라는……마시라 : 경양헌의 주인이 반계라고 만호를 지어 유유자적 살아갈 뜻을 보였으나, 지금 재차 찾아왔음에도 만날 수 없을 정도로 바삐 돌아다니니, 그러다가 덜컥 출사하지 말라며 장난스럽게 말한 것이다. 반계는 강태공(姜太公) 여상(呂尙)이 노년에 이르도록 낚시를 하던 곳이다. 이곳에서 문왕(文王)을 만나 발탁되어 주(周)나라가 천하를 차지하도록 도왔다.

천안에서 새벽에 출발하며

天安曉發

달빛이 밝아오는 새벽빛과 다투니　　月華爭曙色
참말로 지금이 인시인가 묘시인가[141]　　寅卯定何時
혼자서 노새 타고 나와놓고는　　獨自騎騾出
외려 그림자 돌아보며 누가 따라오는가 하네　　猶然顧影疑
산점의 불빛은 별빛 깜빡이는 것 같고　　星殘山店火
관아 문 앞 비석은 사람처럼 섰어라　　人立縣門碑
태평한 세상과는 달리　　有異清平世
나는 험난한 곳 다니는구나　　吾行亦涉危

141 인시인가 묘시인가 : 인시는 오전 3~5시이고, 묘시는 오전 5~7시이다.

소사[142]

素沙

아득히 거대한 평야가 멀리 하늘과 맞닿았으니 巨野茫茫逈際空

양공의 위대한 공적 영원히 전해지리 楊公偉績配無窮

한나라 군대 돌진하기에 평지가 그만이요 漢軍跳蕩宜平地

월나라 군사 어지러이 흩어지니 기세 강하지 못했네[143] 越甲紛披不競風

청의[144]는 소사천 가에서 피 칠갑하고 衺血青衣素川上

142 소사(素沙) : 이 시는 정유재란(丁酉再亂) 당시 소사 평야에서 벌어졌던 명(明)나라와 왜군 사이의 전투를 배경으로 하고 있다. 소사 전투는 평양(平壤), 행주(幸州) 전투와 함께 육전(陸戰) 3대첩으로 불리기도 한다. 당시 삼남(三南) 지방을 함락하고 북상하는 왜군으로 인해 민심이 흉흉하여 도성은 다시 피난길을 떠날 분위기였는데, 선조가 평양에 주둔 중인 명군(明軍)의 경리조선군무(經理朝鮮軍務) 양호(楊鎬)에게 수차례 요청하여 마침내 양호가 군사를 이끌고 소사에서 전투를 벌여 총 여섯 번의 회전(會戰)을 대승으로 이끌었다. 이후 왜군은 다시 북상하지 못하고 남쪽에 머물렀다.

143 월나라……못했네 : 월나라 군대는 남방의 왜구를 비유한 것이다. 기세가 강하지 못하다는 표현은 특히 남방에서 온 왜군에 호응하는 말이다. 《춘추좌씨전(春秋左氏傳)》 양공(襄公) 18년 조에 남쪽의 초(楚)나라 군대가 진(晉)나라를 공격해오고 있다는 소식을 듣고 사광(師曠)이 말하기를 "해를 끼치지 못할 것입니다. 내가 여러 차례 북방의 악곡을 노래해보고 또 남방의 악곡을 노래해보았는데, 남방의 악곡은 소리가 강하지 못하고 기운 꺾인 소리가 많으니 초나라는 반드시 성공하지 못할 것입니다.〔不害. 吾驟歌北風, 又歌南風, 南風不競, 多死聲, 楚必無功.〕"라고 하였다.

144 청의(青衣) : 왜적(倭賊)을 가리킨다. 임진왜란이 일어나기 전 역학(易學)에 능통했던 주부(主簿) 박상의(朴尙義)가 이정귀(李廷龜)에게 청의를 입은 도적이 도성의 동문과 남소문으로 들어올 것이라고 예언했는데, 과연 몇 해 지나지 않아 왜적이 쳐들어

쇠창은 오래된 밭 모래 속에 파묻혔구나	埋沙鐵戟古田中
견고한 도산에서 끝내 한을 남기니[145]	島山負固終留恨
큰 나무[146] 도중에 꺾인 것 가슴 아파라	大樹中摧又可恫

왔다. 정유재란 때 양호가 도성에 들어와서 접반사(接伴使) 이덕형(李德馨)에게 청의를 입은 도적에 대한 예언을 한 사람이 있는 것을 알고 있으니 만나게 해달라고 하였고, 박상의를 자신의 막하에 두고 군사(軍師)로 대우하면서 전투에 관한 일을 항상 자문하였다. 《頤齋遺藁 卷22 主簿朴公傳》

145 견고한……남기니 : 도산은 울산에 있는 성 이름이다. 당시 왜군이 이곳에 머물고 있었는데 양호가 조선군과 함께 공격했다가 함락에 실패하였다. 양호가 다시 이곳을 공략하려 하던 중 양호에게 죄를 받았던 진인(陳寅), 주승(周陞) 등의 장수가 병부주사(兵部主事) 정응태(丁應泰)에게 양호가 왜군과 내통하고 전공을 과장하였다고 무함하여 마침내 양호가 파직되었다. 《燃藜室記述 卷17 宣朝朝故事本末・楊鎬劾去遣使辨誣》

146 큰 나무 : 훌륭한 장군을 일컫는 말이다. 후한(後漢)의 장군 풍이(馮異)는 몹시 겸손하여 장수들이 자신의 공적을 자랑할 때에도 항상 큰 나무 밑으로 물러가 자기의 공적을 숨겼기 때문에 군중에서 대수장군(大樹將軍)이라고 불렀다고 한다. 《後漢書 卷17 馮異列傳》

말 위에서 삼각산을 보며

馬上見三角

두 달 동안 남쪽 유람 이제야 돌아오니	兩月南遊今始廻
무탈한 삼각산이 말 앞으로 다가온다	馬前無恙華山來
뉘 알랴 금빛 연꽃 같은 봉우리 아래	誰知縹緲金蓮下
사람 묻혀 일만 길 티끌로 쌓여 있음을	積得埋人萬丈埃

안 영광에 대한 만사[147] 안 영광은 안세징이다. 맏형을 대신해 지었다. 계미년(1703, 숙종29)

安靈光 世徵 挽 代伯氏 癸未

백채감화[148]로 바탕과 문채 갖추니　白采甘和備質文
회천에 절로 좋은 연원 있었도다[149]　懷川自有好淵源
봄바람 속에 오래 앉았으니 덕에 훈도됨을 알겠고[150]
春風坐久知熏德
풍토병 도는 바다 가는 것 가벼이 여겨 억울함 호소했네[151]
瘴海身輕爲訟冤

147 안……만사 : 안세징(安世徵, 1639～1702)은 본관은 광주(廣州), 자는 자원(子遠), 호는 환성재(喚醒齋)로 송준길(宋浚吉)의 문인이다. 장령(掌令), 진주 목사(晋州牧使), 공조 참의(工曹參議), 영광 군수(靈光郡守) 등을 역임하였다. 《國朝人物志》

148 백채감화(白采甘和) : 안세징의 사람됨이 충실하여 어떤 가르침이든 잘 받아들일 자질이었다는 말이다. 《예기(禮記)》 〈예기(禮器)〉에 "단맛은 모든 맛의 근본이라서 온갖 맛을 조화시키고, 흰색은 모든 색의 근본이라서 어떤 채색이든 받아들인다. 이와 마찬가지로 오직 충실하고 신실한 사람이라야 예를 배울 수 있다.〔甘受和, 白受采, 忠信之人, 可以學禮.〕"라고 하였다.

149 회천에……있었도다 : 안세징이 송준길의 문인이었다는 말이다. 회천은 송준길이 살았던 회덕(懷德)을 가리킨다.

150 봄바람……알겠고 : 송준길의 덕에 감화되었다는 말이다. 49쪽 주88 참조.

151 풍토병……호소했네 : 안세징이 원지로 귀양 가는 것을 두려워하지 않고 스승인 송준길의 억울함을 호소했다는 말이다. 송준길이 죽은 뒤 숙종이 즉위하여 남인이 정권을 잡자 송준길은 관작을 삭탈당했는데, 안세징 등이 상소하여 억울함을 호소하였다가 모두 원지로 귀양 갔다. 《同春堂集 續集 附錄5 年譜》

사우들 가운데 명망이 가장 무거웠거늘　　士友中間名最重
벼슬살이하는 동안 진로 외려 막혔어라　　宦途前後迹猶屯
한 번 손 휘저어 아득히 멀어지자[152] 그대로 세상 떠나니
一麾迢遞仍冥漠
수문 들어오기도 전에 갑자기 반혼하누나[153]　　未入脩門遽返魂

152 한……멀어지자 : 안세징이 지방관인 영암 군수로 나갔음을 뜻한다. 진(晉)나라 때 완함(阮咸)이 순욱(荀勖)의 배척을 받아 시평 태수(始平太守)로 나간 일을 두고, 남조(南朝) 송(宋)나라의 안연지(顔延之)가 〈오군영(五君詠)〉이란 시를 지으면서 완함에 대해 "누차 천거받았어도 내직에는 못 들고, 한 번 손 휘저음에 지방관 되어 나갔도다.〔屢薦不入官, 一麾乃出守.〕"라고 한 데서 온 말이다. 《文選 卷21 詠史 五君詠五首 阮始平》

153 수문(脩門)……반혼하누나 : 안세징의 혼령이 도성으로 돌아오기도 전에 벌써 반혼의 절차를 행하게 되었다는 말이다. 수문은 초(楚)나라 수도 영(郢)의 성문인데, 전하여 도성 문을 가리킨다. 《초사(楚辭)》 〈초혼(招魂)〉에 "혼령이여 돌아와 수문으로 들어오라.〔魂兮歸來, 入脩門些.〕"라고 하였다. 반혼은 장례 지낸 뒤에 신주를 집으로 모셔오는 절차이다.

사경의 부인에 대한 만사[154]

士敬內室挽

제1수

풍계의 절개 있고 효성스러운 가문[155]	楓溪節孝門
효부 또한 효성이 다함없으니	孝婦亦不匱
높은 당에 두 동서	高堂兩娣姒
종학과 같은 부류였네[156]	鍾郝與等類
문득 아름다운 덕 이어나갈 사람 있어	徽音輒有嗣
숙인이 곤도 갖추니[157]	淑人壼度備

154 사경의……만사 : 사경은 삼연의 족질(族姪) 김시보(金時保)의 자이다. 김시보의 아내는 윤항(尹抗)의 딸인 숙인(淑人) 파평 윤씨(坡平尹氏, 1656~1702)이다.

155 풍계(楓溪)의……가문 : 풍계는 인왕산 동쪽 기슭의 북쪽에 해당하는 청풍계(靑楓溪)로, 현재의 종로구 필운동 52번지 일대이다. 이곳에서 김시보의 선조인 김상용(金尙容)이 살았다. 김상용은 병자호란 때 강화도로 갔다가 강화도가 함락되자 폭약을 터뜨려 순절하였다. 또한 김시보의 부친인 김성우(金盛遇)는 효자로 알려져 조정에서 정려(旌閭)를 내렸다.

156 높은……부류였네 : 두 동서란 김시보의 모친 남원 윤씨(南原尹氏)와 숙모 전주 유씨(全州柳氏)이다. 두 사람은 모두 남편을 일찍 잃고 과부가 되어 서로 의지하며 집안을 꾸려나갔는데, 사람들이 그들을 종학이라고 일컬었다. 종학은 진(晉)나라 때 왕혼(王渾)의 아내 종씨(鍾氏)와 왕혼의 동생 왕담(王湛)의 아내 학씨(郝氏)이다. 이들은 동서 간에 서로 존중하며 친하게 지냈다. 《本集 卷27 淑人坡平尹氏墓誌銘》《世說新語 賢媛》

157 문득……갖추니 : 여인의 법도를 갖춘 파평 윤씨가 시어머니의 아름다운 덕을 잘 이어갔다는 뜻이다. 《시경》〈대아(大雅) 사재(思齊)〉에 "태사께서 태임(太任)의

아아 난옥의 자질[158] 猗嗟蘭玉質
기르고 다듬어 향기롭고 순수함 드러났네 滋鍊著芳粹
도서와 사책에서 모범 취하고[159] 儀刑卽圖史
화려한 장신구는 먼지나 초개처럼 보니 塵芥視珠翠
고상한 정취는 외루를 끊고[160] 高情絶外累
세심한 뜻은 중궤에 썼도다[161] 細意用中饋
화락하게 주선하는 사이에 雍和俯仰間
사람들 뜻에 맞지 않음 없었나니 無不可人意
황류요 설미 아닌지라 黃流非褻味
옥찬이 합당한 제기였도다[162] 玉瓚乃其器

아름다운 덕을 이어받으셨다.〔太姒嗣徽音〕"라고 하였는데, 태임은 주(周)나라 문왕(文王)의 모친이고, 태사는 태임의 며느리였다. 곤도는 규방(閨房)의 법도로, 아녀자가 지녀야 할 법도를 뜻한다.

158 난옥의 자질 : 파평 윤씨의 자질을 말한 것이다. 28쪽 주22 참조.

159 도서와……취하고 : 파평 윤씨는 어려서부터 《소학(小學)》, 《열녀전(列女傳)》, 《여계(女戒)》 등의 서책을 즐겨 보았다. 《茅洲集 卷10 亡室淑人尹氏行狀》

160 고상한……끊고 : 외루는 외물로부터 받는 번뇌나 부담을 뜻한다. 파평 윤씨는 평소 다른 사람이 자신을 칭찬하면 좋아하지 않으면서 자신을 망치는 사람이라고 하였고, 남편인 김시보에게 어지러운 세상을 피해 은거할 것을 권하였다. 《茅洲集 卷10 亡室淑人尹氏行狀》

161 세심한……썼도다 : 중궤는 집안에서 부인이 음식을 장만하고 제사를 받드는 등의 일을 말한다. 《주역》 〈가인괘(家人卦) 육이(六二)〉에 "집안에서 음식을 장만하면 곧아서 길하리라.〔在中饋, 貞吉.〕"라고 하였다. 파평 윤씨는 청풍계의 집을 돌보면서 하나하나 자세히 살피고 세심하게 돌보았고, 집안에서 의복과 음식을 마련하면서 검소하게 하되 정교하고 치밀하게 하였으며, 집안의 제사와 관련되어서도 주밀하고 정성스럽게 마련하여 남편이 신경 쓰지 않게 하였다. 《茅洲集 卷10 亡室淑人尹氏行狀》

아 운명이 덕스러운 몸과 같지 못하니	嗟命不侔身
끝내 누구를 탓해야 할지	歸咎竟無地
죽기 전에 한 말 부질없이 남았고	空留簣前語
죽은 뒤의 일 마치지 못했구나[163]	未了身後事
옷고름 매줄 둘째 딸 한스러워하고[164]	施衿季女恨
엿을 문 장인[165]은 눈물 흘리니	含飴丈人淚
어헌은 참으로 잠깐 누릴 것이요	魚軒眞薄言
녹거가 또한 만년의 뜻이었어라[166]	鹿車亦晚志

162 황류(黃流)요……제기였도다 : 파평 윤씨가 성대한 덕을 갖추었으므로 반드시 복록과 장수를 받을 인물이었다는 말이다. 황류는 제사에 쓰는 좋은 울창주(鬱鬯酒)이고, 설미는 평소에 먹는 음식이며, 옥찬은 옥 손잡이에 바닥이 금으로 된 국자 모양의 술그릇이다. 《시경》 〈대아(大雅) 한록(旱麓)〉에 "아름다운 저 옥찬에 황류가 담겨 있도다. 화락한 군자여, 복록이 내리는 바이로다.〔瑟彼玉瓚, 黃流在中. 豈弟君子, 福祿攸降.〕"라고 하였는데, 이는 보기(寶器)에는 일반 음식〔褻味〕이 아닌 황류를 담듯이 성대한 덕을 가진 사람은 반드시 복록과 장수를 누리게 된다는 뜻이다.

163 죽기……못했구나 : 파평 윤씨는 죽기 전에 김시보에게 벼슬살이하는 즐거움이 전원에 돌아가는 것만 못하니 선영(先塋) 아래로 돌아가 농사짓고 뽕을 치면서 김시보가 독서하며 아이들을 가르치도록 하게 하고 싶다고 말했으나, 이내 병이 심해 죽고 말았다. 이 구절은 김시보가 아직 선영으로 돌아가지 못하여 파평 윤씨의 바람을 이루어 주지 못하고 있다는 뜻이다. 《茅洲集 卷10 亡室淑人尹氏行狀》

164 옷고름……한스러워하고 : 파평 윤씨가 둘째 딸을 직접 시집보내지 못하여 둘째 딸이 한스러워하고 있다는 말이다. 《의례(儀禮)》 〈사혼례(士昏禮)〉에 딸을 시집보낼 때 "모친이 딸의 옷고름을 매주고 허리에 수건을 채워준다.〔母施衿結帨〕"라고 하였다. 파평 윤씨가 죽었을 때 첫째 딸은 시집을 갔으나 둘째 딸은 시집을 가지 못한 상태였다. 《茅洲集 卷10 亡室淑人尹氏行狀》

165 엿을 문 장인 : 엿을 문다는 것은 나이가 들어 엿을 물고 녹여서 손주를 먹이는 것으로, 곧 연로한 파평 윤씨의 부친을 가리킨 것이다.

남은 정 어찌 다함 있으랴	餘情豈有涯
함께 늙기로 한 약속 뜻밖에 이루지 못하다니	偕老偶不遂
아름다운 덕은 멀리 퍼지겠지만	芳猷遠應播
음성과 용모 사라져 함께할 수 없어라	不共音容閟
그대 어짊 그리며 마을 사람들 오열하고	仁歸里巷咽
덕이 넉넉하였다고 종족들 말하거니와	德洽宗黨議
어이하면 육일의 붓을 얻어	安得六一筆
얼른 매씨 집의 묘지 지을까[167]	亟撰梅家誌

제2수 其二

북당(北堂)의 원추리 여러 해 시드니[168]	堂萱積歲萎
뜰의 난초도 반쯤 말라붙었어라[169]	庭蘭半體枯

166 어헌(魚軒)은……뜻이어라 : 어헌은 어피(魚皮)로 장식한 귀부인의 수레이고, 녹거는 사슴 한 마리를 겨우 실을 만한 작은 수레를 뜻한다. 이는 위의 주163과 같은 뜻이다. 후한(後漢) 포선(鮑宣)이 청빈(淸貧)을 숭상하자, 갓 결혼한 그의 처가 화려한 혼수품을 모두 친정으로 돌려보내고, 남편과 함께 녹거를 끌며 향리로 돌아간 고사가 있다. 《後漢書 列女傳 卷47 鮑宣妻》

167 어이하면……지을까 : 육일은 송(宋)나라 때 문장가인 구양수(歐陽脩)의 호이다. 구양수는 그의 벗 매요신(梅堯臣)의 청을 받고 매요신의 아내 사씨(謝氏)의 묘지명을 지어 그 덕을 현양하였다. 《文忠集 卷36 南陽縣君謝氏墓誌銘》

168 북당(北堂)의……시드니 : 파평 윤씨의 아들 김순행(金純行)의 입장에서 모친이 여러 해 동안 병을 앓았던 상황을 비유한 것이다. 북당은 부녀자가 거처하는 곳으로 보통 모친이 거처하는 곳을 뜻하며, 원추리 역시 모친을 상징한다. 《시경》 〈위풍(衛風) 백혜(伯兮)〉에 "어찌하면 원추리를 얻어서 북쪽 뒤꼍에 심을까? 떠난 사람 생각에 내 마음만 병드네.〔焉得萱草, 言樹之背? 願言思伯, 使我心痗.〕"라고 하였다.

169 뜰의……말라붙었어라 : 난초같이 훌륭한 아들이 모친의 병을 걱정하느라 초췌

서로 걱정하다 서로 병드니 相憂以相病
서로 대신 아프길 항상 원했네 相代願所紆
어이하여 어진 하늘의 뜻은 夫何仁天意
서로 의지하는 모자에게 유독 은혜롭지 않았나 獨不惠兩扶
된서리같이 조명[170] 이르니 嚴霜遭命至
잠깐 사이에 영결 고하네 決絶在須臾
선등[171]을 구할 수 없으니 仙藤不可求
북극성과 현추는 아득히 멀구나[172] 北辰杳玄樞
슬프고 슬프다 마침내 장대함에 그쳤으니[173] 哀哀竟止蓼
눈물과 피 함께 흘러 적시도다 淚血淋淫俱
혼령이 혹 아침저녁으로 와서 魂來或晨夕
너의 상한 몸 어루만지리 撫汝創殘軀

한 것을 비유한 것이다. 난초에 대해서는 28쪽 주22 참조.

170 조명(遭命) : 선행을 했는데도 흉사를 만나는 운명을 뜻한다. 《論衡 命義》

171 선등(仙藤) : 의미상 모친의 목숨을 되돌릴 선약(仙藥)을 뜻하는 듯하나, 전거는 미상이다.

172 북극성과……멀구나 : 현추는 북두칠성의 국자 부분의 가장 첫 번째 별이다. 이 구절 역시 모친과의 이별을 말한 듯하나, 자세한 의미와 전거는 미상이다.

173 장대함에 그쳤으니 : 《시경》 〈소아(小雅) 육아(蓼莪)〉에 "장대한 것이 아름다운 쑥인 줄 알았더니, 아름다운 쑥이 아니라 저 나쁜 쑥이로다. 슬프고 슬프다. 부모님이여. 나를 낳으시느라 수고하셨도다.〔蓼蓼者莪, 匪莪伊蒿. 哀哀父母, 生我劬勞.〕"라고 하였는데, 이때 '육육(蓼蓼)'은 장대한 모양을 뜻한다. 이는 부모가 자식을 낳았을 때 자식에게 아름다운 자질이 있어 자식에게 의탁해 자신의 몸을 마칠 수 있다고 생각하다가 먼저 죽어 그 봉양을 얻지 못하여 죽었으므로 자식이 자신을 나쁜 쑥이라고 비유한 것이다. 이 구절에서 장대함에 그쳤다는 것은 곧 파평 윤씨가 김순행을 장성한 나이까지 키워냈다는 말이며, 그러한 때에 세상을 떠났다는 말이다.

바라건대 눈빛의 제비가 願爲雪色燕
진흙 물고 와서 여막에 둥지 틀기를[174] 含泥止倚廬

제3수 其三

긴 노래가 통곡보다 심한 것 長歌甚痛哭
장자의 동이에 괴로운 음조 있었나니[175] 莊盆有苦聲
예로부터 이치에 통달한 선비는 由來達理士
자신의 감정을 도외시하지 않으려 했네 要有未遣情
그제 그대의 뇌문 읽어봄에 昨日覽君誄
감정과 문장 모두 성대하니 情文藹互生
배필의 중함 참으로 알겠고 眞知伉儷重

174 바라건대……틀기를 : 이는 송인수(宋麟壽, 1499~1547)의 일을 인용한 것이다. 송인수는 본관은 은진(恩津), 자는 미수(眉叟), 호는 규암(圭菴)으로 예조 참판, 이조 참판, 대사헌 등을 역임하였다. 송인수가 어려서 모친상을 당했을 때 너무 슬퍼해서 눈물로 거적자리가 모두 썩었고, 여막에 보기 드문 흰 제비가 날아와 둥지를 틀었는데, 그 새끼들까지 모두 흰색이어서 사람들이 그의 효성에 하늘이 감동한 소치라고 하였다. 《宋子大全 卷202 圭菴宋先生諡狀》《星湖全集 권8 海東樂府 白燕詞》

175 긴……있었나니 : 긴 노래가 통곡보다 심하다는 것은 겉으로는 아무렇지 않은 듯 노래 부르고 있어도 실제로는 그 슬픔이 통곡보다 심하다는 말이다. 유종원(柳宗元)의 〈축하하는 자를 대하여〔對賀者〕〉에 "긴 노래의 슬픔이 통곡보다 심하다.〔長歌之悲, 過乎慟哭.〕"라고 하였다. 《柳河東集 卷14》 장자(莊子)의 동이는 아내를 잃은 것을 뜻한다. 장자가 아내의 상을 당했을 때 친구인 혜자(惠子)가 조문하러 가니, 장자가 곡하는 대신 두 다리를 뻗고 동이를 두드리면서 노래하고 있었는데, 혜자가 너무하는 것 아니냐고 힐문하자, 생과 사는 춘하추동의 사시(四時)가 운행하는 것과 같은 것으로, 이제 천지 사이의 큰 거실에서 잠자며 안식을 취하고 있을 것이라고 답변한 일화가 있다. 《莊子 至樂》

생사의 덧없음 말하기 어려워라	難道存沒輕
정으로 말하더라도 그렇지 않을 수 없을 터인데	言情莫不然
게다가 그 덕을 생각함에 현숙하고 명철함에랴	念德况淑明
창졸간에 이미 애간장 끊어졌거니와	倉卒已腸摧
시간 오래 지날수록 정신 아뜩하리라	久遠益神驚
계절은 덧없이 바뀌어 흘러가는데	春秋易荏苒
비통한 마음 언제 평온한 적 있나	忉怛何曾平
휘장 움직이는 바람 서글프고	悽悽動幔風
누각 지나는 반딧불은 깜빡깜빡	耿耿度閤螢
담담하고 고요했던 위소주[176]	恬虛韋蘇州
상처(喪妻)에는 비통한 심정 가득했나니	於玆悲抱盈
도망이 절로 하나의 체격이라	悼亡自一格
새 곡조가 경물에 감촉되어 이루어졌어라[177]	新腔觸物成
못과 정원에서 흰머리로 읊조리는 마음	池園白頭吟
다른 사람과는 논하기 어렵나니	難與外人評
훗날 그대의 딸 시집갈 적에	他時嫁女行
갓끈 타고 흐르는 눈물 어이 막으랴	何禁淚緣纓

176 위소주(韋蘇州) : 당(唐)나라 때 소주 자사(蘇州刺史)를 지냈던 위응물(韋應物)이다. 그의 시는 한담(閑淡)한 것이 특징이었는데, 그가 죽은 아내 하남 원씨(河南元氏)를 그리며 지은 〈상서(傷逝)〉 등의 연작시들은 모두 비통한 심정이 여과 없이 잘 드러나 있다. 진(晉)나라 때 반악(潘嶽)의 〈도망시(悼亡詩)〉와 더불어 아내를 잃은 슬픔을 노래한 도망(悼亡)의 대표적 작가로 일컬어진다.

177 새……이루어졌어라 : 김시보가 아내를 위해 지은 뇌문(誄文)이 위응물의 뒤를 잇는 또 하나의 훌륭한 도망시가 되었다는 말이다.

신 병사에 대한 만사[178] 신 병사는 신유이다
申兵使 鍒 挽

청상과 자전[179]에 서슬 퍼런 바람 일어나니	淸霜紫電凜風生
당당한 풍채는 쇠로 만든 것 같았어라	身貌堂堂鐵鑄成
유자의 가문에서 《삼략》을 내고[180]	儒素門中三略出
《춘추》의 벽[181]으로 오륜 밝혔네	春秋癖上五倫明
매가 참새 쫓듯 무례한 자 제거할 것 생각하고[182]	思除無禮鸇追雀
검으로 고래 베듯 변경 우환 잠재울 것 맹세했지[183]	誓靜邊虞劍斬鯨

178 신……만사 : 신유(申鍒, 1642～1702)는 본관은 평산(平山), 자는 유중(柔中)이다. 도총부 도사(都摠府都事), 가리포 첨사(加里浦僉使), 영암 군수(靈巖郡守), 전라 병사(全羅兵使) 등을 역임하였다.

179 청상(淸霜)과 자전(紫電) : 모두 보검(寶劍)의 이름이며 서릿발같이 시퍼렇고 번개처럼 붉은 기개를 나타내기도 한다. 당(唐)나라 왕발(王勃)의 〈등왕각서(滕王閣序)〉에 "교룡과 봉황이 날아오르듯 함은 맹 학사의 문장이요, 자전과 청상은 왕 장군의 무고로다.〔騰蛟起鳳, 孟學士之詞宗; 紫電淸霜, 王將軍之武庫.〕"라고 하였다.

180 유자의……내고 : 신유의 부친 신명규(申命圭)는 집의(執義)를 지냈고 조부 신상(申恦)은 장령(掌令)을 지내는 등 집안이 원래 유신(儒臣)의 집안이었다. 《삼략》은 병서(兵書)의 이름으로 무략(武略)이나 병법을 뜻한다.

181 춘추의 벽 : 뛰어난 장군이면서 평소 《춘추좌씨전(春秋左氏傳)》를 좋아하여 스스로 좌전벽(左傳癖)이 있다고 말한 진(晉)나라 때 진남대장군(鎭南大將軍) 두예(杜預)를 신유에 비긴 표현이다.

182 매가……생각하고 : 《춘추좌씨전》 문공(文公) 18년 기사에 "임금에게 무례한 자가 있거든, 매가 새를 뒤쫓아 낚아채듯이 주벌해야 한다.〔見無禮於其君者, 誅之如鷹鸇之逐鳥雀也.〕"라고 하였다.

183 검으로……맹세했지 : 고래는 외적을 뜻한다. 당나라 이백(李白)의 〈장상호에게

만세천추토록 임금을 모시려는 뜻[184] 萬歲千秋奉主意

임강 가곡에 맺힌 한 풀기 어려워라[185] 臨江歌曲恨難平

주다〔贈張相鎬〕〉에 "맹세하노니 고래를 베어 죽여서 낙양의 물을 맑게 하리라.〔誓欲斬鯨鯢, 澄淸洛陽水.〕"라고 하였다.

184 만세천추토록……뜻 : 죽어서도 임금을 모시려는 마음이다. 만세천추는 제왕의 죽음을 직접적으로 말하지 않고 피휘하여 표현하는 말이다. 《전국책(戰國策)》〈초책(楚策)〉에 "임금이 하늘을 우러러 웃으며 말하기를 '즐겁구나, 오늘의 놀이여. 내가 죽은 뒤에 누구와 이 즐거움을 함께할까.'라고 하였다. 안릉군이 울면서 앞으로 나와 말하기를……'대왕께서 돌아가신 후에는 이 몸도 황천에 함께 가서 개미를 막는 돗자리가 되려 합니다. 또 무슨 즐거움이 이보다 더 즐겁겠습니까.'라고 했다.〔仰天而笑曰, 樂矣今日之游也. 寡人萬歲千秋之後, 誰與樂此矣. 安陵君泣數行而進曰,……大王萬歲千秋之後, 願得以身試黃泉蓐螻蟻, 又何如得此樂而樂之.〕"라는 내용이 있다.

185 임강……어려워라 : 외적을 무찌르고 나라를 평안하게 하려는 큰 뜻을 다 이루지 못하고 죽은 것이 한스럽다는 말이다. 임강 가곡은 악부(樂府)의 잡시(雜詩) 가운데 하나인 〈임강왕절사가(臨江王節士歌)〉로, 남제(南齊)의 육궐(陸厥)과 이백의 작품이 대표적이다. 모두 장사의 비통한 심정과 큰 뜻을 이루고자 하는 뜻을 담았다. 다만 이 작품에 대해 《이태백집분류보주(李太白集分類補註)》에서는 "임강 절사의 이름은 사책에서 일실되었다."라고 주석하였으나, 《사고전서총목제요(四庫全書總目提要)》와 청(淸)나라 서문정(徐文靖)의 《관성석기(管城碩記)》에서는 모두 "《한서(漢書)》〈예문지(藝文志)〉에 〈임강왕(臨江王)〉과 〈추사절사가(愁思節士歌)〉가 각각의 작품으로 이름이 기재되어 있는데 남제의 육궐 때부터 잘못 합쳐 〈임강왕절사가〉로 만든 이후 후대 사람들이 이 오류를 답습하였다."라고 하였다.

벽계잡영[186] 병술년(1706, 숙종32)

檗溪雜詠 丙戌

제1수

신이[187] 울타리에 부슬부슬 비 내리니 辛夷籬落雨疎疎

누워서 봄바람이 초가에 가득함을 느끼노라 臥覺春風滿草廬

동쪽 이웃 김 노인을 불러서 오게 하여 欲喚東隣金老至

비둘기 우는 가운데[188] 농서 익혀보고저 鵓鳩聲裏講農書

제2수 其二

비 지나간 산 뜰에 어여쁜 새 지저귀니 過雨山園好鳥鳴

일어나 남쪽 시내 굽어봄에 파릇한 다북쑥 돋았어라 起臨南澗綠蘩生

석문에서 송아지 품음에[189] 봄 장차 저물려 하니 石門抱犢春將晩

186 벽계잡영 : 삼연은 이해 정월에 설악산에서 양주 벽계로 들어왔다. 《三淵先生年譜》

187 신이(辛夷) : 《초사(楚辭)》 〈상부인(湘夫人)〉에 "신이 문미에 구릿대뿌리 방이로다.〔辛夷楣兮葯房〕"라고 하였는데 《문선주(文選註)》에 신이는 향초라고 하였다. 후대에 문헌에 따라 개나리라고 하기도 하고 목련이라고 하기도 한다.

188 비둘기 우는 가운데 : 비둘기는 비가 오려 하면 그 우는 소리가 몹시 급해지므로 수발고(水鵓鴣)라고 불리기도 한다.

189 석문에서 송아지 품음에 : 산중에 은거하려는 의지가 담긴 말이다. 중국 기주(沂州) 승현(承縣) 북쪽 60리 지점에 포독산이 있는데, 옛날 어떤 은자가 그 위에서 송아지 한 마리를 키우며 농사를 지었기 때문에 그런 이름이 붙었다고 한다. 당(唐)나라 왕유

돌아가 푸른 구름 깊은 곳에서 밭을 매야지　　　　歸去碧雲深處耕

(王維)의 시에 "구름 속에 들어가 닭을 키우고, 영마루에 올라 송아지를 품는다.〔入雲中兮養鷄, 上山頭兮抱犢.〕"라고 하였다. 《王右丞集 卷1 送友人歸山歌》

다시 읊다

又賦

간 곳 온 곳 모두 다 깊은 골짝이니	來往俱幽峽
여행길은 또한 잠깐의 고생이라[190]	征途亦暫勞
밝은 눈으로 읽을 서책 서가에 가득하고	眼明書滿架
머물 곳 정해지니 말은 구유로 돌아간다	身定馬歸槽
갠 풍광은 아침 창문에 탁 트였고	霽色朝軒敞
시냇물 소리는 정오의 베갯머리에 우렁차도다	溪聲午枕高
되레 애달픈 건 옛 방죽 버려져	還憐舊堰廢
못 바닥에 마른 풀 가득 찬 것이라	池底滿黃蒿

190 간……고생이라 : 보통은 사람들이 많이 사는 마을에서 산을 유람하고 다시 돌아오므로 산에 있을 때만이 즐거운 일이 되겠지만, 삼연의 경우는 산에서 산으로 왕래하며 산중에서 안락을 누리고 있으므로 그 사이에 이동하는 여행길의 노고는 잠깐이라는 뜻이다.

소양정[191]

昭陽亭

제1수

이름난 정자가 멀리 푸른 소나무 언덕에 섰으니　名亭逈立翠松皐
난간 너머 하얀 모래에 흰 물결 넘실댄다　軒外明沙漾素濤
꿈에서 그리고 정신이 날아와 노니는 이곳 버리기 어려우니　夢想神遊難捨此
우리 선조 품평 뛰어남을 비로소 알겠어라[192]　始知吾祖品題高

제2수 其二

저물녘에 푸른 소 타고 북쪽 여울 건너니　薄暮青牛度北灘
우두산[193] 안개 낀 숲에 봄추위 가시지 않네　牛頭煙樹帶春寒
청평산 빛깔이 날 끌어당기는 듯한데　清平山色如相引
배 멈추고 붉은 난간에 기댈 여가 없구나　不許停橈倚赤欄

저물녘에 갈 길이 바빠 머물 수가 없었으므로 한 말이다.

191 소양정 : 삼연은 이해 3월에 사위 이덕재(李德載)와 함께 춘천의 소양정 및 청평산을 유람하였다. 《三淵先生年譜》

192 꿈에서……알겠어라 : 삼연의 증조부인 김상헌(金尙憲)은 1635년(인조13) 3월에 청평(清平)을 유람하고 〈청평록(清平錄)〉을 남겼는데, 3월 11일에는 소양정에 올라 소양정의 풍광을 연광정(練光亭) 등의 이름난 정자들과 비교하여 품평하고 시를 지어 남겼다. 꿈에서 그리고 정신이 날아와 노닌다는 말은 모두 김상헌의 품평에 나오는 말이다. 《清陰集 卷10》

193 우두산(牛頭山) : 춘천에 있는 산 이름이다.

새벽에 청평산으로 들어가니 운무 속에 봉우리들이 잠겼다 나타났다 하였다

曉入淸平 嵐靄中數峯出沒

시내 길에서 만난 승려에게 은은한 종소리 들려오는 곳 물으니[194] 逢僧溪路問微鐘
십 리 뻗어온 강물 소리가 구송에서 멎누나[195] 十里江聲限九松
말 앞의 운무 자주 일어났다 사라지는데 馬首雲嵐頻起滅
식암[196]은 아직도 몇 겹 봉우리 너머에 있네 息菴猶隔數重峯

194 은은한……물으니 : 청평사의 위치를 묻는다는 말이다.

195 십……멎누나 : 구송은 청평사 앞의 구송폭포를 말하며 구성폭포(九聲瀑布)라고도 한다. 청평사에 다 와 간다는 말이다.

196 식암(息菴) : 고려 때 청평산에 은거했던 이자현(李資玄)이 머물던 암자이다.

식암

息菴

푸르고 깊은 오래된 솔숲 사이 언덕 섬돌　　青冥臺砌古松間
식암 노인 남긴 정취 작은 산에 가득하다　　息老餘情滿小山
바위 밑 흰 구름 속에 선태 숨겨져 있고[197]　　巖底白雲仙蛻秘
대야[198]에는 아직도 잔잔히 물 담겨 있네　　盥盆猶貯水潺潺

197 바위……있고 : 선태는 보통 도가에서 사람이 신선이 되어 자신의 옛 몸을 벗는 것을 가리키며 유해를 뜻하기도 한다. 이는 식암 부근에 이자현(李資玄)의 유해가 비장되어 있음을 말한 것이다. 김창협(金昌協)의 〈동정기(東征記)〉에 식암에서 서쪽으로 수십 보 거리의 나한전(羅漢殿) 왼쪽 시냇물 가운데 석함(石函)이 있고 그 속의 와부(瓦缶)에 이자현의 유골이 매장되어 있다고 하였다. 《農巖集 卷24》

198 대야 : 실제 대야라기보다 대야 모양으로 바위에 홈을 판 것이다. 지금은 '진락공(眞樂公) 세수터'라는 이름으로 남아 있다.

청평사 진락공 세수터

견성암에서 내려와 영지에 이르러[199]

自見性菴下至影池

견성암 앞에 흰 비 떨어지는데[200]	見性菴前白雨低
덩굴 부여잡고 구름 속 일백 돌층계 내려간다	捫蘿百級下雲梯
가사(袈裟)는 그저 붉은 난간 위에 걸쳐 있는데	禪衣只在朱欄上
못 속에 밭두둑 모양 하나하나 비치누나[201]	一一池心見稻畦

199 견성암에서……이르러 : 견성암은 청평산 부용봉(芙蓉峯) 아래에 있던 암자이다. 영지는 청평계곡에 이자현이 조성했다고 전해지는 연못으로, 견성암이 비치기 때문에 영지라고 이름한 것이다. 《淸陰集 卷10 淸平錄》

200 흰 비 떨어지는데 : 원문의 '저(低)'는 아래로 드리워진다는 뜻으로 쓰인 것인데, 이는 견성암이 높은 곳에 위치해 있음을 부각한 표현이기도 한다.

201 가사는……비치누나 : 견성암 난간에 걸쳐놓은 가사의 밭두둑 모양이 마치 영지 바로 앞에 가져다 놓은 것처럼 영지의 수면에 비춰 보인다는 말이다. 가사에는 밭두둑처럼 네모 격자 패턴이 그려져 있기 때문에 다른 말로 도전납(稻田衲), 수전의(水田衣), 도휴피(稻畦帔)라고 한다.

천호상인에게 주다

贈天浩上人

내가 이 산을 유람한 것이 모두 세 번이다. 구름 낀 봉우리와 소나무 바위들이 하나같이 옛 모습 그대로이고 서천(西川)의 흘러가는 물을 구경하는 눈 또한 쭈그러진 적이 없다.[202] 그런데 내 머리털을 돌아보니 이미 가늘어 짧아졌고 선문(禪門)의 존몰(存沒)에 또 마음이 걸리는 점이 있다. 옛날 두 번째로 왔을 때 노숙(老宿) 영우(靈祐) 선사와 고요한 대화를 나누고 부들방석을 함께 썼는데 지금 벌써 입적하였다. 사미(沙彌) 천호는 늙어서 머리가 세었는데 함께 서천과 영지 사이에서 옛일을 이야기하자니 하염없이 마음에 사무쳤다. 절구 한 수를 지어서 이별할 때 남겨주어 덧없는 발자취가 왕래한 것과 오래된 좋은 인연의 연원을 드러내는 바이다

202 서천(西川)의……없다 : 서천은 청평사 아래에서 선동(仙洞) 계곡 어귀 사이의 계곡 구역이다. 이곳에 와룡담(臥龍潭) 폭포와 송대(松臺) 등 완상할 풍광이 많다. 눈이 쭈그러진 적이 없다는 것은 세월 속에 삼연은 나이 들어갔지만 청평산 서천 계곡에 와서 그 계곡의 풍광을 눈으로 보면서 느끼는 감정은 쇠한 적이 없다는 말이다. 이는 곧 서천 계곡의 정채(精彩)가 변함없다는 말이기도 하다. 이 표현은《능엄경(楞嚴經)》에서 석가모니불이 파사익왕(波斯匿王)에게 파사익왕이 과거 어릴 때 보던 갠지스강과 지금 늙어서 보는 갠지스강을 가지고 생멸변화(生滅變化)에 대해 말해주면서, 세월의 변화에 따라 파사익왕의 '머리는 세고 얼굴은 쭈그러졌지만〔髮白面皺〕' '갠지스강의 정미로움을 보는 성품은 쭈그러들어 변한 적이 없다〔此見精性未曾皺〕'고 말하여, 생멸하지도 않고 변화하지도 않는 본성을 알려준 일을 활용한 것이다.

세 번째 청평 들어옴에 내 홀연 쇠하였고　三入淸平忽我衰
공문의 신화[203] 또한 슬퍼할 만하여라　空門薪火亦堪悲
백련의 옛 결사[204] 사미 남아 있으니　白蓮舊社沙彌在
각자 서릿발 같은 머리로 영지를 도네　各把霜毛繞影池

203 신화(薪火) : 영우 선사의 입적을 가리킨다. 《법화경(法華經)》 〈서품(序品)〉에 "부처님이 이날 밤에 멸도하시니 섶이 다하여 불이 꺼지듯 하도다.〔佛此夜滅度, 如薪盡火滅.〕"라고 하였고, 남조(南朝) 양(梁)나라 심약(沈約)의 《법왕사비(法王寺碑)》에 이러한 뜻을 사용하여 "혹 적멸을 기약하고, 혹 신화를 생각한다.〔或期寂滅, 或念薪火.〕"라고 하였다.

204 백련의 옛 결사 : 진(晉)나라 혜원 법사(慧遠法師)가 여산(廬山) 호계(虎溪) 동림사(東林寺)에서 승려와 유자(儒者) 123명을 모아 아미타불상 앞에서 서방 정업(西方淨業)을 닦는 결사를 만들었는데 그 절에 백련이 많았으므로 이를 백련결사라 하였다. 곧 승려와 유자가 함께한 모임을 가리킨 것이다.

산을 나와서 이덕재와 길이 갈려

出山 與李德載分路

청평에서 하룻밤 묵고 그대와 곧 이별하니	一宿淸平便別君
산 나오자 온몸에 구름이 휘감았네	出山渾是滿身雲
긴 강은 계곡물 데리고 함께 흘러가니	長江合得溪流去
우리들 말 머리가 각자 길을 달리함과는 다르구나	不似吾人馬首分

백연곡구잡영[205]

百淵谷口雜詠

제1수

사람 돌아온 계곡 어귀에 풀 먼저 돋았고	人還谷口草先生
판잣집 멀리로 푸른 시내 소리 들린다	板屋遙聞碧澗聲
서실 휘장 연기 그을음은 지난날 머물던 자취요	書幌煙煤還宿迹
벽 서편에 나무 등잔걸이가 기우뚱 누웠구나	壁西欹臥木燈檠

제2수 其二

오랫동안 운무가 푸른 산 닫아걸었더니	終古雲嵐鎖碧山
봄 찾아 누가 다시 소나무 사립 두드리나	尋春誰復扣松關
바위 비탈 꽃 피어 못 붉게 물들이니	巖阿花發潭心赤
물고기는 자유로이 오가는구나	得意游魚自往還

205 백연곡구잡영 : 백연은 설악산의 곡백담(曲百潭)으로, 지금의 백담계곡이다. 다만《삼연선생연보(三淵先生年譜)》에는 이해에 설악산에 갔다는 기록이 없다. 이하 설악산에서 지은 시는 이해의 사실인데 연보에서 누락된 것인지, 아니면 다른 해의 사실인데 이해의 시로 편차된 것인지 알기 어렵다. 혹 삼연은 이해 정월에 설악산에서 양주의 벽계로 갔는데 벽계로 가기 전 정월의 어느 시점에 지은 것일 수도 있다.

다시 읊다
又賦

제1수

바람 잠잠하고 시내와 못 따스한데	風定溪潭暖
맑은 햇살은 석문에 일렁인다	淸暉漾石門
뭇 봉우리는 짙고 옅게 푸르고	群峯深淺綠
물결 밑엔 봄이 남긴 흔적[206] 보이네	波底見春痕

제2수 其二

시내 너머 쩡쩡 울리는 도끼 소리	隔澗丁丁響
나무꾼은 구름 속에 묻혀 있구나	雲埋伐木人
그윽한 바위에 기대 홀로 읊조리며	孤吟倚幽石
맑게 일렁이는 푸른 시내 내려다본다	俯視碧粼粼

제3수 其三

석문의 운무 벌어진 틈으로	石門雲靄缺
푸른 평원 반나마 펼쳐져 있다	半面綠原平
앉아서 봄풍광 밀려옴을 보노니	坐見韶華入
그늘진 벼랑에 풀 다시 돋누나	陰崖草又生

206 봄이 남긴 흔적 : 봄철에 피었다가 떨어진 꽃잎을 말한 것이다.

제4수 其四

안개비 속에 들려오는 비둘기 울음[207] 鳩鳴煙雨裏
은은하게 어느 봉우리에서 들려오나 隱隱定何峯
지팡이 꽂아두고[208] 봄빛을 보노라니 植杖看春色
산중에서 농사짓는 흥취 짙어라 巖耕興亦濃

제5수 其五

새로 지은 집에 마구간 없어 新屋無槽櫪
푸른 소를 이웃집에 맡겼네 青牛寄耦家
밤에 여물 배불리 먹여놔야 하리니 夜飯須令飽
거친 밭에 돌멩이가 삼처럼 많다네 荒田石似麻

207 안개비……울음 : 89쪽 주188 참조.

208 지팡이 꽂아두고 : 논밭의 김을 맨다는 말이다. 《논어》 〈미자(微子)〉에서 자로(子路)가 만난 노인이 '지팡이를 꽂아놓고 김을 맨 것〔植其杖而芸〕'에서 유래한 표현이며, 도잠(陶潛)은 〈귀거래사(歸去來辭)〉에서 "혹은 지팡이를 꽂아놓고 김매노라.〔或植杖而耘耔〕"라고 하였다.

산에 돌아와

還山

산에 돌아올 적마다 내 바람과 어긋나지 않음을 깨닫노니　還山每覺願無違

판잣집과 명아주 책상과 벽려의[209]로다　板屋藜牀薜荔衣

거사의 흰 구름은 원래 혼자만 즐기거니와[210]　居士白雲元自悅

왕손의 봄풀에 돌아감을 잊을 수 있으랴[211]　王孫春草可忘歸

새소리 듣기 좋아하여 서책도 던져두고　愛聽鳥語抛黃卷

낚싯대 잡기 귀찮아 파릇한 관중(貫衆)[212] 캐노라　懶把漁竿採綠薇

209 벽려의(薜荔衣) : 상록 활엽의 덩굴나무인 벽려의 잎으로 만든 옷으로 본래는 신선이나 도깨비들이 입는 옷인데, 뒤에 산중의 은자가 입는 옷을 가리키는 말로 쓰였다.

210 거사의……즐기거니와 : 남조(南朝) 양(梁)나라 도홍경(陶弘景)이 〈조서로 산중에 무엇이 있는가 물으시기에 시를 읊어 답하다〔詔問山中何所有賦詩以答〕〉에서 "산중에는 무엇이 있나. 봉우리 위에 흰 구름이 많도다. 그저 나 혼자 즐길 뿐, 가져다 임금께 부칠 길이 없어라.〔山中何所有? 嶺上多白雲. 只可自怡悅, 不堪持贈君.〕"라고 한 시구를 활용한 것이다.

211 왕손의……있으랴 : 《초사(楚辭)》 〈초은사(招隱士)〉에 "왕손은 유람길 떠나 돌아오지 않는데, 봄풀은 돋아나 무성하여라.〔王孫遊兮不歸, 春草生兮萋萋.〕"라고 한 구절을 활용한 것이다. 왕손은 산을 떠나 돌아오지 않는 사람을 뜻한다. 《초사》에서는 왕손이 돌아오지 않음을 말하였으나, 삼연은 산중에 홀로 돋아난 봄풀을 버려두고 산으로 돌아가는 것을 잊을 수 없다는 반대의 뜻으로 말하였다.

212 관중(貫衆) : '미(薇)'를 '고사리'로 번역하는 경우가 많으나, 이는 고사리를 뜻하는 '궐(蕨)'과는 조금 다른 식물이다. 《시경》 〈소남(召南) 초충(草蟲)〉의 주희(朱熹)의

가장 좋은 것은 석문에서 흥취 이끌려　　最是石門牽興在

일백 시내[213] 가에서 맑은 햇살 희롱함이라　　百回沿澗弄淸暉

주석에 "'미'는 '궐'과 비슷한데 조금 더 크고 가시가 있으며 맛이 쓰니 산중의 사람들이 먹는다.〔薇, 似蕨而差大, 有芒而味苦, 山間人食之.〕"라고 하였고, 《시경언해물명(詩經諺解物名)》에서는 '회초미'라고 하였다. '회초미'는 오늘날은 쓰지 않는 말인데, 《박통사언해(朴通事諺解)》에 관중 나물을 '회초미'라고 언해한 것이 보인다.

면마과의 여러해살이풀인 관중(貫衆)

213 일백 시내 : 설악산의 곡백담(曲百潭)을 말한 것이다. 곡백담은 계곡에 걸쳐 있는 수많은 맑은 물굽이와 못을 총칭한 것이다. 《頤齋集 卷4 曲百潭記》

양양 사군 정종지에게 주다[214] 정종지는 정필동이다

贈襄陽使君鄭宗之 必東

텅 빈 산에 사람은 없고 짝하는 것은 골짝 새와 숲의 사슴인데, 그사이에 벌목하는 소리가 운무 속에서 울려 퍼지되 어느 곳인지 알 수 없으니, 봄날의 마음이 더욱 쓸쓸했다. 이러한 때 현산(峴山)[215] 사군이 홀연 견여(肩輿)를 타고 찾아오자 한바탕 웃고서 인도해 들였으니, 깜짝 놀란 마음을 알 만할 것이다. 잠깐 동안 주고받은 말이 태반은 산수(山水) 풍광이었는데 그를 이끌고서 석문의 경치 좋은 곳에 앉아 흉금을 다 터놓기도 전에 오리 신발이 다시 훨훨 날아가게 되었다.[216] 사무치는 마음에 진실로 아무런 말이 없을 수 없었는데 사군이 또 수레를 멈추고 전갈을 보내 반드시 시를 지어달라 요청하므로 마침내 율시 한 수를 지어 말씀에 부응하고 이어 화답해주기를

214 양양……주다 : 정필동(鄭必東, 1653～1718)은 본관은 동래(東萊), 자는 종지로 민정중(閔鼎重)의 문인이다. 사간원 정언, 사헌부 장령, 경주 부윤, 양양 부사, 승지 등을 지냈다. 삼연과 교분이 두터웠으며 정필동의 박학다식에는 삼연 자신도 미치지 못한다고 말할 정도였다. 《丈巖集 卷16 左承旨鄭公墓碣銘》

215 현산(峴山) : 강원도 양양의 이칭이다. 중국 진(晉)나라 때 양양에 현산이 있었으므로 유래한 말이다.

216 오리……되었다 : 부사 정필동이 떠났다는 말이다. 후한(後漢) 때 섭현 영(葉縣令)으로 있던 왕교(王喬)가 매월 초하루와 보름마다 수레도 없이 조정에 나오므로, 황제가 그를 괴이하게 여겨 태사(太史)에게 몰래 엿보게 하였더니, 그가 올 때마다 동남쪽에서 오리 두 마리가 날아오므로 그물을 쳐서 잡았는데 신발 한 짝만 있었다고 한다. 《後漢書 卷112 方術列傳 王喬》

청한다

판잣집에서 봄날 잠들었다 두견 소리에 깨어	板屋春眠寤子規
일어나보니 행차한 수레에 맑은 놀 가득하다	起來晴靄滿軒帷
푸른 담장이 뻗은 계곡 어귀 오솔길 쓸어서 열고	掃開谷口青蘿徑
백접리 쓴 산공[217] 맞이하여 읍하였어라	延揖山公白接䍦
손님과 주인 모습으로 도성에서 만났던 우리	洛下音容賓主是
몸이 골짝 안 승경에 있으니 그림인가 하노라	洞中身世畫圖疑
이제부터 설악에서 구름과 달 나눠 가지리니	從今雪嶺分雲月
산기슭에서 이웃하고 지내던 때에 비해 어떠한가	何似隣比嶽麓時

217 백접리 쓴 산공 : 양양 부사인 정필동을 비유한 말이다. 백접리는 백로 깃털로 장식한 두건의 일종이며, 산공은 진(晉)나라 때 산간(山簡)이다. 산간이 양양 태수로 있을 때 매일 현산 아래에 있는 습씨(習氏)의 연못에 가서 술을 마시고 취하곤 하였는데, 그곳을 고양지(高陽池)라고 이름하였다. 당시에 어떤 아이가 산간을 두고 노래하기를 "산공은 어디로 가는가. 저 고양지에 이르렀구나. 석양에 수레에 쓰러져 돌아와선 곤드레가 되어 아무것도 모른다네. 때로는 말을 타기도 하지만 백접리를 거꾸로 쓰고 온다오.〔山公出何許? 往至高陽池. 日夕倒載歸, 酩酊無所知. 時時能騎馬, 倒著白接䍦.〕"라고 하였다. 《晉書 卷43 山簡列傳》

김달보가 읊은 윤 학사 정려 운에 차운하다[218] 김달보는

218 김달보가……차운하다 : 김진규(金鎭圭, 1658~1716)는 본관은 광산(光山), 자는 달보, 호는 죽천(竹泉), 시호는 문청(文淸)이다. 이조 좌랑, 대사성, 대제학, 예조 판서 등을 역임하였고 누이동생이 숙종의 비인 인경왕후(仁敬王后)이다. 저서에 《죽천집》이 있다. 《죽천집》 권32에 윤집의 묘표(墓表)가 낙장(落張)으로 실려 있으며, 정려 시는 수록되어 있지 않다. 윤집(尹集, 1606~1637)은 오달제(吳達濟)·홍익한(洪翼漢)과 함께 병자호란 당시 삼학사(三學士)로 불리는 사람 가운데 하나이다. 본관은 남원(南原), 자는 성백(成伯), 호는 임계(林溪)·고산(高山), 시호는 충정(忠貞)이다. 병자호란 당시 남한산성으로 피난했을 때 최명길(崔鳴吉)이 화의(和議)를 주장하자 오달제 등과 함께 화의를 극력 반대하였다. 화의가 성립된 뒤 청나라로 압송되어 회유에 굴하지 않다가 오달제와 함께 사형당하였다. 그런데 이 시와 관련하여 윤집에게 정려가 내려진 시기에 대해 고찰할 점이 있다. 실록의 기사를 참조하면, 1657년(효종8) 6월 7일 대사헌 민응형(閔應亨)이 상소하여 김상헌(金尙憲)·정온(鄭蘊)·홍익한·오달제·윤집 등에게 정려(旌閭)를 내릴 것을 청하였고 효종이 이를 받아들였다는 기사가 있다. 그런데 1705년(숙종31) 1월 11일에도 금산(錦山)의 유학(幼學) 길경조(吉景祖)가 상소하여 삼학사의 절의가 드높은데 아직도 치제(致祭)하는 전례(典禮)가 없으니 중신(重臣)을 보내 치제하고 증직하고 정려하게 해달라고 하였고 숙종이 이를 모두 윤허했다는 기사가 있다. 한편 송시열(宋時烈)이 1671년(현종12)에 지은 《송자대전(宋子大全)》 권223 〈삼학사전(三學士傳)〉을 보면, 효종 때에 삼학사를 추증하는 전례를 시행했다는 말은 있으나 정려를 내렸다는 기록은 없다. 만약 효종 당시에 삼학사에게 정려하는 전례가 있었다면 효종과 현종 대에 삼학사에게 내린 은전을 자세히 기록한 〈삼학사전〉에서 이를 언급하지 않았을 리가 없다. 실록에서 효종 때 민응형이 한 상소는 삼학사에 관한 내용뿐 아니라 그 외 정무와 관련된 다양한 사항을 포함하고 있는 상소이므로 효종이 상소를 받아들였다고 할 때 상소의 모든 내용을 다 포괄한 것인지는 의문이다. 또 효종 때에 이미 정려가 내려졌다면 숙종 때 다시 정려가 내려질 이유가 없다. 따라서 삼학사에 대한 정려는 시기가 많이 흘러 더 이상 청나라의 눈치를 살피지 않아도 되는 숙종 때에 이루어졌다고 보는 편이 타당할 듯하다. 그리고 1702년(숙종28) 6월 16일에 윤집의 조부 윤섬(尹暹)과 윤집의 형 윤계(尹棨)에 대해서는 이미 정려를 내렸다는 말이 나오지만 윤집은 증시(贈諡)하였다고만 했을 뿐 정려를 내렸다

김진규이다. 윤 학사는 윤집이다

次金達甫 鎭圭 所詠尹學士 集 旌閭韻

갈석과 귀허[219]의 만 리 뻗은 파도　　　碣石歸墟萬里濤

온 하늘 전부 오랑캐 누린내 배였어라　　　一天渾是浸腥臊

지난날 열사가 곰발바닥과 생선 판별함[220]을 홀로 보았나니

는 말이 없다. 이러한 사실은 이 시의 마지막 구절의 해석을 생각할 때도 더욱 그러하다. 마지막 구절에서 "연회에 온 공들"이라고 하였는데, 이때 연회란 어떤 연회를 말하는가? 김창협(金昌協)의 증손자인 김이안(金履安)은 이 시와 똑같은 운자로 차운한 시를 지었는데, 그 시는 바로 《삼산재집(三山齋集)》 권1 〈윤 학사에게 정려할 때의 시축 속 시에 차운하다〔次尹學士旌閭時軸中韻〕〉이다. 김이안 시의 제목을 감안하면 죽천 김진규의 시는 윤집에게 정려가 내려질 때 지은 시들을 모은 시축(詩軸)에 들어 있던 것임을 알 수 있다. 그리고 시축으로 만들어진 점을 감안하면 여러 사람이 모인 정려 축하연 자리였을 가능성이 높다. 그렇게 봐야 삼연 시의 마지막 구절의 '연회'가 해결된다. 그리고 김진규의 생몰년을 감안할 때 효종 때가 아니라 숙종 때 정려가 내려진 축하연에서 김진규가 시를 지은 것이라고 봐야 타당한 것이다. 삼연의 이 시는 1706년에 지은 것이므로 그렇게 봐야 시기적으로도 모든 것이 부합한다.

219 갈석(碣石)과 귀허(歸墟) : 병자호란 당시 여진족이 차지한 하북 및 요동 지역을 가리킨 것이다. 갈석은 산 이름으로 그 정확한 위치는 이설이 많으나 하북성 창려현(昌黎縣) 또는 열하(熱河)에 있다고 한다. 귀허는 발해(渤海) 동쪽에 있다는 전설상의 거대한 골짜기이다. 바닥이 없어서 천하의 모든 물이 흘러 들어가도 불거나 줄지 않는다고 한다. 《列子 湯問》

220 곰발바닥과 생선 판별함 : 곰발바닥과 생선은 모두 진미(珍味)인데, 이를 판별한다는 것은 생명과 의리를 둘 다 취할 수 없는 경우에 생명을 버리고 의리를 취함을 말한다. 《맹자》 〈고자 상(告子上)〉에 "생선도 내가 원하는 것이고 곰발바닥도 내가 원하는 것이지만 이 두 가지를 모두 다 얻을 수 없다면 생선을 버리고 곰발바닥을 취하겠다. 삶도 내가 원하는 것이고 의리도 내가 원하는 것이지만 이 두 가지를 모두 다 얻을

獨看往烈熊魚判

맑은 조정에서 대나무와 측백 같은 절조 기림이 마땅하도다

合有淸朝竹栢褒

기미를 타고서 아득히 빛나는 황각 올려보고[221] 箕尾冥瞻黃閣煥

오두는 우뚝이 대단과 함께 드높구나[222] 烏頭屹與大壇高

우리 동국이 그래도 좌임 면하게 된 것 알겠으니 吾東左衽知猶免

연회에 온 공들의 의관 엄연했도다[223] 赴宴群公儼冕袍

수 없다면 삶을 버리고 의리를 취하겠다.〔魚我所欲也, 熊掌亦我所欲也, 二者不可得兼, 舍魚而取熊掌者也. 生亦我所欲也, 義亦我所欲也, 二者不可得兼, 舍生而取義者也.〕"라고 하였다.

221 기미(箕尾)를……올려보고 : 윤집이 사후에 영의정에 추증된 사실을 가리킨다. 기미와 황각은 모두 재상을 가리키는 말이다. 은(殷)나라 고종(高宗)의 재상인 부열(傅說)이 죽은 뒤에 기미성(箕尾星)을 타고 하늘에 올라가 뭇별 사이에 끼였다는 전설이 있다.《莊子 大宗師》황각은 재상이 집무하는 청사이다. 한(漢)나라 때 승상의 청사 문을 황색으로 칠하여 궁궐과 구분했던 것에서 유래하여 조선 시대에는 의정부를 지칭하였다.

222 오두(烏頭)는……드높구나 : 오두는 정려(旌閭)를 뜻한다. 정려는 윗부분은 검고 기둥은 붉은색이므로 오두적각(烏頭赤脚)이라 불린다. 대단은 임진왜란 때 조선에 파병해준 명(明)나라 신종(神宗)을 제향하기 위해 창덕궁 후원에 설치한 대보단(大報壇)이다. 윤집에게 정려가 내려지기 한 달 전인 1704년(숙종30) 12월에 세워졌다.

223 우리……엄연했도다 : 비록 청나라에 굴복했지만 절의의 정신을 지킨 열사들 덕분에 조선이 오랑캐 복장을 하지 않고 올바른 의관을 입게 되었다는 말이다. 좌임은 옷깃을 왼쪽으로 하는 오랑캐의 복식이다.《논어》〈헌문(憲問)〉에 공자가 "관중(管仲)이 없었다면 나는 머리를 풀고 옷깃을 왼쪽으로 하는 오랑캐가 되었을 것이다.〔微管仲, 吾其被髮左衽矣.〕"라고 하였다.

또 읊다

又賦

제1수

한 가문 세 충절[224]이 청구 땅 뒤덮으니	一門三節蓋青丘
홍과 오[225]만 같은 무리 될쏘냐	可但洪吳作輩流
참으로 하늘이 철석[226]을 잔뜩 부여함이요	定是天鍾偏鐵石
또한 가학으로 춘추의 의리 씀을 알겠어라	亦知家學用春秋
아우 있는 고경은 나뉜 형체 멀리 떨어지고[227]	杲卿有弟分形遠

224 한……충절 : 윤집(尹集)을 비롯하여 임진왜란 때 이일(李鎰)의 종사관으로 상주(尙州)에서 순절한 윤집의 조부 윤섬(尹暹), 병자호란 때 남양(南陽)에서 근왕(勤王)을 도모하다가 청병(淸兵)에게 붙잡혀 난도질당해 죽은 윤집의 형 윤계(尹棨)이다.

225 홍과 오 : 병자호란 때 척화신(斥和臣)으로 윤집과 함께 심양(瀋陽)에서 죽은 홍익한(洪翼漢)과 오달제(吳達濟)이다. 이들을 삼학사(三學士)로 부른다.

226 철석(鐵石) : 철석간장(鐵石肝腸)의 뜻으로, 굳센 의지와 지조를 가리킨다.

227 아우……떨어지고 : 고경은 당 현종(唐玄宗) 때 상산 태수(常山太守)였던 안고경(顔杲卿)이다. 안녹산(安祿山)의 난이 일어나자 사촌 동생 안진경(顔眞卿)과 함께 의병을 일으켰다. 안고경은 반군과 싸우다가 성이 함락되고 반군의 장수 사사명(史思明)에게 사로잡혔는데 낙양으로 끌려가서도 안녹산을 크게 꾸짖다가 끝내 처형당했고, 안진경은 후에 이희열(李希烈)이 반란을 일으키자, 위험하다는 주위의 만류에도 불구하고 어명을 거역할 수 없다고 하면서 이희열을 설득하러 갔다가 돌아오지 못하고 살해되었다. 《新唐書 卷192 顔杲卿列傳》《舊唐書 卷128 顔眞卿列傳》 효종(孝宗)은 윤계를 안고경에 비기기도 하였다. 《肅宗實錄 28年 6月 16日》 나뉜 형체라는 것은 곧 부모에게서 갈려져 나왔다는 뜻으로 형제를 가리키는 말이다. 이 구절은 곧 윤계는 남양에서 순절하고 윤집은 심양에서 순절하여 서로 멀리 떨어지게 되었다는 말로, 형제간에 모두 충절을 지킨 비유로 든 것이다.

손자 없는 변연은 부자가 아름다웠도다[228] 卞掾無孫二世休
길가에서 정려에 공경 표하는 사람들아 爲報路傍憑軾者
제 몸 아끼다 어찌 후손을 부끄럽게 하랴 惜身寧俾後承羞

제2수 其二

용만과 한첩[229]에서 두 번 국난 당했을 때 龍灣漢堞再艱危
윤씨 가문 살신성인 문득 시절에 응했어라 尹氏成仁輒應時
돌 틈에서 나온 균손은 옆으로 죽순 돋아나고 出石筠孫橫迸笋
서리 이긴 솔 가지는 우뚝이 가지 연이었네[230] 拒霜松幹屹連枝
찬란한 청사에 가승이 실리고 炳煌青史通家乘

228 손자……아름다웠도다 : 변연은 진(晉)나라 원제(元帝)의 부름을 받고 종사중랑(從事中郎)의 임무를 맡은 바 있는 변호(卞壼)이다. 변호는 소준(蘇峻)이 반란을 일으키자 맞서 싸우다가 전사하였고, 그의 두 아들 진(眕)과 우(盱)도 부친의 죽음을 보고 적에게 달려들었다가 동시에 해를 당하였다. 이때 변호의 아내 배씨(裵氏)가 두 아들의 시신을 쓰다듬으며 곡하기를 "아비는 충신이 되었고 너희들은 효자가 되었으니, 무엇을 한하랴."라고 하였는데, 징사(徵士) 적탕(翟湯)이 듣고는 "아비는 임금을 위해 죽고 자식은 아비를 위해 죽었으니, 충효의 도가 일문(一門)에 모였도다."라고 탄식하였다고 한다.《晉書 卷70 卞壼列傳》이는 한 가문에서 세 사람의 충절이 나온 것을 비유한 말이다.

229 용만과 한첩 : 임진왜란과 병자호란을 뜻한다. 용만은 의주(義州)의 별칭으로 임진왜란 당시 선조가 왜군에게 궁지로 몰려 피난한 곳이고, 한첩은 남한산성(南漢山城)으로 병자호란 당시 인조가 청나라 군사에게 궁지로 몰려 피난한 곳이다.

230 돌……연이었네 : 균손은 죽손(竹孫)과 같은 말로, 대나무 뿌리에서 옆으로 뻗어 돋은 새 대나무를 가리킨다. 곧 대나무와 같은 절개를 지닌 윤씨 가문의 자손을 말한 것이다. 가지가 연이었다는 것 역시 한 가문에서 충절 있는 이들이 연이어 나왔다는 말이다.

층층 중첩된 주려[231]를 마을 아이가 공경하네 層累朱閭聳里兒
뜰에 늘어선 세 홰나무 외려 부러우니 庭列三槐猶有羨
소동파의 필력 되살려 명문을 지었으면[232] 欲回蘇筆作銘辭

231 층층 중첩된 주려 : 윤씨 집안 세 사람의 정려가 연이어진 것을 말한다.

232 뜰에……지었으면 : 송(宋)나라 때 진공(晉公) 왕호(王祜)가 일찍이 자기 집 뜰에 홰나무 세 그루를 심으면서 "내 자손 가운데 반드시 삼공(三公)이 되는 자가 있을 것이다."라고 하였는데, 과연 그의 아들 왕단(王旦)이 진종(眞宗) 연간에 18년 동안이나 재상(宰相)을 지냈다. 이에 소식(蘇軾)이 〈삼괴당명(三槐堂銘)〉을 지어 조상이 닦은 덕이 후손에게서 드러남을 말하였다. 곧 윤씨 집안에도 이와 같은 일이 있을 것을 명문(銘文)으로 적겠다는 말이다.

밤에 연광정에 올라 조정이의 시에 차운하다[233]

夜登練光亭 次趙定而韻

233 밤에……차운하다 : 연광정은 평양 대동강(大同江) 덕암(德巖) 위에 있는 관서 지방의 대표적인 정자로, 관서팔경의 하나이다. 삼연은 이해 4월에 도성에 들어왔다가 곧바로 관서 지방으로 유람을 가서 5월에 돌아왔다. 이때의 기록이 본집 습유 권28의 〈관서일기(關西日記)〉이다. 《三淵先生年譜》
조정이는 조정만(趙正萬, 1656~1739)으로 본관은 임천(林川), 자는 정이, 호는 오재(寤齋)이다. 이 당시 삼연의 관서 유람에 동행하였는데 이 당시 조정만은 평양 서윤(平壤庶尹)으로 있었다. 조정만의 원시는 《오재집(寤齋集)》 권1 〈지난해 가을 내가 관서로 갈 때 삼연과 묘향산을 유람하기로 약속하였는데, 과연 오늘 필마를 타고 관서로 왔기에 연광정에서 밤에 대화하며 입으로 읊어 화답을 요구하다〔往歲秋余之西下也 三淵有妙香之約 果於今日匹馬西來 對話練光之夜 口占要和〕〉이다.

국립중앙박물관 소장 조선총독부 유리건판028487 연광정

설악산 깊이 깃들어 살던 나그네 雪嶽幽棲客
관하[234]에 또 잠깐 유람 왔어라 關河又薄遊
날 따르나니 맑은 달이요 隨身有清月
밤 약속한 곳 높은 누각이라 卜夜在高樓
검이 춤추니 어룡 고요하고 劍舞魚龍靜
술잔 도니 은하수 흐른다 杯行星漢流
새벽닭 울어 서로 돌아보며 일어나니 雞鳴相顧起
목란주[235]에 흥취 남겨두노라 留興木蘭舟

234 관하(關河) : 함곡관(函谷關)과 황하(黃河)의 병칭으로, 변방을 뜻한다.

235 목란주(木蘭舟) : 결이 곱고 향기 좋은 목련 나무로 만든 작은 배를 말하는데, 흔히 조각배의 미칭으로 쓰인다.

영유 와룡사[236]

永柔臥龍祠

공은 당초 용이 누운 듯 남양 땅에 계시더니	公初龍臥在南陽
한번 일어나 한나라 불길[237] 불어서 키우셨어라	一起能噓漢焰長
깃털 부채[238] 맑은 바람은 만고에 불고	羽扇淸風吹萬古
전쟁 북소리 남은 울림은 선왕[239] 감격시켰도다	鼓鼙遺響感先王
시절 위태로웠거늘 어찌 이 사람 만나지 못했나[240]	時危胡不斯人遇
땅은 떨어졌어도 외려 아름다운 이름 드날리기에 맞도다[241]	

236 영유 와룡사 : 영유는 평안도의 현(縣)이다. 임진왜란 때 선조(宣祖)가 의주(義州)에서 한양으로 돌아오면서 영유현에 머물렀을 때 현에 와룡산이 있으므로 그곳에 와룡으로 불렸던 제갈량(諸葛亮)을 모신 사당을 짓도록 하였다. 이후 1668년(현종9)에 와룡사라고 사액하였고, 1695년(숙종21)에 송(宋)나라 때의 장수인 악비(嶽飛)를 배향하였다. 영조 때 삼충사(三忠祠)로 개칭되었다. 《新增東國輿地勝覽 卷52 平安道 永柔縣》《燃藜室記述 別集 卷4 祀典典故 諸祠》 삼연은 이해 4월 19일 조정만(趙正萬)과 묘향산으로 향하던 중 영유에 들러 와룡사를 참배하였다. 《三淵先生年譜》

237 한나라 불길 : 한나라 황실의 기운을 뜻한다. 한나라는 오행(五行)의 순서로 따질 때 화덕(火德)으로 일어난 왕조이므로 보통 한나라를 말할 때 염조(炎祚)라고 하며, 촉한(蜀漢)의 후주(後主) 유선(劉禪)은 염흥(炎興)이라는 연호를 쓰기도 하였다.

238 깃털 부채 : 제갈량이 전장에서 군사를 지휘할 때 쓰던 백우선(白羽扇)이다. 《三國志 卷35 蜀書 諸葛亮傳》

239 선왕 : 조선 국왕 선조이다.

240 시절……못했나 : 임진왜란의 국난에 제갈량같이 재주 있는 사람이 없었음을 탄식한 말이다.

241 땅은……맞도다 : 중국과 멀리 떨어져 있는 조선에 제갈량의 호와 같은 와룡산이 있어 사당을 세우기에 적합하다는 말이다.

地隔猶符美號揚

행궁[242]을 가까이하여 사당과 영정 차리니　　隣近行宮開廟貌

황홀하게 물고기와 물이 예부터 당을 함께한 듯하여라[243]

恍如魚水舊同堂

'사인(斯人)'이 어떤 본에는 '기재(奇才)로 되어 있다.

242 행궁 : 임진왜란 때 선조가 머물렀던 영유현의 이화정(梨花亭)을 가리킨다. 이화정은 본래 영유현 객관(客館)의 정자로 선조가 이곳에서 100여 일 동안 머물렀다.

243 황홀하게……듯하여라 : 제갈량과 유비의 군신 관계를 물과 물고기처럼 떨어질 수 없는 수어지교(水魚之交)라고 한다. 이와 마찬가지로 선조의 행궁과 와룡사가 가까이 있어 제갈량과 유비의 수어지교와 같다고 말한 것이다.

안흥 가는 길에[244]

安興途中

험준하고 웅장한 관하에서 내 말이 자빠지거늘　凌厲關河我馬顚
나풀나풀 머리 센 늙은이가 뉘 이끌림 받았는가　飄然斑白被誰牽
오랜 벗과 약속 중하기에[245] 천 리 먼 길 가볍게 여겼고　故人約重輕千里
묘향산 명성 드높기에 다른 모든 인연 사절함이라　香嶽名高謝萬緣
나타났다 사라졌다 하는 구름 무지개 기운은 극변(極邊)에 생겨나고　明滅雲霓生絶徼
짧고 긴 정후는 맑은 시내로 들어온다[246]　短長亭堠入晴川
백상루와 칠불사[247]가 말 멈추고 구경할 곳이요　百祥七佛停驂是

244 안흥 가는 길에 : 안흥은 평안도 안주(安州)의 다른 이름이다. 삼연은 이해 4월 20일 저녁에 안주에 당도하였다. 《本集 拾遺 卷28 關西日記》

245 오랜……중하기에 : 조정만(趙正萬)의 《오재집(寤齋集)》 권1에 〈지난해 가을 내가 관서로 갈 때 삼연과 묘향산을 유람하기로 약속하였는데, 과연 오늘 필마를 타고 관서로 왔기에 연광정에서 밤에 대화하며 입으로 읊어 화답을 요구하다〔往歲秋余之西下也 三淵有妙香之約 果於今日匹馬西來 對話練光之夜 口占要和〕〉라는 시가 보인다.

246 짧고……들어온다 : 정후는 변경과 요해처의 경비를 위해 세운 정자 모양의 초소이다. 초소가 맑은 시냇물에 비침을 말한 것이다.

247 백상루와 칠불사 : 백상루는 안주성의 서북쪽에 있는 고려 때 지은 누정으로 관서제일루(關西第一樓)라 불린다. 높은 지대에 위치하여 청천강과 넓은 들판의 조망이 아름답다. 이곳에서 백 가지 좋은 경치를 한눈에 볼 수 있다고 하여 백상루라 이름하였다. 칠불사는 안주 칠불산에 있는 절이다. 고구려의 을지문덕(乙支文德)이 수 양제(隋煬帝)와 살수(薩水)에서 싸울 때 7명의 승려가 옷을 입은 채 강을 쉽게 건너가자 수나라

어른어른 동대[248]는 눈앞에 보이누나　　　　冉冉東臺在眼前

군사들이 속아 모두 물에 빠져 죽었고, 그 후 이곳에 절을 짓고 이들 칠불을 모셨다고 전한다.

248 동대(東臺) : 평안도 영변(寧邊)의 약산(藥山)에 있는 지명이다. 약산 제일봉을 중심으로 동쪽에 기암괴석이 층층이 쌓여 있는 가운데 약 5m 높은 곳에 주위가 20여m 정도의 반석이 마치 대(臺)와 같이 되어 이를 약산동대(藥山東臺)라 한다. 관서팔경(關西八景)의 하나이다.

백상루[249]

百祥樓

제1수

센머리로 헌함에 기대 마음 감개하니	華髮憑軒感慨心
소싯적 검 잡고 올라 굽어보았더니라[250]	少時携劍亦登臨
쭈그러지지 않은 강물 보며 성쇠를 탄식하고[251]	江流不皺嗟衰盛

249 백상루 : 116쪽 주247 참조.

국립중앙박물관 소장 조선총독부 유리건판016347 백상루 원경

250 소싯적……굽어보았더니라 : 삼연은 22세 때인 1674년(현종15) 3월에 북경에 사신 갔다 오는 부친을 맞이하기 위해 평양에 갔다. 《三淵先生年譜》

251 쭈그러지지……탄식하고 : 강물이 쭈그러지지 않았다는 것은 젊었을 때 봤던 강물이나 노쇠하여 본 강물이나 변함이 없다는 말이다. 96쪽 주202 참조. 성쇠를 탄식했다

가없이 펼쳐진 들판 보며 예와 지금 생각한다　野色無邊閱古今
백상루 이름 아래 어찌 허랑하게 품평하랴[252]　名下寧容浪題品
흥취 젖어 애오라지 거침없이 노래 부르네　興頭聊復縱歌吟
동쪽으로 돌아가 다시 올 날 있으랴　東歸豈有重來日
애써 맑은 술동이 잡고서 밤새 술 부어 마시노라　强把淸樽盡夕斟

제2수 其二

예로부터 서로 만나는 일 아스라이 머니[253]　古來相接莽悠悠
눈을 들어 산하를 바라봄에 온갖 감정 어린다　擧目山河百感留
싸움 잘하는 영웅[254]은 대국을 가볍게 여겼고　善戰英雄輕大國
시에 능한 사신[255]은 높은 누각 아꼈어라　能詩使价愛高樓

고 말했으나 주된 의미는 삼연 자신의 쇠함에 있다.

252 백상루……품평하랴 : 삼연은 이때 와서 백상루에서 보이는 풍광을 크게 칭탄하고 젊었을 때 이곳의 풍광을 보며 흠이 있다고 생각했던 것이 편견임을 깨달았다. 《本集拾遺 卷28 關西日記》

253 예로부터……머니 : 당(唐)나라 이백(李白)이 〈금릉성 서루에 올라 달 아래 읊조리다〔金陵城西樓月下吟〕〉에서 "달빛 아래 깊이 읊조리며 오랫동안 돌아가지 못하니, 예로부터 서로 마음 맞는 사람 눈 속에 드물었네.〔月下沈吟久不歸, 古來相接眼中稀.〕"라고 하였는데, 이는 예로부터 자신과 뜻이 맞는 지음(知音)을 만나기란 드문 일이라는 뜻이다. 삼연의 이 구절은 지음을 만나기 어려움을 토로했다기보다 백상루를 거쳐 간 수많은 옛 인물과 옛 역사를 직접 만나기 어려운 심정을 말한 것이라 하겠다. 아스라이 멀다는 것은 만나기가 어렵다는 뜻이다.

254 싸움 잘하는 영웅 : 수 양제(隋煬帝)와 맞서 싸운 고구려의 을지문덕(乙支文德)을 가리킨다. 백상루 앞으로 을지문덕이 싸운 살수(薩水)로 여겨지는 청천강(淸川江)이 흐르고 있기 때문에 언급한 것이다.

255 시에 능한 사신 : 백상루를 거쳐 간 중국 사신들의 시를 말한 것이다. 명나라

황화의 사신 오지 않으니 이내 낀 꽃은 시들었고[256]	皇華寥落煙花老
패업 이룰 책략 적막하니 고각 소리 시름겹다	霸略蕭條鼓角愁
어른어른 서쪽 하늘 붉은 해 떨어지니	冉冉天西紅日墮
마음은 석양 좇아 발 거는 쇠에 기대노라[257]	心隨暮景倚簾鉤

사신과 조선의 접반사(接伴使)가 서로 수창(酬唱)한 시를 모은《황화집(皇華集)》에 주지번(朱之蕃)을 비롯한 많은 사신들이 백상루를 읊은 시가 실려 있다.

256 황화의……시들었고 : 백상루에 더 이상 주변의 꽃과 풍광을 읊어줄 명나라 사신이 오지 않음을 말한 것이다. 황화는《시경》〈소아(小雅)〉의 편명인 〈황황자화(皇皇者華)〉의 약칭이다. 이 시는 임금이 사신을 보낼 때 부른 노래인데, 곧 천자의 사신을 의미한다.

257 마음은……기대노라 : 발 거는 쇠는 특히 지는 해의 모습을 담은 것이다. 두보(杜甫)의 〈낙일〉 시에 "지는 해가 발 거는 쇠에 있다.〔落日在簾鉤〕"라고 하였다. 곧 마음이 지는 석양의 처연한 풍광과 함께한다는 말이다.

차운하여 정이에게 주다[258]

次韻贈定而

기성의 소윤[259]이 평범한 사람과는 다르니	箕城少尹異凡庸
문서에 머리 파묻고 몇 겹이나 쓸어냈나[260]	文案埋頭掃幾重
결연하기가 오리의 가벼움 같아 신을 멀리 날리고[261]	決若鳧輕飛舃遠
산의 푸름보다 더 뛰어나게 시를 농밀히 지었어라	勝於山翠作詩濃
허리 아래 찬 푸른 인끈 도장 던질 것 생각하고	思抛腰下靑緺印
구름 사이 백옥 같은 봉우리 사고자 하는구나[262]	欲買雲間白玉峯
만약에 흉금이 이와 같지 않다면	倘使襟期不如此
이내와 노을 낀 골짝 안에 어찌 용납되랴	煙霞洞裏肯相容

258 차운하여 정이에게 주다 : 정이는 조정만(趙正萬)이다. 112쪽 주233 참조.

259 기성의 소윤 : 기성은 평양의 별칭이다. 당시 조정만이 평양 서윤(平壤庶尹)으로 있었다.

260 문서에……쓸어냈나 : 조정만의 재능이 뛰어나 많은 업무를 신속히 처리했다는 말이다.

261 결연하기가……날리고 : 조정만이 삼연이 찾아오자 과감하게 결정하여 함께 멀리 묘향산 유람에 나섰다는 말이다. 이 구절은 한유(韓愈)가 〈이날이 애석해할 만하여 장적에게 주다〔此日足可惜贈張籍〕〉에서 "새벽에 몸을 빼어 떠나니, 결연하기가 놀란 오리가 날아오름과 같도다.〔平明脫身去, 決若驚鳧翔.〕"라고 한 구절과, 오리 신발〔鳧舃〕이 지방관의 행차를 뜻하는 고사를 합쳐서 활용한 것이다. 오리 신발은 104쪽 주216 참조.

262 허리……하는구나 : 조정만이 유람하는 산천에 매료되어 관직을 버리고 산중에 들어가 살고자 한다는 말이다.

철옹성에서 정이의 시에 차운하다[263]

鐵甕城 次定而韻

천하의 산천에 백이가 텅 비니　天下山溪百二空
철옹성 뛰어난 지세 어디에 견주어 같으랴[264]　鐵城形勝較誰同
드높은 짐승 뿔[265]은 구름 밀치고 장대하게 솟았고　嵯峩獸角排雲壯
구불구불 용의 몸[266]은 암벽 품고서 웅장하다　屈折龍身抱石雄
이미 금성탕지(金城湯地)가 나라의 보배임을 말했거니와
已道金湯爲國寶
또한 구리와 벽돌 쌓느라 사람들 공역 들였음을 보노라[267]

263 철옹성에서……차운하다 : 철옹성은 평안도 영변(寧邊)에 있는 산성으로, 일명 약산산성(藥山山城)이라고도 한다.

264 천하의……같으랴 : 철옹성의 험고한 지세가 워낙 뛰어나 다른 곳의 험고함은 없는 것이나 마찬가지라는 말이다. 백이는 적의 100분의 2에 해당하는 병사만으로도 적을 막아낼 수 있는 험고한 요새를 가리킨다. 《사기(史記)》 권8 〈고조본기(高祖本紀)〉에 "진나라는 지세가 뛰어난 나라로, 산하의 험고함을 띠고 천 리 멀리 떨어져 있어, 창 가진 군사 100만을 대적함에 있어 진나라는 100분의 2로 감당할 수 있다.〔秦形勝之國, 帶河山之險, 縣隔千里, 持戟百萬, 秦得百二焉.〕"라고 한 데서 온 말이다.

265 짐승 뿔 : 순(舜) 임금 때 곤(鯀)이 짐승의 뿔을 나란히 엮어 성을 만들고 꼬리를 들어 깃발을 만들 수 있었다고 하는데, 이에 유래하여 성곽을 가리키는 말이 되었다. 《論衡 率性》

266 용의 몸 : 산을 타고 구불구불 서 있는 산성을 비유한 말이다.

267 이미……보노라 : 본래부터도 금성탕지와 같이 견고한 철옹성이 근래에 새로 개축되어 더욱 험고해졌다는 말이다. 본집 습유 권28 〈관서일기(關西日記)〉에 "철옹성은 산을 기반으로 험고한 지형을 점거하여 평소 금성탕지로 불렸는데, 신성(新城)을 이광

亦看銅甓費人功

시절 맑아 활을 집어넣어둔 한이 다하지 않으니[268] 時清不盡藏弓恨

호드기와 북소리 울리는 높은 산성에 북풍이 우누나

笳鼓危譙咽北風

한(李光漢)이 있을 때부터 새로 지어 공역이 매우 장대하였다."라고 하였다.

268 시절……않으니 : 평화로운 시절이라 산성의 험고함과 무용(武勇)을 떨칠 일이 없이 버려져 있다는 말이다. 두보(杜甫)의 〈협구(峽口)〉에 "시절이 맑을 때는 관문이 험고함을 상실하고 세상이 어지러울 때는 창이 수풀과 같도다.〔時淸關失險, 世亂戟如林.〕"라고 한 것과 같은 뜻이다.

다시 읊다

又賦

푸른 하늘에 청상과 자전의 기운 있으니[269] 清霜紫電蔚藍天

신성 쌓아 올리던 때를 노승에게 묻노라[270] 經始新城問老禪

한 곡조 슬픈 노래는 농상의 원망[271] 一曲悲歌隴上怨

사람으로 하여금 거듭 이 영변[272]을 생각하게 하도다 令人重憶李寧邊

269 푸른……있으니 : 산성의 무기(武氣)가 높은 하늘까지 닿음을 말한 것이다. 87쪽 주179 참조.

270 신성……묻노라 : 철옹성의 신성은 이광한(李光漢, ?～1689)이 1682년(숙종8)에서 1685년(숙종11) 사이에 영변 부사(寧邊府使)로 있으면서 공사를 시작하였는데, 삼연이 이때 와서 공사에 참여했던 노승으로부터 당시 이광한이 신성을 쌓을 때의 일을 듣고서 그 기이한 재주에 감탄하였다. 《本集 拾遺 卷28 關西日記》《承政院日記》

271 농상의 원망 : 변경에서 군역(軍役)으로 고생하는 군사들의 비애를 말한 것이다. 농상은 중국의 서쪽 변경이다. 중국 서쪽 변경 천수군(天水郡)에 큰 산비탈이 있는데 이를 농지(隴坻) 또는 농산(隴山)이라고 하며 한농관(漢隴關)이라는 관문이 있다. 역대의 문인들이 이곳을 배경으로 수자리 서며 집에 돌아가지 못하는 군인들의 비애를 읊은 작품을 남겼다. 《樂府詩集 卷21 隴頭》 원망이라고 하여 특별히 누구를 비난하고 원망한다는 뜻이라기보다 변경의풍경과 정회를 일반적으로 묘사한 말에 가깝다 하겠다.

272 이 영변 : 이광한을 가리킨 것이다.

천주사[273]

天柱寺

천주사에서 술 한 잔 먹고　　一觴天柱寺
섭청루[274]로 자리 옮겼노라　　移席躡青樓
감히 변경 방비 논하랴　　敢有關防議
애오라지 도호[275]의 유람 따르도다　　聊從都護遊
이내 낀 대[276]는 검무 추어 마땅하고　　煙臺宜劍舞

273 천주사 : 철옹성 안에 있는 절이다. 삼연이 왔을 때 영변 부사가 천주사의 누각에 술자리를 마련하였다. 《本集 拾遺 卷28 關西日記》

국립중앙박물관 소장 조선총독부 유리건판000150 · 000151
천주사의 천주루 내부 및 원경

274 섭청루 : 철옹성의 누각 이름이다. 다른 곳에는 그 이름이 보이지 않고 삼연의 〈관서일기〉에만 보인다.

275 도호 : 영변 도호부사(寧邊都護府使)를 가리킨 것이다.

276 이내 낀 대 : 〈관서일기〉의 이동 경로를 고려할 때 철옹성 동대(東臺)를 말한

바람 부는 돌다리에선 호구[277] 입고 싶어지네　　風磴欲狐裘

호드기와 북소리 속에 서쪽 성첩 따라 도니　　笳鼓循西堞

엄숙히 변경을 가까이하여 시름겹도다　　蒼然近塞愁

것이다. 117쪽 주248 참조.

277 호구 : 여우 가죽으로 만든 갖옷이다. 방한용으로 입고자 한 것이다.

장대

將臺

대가마를 잠시 성가퀴 맡에 풀어놓고	筍輿暫卸女墻頭
원수대 앞에서 멀리 조망하노라	元帥臺前一放眸
휘감은 흰 강과 푸른 뫼는 대지를 돌고	繚白縈青旋大陸
어지러이 비단 펼친 듯 큰 고을 벌여 있다	綺紛繡錯列雄州
아스라이 용만[278]으로 뻗은 길 가리키고	微茫指是龍灣路
크고 높은 산세는 설령[279] 모퉁이에서 뻗은 것이라	磅礴知從雪嶺陬
저물도록 말 몰아가도 외려 가없거니	終日載驅還莽蒼
구름 끝에 완연히 백상루가 보이누나	雲端宛見百祥樓

278 용만 : 의주(義州)의 별칭이다.

279 설령(雪嶺) : 북쪽 백두산에서 뻗어온 산맥을 가리킨 듯하다. 본집 습유 권28 〈관서일기(關西日記)〉에 "북쪽에서 온 산세는 구불구불 크고 높아 묘향산으로 응집되었다.〔北來山勢, 蜿蟺磅礴, 結爲香嶽.〕"라고 하였다.

천수대에서 정이의 시에 차운하다[280]

天水臺 次定而韻

바위에 새긴 붉은 글씨 훤하게 좋은 이름이니[281] 巖鑱丹字煥佳名
층층 겹친 둥근 단이 형세 절로 이루었네 層累圓壇勢自成
고단한 말은 솔바람 가득 부는 곳에 찾아갈 줄 알고 倦馬知投松籟盛
헤엄치는 물고기는 물 흐름 잔잔한 곳에 제 자리 얻었구나 游魚得所水流平
이름난 산은 기슭 아래 평범한 풍경 없고 名山脚下無凡境
한가로운 수병은 수루 곁에서 나그네 마음 위문한다 閑戍樓邊慰旅情
아무렇게 읊조려서 어찌 승경 펼쳐 보이랴 漫詠奚能揚勝致
글자 맞춰 시 지어 그저 비둘기 소리에나 답하노라 吟安聊和鶉鳩聲

280 천수대에서……차운하다 : 천수대는 영변(寧邊)의 천수진(天水鎭)에서 5리 떨어진 거리에 있는 돈대(墩臺)이다. 둥근 바위가 층층으로 겹쳐진 형태이며 무성한 소나무와 얕은 못이 있어 승경(勝景)을 이루고 있다. 《本集 拾遺 卷28 關西日記》

281 바위에……이름이니 : 삼연의 〈관서일기〉에는 바위에 새겨진 글자를 언급한 부분에 '용귀천수(龍龜天水)'라고 하였고, 바로 뒷부분에 결락이 있어 전체 글씨는 알 수 없다.

상원폭포[282]

上院瀑布

세 갈래 은하수와 한 돌절구이니[283] 三道銀河一石舂
아스라이 흰 이내 감싼 법왕봉일세 空濛素靄法王峯
바위에 난 한 줄기 길에서 범이 발톱 허비는 소리 듣고[284]
巖開線路聞跑虎
암자[285]가 굽어보는 금빛 못에는 잠든 용 있도다 龕壓金湫有睡龍
금강산과 우열 따지며 좋은 경치 논하고 甲乙蓬萊論勝槩
도솔천[286] 예사로이 여겨 범속한 발걸음 들여놓았노라
尋常兜率致凡蹤

282 상원폭포 : 묘향산 법왕봉(法王峯) 아래에 있는 산주폭포, 용연폭포, 천신폭포의 세 갈래 폭포를 총칭한 것이다.

283 세……돌절구이니 : 세 방향의 다른 물줄기가 한 곳으로 떨어지는 상원폭포의 모습을 형용한 것이다. 자세한 것은 본집 습유 권28 〈관서일기(關西日記)〉에 보인다.

284 바위에……듣고 : 상원폭포 방향으로 가는 길은 높은 벼랑이 있어 발을 딛기가 어려운데 바위틈으로 쇠줄을 드리워 그것을 부여잡고 오르면 있는 큰 바위의 이름이 인호대(引虎臺)이다.《本集 拾遺 卷28 關西日記》 인호대는 옛날 한 길손이 상원암(上院菴)에 오르려다가 길을 잃고 헤매었는데 범이 내려와 바위에 굸을 내어 길을 열어주어 암벽 위로 오르게 되었다는 전설에서 비롯된 지명이다. 삼연이 바위틈의 길을 올라가면서 마치 호랑이가 발톱으로 길을 파서 열어주는 소리가 들리는 것처럼 느껴진다는 뜻이다.

285 암자 : 상원폭포 인근에 있는 상원암(上院菴)이다.

286 도솔천 : 불교에서 미륵보살(彌勒菩薩)이 사는 천계(天界)의 이름인데, 상원암을 비롯하여 그 주변의 승경(勝景)을 비유한 것이다.

계수나무 부여잡고서 맑은 휘파람 부니　　攀援桂樹爲淸嘯
정오에 시내 바람이 작은 종소리 보내온다　　亭午溪風送小鐘

'포호(跑虎)'는 어떤 본에는 '영수(靈獸)'로 되어 있다.

인호대[287]

引虎臺

구름 사이에 단청 보이니	雲際看丹碧
위태로이 높은 암자 아직 시내 건너로다	危菴尙隔溪
멀리 은빛은 바로 폭포요	迢迢銀是瀑
가는 쇠줄이 사다리 되는구나	㒿㒿鐵爲梯

287 인호대 : 129쪽 주284 참조.

묘향산 인호대

객이 당도하자 중이 부축하며 섰고 客至僧扶立
용이 숨은 곳에 부처 함께 깃들었다[288] 龍藏佛與棲
높고 기이함에 깊고 미묘함 겸했으니 高奇兼奧妙
이러한 절은 어디에도 없어라 未有此招提

288 부처 함께 깃들었다 : 깃들었다는 것은 본래의 자연물이 아닌데 들어와 암자를 짓고 거주함을 말한 것이다.

단군대에서 정이의 시에 차운하다[289]

檀君臺 次定而韻

두견화 숲속에 태시[290] 시절 이끼 있으니　　躑躅林中太始苔
구름 따라 휘감아 돌며 층층 돈대 오르노라　　緣雲繚繞上層臺
슬피 읊조리며 앉아서 신명의 자취 어루만지니　　悲吟坐撫神明迹
땅 늙고 하늘 거칠어지고서[291] 홀로 뒤늦었도다　　地老天荒獨後來

289 단군대에서……차운하다 : 묘향산에 있는 지명이다. 단군이 궁술(弓術)을 연마한 곳으로 전해진다.

290 태시(太始) : 천지가 처음 개벽하던 아득한 상고 시절을 가리킨다.

291 땅……거칠어지고서 : 단군의 때로부터 시간이 무수히 경과했다는 말이다.

다시 읊다

又賦

한 사람 총명한 이 나오니	一有聰明出
또한 동방의 방훈이로다[292]	東方亦放勳
빛나게 신령스러운 산은 굴[293]이 있고	炳靈山有竇
자애로이 덮어주는 나무[294]는 구름까지 닿았어라	慈覆樹參雲
남은 자취는 깊은 산의 중이 지키고	護迹幽禪得
전해지는 기이한 이야기 과객이 듣네	傳奇過客聞
아득하다 이 산에서 약초 캐려는 뜻	微茫採藥意
세상이 싫거니 뉘와 함께 무리 될까	厭世與誰群

292 한……방훈이로다 : 하늘이 중국의 요(堯) 임금과 같은 성인인 단군(檀君)을 동방에 내려보냈다는 말이다. 총명한 이가 나온다는 것은 성인이 나온다는 말이다. 《대학장구(大學章句)》 서문에 "한 사람이라도 총명하고 예지하여 능히 그 본성을 다한 자가 그 사이에서 나온다면, 하늘이 반드시 그에게 명하시어 억조 만백성의 군주와 스승으로 삼아 그로 하여금 백성을 다스리고 가르쳐서 그 본성을 회복하게 한다.〔一有聰明叡智能盡其性者, 出於其間, 則天必命之, 以爲億兆之君師, 使之治而敎之, 以復其性.〕"라고 하였다. 방훈은 요 임금의 덕을 찬미한 말로, 공이 커서 이르지 않는 곳이 없다는 뜻이며 요 임금을 지칭한다. 《서경》 〈우서(虞書) 요전(堯典)〉에 "옛날 제요를 상고해보니, 방훈이라고 하였다.〔曰若稽古帝堯, 曰放勳.〕"라고 하였다.

293 굴 : 묘향산의 단군굴(檀君窟)을 가리킨 것이다.

294 나무 : 묘향산의 신단수(神壇樹)를 가리킨 것이다.

향로봉 최정상에 올라

登香爐絶頂

제1수

덩굴 잡고서 한 치 한 치 오르며 향로봉 올려보았더니 捫蘿寸寸仰香爐

둥근 멧부리에 다다르자 붉은 해 저물도다 及到圓巓赤日晡

눈 밑으로 아스라이 낙랑[295]을 거두고 眼底微茫收樂浪

몸 곁으로 드높이 비로봉을 꼈어라 身邊突兀挾毗盧

동산에서 노나라 작게 보던 성인 되기는 어렵거니와[296] 東山小魯難爲聖

남악에서 구름 걷히던 일 거의 나와 같구나[297] 南嶽開雲庶亦吾

시구로 남을 놀라게 하는 것은 가장 비루한 일인 줄 알겠고[298]

295 낙랑 : 낙랑은 고조선 멸망 후 한(漢)나라가 설치한 네 개의 군현인 한사군(漢四郡) 가운데 하나이다. 여기에서는 묘향산 아래의 땅을 가리킨 것이다.

296 동산에서……어렵거니와 : 《맹자》 〈진심 상(盡心上)〉에 "공자께서 동산에 올라 노나라를 작게 여기고, 태산에 올라 천하를 작게 여기셨다.〔孔子登東山而小魯, 登太山而小天下.〕"라고 하였다. 삼연 자신도 높은 산에 올라 아래를 조망하는 것은 공자와 같지만 공자와 같은 성인은 되기 어렵다는 말이다.

297 남악에서……같구나 : 남악은 중국의 형산(衡山)이다. 당(唐)나라 한유(韓愈)가 형악묘(衡嶽廟)에 참배하러 형산에 올랐을 때 구름이 잔뜩 끼어 사방을 바라볼 수 없었는데, 한유가 정성껏 묵묵히 기도하자 마침내 구름이 활짝 걷혀 사방을 바라볼 수 있게 되었다. 《韓昌黎集 卷3 謁衡嶽廟遂宿嶽寺題門樓》 삼연이 지금 활짝 갠 날씨에서 조망할 수 있는 것이 옛날 한유의 상황과 같다고 말한 것이다.

시구로 사람 놀래킬 일 가장 비루함을 알겠고[298] 詩句驚人知最陋
일원의 천지[299]도 그저 잠깐의 시간이어라 一元天地只須臾

제2수 其二

한 뫼의 맑고 온화한 기운 이곳에 휘감아 도니 一山淸淑此扶輿
속세의 더러움 훌쩍 벗어나 곧 태초 같도다 超出重氛卽太初
이월에 피는 꽃 붉으니 무더위 벗어났고[300] 二月花紅炎暑外
천년 세월 겪은 측백 키 낮으니 빙설 맞았음이라 千年栢短雪氷餘
신술 있는 중이 돌 놀리자 날아올라 탑이 되고 神僧弄石摶爲塔
약초 캐는 선비 생황 불자 소리가 허공에 울린다 藥士調笙響出虛
내 이곳에서 신선술 닦고자 하거늘 我欲於焉鍊金骨
모를레라 선위[301]가 어떻다 하려는고 未知仙尉謂何如

298 시구로……알겠고 : 두보의 시에 "나는 사람됨이 좋은 시구 탐하는 버릇 있어 시어가 남을 놀라게 하지 못하면 죽어도 마지 않았네.〔爲人性僻耽佳句, 語不驚人死不休.〕"라고 하였다. 곧 이 아름다운 풍광 앞에 다시 인위적인 노력을 더해 시구를 짓는 일은 비루한 일이라는 말이다.《杜少陵詩集 卷10 江上値水如海勢聊短述》

299 일원의 천지 : 천지가 개벽하여 멸망할 때까지 12만 9600년 1주기를 일원이라 한다.《皇極經世 觀物篇一》

300 이월에……벗어났고 : 삼연이 묘향산을 유람한 음력 4월은 절기상으로 여름인데, 높은 산에는 기온이 봄처럼 따뜻하여 2월에 피는 꽃이 피어 있다는 말이다.

301 선위(仙尉) : 한(漢)나라 때 남창 현위(南昌縣尉)를 지내고서 왕망(王莽)이 정권을 잡자 벼슬을 버리고 산에 들어가 신선이 되었다고 전해지는 매복(梅福)을 가리키는 말이다.《漢書 卷67 梅福傳》 여기에서는 함께 묘향산을 유람하는 평양 서윤(平壤庶尹) 조정만(趙正萬)을 비유한 것이다.

원명사에서 향로봉을 바라보며

圓明寺 望香爐峯

멀리 자욱한 구름 이내 속 첩첩 봉우리 기이하니 窅映雲嵐疊嶂奇
중이 가리키는 곳 바라보며 기둥에 오래 기대노라 憑僧指點倚楹遲
향로봉 일만 길이 하늘과 서로 가까우니 香爐萬仞天相近
어제 올라갔던 것이 누구였던가 昨日登臨訝是誰

연광정에서 정지상의 시에 차운하다[302]

練光亭 次鄭知常韻

새벽닭 울어도 아직 달빛 밝기만 한데　雞鳴猶覺月明多
쓸쓸한 강성에 젓대 노래 그쳤다　寥落江城罷笛歌
붉은 누각에 홀로 천 리 길 온 나그네 베개 머무르니　朱閣獨留千里枕
누워서 발 그림자가 금빛 물결에 떨어짐을 보노라　臥看簾影落金波

302 연광정에서……차운하다 : 정지상(?～1135)은 고려 인종(仁宗) 때의 문신이자 시인으로, 본관은 서경(西京), 호는 남호(南湖)이다. 정지상의 원시는 〈송인(送人)〉으로 《동문선(東文選)》 19권에 수록되어 있다.

쾌재정에서 중국 사신의 제영을 올려보며 감회가 있어[303]

快哉亭 瞻華使題詠有感

패수 가의 누대가 여전히 은총 빛나니 浿上樓臺尙寵光
천자 사신 남긴 자취 사라지지 않았어라 皇華遺蹟未銷亡
용과 뱀 같은 글씨의 뜻은 강을 임해 살아 있고 龍蛇筆意臨江活
금수와 같은 시의 정취는 뫼를 둘러 길도다[304] 錦繡詩腸繞嶽長
중화와 동이가 예법으로 헌작[305]을 통하고 禮數華夷通獻酢
오월 지방과 닮은 지형 품평하여 비교했네 地形吳越與評商
신선 뗏목[306] 한번 떠난 뒤 창상[307]의 먼 세월 흘렀거니

303 쾌재정에서……있어 : 쾌재정은 평양 대동관(大同館) 북쪽에 있는 누정 이름이다. 《新增東國輿地勝覽 卷51 平安道 平壤府》

304 용과……길도다 : 용과 뱀은 보통 초서(草書)의 유려한 필체를 형용하는 말이다. 중국 사신이 남긴 글씨가 휘감아 두른 대동강처럼 생생히 움직이고 남긴 시의 정취가 둘러 있는 산악처럼 유장하다는 말이다. '금수'라는 표현은 사신의 시의 정취를 일차적으로 비단에 빗댄 것이면서 아울러 평양의 진산(鎭山)인 금수산을 염두에 두고 쓴 표현이기도 하다.

305 헌작(獻酢) : 빈주(賓主)의 예법이다. 주인이 빈에게 술을 올리는 것을 '헌(獻)'이라 하고, 빈이 답하여 주인에게 술을 올리는 것을 '작(酢)'이라 한다. 곧 중국과 조선이 서로 사신을 통하여 예로써 교유함을 말한 것이다.

306 신선 뗏목 : 사신을 가리킨다. 한(漢)나라 무제(武帝) 때 박망후(博望侯) 장건(張騫)이 명을 받고 대하(大夏)에 사신으로 가서 뗏목을 타고서 황하(黃河)의 근원을 찾아가다가 은하수에 도착하여 견우(牽牛)와 직녀(織女)를 만났다는 전설이 있다. 《荊楚歲時記》

307 창상(滄桑) : 창해상전(滄海桑田)의 준말이다. 큰 바다가 변하여 뽕나무밭이 되

仙槎一去滄桑闊

저 아름다운 서방의 사람[308] 잊지 못하리로다　　彼美西方不可忘

중국 사신이 연광정(練光亭)과 부벽루(浮碧樓)를 오월의 산천에 비겼기 때문에 한 말이다.

고 뽕나무밭이 변하여 큰 바다가 된다는 말로, 흔히 세상의 변화가 매우 심함을 비유하는 말이다.

308 저……사람 : 조선에 은혜를 내려준 명(明)나라를 비유한 말이다. 《시경》〈패풍(邶風) 간혜(簡兮)〉에서 주(周)나라의 훌륭한 왕을 그리워하는 뜻을 나타내면서 "산에는 개암나무, 진펄에는 감초로다. 누구를 그리워하는가. 서방의 아름다운 사람이로다. 저 아름다운 사람이여, 서방의 사람이로다.〔山有榛, 隰有苓. 云誰之思, 西方美人. 彼美人兮, 西方之人兮.〕"라고 하였다.

강선루에서 부사(府使) 정가숙과 함께 읊다[309] 정가숙은 정협이다

降僊樓同主守鄭可叔 悏 賦

묘향산 녹음을 가서 밟고 돌아와　　行踏香山積翠廻
높은 언덕에서 읊고 바라봄에 또한 아득하여라　　高丘吟望亦悠哉
구름 걷히고 안개 흩어지니 푸른 봉우리 나오고　　雲收霧散靑峯出
물 좋고 모래 고우니 흰 물새 날아든다　　水淨沙姸白鳥來

309 강선루에서……읊다 : 강선루는 평안도 성천부(成川府)에 있는 누대로 관서팔경(關西八景)의 하나이다. 정협(鄭悏, 1642～?)은 본관은 하동(河東), 자는 가숙이다. 이 당시 성천 부사(成川府使)로 있었다.

국립중앙박물관 소장 조선총독부 유리건판018426 성천 강선루

누대 그림자는 사람과 하나 되어 그림처럼 날아들고
樓影和人飛入畫

여울 소리는 골짝 뚫고서 우레처럼 들끓누나 灘聲透峽沸成雷

그윽하고 깊은 마음은 시끄러운 풍악 소리 타지 않고
幽襟不受笙歌聒

한 잔 술로 풍광과 수답하도다 酬答風光用一杯

'화(和)'는 어떤 본에는 '대(帶)'로 되어 있다.

배 안에서 장난스레 읊어 부사에게 보이다

舟中戲吟示主守

풍악 소리 속에 취해 접리를 거꾸로 쓰니[310]	醉擁笙歌倒接䍦
채색한 배 흔들거리며 푸른 봉우리 향해 옮겨간다	畫船搖向碧峯移
구태여 연명의 부를 부르게 하지 말지니	不須敎唱淵明賦
금릉으로 돌아가도 이런 기이한 풍광 없다네[311]	歸去金陵無此奇

310 접리를 거꾸로 쓰니 : 몹시 술에 취했다는 말이다. 접리는 옛날에 쓰던 두건의 일종이다. 진(晉)나라 때 산간(山簡)이 양양(襄陽)을 다스리면서 습가(習家)의 못에서 술을 마시며 놀았는데, 일찍이 술에 취하지 않은 채 돌아간 적이 없었으며, 그때마다 두건을 삐딱하게 쓰고 돌아갔다고 한다.《晉書 卷43 山簡列傳》이백(李白)의 〈양양가(襄陽歌)〉에 "석양은 현산 서쪽으로 넘어가려 하는데, 백접리 거꾸로 쓰고 꽃 아래서 길 헤매누나.〔落日欲沒峴山西, 倒著接䍦花下迷.〕"라고 하였다.

311 구태여……없다네 : 연명의 부는, 동진(東晉) 때 도잠(陶潛)의 〈귀거래사(歸去來辭)〉를 가리킨다. 곧 지금 성천의 기이한 풍광을 즐기는 것이 좋으니 고향으로 돌아갈 것을 노래하는 〈귀거래사〉를 부를 필요가 없다는 뜻이다. 금릉은 김포의 옛 이름이다. 《사마방목(司馬榜目)》에 따르면 정협의 거주지가 김포로 기록되어 있다.

낙화를 구경하며[312]

觀落火

나각 소리가 초저녁에 강물 향해 울리니	螺角初昏向水鳴
소리에 응한 일천 불이 성처럼 벌렸다	應聲千炬列如城
별은 신녀의 쪽머리 앞에 떨어지고[313]	星從神女髻前墮
구슬은 검은 용의 턱 밑에서 밝구나[314]	珠傍驪龍頷下明
타는 불이 깊은 물결 뚫으니 강물 더욱 들끓고	烘徹深波流更沸
터지는 불이 깊은 숲에 이어지니 새 모두 놀라누나	爆延幽藪鳥皆驚
광릉에 가득 차린 등붕 놀이[315]	廣陵漫設燈棚戲
이 구경이 생동감 넘치는 것만 못하리로다	未若玆觀活態生

312 낙화를 구경하며 : 낙화는 강가의 절벽 위에 줄을 매고 숯가루를 채운 한지 주머니를 줄에 매달아 불을 붙이면 불씨가 흩어지면서 불꽃놀이 효과를 내는 것을 말한다. 줄불놀이라고도 한다.

313 별은……떨어지고 : 낙화의 불빛이 산으로 번지는 모습을 형용한 것이다. 신녀의 쪽머리는 수려한 산의 모습을 형용하는 말이다. 원(元)나라 왕봉(王逢)의 시에 "수려하게 초나라 무산 신녀의 쪽머리 끌어안았네.〔秀擁楚巫鬟〕"라고 하였다. 《梧溪集 卷1 奉題執禮和臺平章丹山隱玉峯石時寓江陰》

314 구슬은……밝구나 : 낙화가 강물 속으로 떨어진 모습을 빗댄 것이다. 《장자(莊子)》 〈열어구(列禦寇)〉에 "천금의 구슬은 반드시 깊은 못 속에 숨어 있는 검은 용의 턱 밑에 있다.〔夫千金之珠, 必在九重之淵, 而驪龍頷下.〕"라고 하였다.

315 광릉에……놀이 : 광릉은 옛날 초(楚)나라의 도읍이 있던 곳으로, 지금 강소성(江蘇省) 양주시(揚州市) 서북쪽 일대이다. 등붕은 등불을 거는 시설물을 가리킨 것이다. 광릉에서 정월 대보름 밤에 밝혀놓는 등불이 매우 성대하여 천하의 장관(壯觀)이었다고 한다. 《古今事文類聚 前集 卷7 天時部 廣陵觀燈》

황주 죽루에서 이 사군에게 드리다[316] 이 사군은 이익저이다
黃州竹樓 贈李使君 益著

제1수

대나무 깎아 누대 만든 곳 바로 자성이니	削竹爲樓是子城
월파정 곁에 있어 또 좋은 이름이로다[317]	月波亭畔又佳名
만 리 떨어진 무창의 처마 기둥 옮겨오고[318]	武昌萬里簷楹轉
천 년 전 기수 모퉁이 홍취 이루었구나[319]	淇澳千年興會成
모래사장의 새와 바람에 가는 돛이 참으로 서로 어우러지고	沙鳥風帆眞映發

316 황주……드리다 : 죽루는 황해도 황주 동헌 뒤에 있던 누대이다. 이익저(李益著)는 본관은 연안(延安), 자는 숙겸(叔謙)이다. 청주 목사(淸州牧使), 상주 목사(尙州牧師) 등을 지냈으며 이 당시 황주 목사로 있었다.

317 대나무……이름이로다 : 자성은 큰 성에 딸린 작은 성을 가리키는 말이다. 송(宋)나라 때 왕우칭(王禹偁)이 황주 태수로 좌천되어 자성의 서북쪽 모퉁이가 허물어지고 황폐한 것을 보고는 황주의 특산물인 대나무를 베어다가 기와 대신에 지붕을 덮어 누각을 짓고 직접 〈황주죽루기(黃州竹樓記)〉를 지었다. 이때 죽루는 황주성의 성루(城樓)인 월파루(月波樓)와 서로 통하였다고 한다. 황해도 황주의 죽루 역시 바로 이 왕우칭의 죽루를 모방하여 지은 것이며 그 곁에 월파정이 있었다. 《古文眞寶 後集 卷6 黃州竹樓記》《新增東國輿地勝覽 卷41 黃海道 黃州牧》

318 만……옮겨오고 : 중국 황주의 죽루와 흡사하다는 말이다. 무창은 중국 황주의 지명이다.

319 천……이루었구나 : 대나무를 사용한 것이므로 기수 모퉁이를 말한 것이다. 《시경》〈위풍(衛風) 기욱(淇澳)〉에 "저 기수 모퉁이를 보니, 푸른 대나무가 무성하도다.〔瞻彼淇澳, 菉竹猗猗.〕"라고 하여, 기수의 대나무를 찬양하였다.

지는 놀과 둥근 달이 좋이 전송하고 맞이하도다　落霞圓月好將迎
멈춘 구름이 더운 하늘에 비 뿌리려 하는데　停雲欲放炎天雨
기둥에 기대 바야흐로 폭포 소리 그리워하도다[320]　倚檻方思瀑布聲

제2수 其二

몸이 극지[321]에 거하여서도 관직 없는 사람 같으니　身居劇地若無官
칼을 놀린 여가[322]에 일만 대를 베었네　游刃餘閑斲萬竿
모두 용종[323]이 마룻대와 지붕 이루었고　摠是龍鍾成棟宇
넌지시 학창의 입은 이[324]가 난간에 기대누나　居然鶴氅倚闌干

320 멈춘……그리워하도다 : 묘향산에서 폭포를 감상하던 때를 그리워한 것이다. 멈춘 구름과 비는 폭포의 물을 불어나게 하는 뜻도 있지만 묘향산 유람을 함께했던 벗 조정만(趙正萬)을 그리워하는 뜻도 있다. 진(晉)나라 도잠(陶潛)의 〈정운(停雲)〉 시에 "뭉게뭉게 떠올라 멈춘 구름이요, 부슬부슬 내리는 제때의 비로다.〔靄靄停雲, 濛濛時雨.〕"라고 하였는데, 자서(自序)에 "멈춘 구름은 벗을 그리워한 것이다.〔停雲思親友也〕"라고 하였다. 《陶淵明集 卷1》

321 극지(劇地) : 업무가 번잡하고 변화하여 다스리기 어려운 지역을 뜻한다.

322 칼을 놀린 여가 : 능숙하게 업무를 처리해냈다는 말이다. 옛날 포정(庖丁)이 문혜군(文惠君)을 위해 소를 잡는데, 소 잡는 솜씨가 매우 뛰어나 문혜군이 감탄하자 포정이 소 잡는 도(道)를 말하면서 "두께가 없는 칼을 두께가 있는 틈새에 넣으니, 널찍하여 칼날을 움직이는 데에 반드시 여유가 있습니다.〔以無厚入有間, 恢恢乎其於遊刃, 必有餘地矣.〕"라고 하였다. 《莊子 養生主》

323 용종(龍鍾) : 대나무의 이칭이다. 북주(北周) 유신(庾信)의 〈공죽장부(邛竹杖賦)〉에 "풍상을 겪어 고색을 띠고 이슬에 젖어 얼룩무늬가 깊으니, 매양 용종의 족속과 더불어 자취를 감춘다.〔霜風色古, 露染斑深, 每與龍鍾之族, 幽翳沈沈.〕"라고 하였다.

324 학창의 입은 이 : 황주 목사 이익저를 가리킨다. 왕우칭의 〈황주죽루기〉에 "업무를 끝낸 여가에는 학창의를 걸치고 화양건을 쓰고 손에는 《주역》 한 권을 들고 분향하고 조용히 앉아서 세속의 잡념을 떨쳐버린다.〔公退之暇, 披鶴氅, 戴華陽巾, 手執周易一

일시에 지어 올리니 하늘이 만든 것인가 하고　　一時結構疑天造
반나절 머무르니 여름에도 서늘함 느낀다　　半日淹留覺夏寒
구태여 팽택의 부를 멀리서 찾을 것 없나니　　不必遠尋彭澤賦
맑음 엉긴 호수 누각에서 함께 보았어라[325]　　凝淸湖閣與同看

卷, 焚香默坐, 消遣世慮.〕"라고 하였다.

325 구태여……보았어라 : 팽택의 부는 팽택 령(彭澤令)을 지내다가 관직을 버리고 전원으로 돌아간 진(晉)나라 도잠(陶潛)의 〈귀거래사(歸去來辭)〉를 가리킨다. 맑음이 엉겼다는 것은 한가로운 관아 생활을 묘사하는 말이다. 위응물(韋應物)의 시 〈군재에서 비가 내릴 때 문사들과 연회하며〔郡齋雨中與諸文士燕集〕〉에 "호위병에겐 아로새긴 창이 삼엄하고, 연침에는 맑은 향기가 어리었네.〔兵衛森畫戟, 宴寢凝淸香.〕"라고 한 데서 유래한 말이다. 《韋蘇州集 卷1 郡齋雨中與諸文士燕集》

호상정에서 이 사군 자문에게 드리다[326]

濠上亭 贈李使君子文

오리가 거문고 연주 멈춘 뜻은[327]	傲吏停琴意
물고기 구경[328]을 객과 함께하려 함이라	觀魚與客同
해 기우는 가운데 물결 출렁이고	日斜波瀲灩
이내 옅은 가운데 나무 푸르다	煙澹樹青蔥
한가하고 바쁜 다른 처지 알지 못하겠고[329]	未覺閑忙異
참으로 나와 남의 구분 텅 비는 경계 이루었어라	眞成物我空
패강[330]의 좋은 풍광 무에 논하랴	何論浿江勝

326 호상정에서……드리다 : 호상정은 황해도 서흥(瑞興)에 있는 정자이다. 이자문은 이지성(李之星)으로, 자세한 행력은 미상이다. 본집 권27의 〈이자건묘지명(李子建墓誌銘)〉은 이지두(李之斗, 1639~1673)에 대한 것인데 이름과 자(字)를 볼 때 이지성과 형제 관계로 보인다. 본집 권1, 권3, 권5 등에 삼연이 이지성에게 준 시가 있다. 《승정원일기》를 참고하면 이 당시 이지성은 서흥 현감(瑞興縣監)으로 있었다.

327 오리가……뜻은 : 오리는 낮은 벼슬에 있으면서 세상을 오시(傲視)하고 예법에 구애받지 않는 고사(高士)를 말한다. 거문고 연주를 멈추었다는 것은 잠시 정무를 멈추었다는 뜻이다. 공자의 제자 복자천(宓子賤)이 선보(單父) 고을의 수령이 되어 다스릴 적에 거문고를 뜯으면서 당 아래로 내려가지 않아도 선보가 잘 다스려졌다는 고사에서 유래한 표현이다. 《呂氏春秋 察賢》

328 물고기 구경 : 삼연과 이지성이 실제로 물고기 구경을 한 것이기도 한데, 그곳이 바로 호상정이기 때문에 특별히 물고기 구경을 말한 것이다. 장자(莊子)와 혜자(惠子)가 호수(濠水)의 다리 위에서 물고기 구경을 하였다. 《莊子 秋水》

329 한가하고……못하겠고 : 수령의 바쁜 처지와 나그네의 한가한 처지가 구분되지 않게 서로 어울리고 있다는 말이다.

작거나 크거나 똑같은 승경이거늘 小大境圓融

330 패강 : 평양 대동강(大同江)의 이칭이다. 패수(浿水)라고도 한다.

삼가 맏형의 시에 차운하여 일로당에 올리다[331] 정해년(1707, 숙종33)

謹次伯氏韻 仍呈佚老堂 丁亥

거친 빈 땅 개척하여 문호와 뜰 훤하니　隙地開荒敞戶庭
호연히 강해의 자연과 한마음이로다　浩然江海一般情
그저 꽃에 물 대는 뜰에서 정신 화락하고　怡神只在澆花院
달빛 받는 기둥에서 많이도 휘파람 부누나　舒嘯多於納月楹
오동과 대 가운데 아이들 모두 늘어섰고　梧竹兒曹俱列立
술동이 술은 봄뜻과 어우러져 완성되었어라　樽罍春意與渾成
필운대 전망이 주렴 앞에 다 펼쳐지니　弼雲全面簾前是
수명이 푸른 뫼와 같아 오래도록 기울지 않을지로다　壽共青巒永不傾

331 삼가……올리다 : 일로당은 삼연의 족형 김성최(金盛最, 1645~1713)의 당호(堂號)이다. 본관은 안동(安東), 자는 최량(最良)으로 의금부 도사, 사복시 주부, 단양 현감(丹陽縣監), 충주 목사(忠州牧使) 등을 역임하였다.

사우당에서 조촐히 술을 마시며 홍세태와 운을 뽑아 같이 읊다[332]

四友堂小酌 與洪世泰抽韻同賦

엷은 햇살 속 누른 꽃잎 국화가	澹景黃葩菊
가을 하늘 아래 짧은 담장에 기댔어라	霜天倚短墻
술병과 술잔에는 진솔한 맛 담겼고	壺觴眞率味
벼루와 궤안에는 천연의 향 풍긴다	硯几自然香
늙어 꽃구경하는 일 줄었고	老覺看花短
돌아와 눈 속에 누운 시간[333] 길겠네	歸應臥雪長
지난번 멀리 산과 바다 다닐 적에	向來山海邈
모두 청광함을 스스로 믿었더니라[334]	俱自保淸狂

332 사우당에서……읊다 : 사우당은 삼연의 족제(族弟)인 김성후(金盛後)의 도성에 있는 집이다. 《本集 卷6 四友堂留宿示主人仲裕》

333 눈……시간 : 특히 도성에 머문 시간을 가리킨 것이다. 후한(後漢) 때 도성 낙양에 큰 눈이 내려 한 장이나 넘게 쌓였는데 낙양 영(洛陽令)이 순찰을 나가서 보니, 민가(民家)에서 모두 눈을 치우고 나와서 식량을 구걸하고 있는데 원안(袁安)의 집 문 앞에는 사람의 자취가 없었다. 얼어 죽었을 것으로 생각하고 눈을 치우고 방에 들어가 보니 원안이 뻣뻣하게 누워 있어 왜 밖으로 나오지 않느냐고 물으니, 원안이 답하기를 "큰 눈이 내려 사람들이 모두 주리고 있는데 남들에게 먹을 것을 요구하는 것은 옳지 않다."라고 하였다. 이 고사를 '원안와설(袁安臥雪)', '원안고와(袁安高臥)' 등의 용어로 쓴다. 《後漢書 卷45 袁安列傳》 삼연은 이전 해에 관서 지방 유람을 다녀온 뒤 종기를 앓아 5월 이후로 도성에 머물렀고, 연이어 부인상을 당하여 이해 10월에 가서야 설악산으로 돌아갈 수 있었다. 《三淵先生年譜》

334 지난번……믿었더니라 : 지금 병이 들기 이전에 먼 곳의 산과 바다를 유람한 것은

자신의 호방하고 거리낌 없는 기운을 믿었기 때문에 그렇게 돌아다녔다는 말이다. 곧 그렇게 돌아다니다가 지금은 병이 들고 말았다는 의미도 들어 있다. 원문의 '보(保)'는 '보전(保全)'의 뉘앙스라기보다 '의시(依恃)', '보증(保證)'의 뜻이다. 청광은 미치지 않았는데도 미친 것처럼 보이는 사람을 가리키는 말이다. 《한서(漢書)》 권63 〈무오자전(武五子傳)〉의 주(註)에 "무릇 미친 사람은 음양의 맥이 모두 탁한데, 지금 이 사람은 미치지 않았는데 미친 것 같으므로 청광이라 한 것이다. 혹자는 외양은 맑고 여유로운데 마음이 슬기롭지 못하므로 청광이라 한다고 한다.〔凡狂者, 陰陽脉盡濁, 今此人不狂似狂者, 故言淸狂也. 或曰色理淸徐而心不慧曰淸狂.〕"라고 하였다. 보통 기운이 호방하여 자질구레한 것에 구애받지 않고 거리낌 없는 사람을 뜻하는 말로 쓰인다.

청평 골짝 어귀에서 퇴도의 지난 자취를 생각하며 읊어 같이 놀러 온 사람에게 보이다[335]

清平洞口 憶退陶往躅 吟示同遊

시내 길 가로 뻗어 강 길과 나뉘니　　澗道橫將江路分
옛 뜻 무한한데 물은 흐르고 흐르네[336]　　故情何限水沄沄
퇴도가 마부 재촉하던 데에[337] 돌길 여전히 푸르고　　退陶叱馭猶蒼磴
진락[338]이 바위 밑에서 밭 갈던 데에 구름 절로 희도다

335 청평……보이다 : 삼연은 이해 10월 춘천 청평산을 거쳐 설악산으로 돌아갔다. 《三淵先生年譜》 퇴도는 퇴계(退溪) 이황(李滉)으로, 그가 청평산을 다녀간 사정은 《퇴계집》 권1 〈청평산을 지나며 느낌이 있어〔過淸平山有感〕〉의 시서(詩序)에 자세하다.

336 옛……흐르네 : 물이 멈추지 않고 계속 흘러가듯이 옛날 이황이 이곳을 지나며 느꼈을 정회 역시 무한히 이어진다는 말이다.

337 마부 재촉하던 데에 : 임금의 명령을 받들고 가는 길임을 나타낸 것이다. 한(漢)나라 때 왕양(王陽)이 익주 자사(益州刺史)로 부임하면서 험난한 촉도(蜀道)를 넘다가 혹시 몸을 상하여 어버이에게 누를 끼칠까 염려한 나머지 그냥 돌아갔는데, 뒤에 왕존(王尊)은 익주 자사로 부임하면서 이 고개를 넘을 때 '마부를 재촉하여〔叱其馭〕' 말하기를 "빨리 말을 몰아라. 왕양은 효자지만 왕존은 충신이니라."라고 하였다. 《漢書 卷76 王尊傳》 이황이 남긴 시서에 당시 사명(使命)을 받들고 가던 중이라는 말이 보인다.

338 진락(眞樂) : 고려 때 이자현(李資玄, 1061~1125)의 시호이다. 이자현은 본관은 인주(仁州), 자는 진정(眞精), 호는 식암(息庵)·청평거사(淸平居士)·희이자(希夷子), 시호는 진락(眞樂)이다. 이자현의 가문은 당시 문벌 집안으로 문하 시중(門下侍中)을 지낸 이자연(李子淵)이 그의 조부이며, 권력을 농단했던 이자겸(李資謙)은 그의 사촌형제이다. 젊은 나이에 권력에 염증을 느끼고 관직을 버리고 청평산에 들어가 부친이 세웠던 보현원(普賢院)을 문수원(文殊院)이라 개명하여 중건하고 평생을 은거하면서 수도하였다.

眞樂耕巖自白雲

네 마리 말 끄는 높은 수레 타는 것은 만년의 계책 아니요 駟馬高車非晩計

땅벌레와 고니[339]가 어찌 같이 무리 지으랴 壤蟲黃鵠豈同群

천추의 출처에 치우침과 바름을 알았으니 千秋出處知偏正

마침내 똑같이 세속 기운 벗어난 데로 귀결했도다 一體終歸脫世氛

339 땅벌레와 고니 : 세속의 보잘것없는 사람과 고고한 뜻을 가진 사람을 비유한 말이다. 《회남자(淮南子)》 〈도응훈(道應訓)〉에 "나를 선생과 비교해본다면 고니에 땅벌레를 비하는 것과 같소. 종일토록 날아가도 지척의 거리밖에 못 가면서도 스스로는 빨리 간다고 여기니 어찌 슬프지 않겠소.〔吾比夫子, 猶黃鵠之與壤蟲. 終日行, 不離咫尺而自以爲速, 豈不悲哉?〕"라고 하였다. 이황은 그의 시서에서, 당시 사관(史官)들이 이자현을 두고 명성을 얻기 위해 자취를 숨긴 것이라고 비난한 것에 대해 땅벌레와 고니의 비유를 들어, 영예를 탐하고 이익을 좋아하는 세속의 선비가 이자현의 높은 뜻을 헤아리기 어려웠을 것이라고 비판하였다.

같이 놀러 온 사람에게 장난스레 지어 보이다
戱示同遊

저물녘 어둑한 빛이 잠깐 사이에 이르러	暝色斯須至
푸른 봉우리가 오색구름 잃었도다	蒼峯失慶雲
외로운 솔 서글퍼하며 어루만지고[340]	孤松悵仍撫
오래된 시냇물 소리 어둠 속에서도 들려온다	古澗暗猶聞
가만히 천추의 계합 두었으니	默有千秋契
어찌 네 번의 수고[341] 하지 않으랴	寧辭四度勤
부끄러이 백연[342]의 물갈래 가져다	羞將百淵派
이곳의 출렁이는 물에 견주노라	來較此汯汯

340 외로운……어루만지고 : 진(晉)나라 도잠(陶潛)의 〈귀거래사(歸去來辭)〉에 "저녁 해가 뉘엿뉘엿 지려 하는데, 외로운 소나무 어루만지며 머뭇거리노라.〔景翳翳以將入, 撫孤松而盤桓.〕"라는 구절이 있다. 곧 해가 져서 돌아가야 하는데 소나무의 굳은 지조를 아껴 차마 떠나지 못하고 머뭇거리는 것이다.

341 네 번의 수고 : 삼연은 32세 되던 1684년(숙종10), 39세 되던 1691년(숙종17), 54세 되던 1706년(숙종32) 그리고 이해까지 총 네 차례 청평산에 왔다.《三淵先生年譜》

342 백연 : 99쪽 주205 참조.

설악산에 돌아와 같이 우거하는 벗들에게 보이다

還山漫詠 示同棲諸益

산 돌아오자 한 해 저무니	還山歲云暮
텅 빈 산에서 또한 무얼 보는가	寥廓亦何見
드높이 쌓인 눈 위로	峩峩積雪上
옥 같은 멧부리 반쯤 드러나고	玉嶂只半面
봉우리들 늠름히 서로 솟았으며	諸嶺凜相臨
일만 오솔길은 이미 두루 닫혔다	萬蹊封已遍
지난번 산 붉고 푸를 제	向來紅綠時
무성하고 화려한 모습 넉넉히 보았더니	閱目饒繁絢
겉을 꾸미는 풍광은 이처럼 허깨비 같거니와	光景幻若是
봉우리며 골짝이야 어찌 변하랴	峯壑豈云變
애오라지 다시 뜨락에서	聊復庭宇間
지팡이 끌며 맑은 눈길 보내니[343]	曳杖送淸眄
그윽한 시냇물 소리는 귀에 가득하지 않아도	幽澗不盈聽
신령한 바람은 탑이 선 뜨락 울리누나	靈飈響塔院
푸른 삼나무는 늙은 측백만큼 자라 붙어	蒼杉摩老栢
높은 가지에서 얼음 조각 떨어지는데	高柯落氷片

343 애오라지……보내니 : 산으로 돌아와 반가운 눈길로 산을 쳐다본다는 말이다. 원문의 '청면(淸眄)'은 이 구절에서 반가운 기색을 뜻하는 '청안(靑眼)'과 같은 뜻으로 볼 수 있다. 《東雅堂昌黎集註 卷4 崔十六少府攝伊陽以詩及書見投因酬三十韻 註》

밤 깊어지자 밝은 달 들어 올리고	夜深明月擧
높이 솟아 새벽 은하수 흘려보낸다	亭亭曙河遣
옷가슴 헤치매 마음 이미 맑아져	披衣心已澄
온전한 본체 드러나려 하니	全體欲呈現
하늘과 사람이 어찌 간격 있으랴	天人豈有間
야기[344]가 흘러 옮아가도다	夜氣相流轉
아 나와 책상 같이한 사람아	嗟我同榻子
이 뜻은 모름지기 스스로 도달해야 하나니라	此意須自薦
묵은 서책이 새 공부 기다리니	陳編待新功
혹시라도 나태함 잊지 말지어다	毋或繼以倦

344 야기 : 한밤에 자라는 좋은 기운으로, 누구에게나 밤낮으로 길러진 좋은 기운과 새벽의 맑은 기운이 있지만 낮 동안의 소행이 이를 해치기를 반복하다 보면 야기가 보존되지 못하고 결국 금수와 다를 바 없게 된다고 하였다.《孟子 告子上》

정사에서 기쁨을 표하다[345]

精舍志喜

제1수

벽운계에 삼 년의 시간 들여 三年碧雲溪
정사가 비로소 낙성을 고하도다 精舍始告成
이에 거함이 어찌 즐겁지 않으랴 爰居豈不樂
지난날 경영하는 노고 들였더니라 向來費經營
담장과 벽이 이미 산뜻한데 墻壁旣蕭洒
우물과 부엌이 또한 청량하다 井竈亦淸泠
서쪽 숲에 한 오솔길 두니 西林存一逕
벗한 중과 서로 오가노라 禪侶與將迎

345 정사에서 기쁨을 표하다 : 정사는 설악산에 지은 벽운정사(碧雲精舍)이다. 《삼연선생연보(三淵先生年譜)》에 그 내력을 기록하기를 "곡운 선생이 일찍이 설악산을 유람하였는데, 오세암-매월당 김공 시습이 거처하던 옛터이다.- 아래 20리 지점에 한 골짝을 찾았다. 그곳의 못과 암벽이 맑고 그윽함을 사랑하여 나무를 깎아 예서로 '벽운계'라는 세 글자를 써서 땅에 꽂아 세워 선생이 정사를 지을 표식으로 삼았다. 그런데 정사를 미처 완성하기 전에 한계의 승려가 절을 옮겨 와서 지으니 이른바 벽운사가 그곳이다. 이해(1707)에 와서 옛 암자의 곁에 별도로 몇 칸의 집을 세웠는데, 벽운계와는 10리 정도 떨어졌으나 그 이름을 그대로 썼으니, 대개 백부가 남기신 뜻을 드러낸 것이다. 또 주자의 '어느새 나의 천석이 되었네.'라는 시구의 말을 취하여 '거연정'이라고 편액하였다.〔谷雲先生嘗遊雪嶽, 於五歲菴-梅月堂金公時習所居舊基-下二十里, 得一洞府, 愛其潭壁淸幽, 削木, 隷碧雲溪三字, 竪之地, 爲先生精舍營表. 舍未及成, 而寒溪僧移寺來搆, 所謂碧雲寺是也. 至是, 就古菴之傍, 別起數間屋, 距溪且十里而仍冒其名, 蓋識伯父遺意也. 又取朱子居然我泉石之語, 扁以居然亭.〕"라고 하였다.

바라건대 흡족히 홀로 웃으면서[346]	願愜發孤笑
편안히 거하며 정신을 기르고저	偃仰怡神情
산이 추워 제비 참새는 끊어지고	山寒燕雀斷
새가 낯빛 변하듯[347] 오직 용마루 높도다	鳥革唯危甍
처마의 눈은 몇 자나 두껍게 쌓였는데	簷雪數尺厚
판잣집 오히려 외로이 버티누나	板閣猶孤撑
하늘빛이 흰 창에 이르니	天光到素牖
빈틈이 환하게 밝아지도다[348]	空隙洞然明
이에 서책을 벌이니	於焉列緗帙
자리 둘러앉은 제생이 엄연하다	環座儼諸生
《논어》를 묻고 대답하고자 하고	魯論擬問對

346 홀로 웃으면서 : 많은 근심 속에서도 웃음을 잃지 않고 잘 지내겠다는 뜻이 들어 있는 말이다. 한유(韓愈)의 〈별지부(別知賦)〉에 "어지러운 심사 속에 은미한 뜻을 찾고, 숱한 근심 속에 외로운 웃음 발하노라.〔索微言於亂志, 發孤笑於群憂.〕"라고 하였다.

347 새가 낯빛 변하듯 : 높은 동우(棟宇)를 비유하는 말이다. 《시경》 〈소아(小雅) 사간(斯干)〉에 "새가 놀라 낯빛을 변함과 같으며, 꿩이 날아가는 것과 같도다.〔如鳥斯革, 如翬斯飛.〕"라고 하였는데, 주희(朱熹)의 《시경집전(詩經集傳)》에 "그 동우가 높게 일어남은 새가 놀라 낯빛을 변함과 같고, 처마가 화려하고 높으며 날아갈 듯함은 꿩이 날아 날개를 펴는 것과 같다."라고 하였다.

348 빈틈이 환하게 밝아지도다 : 이는 빛이 창문 틈으로 들어와 밝아지는 모습을 말한 것이기도 하지만, 뒤의 문맥과 이어지면서 마음의 본체가 밝아진다는 뜻도 은연중에 내포하고 있다. 《대학혹문(大學或問)》에 "아무리 극도로 어둡고 가려진 상태라 해도 경각 사이에 한번 깨달음이 있으면 이 빈틈 가운데에 나아가 그 마음의 본체가 이미 환하게 밝아진다.〔雖其昏蔽之極, 而介然之頃, 一有覺焉, 則卽此空隙之中, 而其本體已洞然矣.〕"라고 하였다.

《주역》 괘를 종횡으로 헤아려보네 義卦排縱橫
부끄럽게도 온축된 이치 분석해내지 못하니 理蘊愧未剖
애오라지 그대들과 강론하도다 聊與子講評
뜻은 무너지고 나이도 쇠잔해 頹志値殘年
두렵고 떨리는 마음 진정키 어렵네 瞿懍亦難平
예로부터 세상 피해 은거한 선비는 古來棲遁士
구태여 모두 경전 궁구할 것 없거니와 未必皆窮經
인지가 진실로 참되지 않다면[349] 仁智苟非眞
고상함도 또한 헛된 이름일 뿐 高尙亦虛名
낭랑히 도산곡[350] 노래하노니 朗詠陶山曲
바위산 깃들어 사는 것 참으로 본받을 만하여라 巖棲獨可程

제2수[351] 其二

서쪽 숲에 맑은 경쇠 소리 울리고 西林發淸磬
내 집에서도 경 읽는 소리 난다 我舍亦經聲

349 인지가……않다면 : 인지는 인의예지신(仁義禮智信)의 오상(五常)을 줄여 말한 것이다. 인의예지신은 하늘로부터 부여받은 본성(本性)의 덕(德)이다. 《中庸章句 第1章 註》 곧 이 마음의 본성을 참되게 밝히지 않는다면 다른 것은 다 부차적인 일이라는 말이다.

350 도산곡 : 이황(李滉)이 도산에 은거하는 자신의 뜻과 학문을 추구하는 마음을 '언지(言志)'와 '언학(言學)'으로 나누어 읊은 〈도산십이곡(陶山十二曲)〉을 가리킨다. 삼연이 본시에서 뜻과 학문을 겸하여 말한 것과 뜻이 통한다.

351 제2수 : 이 수는 설악산 오세암에 거하였던 김시습(金時習)을 사모하는 뜻을 전면에 표출한 것이다.

이렁저렁 새벽과 저녁 보내니	荏苒度晨夕
바위 골짝은 어둠과 밝음이 갈마드누나	巖壑遞晦明
책 보며 읊는 것도 때로 피곤해	呻佔有時倦
일어나 가서 난간에 기대노라	起來倚軒櫺
솔과 삼나무 운치 불어나니	松杉色韻長
읊조리며 바라봄에 한바탕 산뜻하고 청초하다	吟望一洒醒
아아 눈 쌓인 봉우리[352] 높으니	吁嗟雪峯峻
희고도 우뚝하도다	皎皎並亭亭
풍모가 참으로 스승 삼을 만하니	標格眞可師
우뚝이 수립한 것이 높은 이름에 걸맞도다	卓竪稱高名
상안은 짐짓 아득히 멀고	商顏故緬邈
수양은 홀로 외로이 맑았어라[353]	首陽特孤淸
높이 천 길 하늘 나는 봉이니[354]	高翔千仞鳳

352 눈 쌓인 봉우리 : 김시습이 머물렀던 오세암이 있는 만경대(萬景臺) 봉우리를 가리킨 듯하다.

353 상안은……맑았어라 : 김시습이 세상을 피해 산중에 숨은 행적이 세상을 오시(傲視)하며 자신들의 뜻대로 산 상산사호(商山四皓)보다는 절의를 추구했던 백이(伯夷)와 숙제(叔齊) 같았다는 말이다. 상안은 사람의 얼굴 형태와 비슷한 모양의 상산(商山)이라는 뜻으로, 보통 상산의 별칭으로 쓴다. 진(秦)나라 말기의 어지러운 세상을 피해 동원공(東園公), 기리계(綺里季), 하황공(夏黃公), 녹리선생(甪里先生) 등 네 명의 은자가 이곳에 은거하여 영지(靈芝)를 캐 먹으면서 지냈는데, 이들을 상산사호라 불렀다. 백이와 숙제는 주(周)나라 무왕(武王)이 포악한 은(殷)나라 주왕(紂王)을 정벌하려 하자 신하가 임금을 쳐서는 안 된다고 말리다가 결국 수양산에 들어가 고사리를 캐 먹다 굶어 죽었다. 《高士傳 卷上 四皓》《史記 卷61 伯夷列傳》

354 높이……봉이니 : 재덕(才德)이 출중한 사람을 형용하는 말이다. 한(漢)나라 가의

증점(曾點)[355]이 또한 사람 중에 영걸이로다　　點也亦人英
백세 먼 시대 뒤에서 풍모를 듣고　　聞風百世曠
모습 본뜬 초상에서 낯을 대하네　　對面卽象形
우러름에 거의 뜻을 세움 있나니[356]　　仰止庶有立
어찌 나약하고 게으른 기질에 얽매임을 달게 여기랴　　豈甘孱懦嬰
사모하여 제생 이끌고서　　願言率諸生
향 사르고 높은 산에 예를 올리노라　　焚香禮崢嶸

(賈誼)의 〈조굴원문(弔屈原文)〉에 "봉황이 천 길 높이 날음이여. 덕이 빛나는 곳을 보고 내려앉도다.〔鳳凰翔於千仞兮, 覽德煇而下之.〕"라고 하였다. 《史記 卷84 賈生列傳》

355 증점(曾點) : 김시습을 공자의 제자인 증점에 비긴 것이다. 증점은 중도(中道)를 따르는 선비는 되지 못하지만 그다음으로 옛사람의 뜻을 추구하며 뜻이 큰 광자(狂者)에 속한다. 《孟子 盡心下》

356 뜻을 세움 있나니 : 《맹자》〈만장 하(萬章下)〉에 "백이의 풍모를 들은 사람들은 완악한 자들이 청렴해지고, 나약한 자들이 뜻을 세우게 되었다.〔聞伯夷之風者, 頑夫廉, 懦夫有立志.〕"라고 하였다.

이 의령에 대한 만사[357] 이 의령은 이지석이다

李宜寧 志奭 挽

제1수

옛날 우리 처음 교분 맺을 적에	在昔論交始
호정에서 함께 난간에 기댔도다[358]	湖亭共倚欄
얼음같이 깨끗한 마음 한 조각 빛나고	氷心一片炯
묵으로 그린 대 몇 떨기 차가웠어라[359]	墨竹數叢寒
교칠의 사귐[360]을 참으로 잠깐 사이 맺었거니와	膠漆眞俄頃
검고 얇아짐이 어찌 해가 다한들 있으랴[361]	緇磷豈歲闌

357 이……만사 : 이지석(李志奭, 1652~1707)은 본관은 벽진(碧珍), 자는 주경(周卿), 호는 규암(葵菴)이다. 의금부 도사(義禁府都事), 영산 현감(靈山縣監), 형조 좌랑(刑曹佐郎), 의령 현감(宜寧縣監) 등을 역임하였다.

358 호정에서……기댔도다 : 혹 이지석이 빙고 별검(氷庫別檢)으로 있었던 1694년(숙종20)이 아닌가 한다. 현재의 동빙고동과 서빙고동 앞의 한강 일대를 빙고가 있던 지역이라 하여 빙호(氷湖)라고 하였는데, 1694년에는 삼연의 벗인 이해조(李海朝) 역시 빙고 별검으로 막 벼슬을 시작하여 삼연이 이곳을 여러 번 찾았다.

359 묵으로……차가웠어라 : 이지석은 대나무 묵화(墨畫)를 잘 그려 이름이 알려졌다고 한다. 《陶菴集 卷33 正郎李公墓碣》

360 교칠의 사귐 : 교칠은 아교와 옻칠인데 아교로 붙이면 떨어지지 않고 옻으로 칠을 하면 역시 떨어지지 않으므로 돈독하고 굳은 우정을 비유할 때 흔히 '교칠지교(膠漆之交)'라고 하기도 한다. 후한(後漢) 때의 뇌의(雷義)와 진중(陳重)이 우의가 매우 두터워 향리 사람들이 말하기를 "아교와 옻칠이 스스로 견고하다고 하지만, 뇌의와 진중의 사이만은 못하리라."라고 하였다. 《後漢書 卷81 陳重雷義列傳》

361 검고……있으랴 : 세월이 아무리 흘러도 두 사람이 맺은 신실한 교분이 닳지 않는

어느덧 그대도 세상 저버리니　居然見存沒
세월은 흐르는 물처럼 급히도 내닫누나　逝者劇奔湍

제2수 其二

어찌 구차하게 영합한 적 있으랴[362]　何曾翕翕熱
담박한 물이 바로 우리가 맺은 마음이었도다[363]　淡水是心期
낯을 마주할 때마다 청안[364] 되었고　會面輒靑眼
시를 논하면서는 입이 벌어졌어라[365]　論詩仍解頤

다는 말이다. 검고 얇다는 것은 시속에 변하는 모습을 형용하는 말로, 《논어》〈양화(陽貨)〉의 "단단하다 하지 않겠는가? 갈아도 얇아지지 않는다. 희다 하지 않겠는가? 물들여도 검어지지 않는다.〔不曰堅乎, 磨而不磷. 不曰白乎, 涅而不緇.〕"라는 구절에서 유래하였다.

362 어찌……있으랴 : 원문의 '흡흡열(翕翕熱)'은 권세에 빌붙어 영합하는 모양을 말한다. 한유(韓愈)가 〈상서고부낭중 정군 묘지명(尙書庫部郎中鄭君墓誌銘)〉에서 "권세에 영합하지 않았다.〔不爲翕翕熱〕"라고 하였는데, '흡흡(翕翕)'은 화락하게 굴면서 영합하여 빌붙는 모양이고, '열(熱)'은 손을 데면 데일 만큼 맹렬하게 타오르는 권세를 뜻하는 말이다. 《五百家註昌黎文集 卷32 尙書庫部郎中鄭君墓誌銘 註》

363 담박한……마음이었도다 : 두 사람이 군자다운 교분을 나눴다는 말이다. 《장자(莊子)》〈산목(山木)〉에 "군자의 사귐은 물처럼 담박하고, 소인의 사귐은 단술처럼 달콤하다.〔君子之交淡若水, 小人之交甘若醴.〕"라고 하였다.

364 청안 : 반가운 눈빛이다. 진(晉)나라 완적(阮籍)이 달갑지 않은 사람에게는 백안(白眼)을 보이고 반가운 사람에게는 청안을 보였던 고사에서 온 말이다. 《晉書 卷49 阮籍傳》

365 시를……벌어졌어라 : 이지석의 시와 시론이 뛰어났다는 말이다. 한(漢)나라 사람 광형(匡衡)은 《시경》을 전공하여 해석이 탁월하였는데, 당시 사람들이 "시를 말하지 말라, 광정이 곧 올 것이다. 광정이 시를 말하면 모두 입이 벌어질 것이다.〔無說詩, 匡鼎來. 匡說詩, 解人頤.〕"라고 하였다. 광정은 광형의 어릴 때 자이다. 《漢書 卷81

맹생은 마힐이 아꼈고[366] 孟生摩詰愛
정노는 소릉이 스승 삼았도다[367] 鄭老少陵師
어찌 잊으랴 산으로 돌아오던 날 豈忘還山日
성 모퉁이에서 소매 잡고 머뭇거리던 것을 城隅把袂遲

제3수 其三

바위 언덕에서 계수나무 더위잡는 뜻[368] 지니고 巖阿攀桂意
티끌세상에 교유 사절하는 편지 썼도다[369] 塵世絶交書

匡衡傳》 삼연은 이지석의 시의 풍격이 깊고 엄숙함을 상찬하면서 호음(湖陰) 정사룡(鄭士龍)과 소재(穌齋) 노수신(盧守愼)을 이을 수 있을 것이라고 하였다. 《陶菴集 卷33 正郎李公墓碣》

366 맹생은 마힐이 아꼈고 : 맹생은 성당(盛唐) 시기 저명한 시인인 맹호연(孟浩然)이고, 마힐은 왕유(王維)의 자이다. 맹호연이 일찍이 태학(太學)에서 시를 읊었는데 감히 당할 사람이 없어서 왕유가 항상 이를 칭찬하였고 현종(玄宗)에게 추천하기도 하였다. 《新唐書 卷203 文藝列傳下 孟浩然》

367 정노는……삼았도다 : 정노는 당 현종(唐玄宗) 때 문인인 정건(鄭虔)이고, 소릉은 두보(杜甫)이다. 두 사람은 매우 절친한 벗이었는데, 두보가 정건에게 준 〈취시가(醉時歌)〉에 "형식 모두 잊고서 너니 나니 하는 사이, 실컷 마시는 것이 진정 나의 스승일세.〔忘形到爾汝, 痛飮眞吾師.〕"라고 하였다. 《杜少陵詩集 卷3》

368 계수나무 더위잡는 뜻 : 산중에 은거하려는 뜻이다. 《초사(楚辭)》 〈초은사(招隱士)〉에 "계수나무 가지를 부여잡으며 편히 오래 머무른다네.〔攀援桂樹兮聊淹留〕"라고 하였다.

369 티끌세상에……썼도다 : 이 수의 마지막에 남쪽 구름을 언급하고 있는 것으로 볼 때 이번 수는 1706년(숙종32)에 이지석이 경상도 의령 현감으로 나간 즈음을 배경으로 하고 있다. 이 무렵 전에 삼연은 편지로 인한 소란이 많았는데, 1698년(숙종24) 최석정(崔錫鼎)이 기사환국(己巳換局)의 책임이 있는 이서우(李瑞雨) 등을 등용하려 하자 편지를 보내 4대째 이어진 교분을 절교한 이래 1703년(숙종29)에는 송시열(宋時

홀로 그대와 더불어 서로 위문하니 獨與君相問
참으로 무리 떠나 홀로 거처하는 나를 가련히 여겼도다 眞憐我索居
산에 범 있는 위태로움 근심해주고 憂危山有虎
밥상에 생선 없는[370] 노쇠한 몸 걱정했어라 悶老食無魚
봄풀 돋을 때 서쪽으로 돌아감이 늦었더니 春草西歸晩
남쪽 구름 기러기가 전해주는 서신 뜸하였네[371] 南雲鴈信疎

제4수 其四

천 리 거리에서 은근한 정성 감도니 千里紆勤款
참으로 날마다 친함을 이루었도다[372] 眞成分日親

烈)과 주희(朱熹)를 비난한 박세당(朴世堂)을 배척하는 편지를 이덕수(李德壽)에게 보내 소론 측의 비난이 들끓었고, 1705년(숙종31)에는 송일원(宋一源)에게 편지하여 윤증(尹拯)의 문도를 배척하였다.

370 밥상에 생선 없는 : 변변치 않은 밥상을 뜻한다. 전국(戰國) 시대 제(齊)나라의 풍환(馮驩)이 맹상군(孟嘗君)의 문객(門客)이 되어 천시를 받아 형편없는 밥상을 제공받자 손으로 검을 두드리면서 노래하기를 "긴 칼아, 돌아가야겠다. 밥상에 생선이 없구나.〔長鋏歸來乎, 食無魚.〕"라고 하였다.《史記 卷75 孟嘗君列傳》

371 봄풀……뜸하였네 : 삼연은 1706년 정월부터 양주 벽계(蘗溪)로 들어가 이어서 춘천 등지를 유람하고 4월에 도성으로 들어왔다가 곧이어 평양 유람을 떠났다. 이때 이지석은 4월 19일에 의령 현감을 제수받아 29일에 하직하고 떠났는데, 아마 두 사람의 길이 엇갈려 만나지 못했고 이후 서신의 연락도 자주 하지 못한 듯하다.《三淵先生年譜》《承政院日記》

372 천……이루었도다 : 이지석이 먼 의령에서 자신을 위문해주는 정성으로 인하여 비록 두 사람이 멀리 떨어져 있지만 날마다 서로 친하게 어울리는 것 같았다는 말이다. 조식(曺植)의 〈백마왕 표에게 주다〔贈白馬王彪〕〉에 "은애가 진실로 이지러지지 않는다면 멀리 떨어져 있어도 날마다 친함을 나눌 수 있네. 어찌 반드시 이불을 같이 덮고

혜시(惠施)는 장주(莊周)의 아내상 조문했고[373] 惠爲莊婦弔
포숙(鮑叔)은 관중(管仲) 집 가난함을 알았어라[374] 鮑識仲家貧
가슴속 새긴 은혜 속절없이 죽어서나 보답하리니[375] 銜戢空冥報
나는 남고 그대는 죽어 그저 정신 아뜩하다 存亡只愴神
내 일평생 그대의 글 없애기 어렵나니 百年難滅字
상자를 열 때마다 수건 젖도록 우노라 開篋每霑巾

제5수 其五

내가 영주를 생각할 제 我有瀛洲想
외로운 구름이 하늘 한 모퉁이에 있었도다[376] 孤雲天一隅

잔 뒤에야 은근한 정분을 펼치랴.〔恩愛苟不虧, 在遠分日親. 何必同衾幬, 然後展慇勤?〕"라고 하였다. 《文選 卷24》

373 혜시(惠施)는……조문했고 : 혜시는 장주의 친구이다. 혜시를 이지석에 비기고 장주를 삼연 자신에 비긴 것이다. 《莊子 至樂》 삼연은 1706년 8월에 부인상을 당하였다.

374 포숙(鮑叔)은……알았어라 : 이지석이 삼연 집의 어려움을 알고 잘 도와주었다는 말이다. 《열자(列子)》 〈구명(九命)〉에 "관중이 일찍이 탄식하기를 '내가 젊어서 곤궁했을 때 포숙과 장사를 하였는데 내 몫으로 많이 이익을 취해도 포숙은 나를 욕심 많다고 하지 않았으니 이는 내가 가난한 것을 알았기 때문이다.……나를 낳아준 분은 부모요, 나를 알아준 이는 포숙이다.' 하였다."라고 하였다.

375 가슴속……보답하리니 : 이지석이 먼저 죽어 그의 은혜를 갚을 길이 없으므로 삼연 자신이 죽은 뒤에 저승에 가서 그 은혜를 갚겠다는 말이다. 도잠(陶潛)의 〈걸식(乞食)〉에 "가슴속 깊이 새긴 이 은혜 어떻게 갚을까? 죽어서 꼭 잊지 않고 보답하리라.〔銜戢知何謝? 冥報以相貽.〕"라고 하였다. 《陶淵明集 卷2》

376 내가……있었도다 : 영주는 봉래(蓬萊), 방장(方丈)과 함께 삼신산(三神山)의 하나이다. 보통 우리나라의 금강산을 봉래에, 지리산을 방장에, 한라산을 영주에 비기곤 하는데 영주를 생각했다는 것은 남쪽 바다를 생각했다는 말과 같다. 삼연은 이 당시

함께 청학동[377]을 찾아가려 했더니 擬同訪靑鶴
벌써 금오산[378]에 묻었다 들려오네 聞已葬金烏
묵은 무덤의 풀에 훗날 가서 눈물 흘릴 것이니 宿草他年淚
여윈 내 말이 그대 다스리던 고을 길 지나리라 羸驂故縣途
고래를 바다에서 쳐 잡던 솜씨였건만[379] 鯨魚掣海手
누가 내 얼굴에 희색 돌게 해주려나 誰遣我敷腴

영남을 유람하려는 계획이 있었던 것으로 보인다. 이듬해인 1708년(숙종34) 2월에 삼연은 실제로 영남 지방을 유람하고 〈영남일기(嶺南日記)〉를 남겼다. 외로운 구름은 이지석을 비유한 것이다.

377 청학동 : 지리산 속에 있다는 전설 속의 선경(仙境)이다.

378 금오산 : 아마도 이지석의 장지를 가리키는 듯하다. 이지석의 묘지명에는 장지에 대해 구체적인 산은 언급하지 않고 본주(本州) 가평촌(加平村)에 장사 지냈다고만 나오는데, 이때 본주는 성주(星州)이다. 금오산은 지금의 구미 금오산을 가리키는 듯하다. 《陶菴集 卷33 正郎李公墓碣》

379 고래를……솜씨였건만 : 웅혼한 문장을 뜻한다. 두보(杜甫)가 교묘한 수사에만 치중하는 당시의 경박한 문풍(文風)을 비판하면서 지은 〈장난삼아 지은 여섯 절구〔戲爲六絶句〕〉 제4수에서 "푸른 바다에서 고래를 쳐 잡지는 못하네.〔未掣鯨魚碧海中〕"라고 한 구절을 인용한 것이다.

정사잡영
精舍雜詠

제1수

죽과 밥 먹으며 산재에서 적적한 시간 보내노라니 粥飯山齋度寂寥
아침놀 저녁 이내와 서로 사귀는 듯하여라 朝霞暝靄若相交
소나무 삼나무의 새 울음 애절하니 松杉有鳥啼淸切
응당 높은 가지의 둥지가 눈에 깔렸기 때문이리라 應以高柯雪壓巢

제2수 其二

온 골 가득 두꺼운 얼음장이 기세 부리는데 萬壑玄氷奰屭中
내 샘은 공덕 갖추어[380] 따뜻하게 녹아 흐른다 我泉功德煖融融
갈대의 재로 기후를 측량함[381]은 도리어 일이 많으니

380 공덕 갖추어 : 불교에서 말하는 극락세계의 공덕수(功德水)에 비긴 것이다. 극락세계의 물은 여덟 가지의 공덕을 갖추고 있어 팔공덕수(八功德水)라 불리는데, 곧 달고〔甘〕, 차고〔冷〕, 부드럽고〔軟〕, 가볍고〔輕〕, 맑고〔淸淨〕, 냄새가 없고〔不臭〕, 목을 아프게 하지 않고〔不損喉〕, 배를 아프게 하지 않는〔不傷腹〕 것이라 하기도 하고, 맑고〔淸〕, 차고〔冷〕, 향기롭고〔香〕, 부드럽고〔柔〕, 달고〔甘〕, 깨끗하고〔淨〕, 상하지 않고〔不饐〕, 병을 낫게 하는〔除痾〕 것이라 하기도 하고, 맑고〔澄淨〕, 시원하고〔淸冷〕, 감미롭고〔甘美〕, 부드럽고〔輕軟〕, 윤택하고〔潤澤〕, 온화하고〔安和〕, 근심을 없애고〔除患〕, 이익을 주는〔增益〕 것이라 하기도 한다.

381 갈대의……측량함 : 과거 중국에서 갈대의 재를 악기의 율관(律管) 속에 넣어 절기를 헤아린 데서 따온 말이다. 세 겹으로 밀폐한 방 안에 나무 탁자 12개를 각각 방위에 따라 배치한 다음에 황종(黃鐘)과 태주(太簇), 고선(姑洗)과 유빈(蕤賓), 이칙(夷則)과 무역(無射), 대려(大呂)와 협종(夾鐘), 중려(仲呂)와 임종(林鐘), 남려(南

葭灰測候還多事

앉아서 뜬 볕 한 줄기가 통함을 징험하노라　坐驗浮陽一派通

呂)와 응종(應鐘) 등 십이율려(十二律呂)의 율관을 탁자 위에 두고서 갈대의 재를 각각의 율관에 채워 넣고 절기를 기다려 살피면, 늘 한 절기가 이를 때마다 해당 율관의 재가 날아 움직인다고 한다. 《律呂新書》

현신중이 병으로 먼저 돌아가게 되어 탑상을 함께하는 일이 어그러지게 되었다. 이에 비로소 눈 내리는 중에 이별하며 서글픔을 감내하지 못하여 율시 한 수를 읊어 전별의 예물로 삼는다[382] 현신중은 현수중이다

玄信仲 守中 以病先歸 同榻睽乖 於是乎始雪天解手 不堪惆悵 賦一律爲贐

겨울 동안 얼음창고 같은 판잣집 닫고 있었더니 經冬板閣閉凌陰
한 길 눈이 새로 시내 길을 깊이 파묻었어라 丈雪新埋澗道深
나는 겨울잠 자는 곰과 함께 그대로 암혈(巖穴) 지키는데 我與蟄熊猶守穴
그대는 병든 학이 되어 도리어 숲을 이별하누나 君爲病鶴却辭林
침상 맞대고 함께한 날 오래이니 만족함을 알 만하고 連牀日久堪知足
이치 분석한 말 길었으니 모두 마음속에 있도다 析理言長摠在心
증서의 궁격의 뜻을 확실히 알고자 할진댄 欲了曾書窮格義
봉대가 바야흐로 최고봉이니라[383] 鳳臺方是最高岑

382 현신중이……삼는다 : 현수중(玄守中, 1682～1733)은 본관은 성주(星州), 자는 신중(信仲), 호는 불능와(不能窩)이다. 삼연의 부친 김수항(金壽恒)이 영암으로 유배 가서 머무른 곳이 현징(玄徵)의 집이었고, 현징은 바로 현수중의 조부이다. 김수항이 유배 왔을 당시에는 8세였고, 후에 장성하여 북쪽으로 와서 김창협(金昌協)에게 수학하고 또 삼연을 따라 설악산에 들어가 《대학》을 수학하고 돌아갔다. 《秉山集 卷15 玄信仲墓誌銘》

383 증서(曾書)의……최고봉이니라 : 증서는 공자의 말을 증자(曾子)가 기술한 경

(經) 1장과 증자의 뜻을 그 문인들이 기록한 전(傳) 10장으로 이루어진《대학》을 가리킨다. 궁격은 궁리(窮理)와 격물(格物)이다. 봉대는 설악산의 최고봉인 대청봉(大靑峯)의 다른 이름이다. 곧《대학》의 궁리와 격물의 뜻을 완전히 이해하고자 한다면 대청봉에 올라 장쾌한 기상을 느껴야 한다는 말이다.

춘첩 무자년(1708, 숙종34)

春帖 戊子

제1수

바람결 샘물 소리는 경 외는 곳 바깥에서 들리고	風泉誦經外
구름 속 달은 구슬 가지고 논 여가[384]에 뜨도다	雲月弄丸餘
고요히 흰빛 생기는 방[385]이니	寥寥生白室
일체가 이 마음과 함께 텅 비었어라	一與此心虛

제2수 其二

일백 굽이 못은 거울처럼 맑게 펼쳐지고	百曲潭開鏡
일천 봉우리 푸른 초목 안개에 젖었어라	千峯翠滴煙
신이[386] 꽃이 피고 난 뒤에	辛夷花信後
수렴동천(水簾洞天)[387]으로 걸어 들어가도다	步入水簾天

384 구슬……여가 : 역리(易理)를 탐구한 여가라는 말이다. 송(宋)나라 소옹(邵雍)의 《격양집(擊壤集)》 권12 〈자작진찬(自作眞贊)〉에 "구슬을 가지고 노는 여가에, 한가로이 왔다 갔다 하노라.〔弄丸餘暇, 閑往閑來.〕"라고 하였는데, 자주(自註)에 "구슬은 태극이다."라고 하였다.

385 흰빛 생기는 방 : 《장자(莊子)》 〈인간세(人間世)〉에 "빈방 안에는 흰빛이 생기고 거기에는 좋은 징조가 깃든다.〔虛室生白, 吉祥止止.〕"라고 한 데서 온 말로, 마음이 청허(淸虛)하여 욕심이 없으면 순백(純白)의 도심(道心)이 절로 생겨나는 것을 의미한다.

386 신이 : 목련을 뜻하기도 하고 개나리를 뜻하기도 하는데 여기에서는 개나리를 말한 것이다.

제3수 其三

몸이 파리할 때 모름지기 덕을 윤택하게 해야 하니　身癯須德潤
머리 세어 짧아도 되레 마음 심원하도다　髮短却心長
새해에 좋은 꿈을 점지했으니　獻歲占佳夢
당에 올라 자양[388]에게 절 올리도다　升堂拜紫陽

제4수 其四

새소리는 학림[389]의 뜰에서 들리고　禽聲鶴林院
꽃 그림자는 갈선의 못[390]에 비치도다　花影葛仙池
병 속의 별천지[391]이거늘　別是壺中地
화일[392]이 더딘 것은 의아하구나　堪疑化日遲

387 수렴동천(水簾洞天) : 동천은 신선 세계와 같은 골짜기를 일컫는 말이다. 수렴동은 내설악의 대표적인 계곡이다.

388 자양(紫陽) : 주희(朱熹)의 별호이다.

389 학림 : 절을 뜻한다. 석가모니가 사라쌍수(娑羅雙樹) 사이에서 입멸(入滅)할 때 숲이 하얗게 변하여 마치 흰 학들이 무리 지어 모인 것 같았다는 데서 유래한 말이다. 《大般涅槃經》

390 갈선의 못 : 갈선은 진(晉)나라 때의 선인(仙人) 갈홍(葛洪)이다. 그의 집에 약초를 씻는 우물을 세약지(洗藥池)라고 하였다. 《古詩紀》

391 병 속의 별천지 : 선경(仙境)을 뜻한다. 후한(後漢) 때 비장방(費長房)이 시장을 관리하는 아전이 되었는데, 어떤 노인이 약을 팔면서 가게 앞에다가 호리병 하나를 걸어놓고는 시장이 파하자 그 안으로 뛰어들어갔다. 비장방이 누각 위에서 보고는 보통 사람이 아니라는 것을 알고, 다음 날 그 노인을 찾아가 노인과 함께 그 호리병 안으로 들어갔는데, 그곳에는 옥당(玉堂)이 있고 좋은 술과 기름진 안주가 끊임없이 나왔다. 이에 둘이 함께 마시고는 취해서 나왔다. 《後漢書 方術列傳下 費長房》

392 화일 : 만물을 소생시키는 봄날의 볕을 가리킨 것이다.

영시암에서 밤에 술을 마시며 송춘유와 함께 이별의 정을 펼치면서 '춘' 자를 얻다[393] 송춘유는 송요화이다

永矢菴夜酌 與宋春囿 堯和 叙別 得春字

일천 바위 눈이 녹지도 않았는데　未罷千巖雪
산집에서 벌써 사람을 전송하네　山齋已送人
불어리 등에 아쉬운 마음 맺혀 있고　篝燈含婉孌
바가지 술에 청진한 정 드러난다　瓢醴露淸眞
도성에서 인제를 꿈꾸리니　洛下麟蹄夢
구름 사이에 봉정[394]의 봄 보이리라　雲間鳳頂春
나의[395]와 한 번 이별하고서　蘿衣一判袂
대번에 검은 먼지[396] 물들이지 말지어다　毋遽染緇塵

393 영시암에서……얻다 : 송요화(宋堯和, 1682~1764)는 본관은 은진(恩津), 자는 춘유이다. 동춘당(同春堂) 송준길(宋浚吉)의 증손이며 청산 현감(靑山縣監), 진산 군수(珍山郡守), 선산 부사(善山府使), 광주 목사(光州牧使), 동지중추부사 등을 역임하였다. 첫 번째 부인이 김상용(金尚容)의 현손(玄孫)인 호연재(浩然齋) 김씨이다.

394 봉정 : 설악산 대청봉의 다른 이름이다.

395 나의 : 푸른 칡덩굴로 지은 은자(隱者)의 복장인 벽라의(薜蘿衣)이다.

396 검은 먼지 : 세속에 오염되는 것을 뜻한다. 남조(南朝) 제(齊)나라 사조(謝朓)의 〈왕진안에게 화답하다〔酬王晉安〕〉에 "뉘라서 서울에 오래 머무르랴. 검은 먼지가 흰옷을 더럽히거늘.〔誰能久京洛? 緇塵染素衣.〕"이라고 하였다. 《文選 卷26》

유 병사에 대한 만사[397] 유 병사는 유성채이다

柳兵使 星彩 挽

파천의 물줄기가 금강의 근원 되니[398] 芭川流作錦江源

예를 좋아하고 시에 근면함이 장수의 가문에 있었도다[399] 說禮敦詩在將門

구름과 용 감응하여 회합함은 나라의 부끄러움 때문이요[400]

397 유……만사 : 유성채(柳星彩, 1645~1707)는 본관은 진주(晉州), 자는 춘보(春甫)이다. 대대로 장수의 가문이었고, 어렸을 때 송시열(宋時烈)에게 수학하였으며, 송시열로부터 효종(孝宗)의 뜻을 듣고 이어나갈 것을 생각하여 무인의 길을 가게 되었다. 오위장(五衛將), 경원 부사(慶源府使), 전라 좌수사(全羅左水使), 경상 좌병사(慶尙左兵使) 등을 역임하였다.

398 파천의……되니 : 유성채의 학문과 의리의 바탕이 송시열로부터 나왔다는 말이다. 파천은 송시열이 은거했던 화양동(華陽洞) 파곶을 가리키며, 송시열을 파옹(芭翁)이라 일컫기도 한다. 금강은 진주(晉州)의 금강으로 유성채의 본관이 진주이므로 금강이라고 말한 것이다.

399 예를……있었도다 : 장수이면서도 학문이 깊음을 말한 것이다. 춘추 시대 진 문공(晉文公)이 군대를 피려(被廬)에 집결시켜 삼군(三軍)을 편성하고 원수(元帥)가 될 만한 인물을 물색하자, 조최(趙衰)가 극곡(郤穀)을 천거하며 말하기를 "극곡이 적임자입니다. 제가 그의 말을 자주 들어보았는데, 그는 예와 악을 좋아하고 시와 서에 근면하였습니다.〔郤穀可. 臣亟聞其言矣, 說禮樂而敦詩書.〕"라고 하였다. 《春秋左氏傳 僖公 27年》

400 구름과……때문이요 : 청(淸)나라로부터 당한 병자호란의 국치를 설욕하기 위해 임금과 신하가 의기투합하였다는 말이다. 《주역》 〈건괘(乾卦) 문언(文言)〉에 "구름은 용을 따르고 바람은 범을 좇는다.〔雲從龍, 風從虎.〕"라고 하였는데, 이는 성군(聖君)과 현신(賢臣)이 감응하여 회합함을 뜻한다.

感會雲龍緣國恥

얼음과 범에 전전긍긍함은 스승의 말을 새겼음이라[401] 戰兢氷虎佩師言

연운에서 손에 침 뱉을 드높은 담력이었더니[402] 燕雲唾手輪囷膽

말가죽의 마음 어긴 것이 한 맺힌 혼 되었구나[403] 馬革違心耿結魂

401 얼음과……새겼음이라 : 유성채가 스승인 송시열의 가르침을 가슴에 담아 새기고 항상 조심스러운 자세로 직무에 임했다는 말이다. 《논어》〈술이(述而)〉에 삼군(三軍)을 통솔한다면 누구와 함께하겠느냐는 자로(子路)의 물음에 공자가 "맨손으로 범을 잡으려 하고 맨몸으로 강하를 건너려다가 죽어도 후회함이 없는 자를 나는 함께하지 않을 것이니, 나는 반드시 일에 임하여 두려워하고, 도모하기를 좋아하여 성공하는 자를 데리고 갈 것이다.〔暴虎馮河, 死而無悔者, 吾不與也, 必也臨事而懼, 好謀而成者也.〕"라고 하였는데, 이는 《시경》〈소아(小雅) 소민(小旻)〉의 구절을 인용한 것으로, 《시경》에는 범과 강하를 말한 부분 뒤에 "전전긍긍하여 깊은 못에 임하듯이 하며 얇은 얼음을 밟듯이 하노라.〔戰戰兢兢, 如臨深淵, 如履薄氷.〕"라는 말이 더 있다. 또한 《서경》〈주서(周書) 군아(君牙)〉에 "마음에 근심하고 위태롭게 여기기를 호랑이 꼬리를 밟은 듯이, 봄에 얼음판을 건너듯이 하라.〔心之憂危, 若蹈虎尾, 涉于春氷.〕"라고 하였다.

402 연운에서……담력이었더니 : 유성채가 청나라에 설욕할 담력을 지닌 훌륭한 장수였다는 말이다. 연운은 중국 화북(華北) 지역의 옛 연(燕)나라 땅인 유주(幽州)와 운주(雲州)를 병칭한 것으로, 오대(五代) 시절 후진(後晉)의 석경당(石敬瑭)이 거란의 도움을 받기 위해 거란에 할양한 이후 오랜 세월 북방 오랑캐의 땅이 된 연운 16주를 가리킨다. 손에 침을 뱉는다는 것은 기운을 내어 일을 시작해 손쉽게 도모한다는 표현으로, 남송(南宋)의 장군 악비(嶽飛)가 금(金)나라와의 화의(和議)를 반대하며 고종(高宗)에게 올린 표문에 나오는 말이다. 악비는 연운 지역에서 손에 침을 뱉으며 금나라에 복수하여 설욕하고 나라에 보답하겠다는 뜻을 드러내었다. 《嶽武穆遺文 謝講和赦表》

403 말가죽의……되었구나 : 유성채가 생전에 전장에서 오랑캐와 싸우다 죽는 것이 소원이었는데 마음에 품은 평소의 뜻을 이루지 못해 죽어서 한으로 맺혔다는 말이다. 후한(後漢)의 복파장군(伏波將軍) 마원(馬援)이 "사나이는 변방의 들판에서 쓰러져 죽어 말가죽에 시체를 싸서 돌아와 땅에 묻히는 것이 마땅하다. 어찌 침상 위에 누워

한 부의 《춘추》를 학동에 묻으니[404] 一部春秋埋鶴洞
초산의 근심스러운 기색이 황혼에 가까워라[405] 楚山愁色近黃昏

아녀자의 손에 맡겨서야 되겠는가.〔男兒要當死於邊野, 以馬革裹屍還葬耳. 何能臥牀上在兒女子手中邪?〕"라고 하였다. 《後漢書 卷24 馬援列傳》

404 한……묻으니 : 《춘추》는 곧 춘추의 대의(大義)를 지닌 유성채를 말한 것으로, 이는 훌륭한 장수를 일컫는 말이다. 87쪽 주181 참조. 유성채는 공주(公州) 명학동(鳴鶴洞)의 선영에 묻혔다. 《竹泉集 別 統制使柳公神道碑銘》

405 초산의……가까워라 : 유성채가 안장된 공주와 가까운 정읍(井邑)에 석양이 저물어 어두컴컴한 황혼이 가까워지고 있다는 말로, 유성채의 죽음에 대한 비감을 정읍의 저무는 해에 연관시켜 표현한 것이다. 초산은 정읍의 옛 명칭으로, 제주에 유배되었다가 심문을 위해 압송되던 송시열이 정읍에 이르러 사사되었다. 당시 유성채는 접근을 엄금하는 병사들을 뚫고 송시열을 면대하여 영결하고 부모상을 치르듯 송시열의 상을 치렀는데 이것이 빌미가 되어 온성(穩城)에 6년 동안이나 유배되었다. 황혼에 가깝다는 표현은 당(唐)나라 이상은(李商隱)의 〈낙유원(樂遊原)〉에 "저물녘에 마음이 울적하여, 수레 몰아 높은 언덕에 올랐어라. 석양은 무한히 좋으나, 단지 황혼이 가깝구나.〔向晩意不適, 驅車登高原. 夕陽無限好, 只是近黃昏.〕"라고 한 표현을 원용한 것이다. 이 구절은 인생이나 만남이 끝나가는 회한을 표현할 때 자주 원용되기도 한다. 《竹泉集 別 統制使柳公神道碑銘》《李義山詩集 卷上》

현흠보에 대한 만사[406]

玄欽甫挽

제1수

죽정[407]에서 나눈 교분이 정신을 통할 만하여	竹亭交誼可通神
월악산 비록 멀어도 나를 이웃처럼 보았도다	月嶽雖遐視我隣
땅 가득 누른 띠풀이로되 난초는 변하지 않고[408]	滿地黃茅蘭不化
회수 너머엔 푸른 탱자로되 귤은 참된 모습 그대로구나[409]	過淮青枳橘依眞
창상처럼 변한 세월에 가슴속으로 뜨거운 감회 느끼고[410]	

406 현흠보에 대한 만사 : 현흠보는 현약호(玄若昊, 1659~1709)이다. 본관은 연주(延州), 호는 삼벽당(三碧堂)이며 흠보는 자이다. 전라도 영암(靈巖) 월출산 아래의 구림(鳩林)에 살았으며 삼연의 부친 김수항(金壽恒)이 1675년(숙종1)에 영암으로 유배되었을 때 이 집에 머물렀으므로 삼연 형제와 교분을 맺고 후에 자신의 아들을 김창협(金昌協)과 삼연에게 보내 수학하게 하기도 하였다.《屛溪集 卷53 三碧堂玄公墓誌》

407 죽정 : 현씨 집안의 정자인 죽림정(竹林亭)이다. 37쪽 주50 참조.

408 땅……않고 : 온 세상이 혼탁하고 소인배들뿐인데도 현약호는 지조를 변치 않았다는 말이다. 굴원(屈原)의 〈이소(離騷)〉에 "난초와 지초는 변하여 향기를 잃고, 전초와 혜초는 바뀌어 띠풀이 되었네. 어찌하여 옛날엔 향기롭던 이 풀들이, 지금은 다만 쑥대가 되었는가.〔蘭芷變而不芳兮, 荃蕙化而爲茅. 何昔日之芳草兮, 今直爲此蕭艾也?〕"라고 하였다.

409 회수……그대로구나 : 도성이 있는 북쪽에는 탱자와 같이 지조를 바꾼 소인배들뿐인데 남쪽에 사는 현약호는 귤처럼 지조를 잃지 않고 있다는 말이다.《주례(周禮)》〈고공기(考工記)〉에 "귤이 회수를 건너면 탱자가 된다.〔橘渡淮則爲枳〕"라고 하였고, 굴원은 〈귤송(橘頌)〉에서 고결하게 변하지 않는 지조를 귤나무에 빗대어 노래하였다.

滄桑感入心腸熱

경수와 위수인 양 색태의 새로움을 부끄러이 보았노라[411]

涇渭羞看色態新

이미 추운 시절에 이르렀어도 멀리서 축원하였건만[412]

已到歲寒猶遠祝

어찌 알았으랴 하늘이 중년을 마치게 하지 않을 줄 豈知天嗇了中身

제2수 其二

양강까지 찾아와준 것[413]이 어찌 작은 인연이랴만 楊江命駕豈微緣

410 창상처럼……느끼고 : 창상은 창해상전(滄海桑田)의 준말이다. 큰 바다가 변하여 뽕나무밭이 되고, 뽕나무밭이 변하여 큰 바다가 된다는 말로, 흔히 세상의 변화가 매우 심함을 비유하는 말이다. 곧 과거에 부친인 김수항이 영암에 유배 갔을 때 따라가서 현약호를 만난 이후 극심한 변화를 겪으며 보내온 세월을 돌아보면서 감개하게 뜨거운 감정을 느낀다는 말이다.

411 경수와……보았노라 : 세월이 지나 현약호를 다시 만났을 때 현약호는 과거에 비해 훨씬 진일보한 새로운 모습을 보여주었으나 자신은 그렇지 못해 마치 둘 사이가 경수와 위수처럼 느껴졌다는 말이다. 경수와 위수는 황하의 지류가 되는 두 강으로, 경수는 흐리고 위수는 맑다고 한다. 일반적으로 시비나 우열이 매우 분명하게 비교됨을 나타낼 때 쓰인다.

412 이미……축원하였건만 : 추운 시절은 엄혹한 세상과 노년의 두 뜻이 모두 있으나, 여기에서는 문맥상 노년의 의미에 가까운 듯하다. 멀리서 축원하였다는 것은 현약호가 장수를 누리기를 멀리서 기원했다는 말이다.

413 양강까지 찾아와준 것 : 양강은 삼연이 우거했던 양주(楊州)의 벽계(檗溪)를 가리킨다. 현약호는 삼연이 벽계에 있을 때 직접 영암에서 찾아가 방문한 적이 있다. 당시 삼연이 써준 시가 본집 권5 〈현흠보가 험한 길을 두루 거쳐 멀리서 찾아와주니 지극한 마음에 말로 사례할 길이 없기에 시 한 편을 지어 내 마음을 열어 보였다〔玄欽甫若昊歷險遠訪至意不可以言謝輒以一詩剖懷〕〉이다.

그런데도 멀리 백연까지 찾아오려 하였네[414] 猶欲遙尋到百淵
한 약속 어긋나니 구름은 고개에 막혔고 一約參差雲塞嶺
아랑[415]이 나와 함께 산 들어오니 눈이 하늘에 가득했어라
阿郎同入雪漫天
전형[416]을 맡겨주니 구림이 가깝게 여겨지고 典刑所寄鳩林邇
수업은 그대로 《사기(史記)》를 전수하였노라 講授仍依馬史傳
아 지금 준충이 뼈만 앙상하리니[417] 今日濬沖嗟骨立
밥 먹을 때마다 사무쳐 눈물 줄줄 흐르네 每餐思撫涕漣漣

414 그런데도……하였네 : 현약호는 자신의 아들 현수중(玄守中)을 삼연이 머물고 있는 설악산 백연으로 보내고 편지를 보내 자신도 삼연을 방문하려 하였으나 미처 결행하지 못하고 세상을 떠났다. 《屛溪集 卷53 三碧堂玄公墓誌》

415 아랑 : 현약호의 아들 현수중이다. 아랑은 진(晉)나라 때 왕혼(王渾)의 아들 왕융(王戎)의 아명인 아융(阿戎)에서 온 말이다. 왕융은 죽림칠현(竹林七賢) 가운데에서도 가장 나이가 어렸다.

416 전형 : 같은 부류 안에서 가장 일반적이고 본질적인 특성이나 또는 그런 특성을 가진 대상을 이르는데, 여기서는 외모와 품성이 부친인 현약호를 빼닮은 현수중을 가리킨 것이다.

417 아……앙상하리니 : 준충은 왕융의 자인데, 여기서는 현수중을 가리킨 것이다. 뼈만 앙상하다는 것은 거상(居喪)하느라 음식을 먹지 않고 슬픔으로 뼈만 남았을 것이라는 말이다. 거상하는 사람에 대해 시훼골립(柴毁骨立)이라는 표현이 있는데, 《산당사고(山堂肆考)》 권154에 "시훼는 섶처럼 수척함을 뜻하고, 골립은 살은 없고 뼈만 남아 있음을 뜻한다.〔柴毁, 言瘦如柴也, 骨立, 言無肉而惟有骨也.〕"라고 하였다.

원암에서 청초호로 향하며[418]

自圓巖向青草湖

아스라한 허공의 아지랑이가 파도처럼 일렁이니	遙空野馬漾如波
가없는 창해에 푸른 빛깔 많도다	滄海無邊碧色多
늘그막의 장쾌한 유람은 호연지기에 의지한 것이니	垂老壯遊憑浩氣
흰 갈매기는 살쩍 털이 셈을 비웃지 말지니라	白鷗休笑鬢毛皤

418 원암에서 청초호로 향하며 : 이 시는 삼연이 이해 2월에 영남 지방을 유람하러 가는 길에 지은 것이다. 원암은 역명(驛名)이다. 청초호는 강원도 속초에 있는 바닷가의 호수 이름이다. 《三淵先生年譜》《本集 拾遺 卷28 嶺南日記》

또 읊다

又賦

몸과 마음이 큰 바다와 호연히 하나로 어우러지니 身心溟渤浩同歸
말 머리 앞으로 뒤치는 파도가 옷 위에 흩뿌려진다 馬首翻瀾濺濺衣
동쪽 바라보며 어찌 그저 약을 향해 서 있기만 하랴[419]
東面奚徒向若立
남쪽으로 가며 장차 붕새를 배워 날아오르리라[420] 南爲且欲學鵬飛
도로에서 말 타기도 걷기도 함은 평탄함과 험한 지형 따름이요
道途騎步隨夷險
들었던 산천들은 옳고 그른 것이 반반이로다[421] 聞見山川半是非
곧장 계림의 뫼 없는 곳[422]에 이르러 直到雞林無嶺處

419 동쪽……하랴 : 망망대해를 바라보며 멍하게 넋을 놓고 있지만 않고 계속 길을 가겠다는 말이다. '약'은 북해(北海)의 신 이름이다. 《장자(莊子)》〈추수(秋水)〉에, 가을이 되어 모든 강물이 불어나 황하로 모여들자 이에 득의만만한 황하의 신 하백(河伯)이 천하의 모든 아름다움이 다 자신에게 있다고 생각하고 물결을 따라 동쪽으로 가서 북해에 이르러 '동쪽을 바라보니〔東面而視〕' 물의 끝이 보이지 않기에 북해의 신인 '약을 향해〔向若〕' 자신의 좁은 소견을 탄식하며 도(道)에 대해 담론하는 우화가 나온다.

420 남쪽으로……날아오르리라 : 남쪽을 향해 계속 장쾌한 유람길을 이어가겠다는 말이다. 《장자》〈소요유(逍遙遊)〉에 바다에 사는 곤(鯤)이란 큰 물고기가 대붕(大鵬)으로 변하여 남쪽 바다로 옮겨 갈 때에는 물결을 치는 것이 3천 리요, 회오리바람을 타고 9만 리를 올라가 여섯 달을 가서야 쉰다는 이야기가 나온다.

421 들었던……반반이로다 : 예전에 들었던 동해의 산천들을 직접 와서 보니 들었던 말의 내용에 부합하기도 하고 다르기도 하다는 말이다.

422 계림의……곳 : 계림은 신라의 옛 이름이다. 삼연의 이번 길이 옛 신라 땅인 영남

영랑이 다니던 길 한 바퀴 다 돌아보리로다 永郎行逕了周圍

지역을 돌아보는 길이고, 신라 때의 신선으로 알려진 영랑(永郎)과 관련된 유적을 지나고 있으므로 계림이라 말한 것이다. 뫼가 없다는 것은 해변의 평지를 말한 것이다.

삼척에서 새벽에 출발하며

三陟曉發

금계[423] 움직이는 곳에 고래 같은 파도 솟구치니	金鷄動處沸鯨濤
물가 역참 밝은 샛별이 나그네 옷 비추누나	水驛明星照客袍
저물녘 죽루[424]에 기댄 것도 어제 꿈이 되었으니	暮倚竹樓爲昨夢
군성 높은 곳에서 호드기 소리 들려온다	曉笳來自郡城高

423 금계 : 천상(天上)의 금계성(金鷄星)에 있다는 닭으로, 이 닭이 울면 인간 세상의 닭들이 따라서 운다고 한다.《神異經》 또한 태양을 비유하는 말로도 쓰인다. 여기에서는 새벽이 되어 동이 터오는 모습을 형용한 것이다.

424 죽루 : 관동팔경(關東八景)의 하나인 삼척의 죽서루(竹西樓)이다.

주 상사에게 주다[425] 주 상사는 주홍벽이다
贈朱上舍 興璧

해변 산에서 문헌을 징험하니[426] 海嶠徵文獻
그대가 덕을 심은 집안사람임을 알겠어라 知君種德家
홀로 선 솔은 응당 대대로 그늘 드리우고 獨松應世蔭
일만 대는 절로 그 곁에서 자라 있다 萬竹自生涯
나그네를 사랑하여 명월주 던지고[427] 愛客投明月
산을 이야기하며 붉은 놀을 토하네[428] 談山吐紫霞
곧이어 한만의 유람[429] 기약하여 仍思期汗漫

425 주 상사에게 주다 : 삼연이 영남으로 길을 잡아 나선 이후 2월 13일에 읍내의 상사인 주홍벽(朱興璧)이 찾아왔고, 그에게 읍내의 명승지를 묻고 같이 유람하였다. 주홍벽은 효자(孝子) 주계정(朱繼禎)의 후손으로 자상하고 단아하며 문재(文才)가 있었다고 한다. 《本集 拾遺 卷28 嶺南日記》

426 해변……징험하니 : 해변에서 문식(文識)을 갖춘 주홍벽을 만났다는 말이다.

427 나그네를……던지고 : 주홍벽이 삼연을 아껴 삼연에게 시를 지어 주었다는 말이다. 《사기(史記)》 권83 〈추양열전(鄒陽列傳)〉에 "신은 들으니 명월주나 야광벽을 어두운 밤 길 가는 사람에게 던져줄 경우, 칼을 어루만지며 노려보지 않을 사람이 없다고 합니다. 왜냐하면 까닭 없이 보물이 앞에 이르기 때문입니다.〔臣聞明月之珠夜光之璧, 以闇投人於道路, 人無不按劍相眄者. 何則? 無因而至前也.〕"라고 한 데서 유래하여, 훌륭한 시문을 명월주에 비기기도 한다.

428 산을……토하네 : 붉은 놀은 신선 세계를 상징하는 풍경이다. 곧 주홍벽이 인근의 명산을 말하면서 그 사람의 말에서 신선 세계의 정취가 느껴졌다는 뜻이다.

429 한만의 유람 : 신선처럼 속세를 초월하여 한가롭게 노니는 것을 뜻한다. 옛날 진(秦)나라 노오(盧敖)가 북해(北海)에서 노닐다가 선인(仙人)인 약사(若士)를 만나 함

뜬 뗏목 하나에 나란히 함께 앉길 생각하도다　　　　並坐一浮槎

'독송(獨松)'은 바로 그 선세(先世)의 정자 이름이다.

께 벗으로 노닐자고 청하자, 약사가 "나는 구해(九垓) 밖에서 한만(汗漫)과 만날 약속이 되어 있으니 오래 머물러 있을 수가 없다." 하고는 곧바로 구름 속으로 들어가 보이지 않았다는 이야기에서 유래하였다. 《淮南子 道應訓》

불영사 의상전[430]

佛影寺義相殿

용은 깊은 못을 버리고 떠났고	龍以重淵捨
승려는 태백산에서 돌아왔도다[431]	僧從太白歸
숲속에서 좌선하며 지내고	林中經宴坐
산꼭대기에 선방 문을 의지했어라	嶽頂寄禪扉
탑 그림자는 붉은 골짝에 흔들리고	塔影搖丹壑
향로 연기는 푸른 산중에 뭉쳤다	爐煙結翠微
의상전이 얼마나 험준한 곳에 자리했나 알고 싶은가	欲知臺砌峻
높이 나는 둥지의 학을 굽어보시게[432]	巢鶴俯高飛

430 불영사 의상전 : 불영사는 경북 울진군 천축산(天竺山)에 있는 절로, 신라 진덕여왕 때 의상 대사가 창건했다고 전해진다. 의상전은 지금처럼 불영사 경내에 있는 의상전을 말하는 것이 아니라, 삼연의 기록에 따르면 천 길 높이의 험준한 산정(山頂)에 있다고 되어 있다. 《本集 拾遺 卷28 嶺南日記》《本集 拾遺 卷23 蔚珍山水記》

431 용은……돌아왔도다 : 불영사의 창건 설화와 의상 대사의 주석(住錫) 사실을 말한 것이다. 의상 대사가 동경(東京)에서 바닷가를 따라 오다가 서역의 천축산과 방불한 모습을 보고 금탑봉(金塔峯) 아래에 절을 지으려 하였으나 그곳의 못에 살고 있는 독룡(毒龍)이 떠나려 하지 않으므로 의상 대사가 주문을 외워 용을 쫓아낸 뒤 못을 메우고 절을 세워 천축산 불영사라고 하였다고 한다. 또한 불영사를 세운 후 의상 대사는 태백산의 부석사(浮石寺) 등에서 주석하다가 후에 다시 불영사로 돌아왔는데 이때 어떤 늙은이가 기뻐하며 우리 부처님이 돌아왔다고 하므로 불영사를 불귀사(佛歸寺)라고 불렀다고도 한다. 《本集 拾遺 卷23 蔚珍山水記》

432 높이……굽어보시게 : 의상전은 학소암(鶴巢巖)이라는 바위의 천 길 위에 자리하였다. 《本集 拾遺 卷28 嶺南日記》

청송에서 경주로 향하며

自靑松向慶州

마부를 재촉하여 신라로 길 떠나니	叱馭新羅去
청부[433]의 길 오히려 고생스럽구나	靑鳧路尙艱
얼음장 밟고 건너는 시내 걱정스럽고	川愁帶氷涉
구름 가르며 부여잡고 넘는 고개 겁이 난다	嶺怯截雲攀
저녁 이내 속에서도 말 몰아가니	暮氣猶征馬
봄 그늘은 절로 산에 겹겹 드리웠네	春陰自亂山
멀리 바라봄에 연기가 산에서 피어오르니	遙看煙起崦
몇 사람이나 한가롭게 거처하여 살까	啓處幾人閑

433 청부 : 청송의 옛 이름이다.

영천 장여헌서원[434]

永川張旅軒書院

소자가 처음 고요함 익히며	邵子始習靜
옷깃 단정히 하고 백원[435]에 앉으니	整襟坐百原
마음 오로지 하여 구슬 놀렸고[436]	心專乃弄丸
오고 간 것 바로 천근이었도다[437]	來往卽天根
모를레라 입암의 늙은이는	未知立巖叟
과연 이 문호 엿보았는가	果能窺此門
평소《주역》주해하던 곳	平生註易處

434 영천 장여헌서원 : 포항의 입암서원(立巖書院)인 듯하다. 입암서원은 포항시 북구 죽장면 입암리에 있는 서원으로, 1657년(효종8)에 지방 유림이 뜻을 모아 장현광(張顯光)의 학문과 덕행을 추모하기 위해 창건하여 위패를 모셨다. 서원에 장현광의 영정과 마상도(馬上刀)·지팡이·좌장(坐杖) 등이 유물로 남아 있다. 입암은 지금은 포항에 속해 있으나 과거에는 영천에 속해 있었다. 장현광(1554~1637)은 본관은 인동(仁同), 자는 덕회(德晦), 호는 여헌, 시호는 문강(文康)이다. 누차 조정의 부름을 받았으나 줄곧 사양하고 입암에 은거하여 학문에 정진하였다. 저서에《여헌집》,《역학도설(易學圖說)》,《용사일기(龍蛇日記)》등이 있다.

435 백원 : 중국 하남성(河南省) 휘현(輝縣) 서북쪽에 있는 산으로, 송(宋)나라 학자 소옹(邵雍)이 젊었을 때 은거하여 성정을 기르고 학문을 닦았던 곳이다.

436 마음……놀렸고 : 역리(易理)를 탐구했다는 말이다. 173쪽 주384 참조.

437 오고……천근이었도다 : 음양(陰陽)의 이치를 탐구했다는 말이다. 소옹의 〈관물음(觀物吟)〉에 "천근과 월굴이 한가로이 왕래하니, 삼십육궁이 모두 다 봄빛이로다.〔天根月窟閑往來, 三十六宮都是春.〕"라고 하였는데, 천근은 양(陽)을 나타내고 월굴은 음(陰)을 나타내며 삼십육궁은 64괘를 나타낸다.《擊壤集 卷16》

절로 좋은 산번[438]이니 自是好山樊
둘러 도는 시내 물살 생생하고 廻溪水流活
아름다운 나무의 새소리 그득하다 嘉木鳥音繁
사물 관찰하는 공력의 얕고 깊음은 觀物功淺深
제대로 근원을 탐구하는 것이 묘이니 妙在能探元
일찍이 그가 남긴 말 살펴보건대 嘗觀所立言
종횡으로 펼치고 또한 거침없었네 橫竪亦瀾翻
대갱과 현주는[439] 大羹與玄酒
자연스러운 맛 보존되었으니 自然氣味存
만일 누룩과 된장 많이 넣으면 如添糵豉多
혹 진솔한 맛 흐려질까 두렵다네 恐或爽眞渾
네 벽 가득 채운 도서들 圖書滿四壁
이리저리 해설 늘어놓자면 번거로움 감내치 못하나니 指畫不耐煩
요컨대 깨끗하고 고요한 곳[440]은 要之潔靜地

438 산번 : 산의 가장자리 또는 산의 무성한 숲이라는 뜻으로, 은거지를 비유하는 말이다. 《장자(莊子)》 〈칙양(則陽)〉에, 은자(隱者) 공열휴(公閱休)에 대하여 "겨울에는 강에서 자라를 잡고 여름에는 산에서 쉬는데, 지나가는 사람이 물으면 여기가 내 집이라고 한다오.〔冬則擉鼈於江, 夏則休山樊, 有過人而問者, 曰此予宅也.〕"라고 한 말에서 유래하였다.

439 대갱과 현주는 : 《예기(禮記)》 〈교특생(郊特生)〉에 "현주를 숭상하는 것은 오미(五味)의 근본을 귀하게 여기는 것이고,……대갱에 양념을 하지 않는 것은 그 바탕을 귀하게 여기는 것이다."라고 하였다. 대갱은 고기를 양념하지 않고 삶아 낸 국이고, 현주는 제사나 의식에 쓰는 정화수의 별칭으로 태고에는 술이 없었기 때문에 술 대신 정화수를 썼다. 두 가지 모두 꾸미지 않은 본원의 맛을 대표하는 음식이다.

440 깨끗하고 고요한 곳 : 《주역》을 가리킨 것이다. 《예기》 〈경해(經解)〉에 "깨끗하

말하지 않는 것이 바로 말을 잘하는 것이로다	不言卽善言
어이하면 한번 불러와서	何由一喚來
이 뜻을 함께 자세히 논할까	此意與細論
길게 휘파람 불며 솔과 대에 기대노라니	長嘯倚松篁
실바람이 시끄럽게 흔들어대누나	微風攪作喧

고 고요하고 정밀하고 은미한 것이 역의 가르침이다.〔絜靜精微, 易敎也.〕"라고 하였다.

옥산 회재서원[441]

玉山晦齋書院

제1수

나그네가 정혜사[442] 묵으면서	客投定慧寺
벌써 옥산이라는 이름 사랑하였네	已愛玉山名
타고 온 말 여물 먹일 겨를도 없이	未暇秣征駒
물결 따라 먼지 묻은 갓끈 씻노라[443]	循流濯塵纓
담장 북쪽 하얗게 핀 매화	皎然墻北梅

441 옥산 회재서원 : 경주시 안강읍 옥산리에 있는 옥산서원(玉山書院)이다. 1572년(선조5) 경주 부윤(慶州府尹) 이제민(李齊閔)과 도내 유림들이 회재 이언적(李彦迪, 1491~1553)을 추모하기 위해 이언적이 머물던 독락당(獨樂堂) 아래에 건립하였다. 1573년에 '옥산'이라고 사액(賜額)되었다. 이언적은 본관은 여주(驪州), 자는 복고(復古), 호는 회재, 시호는 문원(文元)이다. 이조 판서, 좌찬성 등을 지냈고 윤원형(尹元衡) 등이 을사사화(乙巳士禍)를 일으켰을 때 추관(推官)으로 선비들을 신문하는 일을 후회하여 녹훈도 사양하고 관직에서 물러났다. 윤원형 일당이 조작한 양재역 벽서 사건(良才驛壁書事件)에 연루되어 평안도 강계(江界)로 유배되었고, 그곳에서 많은 저술을 남긴 후 세상을 떠났다. 저서에 《회재집》 등이 있다.

442 정혜사 : 경주시 안강읍 옥산리에 있던 사찰로, 현재 사찰은 없어지고 정혜사지 십삼층석탑(淨惠寺址十三層石塔)만 남아 있다. 이언적이 태어나 자란 양동마을과는 12km 남짓 떨어져 있으며, 옥산서원 및 독락당과 인접해 있다. 이언적이 젊은 시절 자주 이곳에서 독서하였다. 다만 사찰의 이름은 정혜사(淨惠寺)가 정식 명칭이나, 이언적 당시뿐만 아니라 후대에도 정혜사(定慧寺) 또는 정혜사(定惠寺)로 표기한 경우가 많이 보인다.

443 물결……씻노라 : 실제 갓끈을 씻는 일을 말한 것이기도 하지만, 이언적이 살았던 독락당 앞 시내 북편 바위인 탁영대(濯纓臺)를 염두에 두고 한 말이기도 하다.

높이 달린 꽃잎 혹 바람에 나부끼네	高花或飄英
물고기 구경하는 대 절로 있으니	觀魚自有臺
읊조리고 돌아옴에 또한 여운 있어라[444]	詠歸亦餘情
푸른 바위 자못 줄지어 우뚝한데	蒼巖頗列峙
멈췄다 쏟아졌다 졸졸 흐르는 물줄기 휘감았구나	停瀉淙流縈
빼어나게 아름다운 일만 대나무는	檀欒萬本篁
바람 부는 여울과 패옥 소리 내며 어우러진다	風瀨協琮琤
길을 따라 대문으로 나아가	夤緣造門屛
옷 가다듬고 비로소 빗장 받드네[445]	肅衣始奉扃
깊숙이 구경을 소장한 곳	沉邃九經藏
진실로 도가 생겨나는 바이로다	允矣道所生
아득한 이백 년 세월	悠悠二百年
정비하고 관리하여 지붕 기울지 않았네	修掃屋不傾
색동옷 입고 재롱부리던 서쪽 안채 찾으니[446]	戲綵問西闈

444 물고기……있어라 : 이언적이 살았던 독락당 앞 시내의 계정(溪亭)을 받치고 있는 바위를 관어대(觀魚臺)라 하였고 관어대 건너편의 바위를 영귀대(詠歸臺)라고 하였다.

445 빗장 받드네 : 공경을 표시하며 나아가는 모습이다. 《예기(禮記)》 〈곡례 상(曲禮上)〉에 "문에 들어갈 때에는 빗장을 받든다.〔入戶奉扃〕"라고 하였는데, 주(註)에 "빗장을 받드는 것은 공경함이다."라고 하였다. 이 구절은 두 손을 가슴에 위치시켜 빗장을 받들 듯이 하는 모양새를 취한다는 설과 두 손으로 빗장을 설치한 곳을 받든다고 하는 설 등 학설이 다양하나 빗장을 받든다는 설을 취하여 번역하였다.

446 색동옷……찾으니 : 색동옷 입고 재롱부린다는 것은 효자가 부모를 봉양하는 모습이다. 춘추 시대 초(楚)나라의 은사(隱士)인 노래자(老萊子)가 70의 나이에도 불구하고 부모님을 기쁘게 해 드리기 위하여 어린아이처럼 색동옷을 입고 재롱을 부린 고사

단청 칠한 몇 칸 기둥 훤하다 丹雘煥數楹

기쁘고 즐거운 기색으로 빗질하고 머리 싸맨 여가에[447] 怡愉櫛縰餘

크게 덕을 밝히기를 닭 울 때에 하였도다[448] 丕顯在雞鳴

존양성찰의 공부 이미 주밀하였고 存省功旣密

출처의 의리 참으로 정밀하였네 出處義固精

당시의 행동거지의 절도를 當時語默節

사람들은 권도라 일컬었으나 공은 경도를 지킨 것이로다[449] 人稱權公經

두려워하고 두려워하며 범의 꼬리를 밟으니[450] 愬愬虎尾蹈

에서 유래한 것이다.《小學 稽古》 이언적의 부친은 이언적이 어릴 때 세상을 떠났으므로 여기에서는 이언적이 58세 때 세상을 떠난 모친을 가리킨 것이다. 독락당은 안채가 서쪽에 위치해 있다.

447 기쁘고……여가에 : 모친을 모시는 모습이다. 당(唐)나라 한유(韓愈)의 〈원화성덕시(元和聖德詩)〉에 "기쁘고 즐거운 기색으로 태황후를 받들었다.〔怡怡愉愉, 奉太皇后.〕"라고 하였고, 《예기》 〈내칙(內則)〉에 "자식이 부모를 섬길 때에는 첫닭이 울면 모두 일어나 세수하고 양치질하며, 머리를 빗고 머리털을 싸맨다.〔子事父母, 雞初鳴, 咸盥漱櫛縰.〕"라고 하였다.

448 크게……하였도다 : 수양을 통해 덕을 밝혔다는 말이다. 《서경》 〈상서(商書) 태갑 상(太甲上)〉에 "탕왕(湯王)은 날이 아직 밝지도 않은 새벽녘에 크게 덕을 밝히며 앉아서 아침이 되기를 기다렸다.〔先王昧爽丕顯, 坐以待旦.〕"라고 하였다.

449 사람들은……것이로다 : 을사사화 당시의 처신을 가리킨 것인 듯하다. 을사사화 당시 이언적은 직접적인 화를 당하지 않고 추관(推官)으로 신문을 하는 처지에 있었는데, 사람들은 이언적이 선비들을 구하기 위해 권도로 그 자리에 있었던 것이라 칭하지만 이언적 입장에서는 자기 처지에서 올바른 도를 지켰을 뿐이라는 뜻인 듯하다. 이언적이 을사사화 당시 곧은 말을 하면서 사화의 치성한 화변을 조금 누그러뜨린 정황은 이항복(李恒福)이 지은 묘지명에 자세하다.《晦齋集 附錄 晦齋李先生墓誌》

450 두려워하고……밟으니 : 을사사화의 위태로운 상황 속에서 조심스럽게 대처했다

시절의 정황이 아 놀랄 만하였어라	火色吁可驚
선생께서 어찌 죽음을 두려워했으랴	先生豈畏死
힘쓰고 힘써 어려울 때 정도를 지킨 것이로다[451]	黽勉在艱貞
퇴도의 칭송 풍성하고	津津退陶褒
석담의 평가 준엄해라[452]	嵂嵂石潭評
소자는 두 기준이 헛갈리니[453]	小子疑二柄
절충하여 장차 어떻게 헤아려야 할까	折中將焉程
자취를 살펴봄에 그저 감회만 더하니	撫迹但增感
담장에 기대 오래도록 방황하노라	倚墻久屛營

는 말이다. 《주역》 〈이괘(履卦) 구사(九四)〉에 "범의 꼬리를 밟으나 두려워하고 두려워하면 끝내 길하리라.〔履虎尾, 愬愬, 終吉.〕"라고 하였다.

451 어려울……것이로다 : 군자가 소인에게 해침을 당하는 어려운 때에 정도를 굳게 지켰다는 말이다. 《주역》 〈명이괘(明夷卦) 단사(彖辭)〉에 "어려울 때 정함이 이롭다.〔利艱貞〕"라고 하였는데, 〈상전(象傳)〉에서 풀이하기를 "밝음이 땅속으로 들어가는 것이 명이이다. 어려울 때 정함이 이롭다 함은 그 밝음을 감추기 때문이다. 나라 안이 어려움에 능히 그 뜻을 바르게 하였으니 기자가 이러하였다.〔明入地中, 明夷. 利艱貞, 晦其明也, 內難而能正其志, 箕子以之.〕"라고 하였다.

452 퇴도의……준엄해라 : 퇴도는 이황(李滉)이고, 석담은 이이(李珥)이다. 이언적에 대한 평가는 두 사람이 차이가 있는데, 이황은 이언적의 행장을 짓기도 하였고 시종일관 이언적을 흠잡지 않고 동방의 현인으로 높이 평가하였으나, 이이는 을사사화 때의 행적을 문제 삼아 그의 문묘 배향을 반대하기도 하였다. 《晦齋集 附錄 晦齋李先生行狀》 《栗谷全書 卷29 經筵日記2》

453 소자는……헛갈리니 : '의(疑)'는 두 기준 중 어느 것이 옳은지 결정하기 어렵다는 뜻이지, 두 기준이 모두 미진하여 의심스럽다는 뜻으로 보아서는 안 된다. 이는 두보(杜甫)의 〈조발(早發)〉에 "미천한 나는 어떤 것을 따라야 하나. 이 두 기준을 갈팡질팡하노라.〔賤子欲適從, 疑誤此二柄.〕"라고 한 표현을 원용한 것이다.

제2수 其二

선생이 처음 이곳 경영하여	先生始營此
늙도록 세상 멀리하려 했네[454]	老矣與世疎
장수[455]하며 대와 못에 나아가고	藏修卽臺沼
즐거운 뜻은 새와 물고기에 통했어라	樂意通禽魚
구기자와 국화[456]로 배 부르는 것 사모하고	願言飽杞菊
끝마치지 못한 서책 더욱 궁구하였네	益理未了書
오호라 일평생의 계책이었거늘	嗚呼百年計
다섯 해가 그저 잠깐 사이에 지나갔구나[457]	五載只須臾
성상이 글을 내려 한번 부르자	天書一以徵
근심을 안고 높은 수레에 올랐도다	載憂惟高車
세상의 화란은 멋대로 침노하고	世禍有橫侵
현인이 나아가는 길 게다가 사나웠네	賢路況崎嶇

454 선생이……멀어졌네 : 이언적은 김안로(金安老)를 거슬러 탄핵을 당해 파직되고 귀향하여 42세 때인 1532년(중종27)에 독락당을 지어 머물렀다.

455 장수 : 학업에 매진한다는 말이다. 《예기》 〈학기(學記)〉에 "군자는 배움에 있어 장하고, 수하고, 식하고, 유한다.〔君子之於學也, 藏焉, 修焉, 息焉, 遊焉.〕"라고 하였는데, 공영달(孔穎達)의 소(疏)에 "장은 마음속에 항상 학업을 품는 것이고, 수는 닦고 익히기를 그만두지 않는 것이다."라고 풀이하였다.

456 구기자와 국화 : 은자의 청빈한 음식이다. 당(唐)나라 시인 육귀몽(陸龜蒙)이 일찍이 집의 앞뒤에 구기자와 국화를 심어놓고 봄과 여름으로 그 지엽(枝葉)을 채취해 먹으면서 〈기국부(杞菊賦)〉를 지었으며, 소식(蘇軾) 또한 육귀몽의 〈기국부〉를 모방하여 〈후기국부(後杞菊賦)〉를 지었다. 《新唐書 卷196 陸龜蒙列傳》《東坡全集 卷33》

457 다섯……지나갔구나 : 독락당에서 머문 지 5년이 되는 1537년(중종32)에 김안로가 사사(賜死)되고 다시 등용되어 조정에 나아갔다.

학이 산으로 돌아왔다는 말 듣지도 못했는데	未聞鶴還山
끝내 봉이 새장에 갇힘을 상심하도다[458]	終傷鳳在笯
하늘 드높은 변경의 원악지로 떠나니	天高關塞惡
이 암거가 쓸쓸하게 되었구나	寥廓此巖居
도는 굽혀져도 끝내 펴지는 법	道屈有終伸
총애가 서원과 집에 빛나도다[459]	寵賁煥院閭
뭇사람 달려와 옥산을 우러르니	群趨仰玉山
나 또한 분주히 와서 머뭇거리네	紛吾亦踟躕
정성스러운 마음의 향 자못 스스로 아끼다	心香頗自悋
이곳에서 거유를 위해 올리도다	是薦爲巨儒
여기에 머묾은 끝내 잠깐이지만	低徊終覺促
보고 느낀 바는 또한 넉넉하여라	觀感亦有餘
고요한 낮에 담장 그늘 걸으니	晝閴步墻陰
함께하는 관동은 있지 않다네[460]	未有冠童俱
심대[461]에서 용추를 굽어보니	心臺俯龍湫

458 학이……상심하도다 : 을사사화 이후 이언적이 옥산으로 돌아간 지 얼마 되지도 않아 양재역 벽서 사건에 연루되어 평안도 강계(江界)로 유배 간 것을 말한다.

459 총애가……빛나도다 : 이언적이 사후에 신원되어 복작(復爵) 및 추증(追贈)이 이루어지고 서원에 사액이 내려진 사실을 말한 것이다.

460 함께하는……않다네 : 관동은 관례를 치른 어른과 아직 치르지 않은 어린아이를 가리킨다. 곧 봄을 맞아 옥산을 함께 거닐 사람이 없이 홀로 왔다는 말이다. 공자의 제자 증점(曾點)이 "늦봄에 봄옷이 완성되면 관을 쓴 어른 대여섯과 동자 예닐곱과 함께 기수에서 목욕하고 무우에서 바람 쐬고 노래하면서 돌아오겠습니다.〔莫春者, 春服既成, 冠者五六人, 童子六七人, 浴乎沂, 風乎舞雩, 詠而歸.〕"라고 한 말에 근거를 둔 표현이다. 《論語 先進》

눈처럼 뿜어지는 물결이 옷에 튀어오른다	噴雪濺衣裾
〈매화락〉[462]을 호방하게 노래하노니	浩歌梅花落
봄날 아지랑이가 푸른 허공에 불어나누나	春靄漲碧虛
한 잔 술에 또한 묘리 있나니	一觴亦妙理
은근히 서원의 노복에게 사례하노라	慇懃謝院奴

461 심대 : 옥산서원 앞 냇물에 세심대(洗心臺)와 징심대(澄心臺)가 있다.

462 매화락 : 고악부(古樂府) 적곡(笛曲)의 곡명이다.

밀양 영남루[463]

密陽嶺南樓

제1수

일천 겹 바다와 산 드나들던 몸 溟嶽千重出入身

영남루 위 헌함에 기댄 사람이로다 嶺南樓上倚軒人

안개에 싸인 대 둘러싼 붉은 살구 광경 속에 관을 비딱이 쓰고 冠欹霧竹圍紅杏

바람 부는 강에 출렁이는 푸른 마름 보며 휘파람 부노라 嘯動風江漾綠蘋

천 리를 마음껏 유람 다니다 그대로 나그네 몸인 것도 잊고 千里浪遊仍忘客

사계절 많은 풍광 중에 우연히 봄을 만났구나 四時多景偶逢春

밤 되어 달빛 따라 누각으로 잠자리 옮겨 夜來逐月移衾枕

허공의 밝은 달빛 본받음에 비로소 참된 경지 얻도다 摸寫空明始得眞

제2수 其二

이름난 누각이 높고 둥근 언덕에 자리 잡으니 名樓位置占高圓

463 밀양 영남루 : 경상남도 밀양시(密陽市) 내일동(內一洞)에 있는 누각으로 안동의 영호루(映湖樓), 진주의 촉석루(矗石樓)와 함께 영남 3대루(大樓)로 일컬어졌다. 신라 시대에 창건된 영남사(嶺南寺)가 있던 자리에 세운 조선 시대 밀양군 객사(客舍) 밀양관(密陽館)의 부속 건물로, 밀양 강가 절벽 위에 있다.

앉아서 신라 시절 절을 창건하던 때를 떠올리노라 坐憶新羅創寺年
종소리 범패 소리는 호각 부는 땅에서 자취 감췄거니와
鐘唄響空吹角地
살구향 매화향은 꽃비 내리는 봄 하늘에 다시 펼쳐진다
杏梅香返雨花天
추운 봄 밤숲에는 황새 날아와 몸을 쉬고 春寒栗藪投飛鸛
정오의 대숲 그늘에는 어선이 머물러 있구나 日午篁陰閣釣船
마주한 언덕에 필재[464]의 사당과 묘 있으니 對岸畢齋祠墓是
부드러운 붓 멈추고 아스라이 바라보네 却停柔翰望悠然

464 필재(畢齋) : 점필재(佔畢齋) 김종직(金宗直, 1431~1492)으로, 본관은 선산(善山), 자는 계온(季溫), 시호는 문충(文忠)이다. 정몽주(鄭夢周), 길재(吉再)로 이어져 내려온 사림파 성리학의 도통(道統)을 계승하는 기틀을 닦았다. 문장과 경술(經術)에 뛰어나 이른바 영남학파의 종조(宗祖)로 일컬어지며 조선 초 성리학을 이룬 대학자로 평가받는다. 김종직의 생가와 사당과 묘가 영남루와 멀지 않은 밀양시 부북면에 있다.

홍의장군가[465] 장군은 바로 곽공 재우이다

紅衣將軍歌 將軍卽郭公再祐

임진년에 왜적 토벌한 의사 많거니와 壬辰討倭義士多

홍의장군을 누가 넘어설 수 있으랴 紅衣將軍孰能過

장군이 처음 의령에서 기병하여 將軍初自宜寧起

겁먹고 적 피하는 이 주벌하고 천과[466] 떨치길 청했네

請誅逗撓奮天戈

진에 올라 백마 타고 거침없이 달리니 登陣白馬以橫行

홍의 한번 바라보고 왜적들 놀랐다 一望紅衣衆倭驚

머뭇거리며 감히 장군에게 덤비지 못하더니 逡巡不敢與交鋒

교전하자 바람과 불 일어났어라[467] 及至相薄風火生

포탄이 비처럼 떨어지는 속으로 눈 같은 백마 뛰어오르고

465 홍의장군가 : 곽재우(郭再祐, 1552～1617)는 본관은 현풍(玄風), 자는 계수(季綏), 호는 망우당(忘憂堂), 시호는 충익(忠翼)이며 조식(曺植)의 문인이다. 임란왜란이 일어나자 의령(宜寧)에서 의병을 일으켜 홍의장군이라 불렸다. 찰리사, 절도사를 지내고 한성 좌윤을 거쳐 함경 감사에 이르렀다. 저서로 《망우당집》이 있다.

466 천과(天戈) : 천자의 창, 즉 제왕의 군대를 가리킨다. 한유(韓愈)의 글에 "천자의 창을 휘두르니 모두 순종하네.〔天戈所麾, 莫不寧順.〕"라고 하였다. 《韓昌黎集 卷39 潮州刺史謝上表》

467 바람과 불 일어났어라 : 두보(杜甫)가 맹장(猛將) 화경정(花敬定)을 읊은 〈장난삼아 지은 화경의 노래〔戲作花卿歌〕〉에 "힘을 쓰면 빠른 송골매 같고 바람과 불이 일어나는 듯하였고, 적이 많은 것을 보면 몸이 비로소 가벼워졌네.〔用如快鶻風火生, 見賊惟多身始輕.〕"라고 하였다. 《杜少陵詩集 卷10》

砲丸雨落雪鬣騰

철갑 입은 왜적들 썰물처럼 빠지니 노을빛 도포 가벼웠네

鐵甲潮退霞袍輕

장군이 적진으로 밀고 들어갈 때 신들린 것 같았고 將軍跳宕蓋有神

적을 헤아려 기이한 계책 냄이 또 절륜하였어라 料敵設奇又殊倫

공을 이룸은 쉬워도 공에 처함이 어려우니 成功則易處功難

칼을 닦아서 간직함[468]은 공이 바로 그런 사람이었네

善刀而藏公其人

영웅들 예로부터 사리에 통달한 이 적었거늘 英雄自古少圓通

전에는 장량 있고 뒤에는 공이 있도다[469] 前有張良後有公

한신(韓信)과 팽월(彭越)은 젓갈 담가지고 도제는 무너지니[470]

468 칼을 닦아서 간직함 : 《장자(莊子)》 〈양생주(養生主)〉에, 칼을 신묘하게 놀려 소를 잡는 포정(庖丁)이 정육이 끝난 다음 자신의 칼날을 거두어 넣음을 표현한 말이다. '선(善)'은 '식(拭)'의 뜻이다. 곧 곽재우가 공을 이루고서 그 공을 스스로 드러내어 자랑하지 않고 겸허하게 대처했다는 말이다.

469 전에는……있도다 : 장량과 곽재우가 영웅 가운데에서도 사리에 통달한 이라는 말이다. 장량은 한 고조(漢高祖) 유방(劉邦)을 도와 한나라를 건국하는 데 큰 공을 세운 책사(策士)이다. 유방의 공신들이 대부분 한나라가 건국된 뒤 숙청을 당하여 뒤가 좋지 못했으나, 장량은 스스로 정치에서 물러나 "인간 세상의 일을 버리고 신선인 적송자(赤松子)를 따라 노닐고 싶다."라고 하고는 벽곡(辟穀)과 도인(導引)의 술법을 행하였다. 공성신퇴(功成身退)의 대표 격으로 불린다. 《史記 卷55 留侯世家》 곽재우 역시 공을 이룬 뒤 비슬산(琵瑟山)에 들어가 솔잎을 먹고 벽곡하면서 도인처럼 생활하였으며 창녕에 망우정(忘憂亭)을 짓고 은자처럼 지냈다. 《忘憂集 忘憂先生傳》

470 한신(韓信)과……무너지니 : 한신과 팽월은 모두 한 고조 유방의 용맹한 장수들로 한나라가 건국된 뒤 공신들의 힘을 꺾으려는 유방의 계획에 따라 모두 죽임을 당하였다. 젓갈을 담는다는 것은 사람을 죽여 그 시신으로 육장(肉醬)을 담그는 형벌이다.

韓彭葅醢道濟壞

새 다 잡은 뒤에 어찌 활을 넣어두지 않은 적 있던가[471]

鳥盡何嘗不藏弓

의령에다 누추한 집을 작게 지어놓고서　宜寧小築室如斗

바람과 구름을 거두어 불러 가슴속에 도로 넣었어라

收召風雲返胸中

녹침과 금쇄는 이끼 속에 던져두고[472]　綠沈金鎖委莓苔

남은 물과 쇠잔한 산[473]으로 정자와 대를 둘렀네　剩水殘山繞亭臺

《史記 卷92 淮陰侯列傳, 卷90 彭越列傳》 도제는 남조(南朝) 송(宋)나라의 명장인 단도제(檀道濟)이다. 무제(武帝)와 문제(文帝) 때 태위(太尉)가 되어 누차 큰 공을 세웠으나 그의 힘이 점점 커지자 조정에서 의심하고 두려워하여 잡아다 죽였다. 이때 단도제가 "이제는 또 너희들이 너희들의 만리장성을 무너뜨리려 하는구나.〔乃復壞汝萬里之長城〕"라고 말하였다. 《宋書 卷43 檀道濟列傳》

471 새……있던가 : 쓰임새가 다하면 버려진다는 말이다. 한신이 초왕(楚王)의 신분으로 한 고조에게 사로잡혀 끌려올 적에 "과연 사람들의 말과 같도다. 꾀 많은 토끼가 죽으면 날쌘 사냥개가 삶겨 죽고, 높이 나는 새가 다 잡히면 좋은 활이 벽장 속에 감춰지고, 적국이 격파되면 모신이 죽는다고 하였는데, 지금 천하가 이미 평정되었으니 내가 삶겨 죽는 것도 원래 당연한 일이다.〔果若人言, 狡兎死, 良狗亨, 高鳥盡, 良弓藏, 敵國破, 謀臣亡, 天下已定, 我固當亨.〕"라고 탄식하였다. 《史記 卷92 淮陰侯列傳》

472 녹침과……던져두고 : 전쟁이 끝나 병장기는 버려두었다는 말이다. 녹침은 짙은 푸른색 자루가 달린 창인 녹침창(綠沈槍)이고, 금쇄는 금사(金絲)로 엮은 화려한 갑옷인 금쇄갑(金鎖甲)이다. 두보(杜甫)가 전쟁을 끝내고 산림에서 쉬고 있는 하장군(何將軍)을 읊은 〈다시 하씨에게 들러〔重過何氏〕〉에 "빗속에 금쇄갑이 버려져 있고, 이끼 위에 녹침창이 누워 있구나.〔雨抛金鎖甲, 苔臥綠沈槍.〕"라고 한 데서 온 말이다. 《杜少陵詩集 卷3》

473 남은……산 : 남은 물이란 큰 강줄기에서 물을 끌어와 인공으로 만든 못을 가리키고, 쇠잔한 산은 인공으로 만든 가산(假山)을 가리킨다. 두보의 〈정광문을 모시고 하장

주머니의 반은 송홧가루이고 낚싯배 하나 두었으니　半囊松花一釣船
어쩌면 그리도 쓸쓸하게 생계를 꾸렸나　贊畫活計何蕭然
장대를 잡은 것은 태공의 낚시가 아니요　持竿不是太公釣
솔잎 먹은 것이 어찌 적송 신선 사모한 것이랴[474]　食松寧慕赤松仙
당시 사람들은 장군의 깊은 마음 헤아리지 못하니　當時人未測淵深
후대에 왕왕 그 마음을 아는 이 있도다　後來往往見其心
홍의장군가를 지을 만하니　紅衣將軍可作歌
유허에 말 세우고 한번 길게 읊조리노라　立馬遺墟一長吟

군의 산림에서 노닐며 지은 10수〔陪鄭廣文遊何將軍山林十首〕〉에 "남은 물은 창수를 터서 가져온 것이요, 쇠잔한 산은 갈석산처럼 펼쳐지네.〔剩水滄江破, 殘山碣石開.〕"라고 한 데서 온 말이다. 이 표현은 이후로 보통 황폐한 강산을 비유할 때 쓰였다.

474 장대를……것이랴 : 곽재우의 은거가 때를 기다리며 위수(渭水)에서 낚시하던 강태공(姜太公) 여상(呂尙)이나 옛날의 신선인 적송자(赤松子)를 따라 하려고 한 것이 아니라는 말이다. 이는 배대유(裵大維)가 지은 곽재우의 전(傳)에 "취산의 창암에 나아가 은거할 곳으로 삼고 '망우'라고 정자를 편액하였다. 책상과 약절구와 거문고 하나와 배 한 척을 두고서 속세의 화식(火食)은 영원히 끊고 이끼 낀 낚시터를 깨끗이 치우고서 기심을 잊고 고기를 낚으며 만사를 소활하게 하였다. 그러나 시정에 있어서는 소회가 있으면 반드시 아뢰었고, 변경에 우환이 있다는 소식을 들으면 그때마다 근심하면서 '만약 위급한 경보가 들리면 내 마땅히 국난에 달려갈 것이다.'라고 하였으니, 이는 세상을 근심하는 생각이 진실로 잠시도 느슨한 적이 없었던 것으로서 정자의 편액은 잊지 않겠다는 뜻을 표시했던 것이다.〔就鷲山滄岩, 爲棲息地, 扁以忘憂. 有筆床藥臼一琴一船, 永謝烟火, 淨掃苔磯, 忘機魚釣, 萬事蘧篨. 然於時政, 有懷必達, 至聞邊鄙可虞, 輒愀然曰 : "設有警急, 吾當赴難." 此其憂世之念, 固未嘗少弛, 而亭之有扁, 志不忘也.〕"라고 한 뜻을 말한 것이다. 《忘憂集 忘憂先生傳》

진주 촉석루[475]

晉州矗石樓

제1수

봄날 근심 어린 구름이 진양에 가득하니　　春日愁雲滿晉陽

누각에 올라 검에 기댐에 검 빛이 뻗어간다　　登樓倚劍劍光長

급한 여울은 세찬 황간[476]처럼 빠르고　　高灘迅若黃間激

굳게 선 절벽은 펼쳐진 적치[477]처럼 둘러 있네　　悍壁環如赤幟張

형세가 반드시 다툼이 벌어질 곳이니 지세의 험고함이 한탄스럽고[478]　　勢有必爭嗟地險

사람은 목숨을 버릴 수 있거니와 하늘이 망하게 한 것이 안타까워라　　人能捨命惜天亡

475 진주 촉석루 : 경상남도 진주시 본성동(本城洞)에 있는 누각. 1365년(공민왕14)에 창건하였으며, 임진왜란 때 진주성 주장(主將)의 지휘소로 사용하였으므로 남장대(南將臺)라고도 하였다. 임진왜란 때 논개가 적장을 끌어안고 강으로 떨어져 순국한 곳으로도 유명하다. 현재의 건물은 6·25전쟁 때 화재로 소실된 것을 1960년에 재건한 것이다.

476 황간(黃間) : 황견(黃肩)이라고도 하는 매우 강한 쇠뇌의 이름이다.

477 적치(赤幟) : 전장의 붉은 깃발로, 신출귀몰하는 재주를 가리키기도 한다. 한(漢)나라의 장수 한신(韓信)이 조(趙)나라를 치면서 조나라의 군사를 유인하여 성벽을 비우고 나와 싸우게 한 뒤에 재빠른 기병(騎兵)을 가려 성벽으로 달려 들어가 조나라의 깃발을 뽑고 한나라의 붉은 깃발을 세워 전쟁을 승리로 이끌었던 데서 유래하였다. 《史記 卷92 淮陰侯列傳》

478 형세가……한탄스럽고 : 진주성은 요충지이므로 반드시 적군과 아군 사이에 전쟁이 벌어질 수밖에 없는 장소라는 말이다.

다함없는 강줄기에 어룡이 살아 뛰노니　　江流不盡魚龍活
깊은 물에 눈길 쏟으며 〈국상〉을 노래하노라[479]　　註目深潭詠國殤

제2수 其二

구름사다리와 일백 길[480]에 살육이 성에 가득하니　雲梯百道殺盈城
죽은 영웅호걸 거두어 모음에 성과 높이가 나란해졌네
斂盡英豪與共平
옥 같은 모습으로 둘러섰던 것은 의를 밝힌 지휘관[481]들이요
玉貌在圍彰義使
백포를 입고 종사했던 것은 복수를 다짐한 병사들[482]이로다
白袍從事復讐兵
황옥을 향해 절하고 하직하자 용만이 놀라고[483]　　拜辭黃屋龍灣震

479　깊은……노래하노라 : 촉석루 앞의 강물을 바라보며 왜군과 싸우다 죽어간 영령들을 생각한다는 말이다. 〈국상〉은 《초사(楚辭)》의 편명으로 젊은 나이에 천수를 다하지 못하고 나라를 위해 싸우다 죽어간 호국영령을 기리는 노래이다.

480　일백 길 : 성을 공략하기 위해 성 밑을 파서 길을 내는 것을 말한다. 《진서(晉書)》 권86 〈장중화열전(張重華列傳)〉에 "구름사다리와 투석기로 공성하고 땅굴을 백 갈래로 뚫어 모두 성안으로 통하게 하였다.〔雲梯雹車, 地突百道, 皆通於內.〕"라고 하였다. 실제로 진주성은 2차 진주성 전투에서 왜군이 성밑으로 땅굴을 뚫어 성벽이 무너지면서 전세가 급격하게 기울었다.

481　의를 밝힌 지휘관 : 임진왜란 당시 진주성 전투에서 지휘를 맡아 전투하다가 순절했던 창의사(倡義使) 김천일(金千鎰), 경상우도 병사(慶尙右道兵使) 최경회(崔慶會), 충청도 병사(忠淸道兵使) 황진(黃進), 김해 부사(金海府使) 이종인(李宗仁) 등을 가리킨다.

482　복수를 다짐한 병사들 : 주로 관군보다도 의병을 가리킬 때 많이 쓰는 말이다. 임진왜란 당시 조직된 많은 의병들이 복수군(復讐軍)이라는 이름을 썼다.

청의를 겨드랑이에 끼니 수부가 놀랐어라[484]	腋挾靑衣水府驚
대사에 황공이 먼저 떠나니	大事黃公先去矣
하늘에 울리는 총소리 너무도 무정하였도다[485]	自天雷礮太無情

제3수 其三

여울 소리와 들판 빛깔에 칠애[486]가 생기니	灘聲野色七哀生

483 황옥을……놀라고 : 황옥은 제왕이 타는 수레의 황색 비단으로 된 덮개로 곧 임금을 가리킨다. 용만은 의주의 별칭이다. 황옥에 하직했다는 것은 곧 진주성이 함락되어 장수와 병사들이 의주에 피난 가 있는 선조(宣祖)를 향해 하직하고 죽음을 맞았다는 말이고, 용만이 놀랐다는 것은 진주성 함락 소식을 듣고 의주에 있는 선조와 조정이 모두 놀랐다는 말이다. 다만 촉석루라는 공간에 한정해서 본다면, 이는 김천일에 관한 구절이라 볼 수 있다. 김천일은 진주성이 함락되자 마지막까지 분전하다가 촉석루에서 북면재배(北面再拜)하고는 아들 상건(象乾)을 안고 남강에 투신하여 죽었으며 이 소식을 들은 선조가 놀라고 슬퍼하였다. 《硏經齋全集 卷59 晉陽殉難諸臣傳》

484 청의를……놀랐어라 : 청의는 왜적을 가리킨다. 75쪽 주144 참조. 수부는 물가에 있는 고을이라는 뜻으로 여기에서는 진주부(晉州府)를 가리킨 말이다. 이는 진주성을 지키던 김해 부사 이종인의 마지막을 말한 것이다. 이종인은 진주성이 함락되자 마지막까지 힘써 적을 베다가 남강(南江) 가에서 좌우에 왜적 하나씩을 끼고 "김해 부사 이종인이 여기서 죽는다."라고 크게 소리치고는 강물로 뛰어들어 죽었다. 《硏經齋全集 卷59 晉陽殉難諸臣傳》

485 대사에……무정하였도다 : 2차 진주성 전투의 전세가 급격하게 기우는 계기가 된 충청 병사 황진의 죽음을 말한다. 황진은 당시 진주성 안에서 경험 많고 용맹한 장수로 인정되어 사람들이 많이 의지하였는데, 왜적이 진주성의 성벽을 허물고 밀려들어올 때 분전하여 적을 물리치고서 기뻐하며 "오늘의 전투에 왜적의 쌓인 시체가 참호에 가득하니 진실로 대첩이다."라고 하였다. 그 순간 시체 더미에 엎드려 숨어 있던 왜적이 총을 쏘아 황진이 총을 맞고 죽었다. 당시 전투를 지휘하던 명망 있는 장수 중 가장 먼저 죽은 것이다. 《硏經齋全集 卷59 晉陽殉難諸臣傳》

486 칠애(七哀) : 일곱 가지 슬픔이라는 뜻으로, 위진(魏晉) 시대 악부(樂府)의 제목

거북 머리[487]에 눈물 뿌리며 저녁 성에 기대네 涙洒龜頭倚晩城
강가의 초루는 그대로 옛 성벽에 있고 面水樓譙仍舊壁
구름 속의 대장 깃발은 또한 새 병영이로다 挿雲旌纛亦新營
맑은 술이 어찌 누각에 올라 뿌리기에 모자라랴 清樽豈乏登樓用
웅검은 오직 옛일을 조문하며 울릴 만하도다 雄劍惟堪弔古鳴
일 많은 유람객은 한가로이 붓을 놀리니 多事遊人閑弄筆
누각의 풍류가 영남루와 이름을 다투누나[488] 風流鬪却嶺南名

으로 많이 쓰였다. 삼국 시대 위(魏)나라 조식(曺植)의 〈칠애시(七哀詩)〉가 유명한데, 이 시의 주에서 당(唐)나라 여향(呂向)은 "칠애는 아파서 슬프고, 의리상 슬프고, 느껴워 슬프고, 원망스러워 슬프고, 눈으로 보고 귀로 들어서 슬프고, 입으로 탄식하며 슬프고, 코가 시어서 슬픈 것이다.〔七哀謂痛而哀, 義而哀, 感而哀, 怨而哀, 耳目聞見而哀, 口歎而哀, 鼻酸而哀也.〕"라고 하였다. 《六臣註文選 卷23》

487 거북 머리 : 진주성 전투를 기록한 빗돌의 받침인 귀부(龜趺)를 말한 것이다.

488 누각의……다투누나 : 본집 습유 권28 〈영남일기(嶺南日記)〉에 "촉석루에 올라 보니 승경이 영남루에 못지않았다.〔登矗石樓, 勝槩與嶺南相埒.〕"라는 기록이 보인다.

하동 정일두 서원[489]

河東鄭一蠹書院

하늘과 땅은 이미 정기 쌓고[490] 天地旣儲精

별과 산악은 혹 신령한 기운 내려보내네[491] 星嶽或降神

빼어난 정기 얻는 데다 신령한 자질까지 품부받는 일 得秀且稟靈

489 하동 정일두 서원 : 경남 하동군 양보면에 있던 영계서원(永溪書院)을 말한다. 영계서원은 1579년(선조12)에 지방 유림에서 뜻을 모아 창건한 서원으로 정여창(鄭汝昌)을 봉안하고 1699년(숙종25)에 김성일(金誠一)을 추가 배향하였으며 흥선대원군의 서원철폐령 때 철거되었다. 정여창(1450~1504)은 본관은 하동(河東), 자는 백욱(伯勗), 호는 일두(一蠹), 시호는 문헌(文獻)이며 점필재(佔畢齋) 김종직(金宗直)의 문인이다. 1490년(성종21) 문과에 급제하였고 예문관 검열, 세자시강원 설서, 안음 현감(安陰縣監) 등을 역임했다. 1498년(연산군4) 무오사화에 연루되어 종성으로 유배 가서 죽었다. 그의 사후인 1504년에 갑자사화가 일어나자 부관참시(剖棺斬屍)되었다. 후에 문묘(文廟)에 배향되었다. 저서에 《일두집》이 있다. 본집 습유 권28 〈영남일기(嶺南日記)〉에 의거하면 삼연이 영계서원에 참배한 것은 3월 13일이다.

490 하늘과……쌓고 : 《근사록(近思錄)》 권2 〈위학류(爲學類)〉에 "천지가 정기를 쌓아 만물을 내는데, 이때 오행의 빼어난 기운을 얻은 것이 바로 사람이 된다.〔天地儲精, 得五行之秀者爲人.〕"라고 하였다.

491 별과……내려보내네 : 소식(蘇軾)의 〈조주한문공묘비(潮州韓文公廟碑)〉에 "신백과 여후는 산악에서 내려왔고, 부열은 죽은 뒤에 별이 되었다.〔申呂自嶽降, 傅說爲列星.〕"라고 하였는데, 부열은 은 고종(殷高宗)의 현상(賢相)으로 일찍이 은(殷)나라를 중흥시키고 죽어서 별이 되었다는 데서 온 말이고, 신백(申伯)과 여후(呂侯)는 산신령이 내려와서 탄생했다는 주 선왕(周宣王) 때의 두 현상으로, 《시경》 〈대아(大雅) 숭고(崧高)〉에 "산악에서 신령한 기운을 내려, 보후와 신백을 내셨도다.〔維嶽降神, 生甫及申.〕"라고 하였다. 이는 모두 별과 산악에 신령한 기운이 있음을 말한 것이다.

여기에 합당한 사람 우연히 겨우 얻었도다	邂逅僅有人
국초에 인재 배양 성대하여	國初盛培養
유림에 뛰어난 인물 참으로 많았네	儒林蔚彬彬
《소학》에 정맥 있는지라[492]	小學有正脈
선생이 참된 도를 전해 받았도다	先生授受眞
옷은 필재에서 치켜들고[493]	衣從畢齋摳
덕은 한훤과 이웃했네[494]	德與寒暄隣
학문을 갈고닦아 넉넉하였건만	磨礱學則優
어찌하여 어지러운 세상에 태어났던고	際世何不辰
글을 머금은 것이 비록 오색 봉황이었으나[495]	含書雖彩鳳

492 소학에 정맥 있는지라 : 정여창의 스승인 김종직(金宗直)은 평소 《소학》을 중시하여 제자들에게 《소학》에 근간을 둘 것을 권하였고 그의 밑에서 소학동자(小學童子)라고 불리는 김굉필(金宏弼)이 나오기도 했다.

493 옷은 필재에서 치켜들고 : 점필재 김종직의 문하에 들어갔다는 말이다. 옷을 치켜든다는 것은 어른 앞에서 공손히 하는 모습이다. 《예기》 〈곡례 상(曲禮上)〉에 "어른이 계신 방 안으로 들어갈 때에는 옷자락을 공손히 치켜들고 실내 구석을 따라 종종걸음으로 얼른 가서 자리에 앉은 다음에 응대를 반드시 조심성 있게 해야 한다.〔摳衣趨隅, 必愼唯諾.〕"라고 하였다.

494 덕은 한훤과 이웃했네 : 같은 김종직의 문하인 한훤당(寒暄堂) 김굉필(金宏弼, 1454~1504)과 함께 공부하며 똑같이 훌륭한 덕을 이루었다는 말이다. 김굉필은 본관은 서흥(瑞興), 자는 대유(大猷), 호는 사옹(蓑翁) 또는 한훤당, 시호는 문경(文敬)이다. 김종직의 문하에서 스승의 권유로 《소학》에 집중하여 스스로 '소학동자'라 일컬었다. 갑자사화 때 무오당인(戊午黨人)이라는 죄목으로 극형에 처해졌다. 사후에 신원되고 정여창과 함께 문묘에 제향되었다. 저서에 《경현록(景賢錄)》, 《한훤당집》, 《가범(家範)》 등이 있다.

495 글을……봉황이었으나 : 덕행이 알려져 임금의 부름을 받았다는 말이다. 주(周)

소매로 가림이 아 궁박한 기린 신세였어라[496] 掩袂嗟窮麟
오호라 화란이 하늘까지 치솟는 판국이니 嗚呼滔天禍
두어라 몸으로 도를 따르도다[497] 已矣殉道身
교동의 임금[498] 나무랄 것 무어랴 何誅喬桐主
하늘이 어질지 않음이 유감스럽구나 有憾天不仁
남금을 북쪽 변방에 묻으나[499] 南金埋北塞

나라 문왕(文王) 때 봉황이 하늘의 단서(丹書)를 입에 물고 문왕의 도읍지에 날아와서 노닐었으므로 무왕(武王)이 그 봉서(鳳書)를 받았다는 봉황함서(鳳凰銜書)의 고사가 있는데, 제왕이 천명을 받거나 사자(使者)가 임금의 교지(敎旨)를 전달한다는 뜻으로 쓰인다. 《藝文類聚 卷99 祥瑞 鳳凰》 정여창은 본래 벼슬할 뜻이 없었으나 그의 효행(孝行)이 알려져 성종이 교지를 내려 등용하였다.

496 소매로……신세였어라 : 정여창이 훌륭한 덕을 가지고도 연산군의 혼조(昏朝)를 당하여 때를 만나지 못함을 탄식한 것이다. 《춘추좌씨전(春秋左氏傳)》 애공(哀公) 14년에 "봄에 서쪽으로 사냥 가서 기린을 잡았다.〔西守獲麟〕"라고 하였는데, 《춘추공양전(春秋公羊傳)》에서 풀이하기를 "기린은 어진 짐승이니, 훌륭한 왕자가 있으면 나오고 왕자가 없으면 나오지 않는다. 어떤 사람이 '노루 모양에 뿔이 난 이상한 짐승을 잡았다.'고 아뢰자, 공자는 '지금 세상에 훌륭한 군주가 없는데, 이 기린이 어찌하여 나왔단 말인가. 이 기린이 어찌하여 나왔단 말인가.' 하시고 옷소매를 뒤집어 얼굴의 눈물을 닦으셨는데, 눈물이 옷에 가득하였다.〔麟者, 仁獸也, 有王者則至, 無王者則不至. 有以告者曰 : 有麕而角者. 孔子曰 : 孰爲來哉? 孰爲來哉? 反袂拭面, 涕沾袍顔.〕"라고 하였다.

497 몸으로 도를 따르도다 : 《맹자》 〈진심 상(盡心上)〉에 "천하에 도가 있을 때에는 도로써 몸을 따르고, 천하에 도가 없을 때에는 몸으로써 도를 따르나니, 도로써 남을 따른다는 말은 듣지 못했다.〔天下有道, 以道殉身, 天下無道, 以身殉道, 未聞以道殉乎人者也.〕"라고 하였다. 도를 따른다는 것은 죽음으로 도를 지킨다는 말이다.

498 교동의 임금 : 연산군을 가리킨다. 연산군은 폐위되어 강화도 교동에 안치되었다.

499 남금을……묻으나 : 남방 사람인 정여창이 귀양지인 함경도 종성(鍾城)에서 세상을 떠난 일을 가리킨다. 남금은 남방에서 생산되는 품질 좋은 금이다. 《시경》 〈노송(魯頌) 반수(泮水)〉에 "남방의 좋은 황금을 많이 조공으로 바쳤다.〔大賂南金〕"라고

광채가 오래도록 막히지는 않았어라	光氣未長堙
원통하고 억울함도 잠시일 뿐	寃鬱亦暫時
백세토록 크게 펴지도다	百世有大伸
드높을사 존숭하여 배향하니	巍巍抗崇配
다섯 신위가 하늘의 별처럼 늘어섰네[500]	五位星羅炅
이에 선생의 발자취 남은 곳	爰及杖屨迹
먼 남쪽 땅에다 서원을 열었도다	黌宇啓荒垠
내가 와서 문과 뜰 지나니	我來過扃除
새롭게 단청한 사당이 눈에 들어오네	目擊丹雘新
홰나무 살구나무 그 사이 붉은 복숭아나무	槐杏間紅桃
푸른 마름 제수 향기 일어나누나	苾芬裛青蘋
아득히 금옥 같은 바탕[501] 그리노라니	緬懷金玉相
황홀하게 맑은 먼지 밟는 듯해라[502]	怳若躡淸塵
낭랑하게 풍포시[503] 읊조리면서	朗詠風蒲詩

하였다.

500 드높을사……늘어섰네 : 광해군 2년(1610)에 정여창, 김굉필, 조광조(趙光祖), 이언적(李彦迪), 이황(李滉) 등의 오현(五賢)이 문묘에 종사된 것을 가리킨다.

501 금옥 같은 바탕 : 정여창의 훌륭한 덕을 상징한 말이다. 《시경》〈대아(大雅) 역복(棫樸)〉에 문왕(文王)의 덕을 찬양하여 "잘 다듬은 그 문장이요, 금옥 같은 그 바탕이로다.〔追琢其章, 金玉其相.〕"라고 하였다.

502 황홀하게……듯해라 : 마치 정여창이 앞에 나타나 자신이 그 뒤를 따르는 듯하다는 말이다. 맑은 먼지는 고귀한 사람의 수레 뒤에서 일어나는 먼지를 가리키는 것으로, 상대에 대한 존경의 의미가 있다. 《한서(漢書)》 권57하 〈사마상여전 하(司馬相如傳下)〉에 "시종하는 수레의 맑은 먼지를 범하였다."라고 하였는데, 그 주에 "진(塵)은 수레가 갈 때 이는 먼지이고, 청(淸)은 존귀하게 여긴다는 뜻이다."라고 하였다.

두류산에 가서 봄 풍광 감상하리라 頭流去尋春

503 풍포시 : 정여창은 평소 시를 짓는 것을 즐겨 하지 않아 다른 시는 전해지는 것이 없고 오직 〈악양(嶽陽)〉이라는 시 한 수만이 전해지는데, 그 시에 "바람에 부들이 한들한들 흔들리는데, 사월에 화개 땅에는 보리가 벌써 익었네. 천만 겹의 두류산을 남김없이 보고서, 배를 띄어 큰 강물을 떠내려가노라.〔風蒲泛泛弄輕柔, 四月花開麥已秋. 看盡頭流千萬疊, 孤舟又下大江流.〕"라고 하였다. 《一蠹集 卷1》

신하동현에서 묵다[504]

宿河東新縣

제1수

섬진강이 옷의 띠처럼 둘러 있고	蟾津一衣帶
경계 안의 들판은 안개 낀 백사장뿐	分野只煙沙
강기슭 너머에는 광양 땅 불빛이요	越岸光陽火
강에 떠내려오는 것은 지리산 꽃잎이라	浮江智嶠花
걸음 따라 별과 은하수[505]는 광활히 펼쳐지고	星河隨步闊
몸에서 글과 검은 멀어지누나[506]	書劍趁身賖
항구에 묶여 있는 누선에는	港口樓船繫

504 신하동현에서 묵다 : 하동현은 삼연이 오기 몇 해 전인 1702년(숙종28) 진주(晉州)의 악양(嶽陽)과 화개(花開) 등의 네 면을 나누어 하동현에 소속시키고, 이듬해에 섬진강 가에 있던 기존의 치소를 진답면(陳畓面) 두곡(豆谷)으로 옮겼다가, 또 이듬해에 도호부로 승격시켰다. 신하동이란 곧 하동의 새 치소가 있는 두곡을 말한 것이다. 삼연은 3월 13일에 신하동에서 유숙하였다. 《大東地志》《三淵先生年譜》

505 별과 은하수 : 원문의 '성하(星河)'는 보통 은하수의 단독 의미로 쓰이지만, 뒤의 구절과 대구(對句)를 이루고 《두시언해(杜詩諺解)》에서 '별과 은하수'로 번역한 용례에 근거하여 이와 같이 번역하였다.

506 몸에서……멀어지누나 : 한가로이 유람이나 다니면서 세상에 펼칠 문무의 재주를 닦는 일을 버려두어 멀리한다는 말이다. 당(唐)나라 맹호연(孟浩然)의 〈낙양에서 월로 가다(自洛之越)〉에 "분주하게 다닌 삼십 년에, 글과 검 둘 다 이룬 것 없어라.〔遑遑三十載, 書劍兩無成.〕"라고 하였고, 고적(高適)의 시에 "동산에 한번 은거하여 흘려보낸 삼십 년 봄, 글과 검 가지고 풍진 속에 늙어갈 줄 알았으랴.〔一臥東山三十春, 豈知書劍老風塵.〕"라고 하였다.

조수가 밀려와 부딪혀 부서진다　　潮來自蕩摩

제2수 其二

새로 옮긴 하동 치소 좁은데　　新邑河東窄
높은 언덕에 주막 있네　　崇阿賣酒家
포구 내려다보는 창가에서　　牕櫺臨浦口
하늘가에 잠자리 펼치노라　　衾枕到天涯
달빛 아래 이슬은 강 가운데 고요히 내리고　　月露中江靜
바람 부는 대숲은 양쪽 기슭에서 서로 부딪힌다　　風篁兩岸摩
처량한 수심에 호탕한 흥까지 일어나는데　　淸愁兼浩興
멀리 보이는 낚싯배는 기우뚱하누나　　望裏釣船斜

쌍계사에서 이계상의 시운에 차운하다[507]

雙溪寺 次李季祥韻

참된 것 채취하러[508] 천 리 길 나서 쌍계를 방문하니 采眞千里訪雙溪

어른어른한 구름과 무지개가 걸을수록 낮게 깔린다 冉冉雲霓逐步低

녹음 짙은 석문[509]의 대숲 속에서 늦장 부리고 綠縟石門穿竹倦

붉은 잎 날리는 대 누각[510] 꽃밭에서 길 헤매노라 紅飛簹閣被花迷

507 쌍계사에서……차운하다 : 쌍계사는 경남 하동군 화개면 지리산에 있는 사찰로, 통일신라 때 의상 대사의 제자인 삼법(三法)이 창건하였다. 처음에는 절 이름을 옥천사(玉泉寺)라 하였다. 후에 진감국사(眞鑑國師)가 중창하였고, 정강왕 때 쌍계사로 이름을 바꾸었으며, 임진왜란 때 소실된 것을 벽암(碧巖) 선사가 1632년(인조10)에 중건하여 오늘에 이르고 있다. 이계상은 당시 밀양 부사(密陽府使)로 있던 이징하(李徵夏, 1655~1727)이다. 본관은 전의(全義)이며 계상은 그의 자이다.

508 참된 것 채취하러 : 《장자》 〈천운(天運)〉에 "옛날 지인은 인에서 길을 빌리고 의의 여관에 의탁하여 소요의 터전에서 놀고, 먹을 만큼의 양식의 땅을 갈고, 남에게 베푸는 것을 의식하지 않을 정도의 채마밭을 경작하였다. 소요는 인위적으로 함이 없는 것이고, 먹을 만큼의 양식은 쉽게 몸을 보양함이고, 베푸는 것을 의식하지 않는 채소 경작은 남에게 내놓지 않는다는 말이니, 옛날에 이것을 참된 도를 얻는 놀이라고 하였다.〔古之至人, 假道於仁, 託宿於義, 以遊逍遙之墟, 食於苟簡之田, 立於不貸之圃. 逍遙, 无爲也. 苟簡, 易養也. 不貸, 无出也, 古者謂是采眞之遊.〕"라고 하였다. 《장자》의 본래 뜻은 인의(仁義)에 가탁하는 것을 초월하여 무위의 참된 도에 노니는 것을 형용한 말인데, 여기에서는 구속됨 없이 자유롭게 다니며 진경(眞境)을 감상하는 삼연의 유람을 형용한 말로 쓰였다.

509 석문 : 쌍계사 입구에는 양쪽으로 큰 바위가 있고 각각 '쌍계(雙磎)'와 '석문(石門)'이라고 각자(刻字)되어 있다. 이 글씨는 최치원(崔致遠)이 썼다고 전해지고 있다.

진승은 백겁토록 비석 남겼거니와　　　　眞僧百刦留碑在
학사는 언제나 학 타고 내려오려나[511]　　　　學士何年伴鶴棲
죽부가 납극에 방해됨을 믿지 못하겠으니[512]　　　　未信竹符妨蠟屐
도를 구하는 마음은 그대와 나란하고저　　　　道情要欲與君齊

510 대 누각 : 원문의 '균각(箘閣)'은 남조(南朝) 제(齊)나라 때 시인 사조(謝朓)의 〈동원에서 노닐며〔遊東園〕〉에 나오는 초두변의 '균각(菌閣)'과 같은 의미인 듯하다. 다만 《문선주(文選註)》에서는 《초사(楚辭)》에 나오는 '균각(菌閣)'을 근거로 하여 '균(菌)'을 향초의 의미로 보았으나, 이덕홍(李德弘)의 《간재집(艮齋集)》 속집 권4 〈고문전집질의(古文前集質疑)〉와 김융(金隆)의 《물암집(勿巖集)》 권4 〈고문진보전집강록(古文眞寶前集講錄)〉에서는 모두 '균(菌)'을 '담(簟)'의 의미라고 풀이하였다. 이는 대자리를 깐 누각이라는 의미라기보다 아마도 대자리 엮은 것을 지붕에 덮어 엮은 방식의 누각을 가리킨 듯하다.

511 진승(眞僧)은……내려오려나 : 진승은 쌍계사를 중창한 통일신라 시대 승려 진감 혜소(眞鑑慧昭)이고, 학사는 최치원(崔致遠)을 가리킨다. 비석은 최치원이 지은 쌍계사진감선사대공탑비(雙磎寺眞鑑禪師大空塔碑)를 가리킨다. 이 비문은 국보 제47호로 최치원의 사산비명(四山碑銘) 가운데 하나이다.

512 죽부(竹符)가……못하겠으니 : 관무(官務)가 지리산 유람에 방해되지 않을 것이라는 말이다. 죽부는 대나무로 만든 부절(符節)로, 한(漢)나라 때 지방관이 차던 신부(信符)이다. 납극은 밀랍을 바른 나막신으로, 남조(南朝) 송(宋)나라 때 사영운(謝靈運)이 산에 오를 적에는 반드시 밀랍을 바른 나막신을 신었다고 한다. 《南史 卷19 謝靈運列傳》

다시 읊다

又賦

화령[513]이 방장산[514]을 엿보니　化嶺窺方丈
총림[515]에는 일만 복숭아나무로다　叢林萬樹桃
긴 시내는 악양에 불어 넘치고　長溪嶽陽張
큰 글씨는 석문[516]에 높이 새겨져 있네　大字石門高
웅장하고 화려한 모습 대적하기 어려움을 알겠으니　雄麗知難敵
감히 기세등등 시를 지어 읊조리랴　吟哦敢作豪
천 리 휘감아 꺾어 도는 형세에　盤紆千里勢
나 또한 더불어 따라 도노라　吾亦與周遭

513 화령 : 하동과 지리산의 지명인 듯하나 미상이다.

514 방장산 : 봉래산(蓬萊山), 영주산(瀛洲山)과 함께 신선이 산다는 삼신산(三神山)의 하나인데 지리산의 별칭이다.

515 총림(叢林) : 많은 승려가 모여서 수도하는 사찰을 나무가 우거진 숲에 비유하여 이른 말이다.

516 석문 : 217쪽 주509 참조.

신흥사 누각[517]

神興寺樓

산에는 빗방울 시내엔 운무 누각엔 푸른빛 가득　山雨溪雲翠滿樓
이 누각이 홀로 두류산[518] 포괄할 만하도다　玆樓獨可蔽頭流
자욱한 안개 물방울을 온몸 적시며 뚫고 지나고　嵐霏滴滴渾身透
급한 여울 시원한 물소리는 귓전에 와 닿누나　湍瀨泠泠與耳謀
진짜 근원 거슬러 오르지 못하고서 흥 지닌 채 돌아오다
未泝眞源將興返
큰 바위에다가 우연히 이름을 남기노라[519]　偶從穹石以名留
왕교가 학 타고 올랐다는 말[520]은 참으로 허튼 말이니
王喬控鶴眞欺我
쌍오리[521] 재촉하여 끌고서 밀양으로 향하네　催曳雙鳧向密州

517 신흥사 누각 : 신흥사는 지리산 화개동천에 있던 절이다.

518 두류산 : 지리산의 다른 이름이다.

519 진짜……남기노라 : 삼연은 신흥사 계곡을 거슬러 오르다가 바빠서 끝까지 가보지 못하고 돌아오던 중 시내 남쪽에 있는 세이암(洗耳巖)이라는 바위 옆에 자신의 이름과 함께 간 이징하(李徵夏)의 이름을 남겨두었다. 《本集 拾遺 卷28 嶺南日記》

520 왕교가……말 : 왕교는 주(周)나라 영왕(靈王)의 태자인 왕자교(王子喬)로, 구지산(緱氏山)에서 백학을 타고 생황을 불며 구름 속으로 사라져 신선이 되었다고 한다. 《列仙傳 王喬傳》

521 쌍오리 : 함께 유람 중인 밀양 부사(密陽府使) 이징하의 걸음을 가리킨 말이다. 쌍오리는 지방관을 가리키는 말이다. 104쪽 주216 참조. 앞 구절의 왕교와 이 구절의 고사에 나오는 왕교가 서로 같은 표기이므로 대비하여 쓴 것이다.

칠불사[522]

七佛寺

제1수

칠불사 창건한 이 누구인가　七佛開山問是誰
땅은 신령하고 승려는 보배로워 신기함 온축했구나　地靈僧寶蘊神奇
높고 낮은 바닥 불은 천년 된 구들에 퍼지고[523]　高低地火千年堗
사라졌다 나타났다 하는 하늘빛은 반 이랑 연못에 있네　隱現天光半畝池
옥보의 신선 거문고 소리 멀리 울려 퍼지고[524]　玉寶仙徽流響遠

522 칠불사 : 경남 하동군 화개면 범왕리 지리산에 위치한 가락국의 사찰로, 101년 가락국 김수로왕의 일곱 왕자가 이곳에 암자를 짓고 수행하다가 103년 8월 보름날 밤에 성불했다는 전설이 전해지는 곳이다. 지리산 최고의 심산유곡에 자리 잡아 수많은 고승을 배출하였으나, 1800년 큰 화재가 나서 사찰의 주요 건물 10여 동이 불탔다가 복구되었다. 1948년 여순 사건을 거쳐 6·25전쟁 중 다시 불탄 뒤 1978년에 복구하여 지금의 칠불사가 되었다.

523 높고……퍼지고 : 본집 습유(拾遺) 권28 〈영남일기(嶺南日記)〉에 "칠불사에 이르렀다.……밤에 선당에서 묵었는데, 방 위아래로 구들의 불기운이 두루 퍼지는데 또한 처음 보는 것이었다. 내가 계상과 함께 높은 쪽 구들에 나아가 몸을 펴고 누우니 인간 세상인지를 알지 못하였다.〔至七佛.……夜宿禪堂, 房有上下, 堗火氣周遍, 亦創睹. 余與季祥就其高堗, 舒體而臥, 不知人間世矣.〕"라고 하였다.

524 옥보(玉寶)의……퍼지고 : 옥보는 신라 시대의 음악가인 옥보고(玉寶高)이다. 《삼국사기(三國史記)》에 의하면, 그가 일찍이 지리산 운상원(雲上院)에 들어가 50년 동안 금법(琴法)을 닦고 거문고의 새로운 가락 30곡을 지었다 한다. 본집 습유 권28 〈영남일기〉에서는 칠불사 뒤편의 평평한 대(臺)가 옥보선인(玉寶仙人)이 거문고를 연

금륜 같은 선가 범패 소리 느릿느릿 구른다[525] 金輪禪梵轉音遲
기원[526]에 별달리 참된 봄이 있으니 祇園別有眞春在
도끼에 베어진 소나무 삼나무에 푸른 가지 다시 돋았네[527]
斧後松杉復翠枝

제2수 其二

새벽종 소리 들릴 제 가랑비 언뜻 내리니 接響晨鐘雨乍濛
걷히지 않은 운무 속에 승려들 부축받아 나온다 諸僧扶出宿雲中
봄옷 흠뻑 적시는 것은 꽃에 맺힌 이슬임을 알겠고 深沾春服知花露
삐걱삐걱 가마 소리 맑게 울림은 대숲에 부는 바람 사랑해서라
淸動鳴輿愛竹風

주하던 곳이라 하였다.

525 금륜(金輪)……구른다 : 금륜은 불법(佛法)을 상징하는 말이다. 금으로 된 윤보(輪寶)를 지닌 전륜성왕(轉輪聖王)이 이 윤보를 굴려 모든 장애를 물리치고 수미산(須彌山)의 사방에 있는 네 대륙을 다스리듯이 불법의 법륜(法輪)을 굴려 중생의 번뇌를 부수고 해탈로 인도함을 비유한 것이다.

526 기원(祇園) : 절을 뜻하는 말이다. 진(晉)나라 법현(法顯)의 《불국기(佛國記)》에, 인도(印度)의 급고독 장자(給孤獨長者)가 석가모니에게 사찰을 지어 기증하려고 기타 태자(祇陀太子)에게 찾아가 그 정원을 팔도록 종용하자, 태자가 농담 삼아 "그 땅에다 황금을 깔아놓아야만 팔 수 있다."라고 하였는데, 이에 장자가 전 재산을 기울여 황금을 깔아놓자, 태자가 감동하여 그곳에 절을 짓게 하였다는 고사가 전한다. 이 절이 바로 기원정사(祇園精舍)로서, 기타 태자의 수목과 급고독 장자의 땅이란 뜻을 취해서 기수급고독원(祇樹給孤獨園)이라고 부르기도 한다.

527 도끼에……돋았네 : 본집 습유 권28 〈영남일기〉에 "대에 소나무와 삼나무 몇 그루가 있었는데, 오랫동안 도끼에 베어졌는데도 다시 여린 줄기가 돋아나니 매우 괴이하였다.〔臺有數株松杉, 久經斧斫, 而復茁笋幹, 極可怪.〕"라고 하였다.

아스라이 먼 뫼가 가로질러 있는 모습에 눈길 쏟고 註目遙岑橫縹緲

구불구불 길게 뻗은 위태로운 돌길 넘으며 마음이 위축된다

小心危磴跨穹窿

시내 다리에서 왕왕 소금장수 만나니 溪橋往往逢鹽販

함양에서 한 가닥 길 통함을 알겠구나 知自咸陽一路通

진주 조남명 서원[528]

晉州曹南冥書院

멀리 두류산 자락 두르고	頭流有遠勢
서원이 좋은 자리에 마주하였네	黌宇好開面
맑은 시내에서 회포를 푸니	淸川散襟抱
푸른 숲에 서원이 엄숙하여라	碧林肅庭院
아름다울사 인과 지의 집이여[529]	佳哉仁智宅
진실로 과축할 곳[530]으로 가려 정하기 마땅하도다	允宜薖軸選

528 진주 조남명 서원 : 남명(南冥) 조식(曺植, 1501~1572)을 배향한 산청의 덕산서원(德山書院)이다. 1576년(선조9) 조식의 문인들에 의해 세워졌으며 후에 사액을 받아 덕천서원(德川書院)으로 개칭되었다. 조식이 만년에 강학하던 산천재(山天齋)가 있다. 조식은 본관은 창녕(昌寧), 자는 건중(楗仲), 호는 남명·산해(山海)·방장노자(方丈老子)·방장산인(方丈山人), 시호는 문정(文貞)이다. 25세 때 《성리대전(性理大全)》을 읽고 깨달은 바가 있어 이때부터 성리학에 전념하였다. 조정에서 여러 차례 벼슬이 제수되었으나 모두 거절하고 처사(處士)로 자처하며 학문에만 전념하였다. 1561년(명종16)에 지리산 기슭 진주 덕천동으로 이거(移居)하여 산천재를 짓고 죽을 때까지 그곳에 머물며 강학(講學)에 힘썼다. 저서에 《남명집》이 있다.

529 인과 지의 집이여 : 《맹자》 〈공손추 상(公孫丑上)〉에 맹자가 "인후(仁厚)한 마을 풍속이 아름다우니, 인후한 마을을 가릴 줄 알면서 그곳에 살지 않는다면 어떻게 지혜롭다 할 수 있겠느냐?〔里仁爲美, 擇不處仁, 焉得智?〕"라는 공자의 말을 부연 설명하면서 "인은 하늘의 높은 벼슬이요, 사람의 편안한 집이다. 막는 사람도 없는데 인하지 않다면 이는 지혜롭지 못한 것이다.〔夫仁, 天之尊爵也, 人之安宅也. 莫之禦而不仁, 是不智也.〕"라고 하였다.

530 과축할 곳 : 과축은 은자가 은거하여 사는 모습을 읊은 《시경》 〈위풍(衛風) 고반(考槃)〉에 "석인의 넉넉함이로다.〔碩人之薖〕"라고 한 구절과 "석인의 서성임이로다.

지나가는 곳에 현송은 끊어지고[531] 經過斷絃誦
석양은 문빗장을 비추네 落日照門扇
몸이 고단해 참배도 게을리하고 身疲懶修謁
산보하며 마음대로 거니노라 散步且游衍
한가로이 물가 난간에 기대노라니 悠然倚水檻
저녁놀이 비스듬히 나를 비춘다 暮靄生流眄
구륵구륵 황새는 둥지에 앉아 울고 啾啾鸛巢定
물방아 소리는 수면에 울려 퍼지네 雲碓響水面
맑게 일렁이는 물결 포말 절로 떠 있고 川華湛自浮
고요한 소나무 그림자 외려 자리를 옮겨간다 松影靜猶轉
이 충만하게 흘러넘치는 뜻을 가져다 持玆沖瀜意
바라건대 서원의 스승[532]에게 올리고저 願爲院師薦
마음을 구할 때는 완급이 있고 求心或緩急
도에 들어갈 때에는 깊고 얕음이 있네[533] 涉道有深淺
분명하게 깨어 있는 방울은 꿈을 깨뜨리고 惺惺鈴破夢

〔碩人之軸〕"라고 한 구절에서 따온 말로, 은거할 곳을 뜻한다.

531 현송은 끊어지고 : 수업하고 송독하는 소리가 끊어졌다는 말이다. 옛날 《시경(詩經)》을 배울 적에 거문고와 비파 등 현악기에 맞추어 노래로 불렀는데 이를 현가(絃歌)라고 한다. 그리고 악기의 반주 없이 낭독하는 것을 송(誦)이라고 하는데, 이 둘을 합하여 현송이라고 칭한다.

532 서원의 스승 : 서원의 주벽(主壁)인 조식을 가리킨 것이다.

533 마음을……있네 : 이 구절부터 아래로는 모두 조식의 학문을 은근히 비판한 내용이다. 방심(放心)을 수습하고 도에 들어갈 때에는 사안과 경중에 따라 완급과 깊이의 차이가 있는데, 조식은 이러한 것이 없이 방심(放心)을 구하는 것에 치중하면서 한쪽으로만 편협하였으므로 이 말로 비판의 문을 연 것이다.

번쩍거리는 검은 순식간에 빛을 발하누나[534] 閃閃劍露電
이것이 마음을 일깨움은 또한 잠시일 뿐 抖擻亦暫耳
깊은 조예는 참된 견처가 있어야 하도다 深造待眞見
그치지 않고 흐르는 무이의 물결[535]을 源源武夷波
어찌 두루 유영하지 않았던가[536] 游泳豈未遍
두류산 유기 있으되 頭流有遊記
너무 번잡한 것이 자못 꺼려지네 頗嫌太喧闐
어이하여 큰 동부[537]에 如何大洞府
한 사람의 명언을 용납지 못했는가[538] 不容一明彥

534 분명하게……발하누나 : 분명하게 깨어 있는 방울과 번쩍거리는 검은, 조식이 차고 다녔던 성성자(惺惺子)와 경의검(敬義劍)을 가리킨다. 조식은 생전에 늘 성성자라고 명명한 쇠방울을 몸에 차고 다니면서 그 소리를 들을 때마다 정신이 혼침(昏沈)하지 않고 항상 깨어 있게 하였고, 또 자신이 차고 다니는 검에 "안으로 밝히는 것은 경이고, 밖으로 결단하는 것은 의이다.〔內明者敬, 外斷者義.〕"라는 글을 새겨 경계로 삼았다.《南冥集 行狀》이는 남명이 방심을 수습하기 위해 사용했던 대표적인 두 물건인데, 위의 구절 및 아래 구절과 연결해서 보면 칭양한 말이 아니라 여기에만 치중한 것을 비판한 말이다.

535 무이의 물결 : 주희(朱熹)의 성리학을 비유한 말이다. 무이는 중국 복건성(福建省)에 있는 산으로, 주희가 은거한 곳이다.

536 어찌……않았던가 : 조식이 주희의 드넓은 학문 세계를 두루 섭렵하지 못하고 일부분만을 보고 그쳤다는 말이다.

537 동부(洞府) : 지리산 계곡을 가리킨 말이다. 도교(道敎)의 용어로, 본래 신선이 사는 선경을 뜻한다.

538 한……못했는가 : 명언은 기대승(奇大升)의 자이다. 조식의 〈유두류록(遊頭流錄)〉에 "들으니 호남의 선비인 기대승 무리 열한 사람이 비에 갇혀 상봉에 올랐다고 내려오지 못하고 있다고 한다.〔聞有湖南士人奇大升輩十一人亦阻雨, 登上峯未下云.〕"라는 말이 보인다. 그러나 이는 단지 기대승의 발이 묶인 것만을 말한 것이 아니라

조식이 기대승을 받아들이지 못한 것을 돌려 말한 것이다. 정홍명(鄭弘溟)의 《기암집(畸庵集)》 속집(續集) 권20 〈만술(漫述)〉에, 조식이 지리산을 유람하면서 한 소년을 만나 평하기를 음험하여 후일 뜻을 얻으면 선류(善類)를 해칠 것이라고 했는데, 이 소년이 바로 기대승을 가리키는 것이라고 사람들이 의심했다는 기록이 보인다.

삼가 조남명 서원[539]

三嘉曹南冥書院

동방의 대처사요	東方大處士
남쪽의 소미성[540]이로다	南服少微星
말 멈추고서 예를 표하니	鞍馬停爲禮
우뚝한 뇌룡정[541] 있구나	雷龍屹有亭
놀에 싸인 봉우리는 깨끗하고 흰빛 머금었고	霞峯含皎皎
바람 부는 여울은 청량한 소리 들리네	風瀨帶惺惺
구태여 정성스러운 마음의 향 올릴 것 없나니	不必心香薦
밤새도록 검명[542]을 외우도다	終宵誦劍銘

539 삼가 조남명 서원 : 남명 조식을 배향한 합천 삼가현(三嘉縣)의 용암서원(龍巖書院)이다. 1576년 가회면의 회현(晦峴)에 세운 회산서원(晦山書院)이 임진왜란 때 소실되자, 1601년 재건하면서 향천서원(香川書院)으로 개칭하였다. 1609년 용암서원으로 사액되었다.

540 소미성(少微星) : 태미성(太微星)의 서쪽에 있는 네 개의 별로 처사(處士)나 대부(大夫)를 상징하는데, 이 별이 밝게 빛나면 현사(賢士)가 등용되고, 다른 별에 의해 가려지거나 빛을 잃게 되면 처사나 대신들에게 불길한 일이 생긴다고 한다. 《晉書 卷11 天文志》

541 뇌룡정(雷龍亭) : 조식(曺植)이 48세 때 삼가현에 뇌룡정을 짓고 학문을 강론하며 제자들을 가르쳤다. 뇌룡은 《장자》 〈재유(在宥)〉에 "시동처럼 가만히 있다가 때가 되어 용처럼 나타나고, 깊은 연못과 같이 묵묵히 있다가 때가 되어 우레처럼 소리친다.〔尸居而龍見, 淵默而雷聲.〕"라고 한 말의 뜻을 취한 것이다.

542 검명(劍銘) : 226쪽 주534 참조.

안음의 세 골짝
安陰三洞

푸른 시내가 높은 곳에서 쏟아지다 중간에 깊이 고였는데
青溪高瀉間深停
흰 바위가 가로 비껴 있어 날줄과 씨줄 되도다[543] 白石橫斜與緯經
세차게 뿜어지는 소리 요란하니 여울은 성 내는 듯하고
噴薄聲轟湍鼓怒
구불구불 이어진 형세 멀리 뻗으니 골짝은 신령함 감추었네
逶迤勢遠谷藏靈
화음동의 면목에서 그윽한 수풀이 같거니와 華陰面目同幽藪
파곶 골짝 모습에서 푸른 병풍 같은 산이 빠졌구나[544]
葩洞神情缺翠屛
가장 훌륭한 것은 둘러 감싼 바위 크게 펼쳐져 最是廻巖大排布
유리 같은 암반 위로 옥구슬 같은 물방울 영롱한 것이로다
琉璃盤上玉瓏玲

이상은 원학동(猿鶴洞)이다.

543 흰……되도다 : 종으로 늘어서 있는 흰 바위는 씨줄이 되고, 횡으로 내려오는 시냇물은 날줄이 된다는 말이다.

544 화음동의……빠졌구나 : 송시열(宋時烈)이 은거했던 충청도 괴산의 화양구곡(華陽九曲)의 풍경과 안음 골짜기의 풍경을 비교해 말한 것이다. 파곶은 화양구곡 가운데 제9곡이다.

심진동 몇 구비에 그윽함과 기이함 쌓였으니　　尋眞數曲蘊幽奇
원학동이 이곳을 아우처럼 보리라　　鶴洞惟應弟視之
등사[545]마냥 일백 구비 꺾인 시내 어지러이 내달리고
　　百折騰蛇溪亂走
날아오르는 해오라기마냥 반공에 폭포가 높이 드리웠다
　　半空翔鷺瀑高垂
적적한 벼랑 감실에 한 송이 꽃이 웃는 듯 피었고　　崖龕寂寂孤花笑
시끄러운 물방아 소리에 이름 모를 새가 엿본다　　雲碓嘈嘈怪鳥窺
초지와 금승이 깨달음의 길이 아니니　　初地金繩非覺路
남가새에 앉고 돌에 걸려 사람을 피곤케 하네[546]　　據藜困石使人疲

이상은 심진동(尋眞洞)이다.

545 등사(騰蛇) : 전설 속에 나오는 날 수 있는 뱀이다.

546 초지와……하네 : 초지는 불교에서 보살의 열 단계 경지인 십지(十地) 가운데 가장 첫 번째 단계인 환희지(歡喜地)인데, 사찰을 뜻하는 말로도 쓰인다. 당나라 왕유(王維)의 〈변각사에 올라(登辨覺寺)〉에 "대숲 길은 초지로부터 뻗었고, 연꽃 모양 봉우리는 화성에서 솟았어라.〔竹逕從初地, 蓮峯出化城.〕"라고 하였다. 금승은 불교에서 미래 세계의 불국토인 이구국(離垢國)의 경계에 쳐져 있는 황금줄인데, 이 역시 사찰을 뜻하는 말로 쓰인다. 이백(李白)의 〈봄날에 산에 돌아와 맹호연에게 부치다〔春日歸山寄孟浩然〕〉에 "금승은 깨달음의 길을 열고, 보벌은 미혹의 냇물을 건네주네.〔金繩開覺路, 寶筏度迷川.〕"라고 하였다. 남가새에 앉고 돌에 걸린다는 것은 《주역》 〈곤괘(困卦) 육삼(六三)〉에 "돌에 걸리며 남가새에 앉아 있다.〔困于石, 據于蒺藜.〕"라고 한 표현을 쓴 것인데, 많은 곤란을 겪는다는 뜻이다. 이 구절은 심진동에서 절을 찾아가는 길이 매우 험하여 사람을 힘들게 만든다는 뜻이다. 본집 습유(拾遺) 권28 〈영남일기(嶺南日記)〉에 "산어귀에서 절 문에 이르기까지 검은 자갈이 삼처럼 깔렸는데, 길을 바꿀 수도 없어 사람의 기운을 피곤하게 하였다.〔自山口至寺門, 黑礫如麻, 不可改轍, 令人意疲.〕"라고 하였다.

화림동부에 가린 것이 없는 듯하니 花林洞府若無遮
그대로 바위 시내의 한 대가로다 自是巖流一大家
탁 트여 일천 개 호상을 둘 수 있고 闊可胡牀千坐置
광대하여 일백 개 헌가(軒架) 악기[547] 달 수 있네 宏宜軒樂百懸加
샘물 근원은 걸러내도 티끌이 남아 있고 泉源淘汰猶留垢
바위 표면은 갈아내도 찌끼를 덜지 못하누나[548] 石面磨礱未遣渣
티와 광채가 서로 가리지 않아 하찮은 곳이 아닌데[549] 不掩瑕瑜非小局
게다가 신령스러운 절이 안개 속에 숨겨져 있기까지 함에랴 况兼靈寺秘煙霞

이상은 화림동(花林洞)이다.

547 헌가(軒架) 악기 : 헌가악은 대례(大禮) 및 대제(大祭) 때 연주하던 아악(雅樂)으로, 대청 아래에 종경(鍾磬)과 큰북 등을 걸어놓고 관현(管絃)과 함께 연주한다.

548 샘물……못하누나 : 화림동(花林洞)의 아쉬운 부분을 말한 것이다. 본집 습유 권28 〈영남일기〉에 "바위 색깔과 못의 빛깔이 자못 맑고 밝지 못한 것이 흠이었다.〔石色潭光, 殊不澄瑩爲可欠.〕"라고 하였다.

549 티와……아닌데 : 장점과 단점을 모두 가진 화림동의 모습이 아름답다는 말이다. 《예기(禮記)》 〈빙의(聘義)〉에서 군자의 덕을 옥에 비유하며 "티는 광채를 가리지 못하고 광채는 티를 가리지 못하는 것이 충이다.〔瑕不掩瑜, 瑜不掩瑕, 忠也.〕"라고 하였다.

심진동에서 폭포를 찾다[550]

尋眞洞尋瀑

맑은 새벽에 구름 뚫고 가니	淸曙穿雲去
이곳 사는 승려가 자리 들고 따르네	居僧以席從
바위 모양 기이함은 검은 표범 걸터앉은 듯	巖奇踞玄豹
폭포수 떨어짐은 은빛 용 걸쳐 있는 듯	瀑落挂銀龍
끌어 내린 흰 명주 돌며 춤추는 듯	練曳盤旋舞
날리는 알알 구슬 급하게 내려 찧는 듯	珠揚急切舂

550 심진동에서 폭포를 찾다 : 심진동은 안의삼동(安義三洞) 가운데 하나로, 기백산 군립공원에서 발원하여 용추계곡을 흘러 내려온 물이 만들어낸 폭포가 위에서 아래로 내리꽂혀 장관을 이룬다.

함양군 안의면 심진동 용추폭포

두건 젖혀 쓰고서 뒤미처 온 사람 追來有岸幘
풍광 함께 누리며 시내 건너 소나무에 기댔구나 分倚隔溪松

낙동강을 건너며

渡洛東江

낙동강 물 구불구불 돌아 흐르니	洛水逶迤轉
본류 지류 모두 다 푸른 물결이로세	源流摠綠波
내 여행길 이 강을 두 번 건너니	吾行再度涉
봄철도 칠 할은 지나갔구나	春序七分過
강 언덕 나무는 꽃이 연이어 피어 있고	岸木花開續
들판의 풀들은 보리가 개중 많도다	原蕪麥占多
경물을 관찰하는 마음은 호연하거니와	浩然觀物意
오가며 귀밑털은 세어가누나	來往鬢從皤

비안의 객사에서 덕이 사군에게 주다[551] 덕이는 족질 시택이다
比安客舍 贈德以 族姪時澤 使君

소 잡는 칼날 놀리며 여유롭고 넓게 하였으니[552] 牛刀遊刃有恢張
청부에서 떼 옮겨온 물길 길어라[553] 運筏靑梟水路長
뇌천의 상을 취한 객관 건물 웅장하고[554] 象取雷天宏棟宇

551 비안의……주다 : 《승정원일기》에 의거하면 김시택은 1705년 7월에 비안 현감으로 부임하였다.

552 소……하였으니 : 소 잡는 칼날은 지방 수령이 정사를 잘 다스림을 비유하는 말이다. 공자의 제자 자유(子游)가 무성(武城)의 읍재(邑宰)가 되어 예악을 가르쳐 고을 사람들이 모두 현악(弦樂)에 맞추어 노래를 불렀는데, 공자가 무성에 가서 그 소리를 듣고는 빙그레 웃으며 "닭을 잡는 데 어찌 소 잡는 칼을 쓰느냐.〔割鷄焉用牛刀?〕"라고 한 데서 온 말이다. 《論語 陽貨》 여유롭고 넓게 하였다는 것은 문맥상 단순히 예악의 선정을 잘 베푼 것만 지칭했다기보다 정무의 수완이 뛰어나 그 여유로 객사를 잘 보수하여 넓혔다는 뜻까지 있다고 봐야 한다. 옛날 포정(庖丁)이 문혜군(文惠君)을 위해 소를 잡는데, 소 잡는 솜씨가 매우 뛰어나 문혜군이 감탄하자 포정이 소 잡는 도(道)를 말하면서 "두께가 없는 칼을 두께가 있는 틈새에 넣으니, 널찍하여 칼날을 움직이는 데 반드시 여유가 있습니다.〔以無厚入有間, 恢恢乎其於遊刃, 必有餘地矣.〕"라고 하였다. 《莊子 養生主》

553 청부에서……길어라 : 청부는 비안현과 인접한 청송부(靑松府)의 옛 이름이다. 곧 객사를 보수하는 데 쓸 재목을 수로를 통해 청송에서 옮겨왔다는 말이다.

554 뇌천의……웅장하고 : 《주역》 〈대장괘(大壯卦) 상(象)〉에서 "우레가 하늘 위에 있는 것이 대장이다.〔雷在天上, 大壯.〕"라고 하였는데, 보통 대장괘는 웅장한 건축물을 뜻하기도 한다. 《주역》 〈계사전 하(繫辭傳下)〉에 "상고 시대에는 굴에서 살고 들에서 거처하였는데, 후세에 성인이 궁실로 바꾸어서 위에는 들보를 얹고 아래에는 서까래를 얹어 비바람에 대비하였으니, 대장괘에서 취하였다.〔上古穴居而野處, 後世聖人, 易之以宮室, 上棟下宇, 以待風雨, 蓋取諸大壯.〕"라고 하였다.

서늘하고 따뜻함이 거처하기 좋은 방 갖췄네　　處宜凉燠備軒房

조정의 패각[555]은 천년토록 존숭되고　　朝廷牌閣尊千歲

영부의 아기[556]는 오방[557]을 받아들였구나　　營府牙旗納五方

지나가는 길손이 장로의 축사 이으려는데[558]　　過客欲賡張老頌

벌써 봄날 갓 찾아든 제비가 아로새긴 대들보에서 우짖누나[559]　　已聞新燕語彫樑

555 조정의 패각 : 조선 시대 지방 관청에서는 객사 정당(正堂)에 '전(殿)' 자를 새긴 나무패를 봉안하였는데 이는 임금을 상징하였다. '궐패(闕牌)'라 하기도 한다. 매월 초하루와 보름에 관리 전원이 모여 배례(拜禮)하고, 또 지방에 출장 간 중앙 관원도 여기에 배례하였다.

556 영부의 아기 : 영부는 지방 감영(監營)과 부(府)의 통칭(通稱)이다. 아기는 대장(大將)이 군사를 지휘할 적에 가지고 다니는 큰 깃발로, 깃대 끝을 상아로 장식하였다.

557 오방 : 군기(軍旗)로 사용되는 청, 적, 백, 흑, 황색의 오방색을 말한다. 곧 동쪽의 청룡기(靑龍旗), 남쪽의 주작기(朱雀旗), 서쪽의 백호기(白虎旗), 북쪽의 현무기(玄武旗)와 중앙의 등사기(騰蛇旗)이다.

558 지나가는……이으려는데 : 삼연이 객관의 웅장함을 칭송하는 노래를 지으려 했다는 말이다. 장로는 춘추 시대 진(晉)나라의 대부 장맹(張孟)이다. 진나라 헌문자(憲文子)가 저택을 신축하여 준공하자 대부들이 가서 축하하였는데, 이때 장맹이 "아름답구나, 크고 성대하도다. 제사 때에도 여기에서 노래하고, 상사 때에도 여기에서 곡하고, 연회 때에도 여기에서 국빈과 종족을 모아 즐기리로다."라고 축사하였다. 《禮記 檀弓下》

559 벌써……우짖누나 : 이 또한 건물의 신축을 축하하는 의미가 들어 있다. 《회남자(淮南子)》 〈설림훈(說林訓)〉에 "큰 집이 이루어지면 제비와 참새들이 서로 축하한다.〔大廈成而燕雀相賀〕"라고 하였다.

덕이와 함께 병산 망북정에 오르다
與德以共登屛山望北亭

남쪽의 온갖 승경 샅샅이 유람하느라 지쳤다가	南遊萬勝倦搜揚
다시 병산에서 총광을 빌리도다[560]	又爲屛山借寵光
뭇 봉우리는 화악[561]을 호위하여 둘렀고	衆岫排衙華嶽匝
한 시내는 낙동강을 감싸며 길게 흐른다[562]	一川包絡洛江長
저정의 물새는 태수의 자리 엿보고[563]	滁亭水鳥窺官席
반현의 바람결 꽃은 나그네 술잔에 날려오네[564]	潘縣風花赴客觴

560 다시……빌리도다 : 총광은 임금의 은택과 광영이라는 뜻이다. 정자의 이름이 임금이 계신 북쪽을 바라본다는 뜻의 망북정이므로, 여행으로 지친 몸을 이끌고 이 정자에 올라 임금의 총광을 빌려 다시 기운을 회복한다는 말이다.

561 화악 : 지금의 경북 의성군 비안면 서남쪽에 있는 청화산(淸華山)을 말한 듯하다.

562 한……흐른다 : 비안면을 휘감아 돌면서 옆으로 낙동강을 끼고 흐르는 위천(渭川)의 모습을 말한 것이다.

563 저정의……엿보고 : 저정은 중국의 저주(滁州)에 있는 정자인 구양수(歐陽脩)의 취옹정(醉翁亭)으로, 망북정을 빗댄 것이다. 구양수는 저주 지사(滁州知事)로 있으면서 취옹정을 짓고 〈취옹정기(醉翁亭記)〉를 지었는데, 그 글에 "석양이 산에 걸리면 사람들의 그림자가 흩어져 어지러운 것은, 태수가 정자에서 관아로 돌아갈 때 빈객들이 따르는 것이다. 수풀에 그늘이 지고 위아래로 지저귀는 소리가 들리는 것은, 놀던 사람들이 떠나자 새들이 즐거워하는 것이다.〔夕陽在山, 人影散亂, 太守歸而賓客從也. 樹林陰翳, 鳴聲上下, 遊人去而禽鳥樂也.〕"라고 하였다. 이에 의거하면 본 구절의 뜻은 정자에서 놀던 관장과 사람들이 모두 떠나자 새들이 그 놀던 자리에 내려앉으려 한다는 말이다.

564 반현의……날려오네 : 봄날 비안의 꽃나무들이 바람결에 꽃을 날려 보낸다는 말이다. 진(晉)나라 때 반악(潘嶽)이 하양 영(河陽令)이 되었을 때 고을에 복숭아와 오얏

그저 두 어려움[565]이 자주 이곳에서 모이게 하면　但使二難頻此會
송죽을 베어 망치게 될 걱정은 없으리　不愁翦敗到松篁

고을 유생이 용수(龍首)[566]를 꺼려 정자를 매우 심하게 해치려 하여 반드시 철거한 뒤에야 그만두고자 하므로 한 말이다.

나무를 많이 심었으므로, 당시 사람들이 "하양은 온 고을이 꽃이다."라고 일컬었던 고사를 차용한 것이다.《白氏六帖 卷21》

565 두 어려움 : 훌륭한 주인과 손님이라는 말로, 왕발(王勃)의 〈등왕각서(滕王閣序)〉에 "두 어려움이 함께하였다.〔二難幷〕"라고 한 데서 온 말이다.

566 용수(龍首) : 자세하지 않으나, 아마도 망북정의 위치가 풍수지리상 병산의 용머리에 해당하는 자리에 있음을 가리킨 듯하다.

덕이 부자와 함께 안동으로 가면서 하회에 들렀는데 봉상대와 암자가 있었다[567]

與德以父子 將往安東 歷訪河回 有鳳翔臺及僧院

사리를 잘 알던 서애 노인[568]	解事西崖老
이곳에 별업을 열었네	於焉別業開
정자와 누대 실로 가지런한데	亭臺實綜理
꽃과 대까지 심어 길렀구나	花竹尙栽培
적막한 암자에 승려는 어디로 갔나	院閴僧何去
높다란 바위에 봉이 날아올 듯하네	巖高鳳欲來
빈 배[569] 불러도 오지 않으니	虛舟招不至

567 덕이……있었다 : 봉상대는 하회의 북쪽 절벽에 있던 대의 이름이다. 그곳에 암자가 있었는데 삼연이 방문했을 당시 승려가 거처하지 않은 지 오래였고, 어떤 마을 사람이 거주하고 있었다고 한다. 《本集 拾遺 卷28 嶺南日記》

568 서애 노인 : 조선 선조 때의 문신 유성룡(柳成龍, 1542~1607)이다. 본관은 풍산(豐山), 자는 이현(而見), 호는 서애, 시호는 문충(文忠)이다. 하회는 유성룡의 출생지이자 별장이 있던 곳이다.

569 빈 배 : 1차적으로는 사람이 없어 운행할 수 없는 빈 배를 뜻하지만, 마음을 비우고 욕심이 없는 유성룡과 같은 훌륭한 사람을 비유한 뜻도 있다. 《주역》 〈중부괘(中孚卦) 단(彖)〉에 "큰 냇물을 건넘이 이로움은 나무를 탔고 배가 비었기 때문이다.〔利涉大川, 乘木, 舟虛也.〕"라고 하였는데, 정이(程頤)의 《역전(易傳)》에 "중부로 험난함을 건넘은 그 이로움이 마치 나무를 타고 냇물을 건너는데 빈 배를 사용하는 것과 같은 것이다. 배가 비면 침몰하거나 전복하는 우려가 없으니, 괘에 중앙이 허함은 배가 비어 있는 상이 된다.〔以中孚涉險難, 其利如乘木濟川而以虛舟也. 舟虛則无沈覆之患, 卦虛中爲虛舟之象.〕"라고 하였다.

물 건널 재주 가진 이 뉘려나[570]　　　　誰是濟川才

570 물……뉘려나 : 1차적으로는 건널 배가 없다는 뜻이지만, 유성룡처럼 세상을 경륜할 뛰어난 재주를 가진 이가 지금 세상에 없다는 뜻도 내포되어 있다. 훌륭한 정승을 강을 건너는 큰 배에 비유하기도 한다. 은 고종(殷高宗)이 부열(傅說)에게 이르기를 "만약 큰 내를 건넌다면 너를 사용하여 배와 노로 삼을 것이며, 만약 큰 가뭄이 든다면 너를 사용하여 장맛비로 삼을 것이다.〔若濟巨川, 用汝, 作舟楫. 若歲大旱, 用汝, 作霖雨.〕"라고 하였다. 《書經 說命上》

하회를 건너 학가산을 바라보며[571]

渡河回 望鶴駕山

흔들흔들 일엽편주 타고 하회를 뒤로하니 扁舟搖曳背河回
학가산 봉우리 어른어른 다가오네 鶴駕巒頭冉冉來
우리 선조 난을 피해 은거한 자취 있음을 아나니[572] 吾祖遜荒知有迹
흰 구름 나타났다 사라졌다 하는 가운데 중대가 보이누나 白雲明滅見中臺

571 하회를……바라보며 : 학가산은 경상북도 예천과 안동의 경계에 위치한 산이다.

572 우리……아나니 : 삼연의 증조부인 김상헌(金尙憲)은 병자호란의 화의가 체결되자 1637년(인조15) 2월에 안동의 풍산(豐山)으로 내려가 학가산 서미동(西美洞)에 은거하였다.

중대사에 올라 삼가 증조부의 판상운에 차운하다[573]

登中臺寺 敬次曾王考板上韻

선조 유허 가리키며 눈물이 수건 적시려 하니	遺墟指點欲霑巾
나무와 바위는 지금 누가 함께 어울리나	木石今誰與作群
산승만이 있어 선조 유적 지키며	惟有山僧能護迹
고비 파릇한 시절에 솔과 구름 속에 누웠구나	綠薇時節臥松雲

573 중대사에……차운하다 : 삼연이 차운한 김상헌(金尙憲)의 시는 《청음집(淸陰集)》 권3 〈서쪽 시내의 초당에서 우연히 읊다〔西磵草堂偶吟〕〉이다. 그 시의 소주(小註)에 "집 근처에 절이 있으니 이름이 중대이다."라고 하였다.

역동에서 성묘하고 종인에게 주다[574]

驛洞省墓 贈宗人

제1수

선영에 비와 이슬[575] 내리고	雨露松楸下
봄바람은 꽃나무[576] 앞에 부네	春風花樹前
소목의 항렬[577] 엄연하고	居然昭穆列
이 둥근 두변[578] 아름다워라	懿此豆籩圓

574 역동에서……주다 : 삼연은 안동에 와서 종인들과 함께 안동에 묘가 있는 김삼근(金三近, 1390~1465) 등 선조의 묘를 성묘하였다. 김삼근은 비안 현감(比安縣監)을 지내 비안선조(比安先祖)로 불리며 신안동 김씨(新安東金氏) 가운데 최초로 사마시(司馬試)에 합격하여 조선조에 양반으로서의 기반을 다진 인물이다.《本集 拾遺 卷28 嶺南日記》

575 비와 이슬 : 선조를 사모하는 마음을 표현하는 매개물이다.《예기(禮記)》〈제의(祭義)〉에 "봄에 비와 이슬이 내려 땅이 축축해지거든 군자가 그것을 밟아보고 반드시 섬뜩하게 두려운 마음이 생기어 마치 죽은 부모를 곧 만날 것 같은 생각이 들게 된다.〔春雨露旣濡, 君子履之, 必有怵惕之心, 如將見之.〕"라고 하였다.

576 꽃나무 : 종족 간의 화합을 표현하는 매개물이다. 당(唐)나라 시인 잠삼(岑參)이 좌습유(左拾遺)에 제수되어 장안(長安)에 갔을 때, 원외랑(員外郎)으로 있는 위씨(韋氏) 집안의 친족들이 꽃나무 밑에서 매번 술자리를 벌이고 단란한 모임을 갖는 것을 보고 〈위원외가화수가(韋員外家花樹歌)〉를 지어 찬양한 데서 후세에 친족 간의 모임을 '화수회'라고 부르게 되었다.《岑參集 卷4》《近思錄 卷9 治法》

577 소목의 항렬 : 조상의 신주가 모셔져 있는 차례를 말하는데, 종족 내부의 장유(長幼)와 친소(親疎) 및 원근(遠近)을 뜻하기도 한다. 사당에서 왼쪽 줄을 '소(昭)', 오른쪽 줄은 '목(穆)'이라고 한다. 시조의 신주는 한복판에 모시고, 2·4·6대를 소에, 3·5·7대를 목에 모신다.

행위시[579]의 장을 뽑아볼 만하거니와　　行葦章堪斷
사정의 경계[580]를 감히 버리랴　　思亭戒敢捐
서둘러 돌아가는 나의 야박함 부끄러우니[581]　　催歸慚我薄
남쪽 선산 향하여 서글퍼하노라　　惆悵向南阡

제2수 其二

한 사람이 여행길 다니기는 쉽거니와　　一人行路易
천 리 먼 땅에서 아는 사람 만나기 어렵네　　千里識顏難
타향에 와서는 친족을 찾아야 하니　　卽異須求合
서로 만나 기쁨을 다하도다　　相逢且罄懽
선영 바라보며 음덕을 가슴에 품고　　瞻岡懷蔭註
자리를 가까이하여 안부를 묻누나　　促席問飢寒
구정[582] 아래에 말을 세우니　　立馬龜亭下
정이 어린 학가산 보이네　　含情是鶴巒

578 둥근 두변 : 둥근 모양의 제기이다. 두(豆)는 국물 있는 제수를 담는 나무 제기이고, 변(籩)은 마른 제수를 담는 대나무 제기이다.

579 행위시 : 제사를 지내고 연회를 베풀며 친족 간의 화목함을 노래한 《시경》 〈대아(大雅) 행위(行葦)〉 편을 가리킨다.

580 사정의 경계 : 송(宋)나라 때 진사도(陳師道)가 〈사정기(思亭記)〉에서 대수(代數)가 멀어질수록 조상을 추모하는 마음이 옅어지는 것을 경계하였다. 《古文眞寶 後集 卷10》

581 서둘러……부끄러우니 : 성묘 후에 종인들이 밤을 보내고 가기를 청하였으나 삼연은 갈 길이 바쁘다는 이유로 사양하고 길을 나섰다. 《本集 拾遺 卷28 嶺南日記》

582 구정 : 안동시 풍산읍 소산리에 있는 삼구정(三龜亭)으로, 소산리 입향조(入鄕祖)인 김삼근(金三近)의 손자 김영수(金永銖)가 노모의 장수를 기원하며 지은 정자이다.

다시 읊다

又賦

선영을 별처럼 둘러싼 후손들 집 몇이나 남았나　星環先壟幾家留
힘써 선산 수호하며 각자 노력하네　力護松楸各自謀
부끄러워라 서울의 여러 후손들　慚愧洛中諸後裔
편안히 잠자며 들불 나고 나무꾼이 훼손할까 근심치 않누나
安眠不作火樵愁

안동에서 같은 성의 아전에게 주다[583]

安東贈姓吏

봄비가 밤새도록 내려	春雨通宵作
주룩주룩 영가[584]에 가득 찼네	滂沲滿永嘉
본류며 지류가 한 물로 불어나니	源流滋一水
높고 낮은 곳의 일천 꽃 젖누나	高下浥千花
종족의 정을 펼침이 기쁘거니	且喜情倫叙
신분의 차이를 어찌 논하랴	何論品地差
여행길 가는 내 말 배불리 꼴 먹으니	征駒飽芻秣
너의 집이 바로 내 집이로다	爾室即吾家

583 안동에서……주다 : 삼연은 안동에 도착하여 아전 김여명(金麗明)의 집에 왔다가 방이 좁아 비안(比安)으로 가려 했는데 사람들이 만류하고 마침 비가 내려 김여명의 집에 유숙하였다. 《本集 拾遺 卷28 嶺南日記》

584 영가 : 안동의 옛 이름이다.

예안으로 가는 도중에 한 선비가 밭을 둘러보는 것을 보고

禮安道中 見一士人巡田

갓 쓰고 뒷짐 지고서 성근 울타리 나오니　　烏紗負手出疎籬
새로 비 내린 도랑 흰 물결이 보에 가득 찼다　　新雨看渠白滿陂
천 리 먼 길 다니며 산 찾아다녀봐야 무슨 소득 있나　　千里尋山何所得
그대가 농사일에 때 놓치지 않는 것이 낫도다　　謝君農務不違時

도산서원

陶山書院

옛날 은거하시던 곳에 궤장이 여전하니	几杖依然舊考槃
직접 가르침 받을 듯하여 의관 가다듬노라	若將承誨整衣冠
이곳 산수를 감히 품평할 수 없으니	巖泉不敢加題品
명종께서는 그림으로 그려다 보셨지[585]	明廟曾移畫裏看

585 명종께서는……보셨지 : 1566년(명종21) 명종은 이황(李滉)이 조정에 나오기를 매우 간절하게 기대하였으나 여러 번 사양하고 오지 않자 '현인을 불러도 오지 않는 것을 탄식한다.'라는 것으로 글제를 삼아 독서당 유신에게 각각 근체시(近體詩) 한 수씩을 짓게 하고, 또 이황이 사는 도산을 그림으로 그리게 하고는, 여성군(礪城君) 송인(宋寅)을 시켜 〈도산기(陶山記)〉와 〈도산잡영(陶山雜詠)〉을 그 위에 쓰게 하고, 병풍을 만들어서 처소에 펼쳐놓고 보았다고 한다. 《退溪先生年譜 卷2》

다시 읊다

又賦

제1수

비바람이 저녁나절 소슬하게 내리니	風雨晚颼颼
옛길에 다니는 사람 드물다	古道征人稀
말이 지쳐 채찍 잡은 것이지	馬疲著鞭策
내가 기갈 있어서가 아니라네	匪我有渴饑
도산이 벌써 멀리 바라다보이니	陶山已在望
비에 옷 젖는 것 아까워할 겨를 있으랴	何暇惜沾衣
석문오[586]에 도롱이 벗어 던져놓고서	投蓑石門塢
유정의 사립[587]에서 의관 정제하노라	整冠幽貞扉
담장 높이 몇 자 안 되나	墻高無幾尺
또한 다시 우러름에 높고 크도다	亦復仰巍巍
아 나는 독서 얕으니	嗟余讀書淺

586 석문오(石門塢) : 본래 주희(朱熹)가 복건성(福建省) 숭안현(崇安縣)에 있는 무이산(武夷山)의 무이구곡(武夷九曲)에 정사(精舍)를 짓고 석문으로 된 입구에 붙인 이름이다. 주희의 〈무이정사잡영(武夷精舍雜詠)〉 연작시에 나온다. 여기에서는 도산서원으로 들어가는 동구(洞口)를 가리킨 것이다.

587 유정의 사립 : 은자의 은둔을 가리키는 말이다. 《주역》 〈이괘(履卦) 구이(九二)〉에 "밟고 가는 길이 넓고 평탄하니, 오직 마음이 고요하고 편안한 사람만이 곧고 길하리라.〔履道坦坦, 幽人貞吉.〕"라고 한 데서 온 말이다. 이황이 도산에 정사를 짓고 당 앞의 출입하는 곳을 막아서 사립문을 만든 뒤 유정문(幽貞門)이라고 이름 지었다. 《退溪集 卷3 陶山雜詠 幷記》

어찌 도의 시비 알랴	豈識道是非
넘실대는 무이의 물결	洋洋武夷派
따라서 헤엄치기 내 바라네	沿泳竊所希
사문에 참된 맥 있거늘	斯文有眞脉
세상 유자들 정미하고 깊은 학문 소홀히 하는구나	世儒忽淵微
자부하는 자는 혹 알맹이 없는 표방이요	矜持或虛標
은둔한다고 어찌 참된 살짐이랴[588]	棲遯豈眞肥
겸손하고 겸손함이 군자의 마침이니[589]	謙謙君子終
선생께서 거의 가까우셨도다	夫子其庶幾
침잠하여 이굴[590]에 나아가고	沉潛卽理窟
독실하게 덕의 광채 드러내셨어라	篤實著德輝
탁월하신 사칠 논변[591]	紆餘四七辨
현묘하게 온축하신 것 수고로이 발휘하셨네	妙蘊勞發揮

588 자부하는……살짐이랴 : 세상에 자신의 학문이 높다고 자부하는 자들은 내실이 없고, 은둔하여 고상한 척하는 이들도 진정한 은둔이 아닌 세태를 말한 것이다. 살진다는 것은 은둔에 편안하여 여유롭게 사는 것을 뜻한다. 《주역》 〈돈괘(遯卦) 상구(上九)〉에 "살진 은둔이니 이롭지 않음이 없다.〔肥遯, 無不利.〕"라고 하였다.

589 겸손하고……마침이니 : "謙謙"은 저본에는 "慊慊"으로 되어있으나 《주역》에 의거하여 수정하였다. 《주역》 〈겸괘(謙卦) 초육(初六) 상(象)〉에 "겸손하고 겸손한 군자는 몸을 낮춤으로써 자신을 기른다.〔謙謙君子, 卑以自牧.〕"라고 하였고, 〈겸괘 단(彖)〉에 "겸(謙)은 높고 빛나며 낮추지만 넘을 수 없으니, 군자의 마침이다.〔謙, 尊而光, 卑而不可踰, 君子之終也.〕"라고 하였다.

590 이굴(理窟) : 이학(理學)의 심오한 경지를 뜻하는 말이다.

591 사칠 논변 : 이황과 기대승(奇大升) 사이에 오간 인의예지(仁義禮智)의 사단(四端)과 희로애락애오욕(喜怒哀樂愛惡欲)의 칠정에 관한 논변이다.

황이[592]는 우선 놓아두고　黃李且姑捨
회옹[593]의 합당한 기틀 얻으셨어라　晦翁得當機
구원[594]이 이처럼 적막하니　丘園闃若此
갈팡질팡 내 어디로 돌아갈까　倀倀吾焉歸

제2수 其二

지난해에 백연에 있으면서　昨歲百淵中
〈도산기〉[595]를 자세히 읽었네　細讀陶山記
바위와 샘 품평한 것 고찰해보고　巖泉考題品
못과 단의 위치 상상해보았지　塘社想位置
자나 깨나 마음속에 잊히지 않았는데　寤寐所勞神
지금 와서 실제로 밟아보게 되었구나　今來得實履
한번 천연대[596]에 올라　試上天淵臺
취병[597] 안쪽을 둘러보네　游目翠屛裏

592 황이 : 주희의 고제(高弟)인 황간(黃榦)과 이번(李燔)을 병칭한 것이다.

593 회옹 : 주희의 호이다.

594 구원 : 은자의 거처를 뜻하는 말이다. 《주역》 〈분괘(賁卦) 육오(六五)〉에 "구원을 아름답게 꾸몄으나, 한 묶음 비단 필이 조촐하기만 하니, 인색한 느낌이 들기는 하지만 끝내는 길하리라.〔賁于丘園, 束帛戔戔, 吝, 終吉.〕"라고 한 데서 온 말이다.

595 도산기 : 《퇴계집(退溪集)》 권3 〈도산잡영 병기(陶山雜詠 幷記)〉이다.

596 천연대 : 이황이 지은 도산서당(陶山書堂)에서 동쪽으로 몇 걸음 가면 있는 탁영담(濯纓潭) 앞에 솟아 있는 대의 이름이다. 《시경》 〈대아(大雅) 한록(旱麓)〉의 "솔개는 날아서 하늘에 이르고, 물고기는 못에서 뛴다.〔鳶飛戾天, 魚躍于淵.〕"라는 구절에서 따온 말이다.

597 취병 : 도산서원을 좌우에서 감싸고 있는 산의 이름이다. 왼쪽의 산을 동취병(東

들판 빛깔은 안개비에 휩싸여	野色和煙雨
아득히 십여 리에 펼쳐져 있구나	空濛十餘里
마음은 보이는 풍광 따라 넓어지고	心隨一覽廣
몸은 호연지기에 머무르도다	身與浩氣止
대의 구름과 물가의 갈매기	臺雲與渚鷗
눈길 닿는 곳마다 묘한 이치로구나	所觸皆妙理
탁영담이 또한 맑으니	濯纓潭亦澄
술잔 돌리던 바위[598] 여전히 우뚝하네	傳觴石尙峙
하늘 어둑해지도록 오랫동안 지팡이 짚고서	天昏倚杖久
굽어보고 우러름에 의취가 가시지 않누나	俛仰意未已
돌아오자 지게문 고요한데	歸來闃其戶
빈방에 벼루와 안석 완연하네	虛室宛硯几
솔개와 물고기 우주에 흩어져 펼쳐진 것을[599]	鳶魚散宇宙
이 방에서 그 묘한 이치 수습해 궁구하셨도다	收攝妙在此

翠屛), 오른쪽의 산을 서취병(西翠屛)이라 한다.

598 술잔 돌리던 바위 : 탁영담 가운데 있는 반타석(盤陀石)이다. 이황은 이 바위를 두고 모양이 넓적하여 배를 매 두고 술잔을 돌릴 만하다고 하였다.

599 솔개와……것을 : 우주의 상하 사방에 두루 퍼져 있는 이치를 말한 것이다. 《중용장구》 제12장에 "《시경》에 이르기를 '솔개는 날아서 하늘에 이르고, 물고기는 못에서 뛴다.'라고 하였으니, 이는 천지의 도가 높은 하늘이나 낮은 못이나 모두 똑같이 행해지고 있음을 말한 것이다."라고 하였는데, 이는 이(理)의 체(體)는 은미하여 보고 들을 수 없으나, 이의 용(用)은 상하 사방으로 널리 드러나 있음을 말한 것이다.

제3수 其三

저물녘 암서헌[600]	日暮巖棲軒
함께 따르는 사람 없네	無人與相隨
홀로 앉아 현묘한 이치에 의지하여	獨坐倚玄鑰
사색하듯 엄숙하게 옷깃 가다듬노라	整襟儼若思
선생의 기침 소리 들리는 듯하여	如聞謦欬聲
왕왕 바깥으로 나가보네	往往出牕帷
감응이 지극하니 어찌 멀다 하리오	感至夫何遠
정신이 융합하니 함께 기약한 듯하여라	神融與爲期
맑은 달이 잠깐 흰빛 보이더니	晴月乍露白
엷은 구름 다시 가려 보일 듯 말 듯	微雲復蔽虧
텅 빈 산에 멀리서 여울 소리 울리고	山空響遠瀨
꽃은 맑은 작은 연못에 떨어진다	花落澹小池
고요하고 밝은 밤 깊어만 가니	寥朗夜遂深
동쪽 봉우리에서 두견새 소리	東岑又子規
우리 회옹께서	仍思我晦翁
《논어》에 주석하시려던 때를 생각하노라[601]	欲註魯論時

600 암서헌 : 이황이 지은 도산서당의 세 칸의 당 가운데 동쪽에 있는 당의 이름이다.

601 우리……생각하노라 : 주희는 무이산에 은거하던 중인 1177년에 《논어집주(論語集註)》와 《논어혹문(論語或問)》을 연이어 완성하였다.

청량산

清凉山

제1수

송단과 반학이 맑은 물가에 있으니[602] 松壇伴鶴卽淸潯
여울 건너 꽃 헤치고 들어가자 경계 더욱 깊어지네 截瀨穿花境轉深
오솔길에 갈림길 많아 자주 말 멈추고 山逕多岐頻駐馬
온통 그늘뿐인 숲속에서 새소리만 들리누나 樹陰無缺但聞禽
승려는 절간에 머무르며 오래도록 면벽하니 僧留蓮院長看壁
아전이 가마를 불러 비로소 숲을 벗어나네 吏喚藍輿始出林
나는 현도 같은 제승지구 아닌 듯하니[603] 濟勝恐非玄度具
그림 그려 돌아가 소문처럼 거문고나 타리라[604] 畫歸將奏少文琴

602 송단과……있으니 : 청량산 계곡 입구의 시냇가에 큰 반송(蟠松)과 반학정(伴鶴亭)이 있으며, 이 시내를 건너 들어가면 길이 험해진다. 《本集 拾遺 卷28 嶺南日記》

603 나는……듯하니 : 삼연이 명산을 두루 유람하고 다닐 튼튼한 신체가 아니라는 말이다. 현도는 동진(東晉) 때 사람인 허순(許詢)의 자이다. 허순은 평소 산택(山澤)을 두루 유람하기를 좋아하였는데, 당시 사람들이 그에 대해 "명승지를 사랑하는 마음이 있을 뿐 아니라 제승지구(濟勝之具)도 있다."라고 하였다. 제승지구는 명승지를 다니는 도구, 즉 유람을 다니기에 적합한 튼튼한 팔다리를 이른다. 《世說新語 栖逸》

604 그림……타리라 : 튼튼한 몸이 아니라 다시 청량산에 오기 어려우니 청량산의 풍광을 그림으로 그려 돌아가 완상하겠다는 말이다. 소문은 남조(南朝) 송(宋)나라 때 금(琴)・서(書)・화(畫) 삼절(三絶)로 유명했던 종병(宗炳)의 자이다. 종병은 산수를 매우 사랑하여 유람을 즐겼는데, 뒤에 병이 들자 "늙음과 병이 한꺼번에 이르렀으므로 명산을 두루 구경하지 못할 듯싶으니, 오직 맑은 생각을 가지고 누워서 유상해야 할 뿐이다."라고 하고 그가 평소에 다녔던 명승지를 모두 방에 그려놓고 감상했다고

동구(洞口)에 반학정(伴鶴亭)이 있다.

제2수 其二

일만 길 청량산 하늘 높이 솟았으니　　清涼萬仞與天參

깎아지른 벽처럼 선 것이 참으로 퇴로의 말과 같아라[605]　　壁立眞如退老談

종소리가 북두성 자루까지 울리니 누각과 전각 우러러보고[606]　　鐘動辰樞仰樓殿

가마가 벼랑 복판 돌아가니 솔과 녹나무 숲 굽어본다　　輿旋崖腹俯松楠

필봉은 비스듬히 김생굴 향해 있고[607]　　筆峯斜拱金生窟

운기는 둥글게 치원암[608] 둘렀구나　　雲氣團圍致遠菴

여러 대에 두루 기대어봄에 외려 호기 일어나니　　倚遍諸臺猶浩氣

장차 흰 달빛 속에서 난참[609]을 기다려야지　　將因皓月候鸞驂

한다.《宋書 卷93 宗炳列傳》

605 깎아지른……같아라 :《퇴계집(退溪集)》 권3 〈도산잡영 병기(陶山雜詠 幷記)〉에 "청량산은 깎아지른 벽처럼 만 길 높이로 서 있다.〔清涼壁立萬仞〕"라고 하였다.

606 종소리가……우러러보고 : 청량산 높은 곳에 자리한 절과 암자들을 말한 것이다.

607 필봉은……있고 : 필봉은 청량산의 열두 봉우리 가운데 하나인 탁필봉(卓筆峯)이고, 김생굴은 통일신라 시대 서예가 서성(書聖) 김생(金生)이 글씨 공부를 한 곳으로 알려져 있는 굴이다.

608 치원암 : 신라 시대 최치원(崔致遠)이 수도했다고 전해지는 암자이다.

609 난참 : 난새가 끄는 신선의 수레이다.

청량산을 나오며

清凉道中

조팝꽃 흐드러지고 살구 열매 여물었는데	粟飯花繁杏子肥
날 전송하는 뻐꾸기 소리 점점 희미해진다	闌珊布穀送聲稀
소 모는 소리 곳곳 푸른 벼랑에 울리니	叱牛處處青崖響
설악으로 돌아가는 말 한 마리 참으로 더디구나	倍覺還山一騎遲

소공대[610]

召公臺

꽃다운 명성과 추악한 부류가 절로 현인과 간사한 이로 구분됨을 流芳遺醜自賢奸
한 조각 빗돌에서 살펴볼 수 있도다 一片龜頭可以觀
큰 바다가 말라서 육지 되지 않을진댄 不至滄溟涸成陸
남곤과 황희의 이름 없애기 어려우리 南黃名號滅應難

비문은 남곤이 지은 것이다.

610 소공대 : 조선 전기의 명재상인 황희(黃喜)가 1403년(태종3) 강원도 관찰사로 부임하여 선정을 베풀자 백성들이 그가 쉬었던 삼척(三陟) 와현(瓦峴)에 바위를 쌓고 소공대라 이름하였는데, 이는 주 문왕(周文王) 때 서백(西伯)에 임명된 소공(召公)의 선정(善政)에 감사하는 뜻에서 백성들이 그가 머물고 쉬었던 감당나무를 소중히 여겨 함부로 베지 않았던 뜻을 취한 것이다. 후에 황희의 현손인 황맹헌(黃孟獻)이 1516년(중종11)에 관찰사로 부임하여 이곳에 비를 세웠는데 비명은 남곤(南袞)이 지었다. 남곤은 중종 때의 훈구 재상(勳舊宰相)으로 신진 사류(新進士類)인 조광조(趙光祖) 등을 모함하여 기묘사화(己卯士禍)를 일으킨 주동 인물이다. 《新增東國輿地勝覽 卷44 江原道 三陟都護府》

울릉도를 멀리 바라보았으나 보지 못하고

望鬱陵島不見

한 마리 학 동쪽으로 나는 모습 멀리 바라다보니	一鶴東飛遠目勞
울릉도 소식을 구름과 파도에서 짐작해보노라	鬱陵消息占雲濤
인간 세상은 복사꽃이 시드는 계절이요	人間節序桃花老
자라 등[611]에서는 대숲이 봄바람에 드높겠네	鰲背春風竹藪高
청의가 몰래 경계를 침범하게 할 수야 있겠는가마는	可使靑衣潛犯界
황모가 조금 거룻배 타고 왕래하는 것은 무방하리라[612]	未妨黃帽稍通舠
진실로 뱃길에 바람이 해명거리 됨을 아나니[613]	誠知鷁路風爲解

611 자라 등 : 울릉도를 비유한 말이다. 발해(渤海) 동쪽의 다섯 신산(神山)이 조수(潮水)에 밀려 표류하자, 천제(天帝)가 금색 자라 15마리로 하여금 이 산들을 떠받치고 있게 하였는데, 용백국(龍伯國)의 거인이 단번에 자라 6마리를 낚아 가자 방호(方壺), 영주(瀛洲), 봉래(蓬萊)의 세 산만 남았다고 한다. 《列子 湯問》

612 청의가……무방하리라 : 청의는 왜적을 가리킨다. 75쪽 주144 참조. 황모는 뱃사공을 가리킨다. 토(土)가 수(水)를 이긴다는 뜻에서, 한(漢)나라 때 뱃사공이 토의 색깔인 황색 모자를 썼으므로, 황모랑(黃帽郞) 혹은 황두랑(黃頭郞)이라고 하였다. 《漢書 卷93 佞幸傳 鄧通》 이 구절은 왜인이 감히 경계를 침범하게 해서는 안 되지만, 어업을 위해 본국의 어부들이 거룻배로 왕래하는 것 정도는 허용할 수 있다는 말이다. 조선 시대 울릉도는 조선 정부의 쇄환정책(刷還政策)에 따라 무인도 상태였고, 멀리 떨어진 섬으로의 왕래를 금지하고 있었다.

613 진실로……아나니 : 바람이 거세서 띄울 수 없다는 말이다. 이는 《한서(漢書)》 권25 〈교사지 상(郊祀志上)에, 진시황(秦始皇)의 명령을 받고 삼신산(三神山)을 찾아

언뜻 바라만 봐도 사람을 호방하게 하기 충분하리 乍望令人亦足豪

떠난 서불(徐市)이 "배가 바다를 오갔는데 모두 바람이 불어서 도착할 수 없었다고 해명하면서 '그곳에 이르지는 못했으나 멀리서 바라볼 수는 있었습니다.'라고 하였다. 〔船交海中, 皆以風爲解曰 : "未能至, 望見之焉."〕"라고 한 표현을 원용한 것이다.

능파대[614]

凌波臺

무수한 바위 둘러싼 대에서 푸른 물결 내려다보니 萬石環臺瞰碧瀾
중향성 남은 맥이 잔안을 떨굼이라[615] 衆香餘脈落孱顔

614 능파대 : 삼척에 있는 명승이다. 《신증동국여지승람(新增東國輿地勝覽)》에 "삼척부에서 동쪽으로 10리 해안에 있으며, 예전에는 추암(秋巖)이라 하였다. 바위 두어 가지가 물 가운데에 섰고, 높이는 5, 6장쯤이다. 그 벼랑 위에는 수십 명이 앉을 만한데, 상당군(上黨君) 한명회(韓明澮)가 이름을 능파대라 고쳤다."라고 하였다.

삼척 능파대 전경

615 중향성……떨굼이라 : 능파대의 바위 모습이 중향성을 축소한 듯하다는 말이다. 중향성은 내금강 영랑봉(永郎峯) 동남쪽을 병풍처럼 둘러싸고 있는 하얀 바위 봉우리이다. 잔안은 삐쭉빼쭉 드높이 솟은 봉우리를 일컫는 말이다.

새끼 자라가 자그맣게 떠받든 바위 좁고[616] 鼇兒小戴雲根窄

노신선이 홀로 모은 옥 같은 발 차갑구나[617] 仙叟孤蹲玉趾寒

파도가 씻어내는 깊은 바윗골은 종률 소리 모여들고 浪漱嵌空鐘律會

수초가 늘어진 높은 암석은 이끼 꽃이 아롱졌다 藻延嶢岏蘚花斑

온갖 모습 다 묘사하려면 일천 날이 필요하거니 描窮萬態須千日

의취가 부족하여 아침 내내 말 멈추고 보노라 意短祟朝立馬看

616 새끼……좁고 : 능파대의 바위를 신산(神山)을 떠받드는 자라가 받치고 있는 듯하다는 말이다. 258쪽 주611 참조.

617 노신선이……차갑구나 : 차가운 바다를 향해 돌출해 있는 능파대의 바위 가운데 가장 앞쪽에 홀로 우뚝 선 촛대바위를 말한 것이다. 본집 습유 권28 〈영남일기(嶺南日記)〉에 "그 가운데에 한 바위가 홀로 빼어난데, 파리하고 굳센 것이 마치 노신선의 모양과 같았다.〔中有一巖孤秀, 瘦勁若老仙模樣.〕"라고 하였다.

송라정[618]

松蘿亭

아침놀 속에서 일만 그물을 대사립에 말리다가 朝霞萬網曬篁扉
대어는 몇 마리 낚지 못했다고 길손 향해 말하네 向客猶言得雋稀
듣자니 밤사이 먼바다로 나갔다가 聞說夜來天外泛
울릉도 외로운 달 싣고 돌아왔다 하는구나 鬱陵孤月載而歸

618 송라정 : 삼척의 북쪽 바닷가 소나무 숲에 있던 정자이다. 후에 개축하면서 애연정(僾然亭)으로 이름을 바꾸었다. 지금은 강원도 동해시 천곡동에 속한다.

파도

海濤

바다가 보내온 미친 파도 진실로 장대하니 海送狂濤信壯哉

까부르고 치뜨는 형세 맹렬하여 언덕 무너질 듯하네 簸掀勢烈岸將摧

삼군이 아침에 솟아나는 양기 속에 군장 꾸려 전진하듯 三軍朝氣騰裝進

일만 말이 가을 교외에 대오를 좇아오듯 萬馬秋郊趁隊來

높고 낮게 뿜어져 흩어지는 것 죄다 눈발 같고 噴散高低渾是雪

앞뒤에서 호응하는 소리 우레와도 같구나 唱喁前後合成雷

여울 살피는 방법을 내 어찌 감히 말하랴만[619] 觀瀾有術吾何敢

가슴속 시상이 날로 넓어짐을 차츰 알겠어라 稍覺詩胸日拓恢

619 여울……말하랴만 : 옛날 성현(聖賢)이 이미 그 방법을 말했으므로 자신이 다시 이야기할 것이 없다는 말이다. 《맹자》 〈진심 상(盡心上)〉에 "물을 관찰하는 데 요령이 있으니, 반드시 그 여울을 보아야 한다. 해와 달이 밝음을 간직하였으니, 빛을 받아들이는 곳에는 반드시 비춰준다. 흐르는 물의 속성은 구덩이를 다 채우지 않으면 나아가지 않는 법이니, 군자가 도에 뜻을 두고 문장을 이루지 못하면 도달하지 못한다.〔觀水有術, 必觀其瀾. 日月有明, 容光必照焉. 流水之爲物也, 不盈科不行, 君子之志於道也, 不成章不達.〕"라고 하였다.

우계 도중에[620]

羽溪道中

제1수

벌써 강릉 이정표를 만나니	已遇江陵堠
선사는 죽서에 그쳤네[621]	仙槎限竹西
귀로에 외려 설령이 험하게 막고 있으니	歸猶雪嶺阻
피곤하여 우계에서 잠시 유숙하고저	倦欲羽溪棲
말을 몰아가자 해당화 떨어지고	驅馬海棠落
사람과 친한 갈매기는 낮게 난다	狎人沙鳥低
산을 휘감아 옥천이 쏟아지니	山回玉泉瀉
고현에 푸른 솔이 가지런히 섰구나	古縣碧松齊

제2수 其二

파도 잔잔해 사람들 미역 따며	波恬人採藿
삼삼오오 모래사장에 모여 시끌시끌	三五聚沙喧
잗단 속세 차츰차츰 이별하니	瑣俗看看別
천상 선경 걸음마다 있구나	淸都步步存

620 우계 도중에 : 우계는 강릉도호부(江陵都護府)의 속현(屬縣)이다.

621 선사는 죽서에 그쳤네 : 선사는 울진의 이칭이고, 죽서는 죽서루(竹西樓)가 있는 삼척(三陟)을 말한 것이다. 이는 울진과 삼척을 거쳐 강릉으로 향하면서 우계를 거쳐 가는 경로를 말한 것인데, 마치 신선의 뗏목이 대나무 숲 서쪽에 멈췄다고 말한 것처럼 들리는 표현이기도 하다.

말 위에서 시는 원만히 지어지고　　詩圓應馬上
천근에서 눈이 활짝 트인다[622]　　眼豁卽天根
왕왕 안장에 기대 잠드니　　往往憑鞍睡
넋이 또 난생[623] 소리를 듣도다　　鸞笙又接魂

622 천근에서……트인다 : 여기에서 천근은 하늘 끝, 곧 하늘이 바다와 맞닿아 끝나는 지점인 수평선과 망망대해를 끝까지 바라본다는 뜻이다. 천근이 이러한 뜻으로 쓰인 용례는 본집 습유 권28 〈북관일기(北關日記)〉에 "기슭 동남쪽 곁에 배를 정박하고, 다리를 걷고 맨발로 남쪽 언덕에 올라 눈으로 천근을 끝까지 바라보니 드러나지 않는 광경이 없었다. 난도가 시야에 들어왔는데 형세가 마치 서로 껴안은 듯한 것이 더욱 기이하였다.〔泊船岸東南側, 揭跣上南阜, 目極天根, 靡不呈露. 卵島在望, 勢若相拱尤奇.〕"라고 한 것이 있으며, 정철(鄭澈)의 〈관동별곡(關東別曲)〉에 나오는 "천근을 못내 보와 망양정(望洋亭)에 오른 말이" 역시 같은 경우이다.

623 난생(鸞笙) : 자란생(紫鸞笙)의 준말로 신선이 부는 피리이다. 이백(李白)의 〈고풍(古風)〉 시에 "학의 등에 걸터앉은 한 선객(仙客)이 날고 날아 하늘로 올라가 구름 속에서 소리 높여 내가 바로 안기생이라고 외치네. 좌우에 백옥 같은 동자들이 나란히 자란생을 불어대네.〔客有鶴上仙, 飛飛凌太清. 揚言碧雲裏, 自道安期名. 兩兩白玉童, 雙吹紫鸞笙.〕"라고 하였다.

염호

鹽戶

영락하게 띠로 엮은 그저 몇 칸 집　　牢落編茅只數楹
말 앞으로 아침저녁 흰 연기 가로지르네　　馬前昏曉白煙橫
맑은 파도 솥에 부으니 교룡의 침이 섞였고　　澄波註釜和蛟沫
흰 눈이 소반에 쌓이니 범 형상 나타난다[624]　　皎雪堆盤露虎形
천하에서 몇 사람이나 싱거운 음식 먹어내랴　　天下幾人能淡食
해동의 가난한 백성 이것으로 애오라지 생계 꾸리누나
　　海東孱戶此聊生
다만 가엾기는 높은 언덕 소나무들이　　獨憐高岸蒼官輩
인접한 재앙 침노하여 목숨이 가벼운 것이로다[625]　　隣禍相侵命亦輕

624 흰……나타난다 : 쌓인 소금을 비유한 말이다. 《춘추좌씨전(春秋左氏傳)》 희공(僖公) 30년에 "범 모양으로 뭉친 소금〔鹽虎形〕"이라는 말이 나오는데, 이후 흔히 쌓인 소금 더미나 눈 더미를 가리키는 말로 쓰였다.

625 인접한……것이로다 : 바닷물을 끓여 소금을 만드느라 근처의 소나무들이 쉽게 베인다는 말이다.

고깃배

漁舟

제1수

가뭄과 홍수로 하늘의 노여움 내리니　旱潦天怒在
시내와 못에 물고기 적어라　川澤卵生貧
도성 벼슬아치는 회로 배부르건만　飽膾長安吏
바닷가 백성은 누더기 입고 지낸다네　懸鶉海邑民
깊이 구중궁궐에서 주류[626]를 하고서　黈旒深御殿
널리 바닷가 어촌까지 매질 가하는구나　鞭撻廣漁津
관동 백성 실정 그린 한 폭 그림을　一幅關東畫
어이하면 임금 앞에 걸 수 있을까[627]　何由挂北辰

626 주류 : 주광(黈纊)과 면류(冕旒)이다. 주광은 누런색의 솜을 둥글게 뭉쳐 면류관의 양끝에 단 것으로, 요긴하지 않은 말까지 지나치게 듣는 것을 막는다는 뜻을 지녔고, 면류는 면류관의 덮개에 여러 줄로 드리운 끈에 꿴 구슬로, 임금이 지나치게 밝혀 살피는 것을 막는다는 뜻을 지녔다. 여기에서는 먼 바닷가 백성의 실정을 잘 살피지 못하는 것을 가리킨다.

627 관동……있을까 : 송(宋)나라 때 정협(鄭俠)이 유민(流民)의 모습을 그려 황제에게 바쳐 임금을 깨우쳤듯이 관동 백성의 실정을 그려 올려 임금의 마음을 깨우치게 하고 싶다는 말이다. 송나라 때 왕안석(王安石)이 신법(新法)을 무리하게 추진하여 백성들이 고통에 시달렸는데, 정협이 여러 차례 왕안석에게 서찰을 보내 폐단을 말하였으나 받아들여지지 않았다. 얼마 뒤 그가 안상문(安上門) 감문관이 되었을 때, 큰 가뭄이 들어 유민들이 길을 메웠는데 입지도 먹지도 못하여 수척한 모습에다 심지어 차꼬를 차고서 옹기와 나무를 져다가 팔아서 관아에 바치기까지 하였다. 정협은 이들의 모습을 그려 소장과 함께 신종(神宗)에게 바쳤는데 이 그림을 '유민도(流民圖)'라 하였다. 신종

제2수 其二

풍랑이 어부 잠 깨워	浪攪漁人睡
새벽녘에 각기 배 띄우누나	凌晨各放舟
안개 낀 파도는 시 읊을 풍광 넘쳐나거니와	煙波詩景富
안옥은 어촌의 근심이로다[628]	岸獄浦家愁
또한 관풍하는 이 있거늘	亦有觀風者
그 가운데 누가 혈구 하였던가[629]	誰曾絜矩不
아아 오인의 세상이라면	于嗟於牣世
정공이지 어찌 가렴주구 되겠는가[630]	正供豈誅求

은 그림을 보고 몹시 탄식하다가 이튿날 청묘(青苗)·면역(免役) 등의 신법을 혁파하였다. 《宋史 卷321 鄭俠傳》

628 안옥은 어촌의 근심이로다 : 어촌 사람들이 고기잡이하기에 마땅하지 않은 날씨로 관가에 바칠 수량을 다 채우지 못하고 형벌을 받게 될까 근심한다는 말이다. 안옥은 감옥의 뜻이다. 《시경》 〈소아(小雅) 소완(小宛)〉에 "가엾은 우리 병들고 힘없는 이여, 안옥에 마땅하다 하도다.〔哀我塡寡, 宜岸宜獄.〕"라고 한 데서 온 말이다.

629 또한……하였던가 : 관풍찰속(觀風察俗)의 임무를 맡은 지방관이 백성들의 실정을 살피고도 백성들을 자기 몸처럼 생각하지 않고 구휼의 정사를 팽개쳐 두었다는 말이다. 혈구에서 혈(絜)은 헤아림이고 구(矩)는 곡척(曲尺)으로 물건의 장단(長短)과 광협(廣狹), 곡직(曲直)을 재는 기구인바, 곧 자신의 마음을 가지고 타인을 헤아리는 척도로 삼음을 비유한 것이다. 이는 곧 윗사람이 자신의 마음을 미루어 남의 마음을 헤아려서 백성이 좋아하는 것을 베풀고 싫어하는 것을 베풀지 않는 것을 말한 것이다. 《大學章句 傳10章》

630 아아……되겠는가 : 물고기가 바다에 많을 때라면 관아에서 백성들에게 부과한 물고기 수효가 부담이 되지 않겠지만, 지금 물고기가 많이 잡히지 않는 때에 관아에서 무리하게 물고기를 거두는 것은 가렴주구가 된다는 말이다. 오인은 물고기들이 물속에 가득하여 자유롭게 뛰노는 것을 뜻한다. 《시경》 〈대아(大雅) 영대(靈臺)〉에 "아, 가득히 물고기가 뛰노는구나.〔於牣魚躍〕"라고 한 데서 온 말이다. 정공은 조정에서 백성에게 부과하는 정당한 부담이라는 뜻으로, 부세(賦稅)와 방물(方物)을 말한다.

망해잡영

望海雜詠

제1수

없는 것이 무엇이랴 실로 빠짐없이 갖추었으니	于何不有實森羅
두 번째 와서 바라봄에 또한 칭송할 만하도다	再度窺臨亦可誇
폭풍 불려 하는 파도는 푸르고 흰 주름으로 나뉘고	欲颶浪分青白皺
미명의 하늘은 엷고 짙은 놀로 취한 듯하네	未暾天醉淡濃霞
흐리고 갬에 따라 자태 달리하며 산안개 돕고[631]	陰晴異態資山靄
넓고 좁게 시기 따라 포구 모래 희롱하누나[632]	闊狹隨機弄浦沙
온서 태워 밑바닥까지 환히 볼 것도 없이	不待溫犀燃洞底
아가미 마르고 지느러미 파닥거리며 포구에 가득하구나[633]	曝鰓揚鬣滿津涯

631 흐리고……돕고 : 날씨에 따라 그 모습과 양을 달리하며 산을 뒤덮는 해무(海霧)를 말한 것이다.

632 넓고……희롱하누나 : 파도가 만조와 간조 등에 따라 바닷가 모래사장을 침식하는 것이 다름을 말한 것이다.

633 온서……가득하구나 : 온서는 진(晉)나라 때 온교(溫嶠)가 가지고 있던 무소뿔이다. 온교가 여행을 하다가 무창(武昌)의 우저기(牛渚磯)에 당도하였는데, 사람들이 물속에 괴물이 산다고 하기에, 온교가 무소뿔에 불을 붙여서 물속을 비추자 물속에 있던 기이한 모습의 괴물들이 모두 모습을 드러냈다고 한다.《晉書 卷67 溫嶠列傳》곧 군이 바다 아래를 다 살펴볼 필요도 없이 포구에 어부들이 잡아온 물고기가 가득 널려 있어 그 모습을 알 수 있다는 말이다.

제2수 其二

삼한의 경계가 비스듬한 언덕에 임했으니 三韓疆界臨欹岸
무수한 계곡물이 조종[634]하러 먼 도랑에서 쏟아진다 萬谷朝宗註遠溝
볼만한 물건은 오직 이 거대한 바다라 物有可觀惟此巨
늘그막의 사람이 이 유람 나섰어라 人方垂老作玆遊
고래며 새우와 몸을 마주하여 비교할 만하고[635] 鯨蝦對體堪方比
갈매기며 오리와 기심을 잊은 채 짝하도다 鷗鴨忘情亦匹儔
활발발한 천기를 투철하게 터득한다면 潑潑天機看得透
중니의 문하에서 같이 뗏목 탐을 허여하리라[636] 仲尼門下許同桴

제3수 其三

망망대해에 아득히 해 돋으니 悠悠出日海茫茫
초록빛 구릿대 푸른 마름 점점 길에 자란다 綠芷青蘋漸路長

634 조종 : 본디 제후(諸侯)가 천자(天子)에게 가서 알현하는 것으로, 봄에 알현하는 것을 조(朝)라 하고 여름에 알현하는 것을 종(宗)이라 하는데, 강물이 바다로 흘러가 모여드는 것 역시 제후가 천자국에 조회(朝會)하러 가는 것과 같다 하여 조종이라 한다. 《서경》 〈하서(夏書) 우공(禹貢)〉에 "강수와 한수가 바다로 흘러가 모여든다.〔江漢朝宗于海〕"라고 하였다.

635 고래며……만하고 : 바다에서 고래는 큰 것의 대표이고 새우는 작은 것의 대표이니, 그 크고 작은 사물과 자신을 비교하여 천지 간에서 자신의 존재를 가늠해본다는 뜻이다.

636 중니의……허여하리라 : 공자는 천하가 어지러워 도를 펼 수 없음을 보고 "도가 행해지지 않으니 뗏목을 타고 바다를 항해하리라.〔道不行, 乘桴浮于海.〕"라고 하였으며, 자신의 제자 가운데 함께 따라올 사람은 자로(子路)일 것이라고 말하기도 하였다. 《論語 公冶長》

장생이 북약 칭송한 것 이미 믿었거니와[637] 已信莊生誇北若
초수가 동황 노래한 것 이어 뒤따르노라[638] 仍追楚叟詠東皇
부상[639]의 여린 잎새 풍광 특별하고 扶桑嫩葉風光別
봉래섬[640] 풍성한 지초 기미 좋아라 蓬島腴芝氣味良
설령 단약 완성하여 멀리 난다 해도 假使丹成飛去遠
이 드넓은 바다를 다 돌아보지는 못하리라 不能於此復翱徉

제4수 其四

해당화 핀 모래사장 흥겨이 거니니 海棠沙路興蹁躚
안개비가 동쪽 하늘 저편에 가득하구나 煙雨東邊拍拍天
난새와 학은 구름 속을 날고 피곤한 말은 느릿느릿 鸞鶴在雲疲馬緩

637 장생이……믿었거니와 : 장자(莊子)가 바다의 드넓음을 칭송한 말을 믿었기에 바다를 보러 나왔다는 말이다. 북약은 북해(北海)의 신인 약(若)이다. 《장자》〈추수(秋水)〉에, 가을 물이 불어나자 득의양양한 하백(河伯)이 물결을 따라 북해에 이르러 그 드넓음을 보고는 망연자실하여 북해의 신 약에게 겸손해하며 바다의 드넓음을 칭송하였고, 이에 약이 하백에게 도(道)에 대해 담론하는 우화가 나온다.

638 초수가……뒤따르노라 : 드넓은 바다와 만남을 기뻐하며 읊조린다는 말이다. 초수는 초(楚)나라의 굴원(屈原)을 가리키고, 동황은 존귀한 천신(天神)의 이름으로 굴원이 지은 《초사(楚辭)》〈구가(九歌)〉의 첫 번째 노래 제목이 〈동황태일(東皇太一)〉이다. 〈동황태일〉 편은 특별히 바다와 연관된 내용은 없다. 다만 본집 습유 권24의 〈구가해(九歌解)〉에서 〈동황태일〉에 대해 "만남을 기뻐한 것이다.〔喜其合也〕"라고 하였는데, 이 뜻을 취한 것으로 보인다.

639 부상 : 동해 속에 있다는 신목(神木)이다. 해가 뜰 때 이 나뭇가지를 떨치고 솟구쳐 오른다 하여 해가 뜨는 곳이나 동해를 가리키는 말로 쓰인다.

640 봉래섬 : 영주(瀛洲)·방장(方丈)과 함께 동해에 있다는 전설상의 삼신산(三神山)이다.

고래와 거북은 파도 속에서 나오고 어린 동복은 자빠진다 鯨龜出浪小僮顚

사물 가운데 바다와 비길 만한 것 없음을 또한 알겠거니와 亦知無物堪方海

훗날에 밭이 되지 않으리라 어찌 확신하랴[641] 詎必他年不作田

마고를 만나 이 일을 논하지 못하고서 未遇麻姑論此事

낙산[642] 앞에서 호탕한 노래 한 곡 불러보노라 浩歌一曲洛山前

제5수 其五

남쪽 유람 통쾌하지 못해 또 동쪽 유람하니 南遊未暢又東遊

드넓은 천지의 끝[643]이 두 눈에 모여드네 軒豁端倪會兩眸

높고 큰 온갖 괴이한 모양은 아침 햇살이 돕고[644] 萬怪輪囷朝景借

641 훗날에……확신하랴 : 아무리 큰 바다라도 유구한 세월 속에 변화를 겪을 것이라는 말이다. 선녀 마고(麻姑)가 신선 왕원(王遠)을 만나 "우리가 만난 이래로 동해가 세 번이나 뽕밭으로 변한 것을 이미 보았는데, 저번에 봉래에 가보니 물이 또 지난번에 보았을 때에 비해서 약 반으로 줄었으니, 어쩌면 다시 땅으로 변하려 하는 것인지도 모르겠다."라고 하자, 왕원이 웃으면서 "바닷속에서 또 먼지가 날리게 될 것이라고 성인들이 모두 말하고 있다."라고 했다는 상전벽해(桑田碧海)의 고사가 있다.《神仙傳 卷7 麻姑》

642 낙산 : 강원도 양양군의 북부 강현면 전진리에 위치한 산 이름이다. 오봉산(五峯山)이라고도 하며 낙산사(洛山寺)가 있다.

643 드넓은 천지의 끝 : 바다를 가리킨 것이다. 한유(韓愈)의 〈남해신묘비(南海神廟碑)〉에 "큰 거북 긴 고기 펄펄 뛰며 앞뒤를 이었고, 하늘 끝과 땅끝은 너르게 드러났다.〔穹龜長魚, 踊躍後先. 乾端坤倪, 軒豁呈露.〕"라고 하였다.

644 높고……돕고 : 바다의 운기(雲氣)가 햇살 속에 온갖 모습을 보여주고 있다는 말이다. 원문의 '윤곤(輪囷)'은 높고 큰 운기의 모습을 형용한 말이다.《사기(史記)》

빠르게 가는 한 척 배는 먹구름이 근심스럽다	一帆飄瞥暝雲愁
때때로 치는 박수에 어촌이 놀라는데	有時拍手驚漁戶
종소리 찾아 범종루에 오를 겨를 없어라	未暇尋鐘上梵樓
말 앞으로 커다란 설산의 모습 나타나니	馬首雪山呈面大
비로소 흥 거두어 이곳에 머물 만하도다	始堪收興此棲留

권27 〈천관서(天官書)〉에 “안개 같으면서 안개가 아니고 구름 같으면서 구름이 아닌 것이 뭉게뭉게 높고 크게 어지러이 피어나 엷어졌다 짙어졌다 하는 것을 경운이라고 한다.〔若烟非烟, 若雲非雲, 郁郁紛紛, 蕭索輪困, 是謂卿雲.〕”라고 하였다.

경포대에 들러

過鏡浦臺

안인[645]에서 경포 호수 이르기까지　　安仁以至鏡湖涯
풀밭과 모래사장 멀고 길게 뻗었고 언덕에는 꽃 피었네
　　草遠沙長岸有花
고래가 휘저은들 어찌 온 바다가 탁해지랴　　全海豈容鯨攪濁
학은 날아올라 한 조각 구름 잡아채누나　　片雲猶見鶴侵拏
신선이 진결 수습하던 단약 화덕 남아 있고[646]　　仙留丹竈收眞訣
승려는 법화경 외우며 차가운 솔에 기대 있네[647]　　僧倚寒松誦法華
연기[648]와 참선 모두 무엇을 일삼는 것이니　　鍊氣參禪俱屬事
이 마음은 오직 빈 뗏목을 짝하고저　　此心惟欲伴虛槎

645 안인 : 강릉에 속한 역명(驛名)이다. 경포대의 남쪽에 있으며 오늘날의 안인항이다.

646 신선이……있고 : 경포대는 신라 시대 네 명의 국선(國仙)인 영랑(永郎), 술랑(述郎), 안상(安祥), 남석행(南石行)이 놀던 곳이라고 전해지므로 한 말이다. 경포대 인근의 한송정(寒松亭) 자리에 이들이 사용했다고 전해지는 석조(石竈)와 돌절구 등의 유적이 남아 있다. 돌절구에는 강릉 부사(江陵府使)를 지낸 윤종의(尹宗儀)가 가장자리에 '신라선인영랑연단석구(新羅仙人永郎鍊丹石臼)'라는 글귀를 새겨놓기도 하였다.

647 승려는……있네 : 경포대 인근에는 한송사(寒松寺)라는 절이 있었다.

648 연기 : 도가(道家)에서 장생(長生)을 위하여 토납(吐納)이나 도인(導引) 등의 방법으로 기(氣)를 단련하는 것이다.

모래 언덕

沙岸

갈매기 떼 모래 언덕에 무리 지어 모이고	群鷗沙岸聚成叢
고삐 잡고 느릿느릿 가는 눈처럼 머리 센 늙은이	攬轡徐行雪鬢翁
영주[649]에 미녀가 많음을 알겠으니	認得瀛州多佚女
해당화 아래에서 방풍나물 뜯누나	海棠花下採防風

649 영주 : 봉래(蓬萊), 방장(方丈)과 함께 삼신산(三神山)의 하나인데, 여기에서는 동해의 해변을 가리킨 말로 쓰였다.

동해묘

東海廟

언덕에 우뚝이 선 일천 그루 푸른 솔 千株立岸聳蒼松
모두 파도 타고 넘어가 용을 배우려 하네[650] 摠欲凌波去學龍
아명신[651]의 사당을 잘 지었으니 好作阿明神廟社
우레 울리고 비 내뿜어 관동을 두루 적시누나 鼓嘘雷雨散關東

650 모두……하네 : 바다를 향해 용처럼 구불구불한 모양으로 뻗어 있는 소나무의 모습을 형용한 말이다.

651 아명신 : 동해의 신이다. 《고미서(古微書)》 권34에 "동해의 신 이름은 아명이고, 남해의 신 이름은 축융(祝融)이고, 서해의 신 이름은 신승(臣乘)이고, 북해의 신 이름은 우강(禺强)이다."라고 하였다.

설악을 바라보며

望雪嶽

유쾌한 감상이 진정 쌓인 피로 잊게 하니 賞愜眞能忘積疲
집에 있을 적엔 건강한 적 드물었어라 在家聞健亦曾稀
갈 때는 남쪽으로 날아가는 붕새를 바삐 좇다가[652] 去時忙逐鵬南徙
돌아올 때는 북쪽으로 날아가는 기러기를 한가로이 따르도다
歸日閑隨鴈北飛
정오의 객점에서 올린 밥상에는 고비나물 차렸고 午店擧盤薇亦作
봄날 모래사장 말 타고 가니 풀이 한창 무성하네[653] 春沙縱鞚草方肥
풍광의 변천이 나의 흥을 따르니[654] 風光流轉因吾興
바위 언덕으로 즐거이 돌아가 벽려의[655] 입으리라 好返巖阿薜荔衣

652 지난번……좇다가 : 남쪽으로 유람을 갔다는 말이다. 183쪽 주420 참조.

653 정오의……무성하네 : 고비나물과 무성한 풀은 모두 늦봄에서 초여름으로 넘어가는 계절적 상황을 나타낸 것이다. 고비나물은 가을에서 봄까지 채취하여 먹을 수 있다.

654 풍광의……따르니 : 흥을 일으켜 여행을 시작할 때는 풍광 역시 한창 봄이었는데, 이제 흥이 다하여 여행을 끝내고 돌아갈 때는 풍광 역시 늦봄에 접어들어 쇠해가고 있다는 말이다. 삼연은 2월 초3일에 여행을 떠났다가 윤3월에 설악으로 돌아왔다.《本集 拾遺 卷28 嶺南日記》

655 벽려의 : 102쪽 주209 참조.

다시 읊다
又賦

산을 향해 길게 읍하며 그간 안부 물으니 向山長揖問何如
구름 덮인 둥근 산봉우리 어른어른 나타난다 雲蓋圓巔冉冉舒
알겠어라 백연에서 용이 토해 보내어 知自百淵龍吐送
누각 가득 푸르고 흰 기운이 거문고와 책을 적심을 滿樓青白潤琴書

산에 돌아와 밤에 앉아

還山夜坐

붉게 타는 석양 산에 뻗어 판잣집 밝히니	赤燒延山板屋明
석문 저 멀리서 들리는 두견새 소리	石門迢遞子規聲
산에 돌아와 의취의 깊이를 살펴보노니	還山意味看深淺
가슴속 바다 거센 파도 반은 가라앉지 않았네	胸海奔濤半未平

성류굴[656]

聖留窟

성류굴은 관동(關東) 울진군(蔚珍郡) 해안의 큰 천변(川邊)에 있는데 그 깊이를 헤아릴 수 없다. 어떤 사람은 말하기를 "옆으로 뻗어 평해(平海)까지 통하는 길이 수삼(數三) 유순(由旬)이나 되며, 그 안에 뛰어나고 오묘한 구경거리가 가지가지로 신기하여 다 설명할 수가 없다."라고 한다. 내가 아이 때 중형(仲兄)에게 들은 것이 있는데, 중형은 정관재(靜觀齋) 이 선생(李先生 이단상(李端相))에게 들은 것으로, 대개 선생은 선대부(先大夫) 백주공(白洲公 이명한(李明漢))이 강원도 관찰사로 부임할 때 따라가 두루 유람하다가 이곳에 이르러 실컷 구경했다고 한다. 그 말에 따르면 굴 안에는 세 개의 금탑(金塔)이 있는데 하늘에서 만든 것처럼 교묘하고 아름다워 바닷가의 여러 승경들 가운데에서도 최고라고 한다. 내가 이 말을 듣고 심취한 지가 오래였다. 뒤에 금강산을 한껏 유람하고서 바닷가 한 모퉁이에 이르러 남쪽으로 선사(仙槎 울진의 이칭)를 바라보니 그 거리가 천 리나 아득히 먼지라 나의 발걸음이 국한되는 바에 매양 바람을 맞으며 크게 탄식하였다. 그러다가 무자년(1708, 숙종34)에 마침내 몸을 떨쳐 바닷가를 따라 남쪽으로 가서 마침내 동천(洞天)의 기이한 구

656 성류굴 : 경북 울진군 근남면(近南面) 구산리(九山里)에 있는 동굴로, 탱천굴(撐天窟)·장천굴(掌天窟)·선유굴(仙遊窟)이라고도 한다. 임진왜란 때 불상을 이 동굴에 옮겨 보호한 데서 붙여진 이름이라고 한다.

경거리를 찾았는데 이른바 세 자리의 금탑은 과연 듣던 대로 통쾌하였다. 금탑은 앞뒤로 겹겹이 솟아 층층이 보이는데 모두 일산과 당번(幢幡) 모양이었다. 또 석종(石鐘)이 있는데 치면 웅장하게 기이한 소리가 났다. 이곳을 지나면 또 백옥 기둥이 있어 더욱 기이하였는데 다리와 길이 끊어져 다 가보지 못하고 돌아왔다. 그러고서 단지 수십 운의 장편시로 그 기이한 광경을 묘사하고 다시 한번 찾아오려는 뜻을 정하려 했는데 미처 종이로 옮겨 적지 못하고 홀연히 잊어버리고서는 마음속으로 생각만 하던 중 마침 곡운(谷雲)에서 새벽녘 베개에 누워 있으면서 역력히 떠올라 대략 첨입하여 모두 42운으로 지었다. 시격(詩格)은 비록 비루하지만 이를 통해 그때의 신선 같은 유람을 잊지 않는다면 그 역시 좋을 것이다

선사군 형세가 큰 배와 같으니	仙槎郡勢若大船
눈빛 모래 은빛 파도 아득히 가없어라	雪沙銀濤浩無邊
그 형세 움츠러들어 깊숙한 동굴이 해안에 있으니	縮作谽谺在別岸
그 속에 만고의 둥근 하늘 품고 있도다	中藏萬古團團天
도가의 삼십육 동천[657]	道家三十六洞天
이 동굴 참으로 금화[658]와 연결되네	此洞定與金華連
남쪽으로 평해와 몇 유순 떨어졌는데	南距平海數由旬
굴 안에서 절굿공이 띄우면 바닷가까지 도달하네	窟中漂杵達海堧

657 삼십육 동천 : 인간 세계에서 신선이 산다는 별천지이다.

658 금화 : 삼십육 동천의 가장 첫 번째 동천이다. 절강(浙江) 금화시(金華市) 북쪽 금화산(金華山) 아래에 있다.

내 장차 얼른 들어가 깊고 넓은 동굴 속 찾으려니 吾將趲入搜嵌空

어렴풋이 신령스러운 빛 있는 듯했어라 髣髴若有靈光然

남공 사고가 신명과 통함은 南公師古通神明

응당 인근에서 기운을 톡톡히 받은 것이로다[659] 應以隣近襲氣偏

횃불 일백 개 든 화반[660]들 모여 束炬百把團火伴

웃옷과 갓을 벗고 가벼운 차림으로 들어가네 袒去縫掖從輕便

송나라 땅 지나는 것도 아닌데 우선 미복하고[661] 非過宋地且微服

음평 내달리듯 담요를 몸에 감쌌어라[662] 若趨陰平用裹氈

몸을 좁게 말아 돌아가는 길은 거의 백 장이나 되는데 將身窄轉幾百丈

바짝 다가붙는 바윗골에 혹 어깨가 쓸리기도 하네 撞面巖嶰或磨肩

지팡이로 땅 더듬어 칠흑 같은 길 가니 높낮이 모르겠고

659 남공……것이로다 : 남사고(南師古)는 명종(明宗) 때 인물로 본관은 영양(英陽), 호는 격암(格庵)이다. 역학(易學)·천문(天文)·관상(觀相)·복서(卜筮) 등에 통달한 이인(異人)으로 알려져 있다. 그의 생가 유적지가 성류굴 근처에 있다.

660 화반 : 북위(北魏) 때 군중(軍中)에서 열 사람을 단위로 함께 밥을 지어 먹게 하고 이렇게 같은 불을 쓰는 이를 화반이라고 하였는데, 후대에는 동반자를 지칭하는 말로 쓰였다. 여기에서는 횃불을 같이 든 동반자를 가리킨 말이다.

661 송나라……미복하고 : 옛날에 공자 일행이 송나라를 지날 때 송나라의 사마환퇴(司馬桓魋)가 포위하여 공자를 살해하려 하자 공자가 미복(微服)을 하고 빠져나간 일이 있다. 《孟子 萬章上》 동굴로 들어가면서 간편한 복장을 한 것을 형용한 말이다.

662 음평……감쌌어라 : 삼국 시대 위(魏)의 장수 등애(鄧艾)가 촉(蜀)을 정벌하면서 음평(陰平)의 험한 산길을 뚫어 길을 내어 촉으로 들어갔는데, 이때 험한 벼랑길을 지나면서 등애 자신은 담요로 몸을 싸고 밀어 굴려 내려간 일이 있다. 《三國志 卷28 魏書 鄧艾傳》 동굴로 들어가면서 담요로 몸을 감싸 보호한 것을 형용한 말이다.

摘埴冥行昧高低

귓가에는 동굴 샘으로 흘러드는 물결 부딪히는 소리 들린다

耳邊澎湃淙陰泉

왕왕 옆걸음질 치며 게를 따라 하고 往往傍行學郭索

겨드랑이 착 붙이고 턱 지탱하며[663] 힘겹게 바위 부여잡노라

接腋持頤費龕緣

옆으로 두루 펼쳐진 작은 구멍들은 비 자 모양인데 旁羅小竅若非字

한번 들어가면 나오지 못하는 것이 곧 캄캄한 묘도(墓道) 같도다

一入不出便玄埏

길 못 찾는 이 인도하느라 자주 부르며 붉은 횃불 드니

導迷頻呼朱火擧

켜켜이 떠오른 검은 얼굴[664]은 고금에 쌓인 그을음일세

積蒸玄顔古今煙

홀연 길이 평탄해져 발걸음 편안하니 忽然坦平步履妥

작은 마당을 돌아서 둥근 광장 나오누나 小場旋來大場圓

그 높이가 다섯 길의 깃발 세울 만하고 其高可建五丈旗

아래에는 십우[665]의 밭 개간할 수 있겠네 下容十耦畇畇田

663 겨드랑이……지탱하며 : 《장자(莊子)》 〈추수(秋水)〉에서 개구리가 물에 들어가 두 겨드랑이를 물에 찰싹 붙인 채 턱을 지탱하여 들고 있는 모습을 형용한 표현인데, 여기에서는 좁은 구멍을 지나면서 포복하여 가는 모습을 형용한 것이다.

664 켜켜이……얼굴 : 횃불의 연기가 동굴 벽에 쌓인 것을 형용한 말이다. 《초사(楚辭)》 〈초혼(招魂)〉에 "매달아놓은 횃불의 불빛 널리 퍼져나가 검은 얼굴 오르네.〔懸火延起兮玄顔烝〕"라고 하였는데, 그 주석에 현안(玄顔)은 횃불의 연기가 하늘로 뻗쳐 올라가 하늘을 검게 만드는 것이라고 하였다. 《楚辭補註 卷9 招魂》

영지는 환하게 빛나고 박쥐는 포동포동　　靈芝煥發蝙蝠肥

우러러보니 종유석은 겹겹으로 매달려 있다　　仰看鐘乳累累懸

안개 기운 뚫고 자란 옥 같은 석순(石筍)은 혹 윗부분이 부러졌고
玉筍抽雲或上折

땅으로 드리워진 고드름 같은 종유석은 부서져 완전치가 않구나
氷霤垂地碎未全

겹겹이 솟아 층층이 보이는 것들 모두 일산과 당번 모양인데
疊出層見揔傘幢

길을 끼고서 나부끼며 한드랑거리네　　夾路婀娜以翩蹮

자개와 황기의 기운이 절강에 도는 듯[666]　　紫蓋黃旗浙江巡

금으로 만든 부절과 날개옷 있는 요지의 연회인 듯[667]
金節羽衣瑤池筵

풍이의 찬란한 패궐이 열리고[668]　　照爛馮夷貝闕開

665 십우 : 두 사람이 어깨를 나란히 하고 두 개의 보습으로 경작하는 것을 일우(一耦)라고 하는데, 그러한 밭이 열 개가 있는 것이다. 《周禮 地官 里宰》

666 자개와……듯 : 육조(六朝) 시대 이래로 두성(斗星)과 우성(牛星) 사이에 붉은 수레 덮개와 황색 깃발과도 같은 운기(雲氣)가 나타나 강동(江東) 지역에 천자의 기운이 돈다고 인식되어 많은 왕조가 강동 지역에 도읍을 삼았다. 《雲谷雜記 補編》 여기에서는 동굴 안의 모습을 형용한 말이다.

667 금으로……듯 : 요지는 고대 전설상 곤륜산(崑崙山) 위에 있는 연못의 이름으로 서왕모가 거처하는 곳이다. 주 목왕(周穆王)이 팔준마(八駿馬)가 모는 수레를 타고 천하를 두루 유람하다가 곤륜산 꼭대기의 요지에 이르러 서왕모의 환대를 받고 연회를 가졌다는 신화가 있다. 《列子 周穆王》 여기에서는 동굴 안의 선경(仙境) 같은 모습을 형용한 말이다.

668 풍이의……열리고 : 풍이는 황하(黃河)의 신 곧 하백(河伯)이다. 《장자》 〈대종

파사의 줄지은 보배 상점이 잇달았네[669] 絡繹波斯寶肆聯
얼마 안 있어 영취산으로 돌아 들어가니 無何轉入靈鷲山
항사와 같은 부처들이 금련에 앉았구나[670] 恒沙諸佛坐金蓮
솔도[671] 세 개가 하늘이 만든 듯 지극히 공교로우니 窣屠三座極天巧
자금색 염부[672]의 상서로운 빛 선명하다 紫金閻浮瑞光鮮
홍황 때에 미리 이곳 준비해 두었으니 鴻荒乃有此準備
상교가 어찌 영명의 해 기다리랴[673] 象教奚待永明年

사(大宗師)〉에 "풍이는 도를 터득하여 황하에 노닐었다.〔馮夷得之, 以遊大川.〕"라고 하였다. 패궐은 하백의 궁궐이다. 《초사(楚辭)》〈구가(九歌) 하백〉에 "고기비늘로 인 지붕에 용무늬 그린 마루이며, 자개로 지은 대궐에 붉은 단청집이라네.〔魚鱗屋兮龍堂, 紫貝闕兮朱宮.〕"라고 하였다. 여기에서는 동굴의 모습을 형용한 것이다.

669 파사의……잇달았네 : 파사는 페르시아의 음역(音譯)으로, 값진 보물이 많이 나는 나라로 알려져왔다. 《三寶太鑑 西洋記》 여기에서는 동굴의 모습을 형용한 것이다.

670 얼마……앉았구나 : 영취산은 인도 마가다국의 수도인 왕사성의 북동쪽에 있는 산 이름으로, 석가모니가 설법하던 곳이다. 항사는 항하(恒河) 즉 갠지스강의 모래알과 같은 많은 수를 가리킨다. 이 구절 역시 동굴의 모습을 형용한 것이다.

671 솔도 : 탑(塔)을 말한다. 범어(梵語) 'stūpa'의 음역으로, 솔도파(率都婆), 솔도파(窣堵波), 수두파(藪斗婆) 등으로 표기한다.

672 자금색 염부 : 여기에서 염부는 곧 염부단금(閻浮檀金)을 말한다. 염부단금은 염부나무 숲을 흐르는 강에서 생산되는 질 좋은 사금(砂金)으로 그 색이 자금색이다. 《法華經 授記品》

673 홍황……기다리랴 : 홍황은 혼돈이 처음 개벽하여 우주가 열린 태고 시절을 뜻하고, 상교는 불교를 가리킨다. 영명은 중국 남조(南朝) 제(齊)나라 무제(武帝)의 연호로, 중국에 불교가 전래된 것은 후한(後漢) 때이지만 크게 홍성한 것은 남북조 시대이다. 곧 이미 아득한 태고 시절에 성류굴이 형성되면서 그 안에 각양각색의 불교적 모습이 조성되었으므로 굳이 중국에서 불교가 홍성하던 시기를 기다릴 필요가 없다는 말이다.

사는 있고 이는 없는 도리가 또한 황홀하고　事有理無亦恍惚

묘를 보고 요를 보는 도리가 마침내 신비하고 신비하다[674]　觀妙觀徼竟玄玄

멍하니 턱을 괴고 상륜[675]을 마주하고　嗒焉支頤對相輪

가서 석종을 치니 어린 노복 놀라 자빠지네　往扣巖鐘小奴顚

쨍쨍 뎅뎅 이 무슨 곡조인가　噌吰鏜鎝此何曲

위헌과 주경이 전하지 못한 소리로다[676]　魏獻周景所未傳

674 사는……신비하다 : 이 두 구절의 뜻은 '사(事)'와 '이(理)', 그리고 '묘(妙)'와 '요(徼)'라는 개념 자체가 학자에 따라 다양한 해석이 가능한 구절이므로 문맥을 통해 삼연이 말하고자 한 의미를 규명해야 한다. 역자는 이 구절을 삼연이 무(無)에 수렴되는 태초의 가장 근원적인 상태에서 동굴 안의 신비로운 모습이 펼쳐져 발생한 도리를 표현한 말로 보았다. '사'와 '이'는 불교적으로 보나 성리학적으로 보나 '사'는 겉으로 드러나 현현한 현상 사물로, '이'는 '사'의 본체가 되는 근본 진리로 이해할 수 있다. 그러나 이 구절은 단순히 현상은 보이고 근본 본체는 볼 수 없다는 뜻에 국한하여 해석하기보다 눈앞에 드러난 동굴의 현상 사물은 대소(大小)와 고저(高低) 등 외형적으로 각양각색의 차이가 존재하지만 그 근본 본체는 이러한 차이가 존재하지 않는 불이(不二)의 상태인 도리를 말한 것이며, 이는 곧 불이의 무차별(無差別)의 근원적 상태에서 각양각색의 군상이 배태된 현묘한 도리를 말한 것이라고 보는 것이 타당하다. '묘'와 '요'는 《도덕경(道德經)》의 "故常無欲以觀其妙 常有欲以觀其徼"라는 구절에 나오는 말인데, 이 구절의 구두와 해석이 학자마다 상이하다. 다만 《도덕진경주(道德眞經註)》에서처럼 '묘'는 본체, '요'는 작용으로 해석하는 견해가 있고, 이 견해대로 보아야 앞 구절과 뜻이 상통하여 하나로 연결된다고 하겠다. 곧 근원적 본체와 각색의 작용이라는 신비한 도리를 동굴에서 본다는 뜻이다.

675 상륜(相輪) : 탑의 상부를 가리킨다. 탑은 보통 밑으로부터 기단부(基壇部), 탑신부(塔身部), 상륜부의 세 부분으로 구분되어 있다. 상륜부는 상륜 받침, 부발(覆鉢), 보륜(寶輪), 보개(寶蓋), 보주(寶珠)로 세분(細分)되기도 한다. 여기에서는 앞서 말한 세 개의 탑을 가리킨 것이다.

흥이 극에 달해 나도 모르게 덩실덩실 춤추다 보니 興極不覺舞蹲蹲
하늘 떠받친 옥기둥이 앞에 있구나 玉柱擎天更在前
무지개다리 한번 끊어져 어찌할 수 없으니 虹橋一斷可奈何
가고 싶어도 정신 아뜩해 거센 물살만 내려다보네 欲進神愯瞰奔川
입구 향해 돌아가는 연기 불꽃 따라 차츰 걸어 나오니
稍稍步隨煙燼返
더 잇지 못한 신선 같은 완상 짧아 한스러워라 促促恨未仙賞延
얼굴 가득한 청니[677]는 바다 향해 씻고 青泥滿面向海濯
손에 쥔 옥수는 햇빛 받아 굳누나[678] 玉髓在握見日堅
동굴 나와서 자루 이미 썩었나 의심할 만하거니와[679]

676 쩽쩽……소리로다 : 위헌은 진(晉)나라의 대부인 위헌자(魏獻子) 위서(魏舒)이고, 주경은 주(周)나라 경왕(景王)이다. 소식(蘇軾)의 〈석종산기(石鐘山記)〉에 "쩽쩽〔噌吰〕하는 것은 주나라 경왕의 무역 소리이고, 쾅쾅덩덩〔窾坎鏜鞳〕하는 것은 위헌자의 가종 소리이다.〔噌吰者, 周景王之無射也. 窾坎鏜鞳者, 魏獻子之歌鐘也.〕"라고 하였다. 무역은 경왕이 주조한 종의 이름으로, 그 소리가 12율의 하나인 무역에 맞기 때문에 무역이라고 하였다. 가종은 노래할 때 반주하는 편종(編鐘)으로, 위서의 부친 혹은 조부라고 기록되는 위장자(魏莊子) 위강(魏絳)이 진 도공(晉悼公)에게 하사받은 것이다. 《춘추좌씨전(春秋左氏傳)》의 주에는 위장자가 위헌자의 부친이라고 하였고, 《사기(史記)》〈진세가(晉世家)〉에서는 조부라고 하였다. 소식이 위장(魏莊)이라고 표현하지 않고 위헌(魏獻)이라고 표현한 이유는 단순한 오류인지 아니면 그 집안을 가리켜 말한 것인지 자세하지 않다. 《東坡全集 卷37 石鐘山記》《國語 晉語》《春秋左氏傳 昭公 21年》

677 청니 : 신선이 먹는 진흙인데, 여기에서는 동굴 속에서 묻은 진흙을 가리킨 것이다.

678 손에……굳누나 : 옥수는 옥고(玉膏), 영액(靈液)이라고도 하며 선약(仙藥)의 일종이다. 손에 묻은 동굴 안의 습기나 진흙 따위가 햇빛을 받아 굳은 것을 말한 것이다.

出洞堪疑柯已爛

요단[680]에 가보지 못했으니 무슨 복 받을 팔자 있겠나

未造瑤壇豈福緣

고파노자는 기호의 무리이니[681] 古坡老子綺皓徒

가을에 와서 다시 동굴 탐험하기로 약속하였네 與約秋來更搜穿

장물[682]은 던져버리고 술 한 병 가지고서 擺去長物携一壺

679 동굴……만하거니와 : 신선 세계와도 같은 동굴 속을 갔다 와서 인간 세계의 시간이 순식간에 지나갔음을 의심할 만하다는 말이다. 진(晉)나라 왕질(王質)이 석실산(石室山)으로 나무를 하러 갔다가 동자(童子) 몇 명이 바둑을 두면서 노래하는 것을 보고는 곁에서 구경하였다. 동자가 대추 씨처럼 생긴 것을 주기에 먹었는데, 배가 고픈 줄을 몰랐다. 얼마 있다가 동자가 "어찌하여 안 돌아가는가?"라고 하기에 왕질이 일어나 도끼를 보니 자루가 다 썩어 있었고, 집으로 돌아오니 함께 살던 사람들은 하나도 남아 있지 않았다고 한다. 《述異記 卷上》

680 요단 : 옥을 깎아 만든 누대라는 의미로, 흔히 신선이 사는 곳을 가리킨다.

681 고파노자는 기호의 무리이니 : 고파는 삼연이 울진을 유람할 때 여러 승경을 소개한 울진의 상사(上舍) 주홍벽(朱興璧)이다. 본집에는 고파가 누구인지 따로 정보가 없으나 성대중(成大中)의 《청성집(青城集)》 권1에 〈삼연이 주고파에게 준 시운을 차운하다〔步三淵贈朱古坡韻〕〉에서 고파가 주홍벽임을 알 수 있다. 성대중이 차운한 시는 본권의 〈주 상사에게 주다〔贈朱上舍〕〉이다. 기호는 상산사호(商山四皓) 가운데 한 사람인 기리계(綺里季)이다. 상산사호는 진(秦)나라 말기에 어지러운 세상을 피하여 상산(商山)에 은거했던 네 사람의 은자, 즉 동원공(東園公)·하황공(夏黃公)·녹리선생(甪里先生), 기리계를 말한다. 《高士傳 卷上 四皓》

682 장물 : '장(長)'은 '여(餘)'의 뜻으로 필요 이상의 쓸데없는 물건을 가리킨다. 진(晉)나라 왕공(王恭)이 아버지를 따라 회계(會稽)에서 도성으로 왔을 때, 친한 벗 왕침(王忱)이 그를 찾아갔다가 그가 깔고 앉은 6자 너비의 대자리를 보고는 달라고 하였다. 왕공은 그가 떠난 뒤에 즉시 대자리를 거두어 보내주고 자신은 언치를 깔고 앉았다. 뒤에 왕침이 이를 알고 매우 놀라자 왕공이 "나는 평소에 장물이 없네.〔吾平生無長物〕"라고 하였다. 《晉書 卷84 王恭列傳》

앞뒤로 바둑판 하나 젓대 하나 가지고 가세　　一枰一笛更後先
바둑알 튕기면 참으로 귤 속 늙은이 앉은 듯하고[683]　　彈棊定似橘翁坐
젓대 불면 동굴 안 용의 잠 깨우리　　弄笛應破洞龍眠
이 깊고 어두운 동굴 속에서 주야도 잊은 채　　此中冥昧失晝夜
원화를 말아 넣어 옛 현인 뛰어넘겠네[684]　　卷入元化邁古賢
청한은 겨우 사흘만 머무르고서　　淸寒劣作三日淹
삼만 육천 날을 마치지 못했어라[685]　　未了三萬與六千
생학 타고 가는 십주 너무나도 아득하니[686]　　十洲笙鶴太空闊

683 바둑알……듯하고 : 옛날에 파공(巴邛) 사람이 자기 귤원(橘園)에 대단히 큰 귤이 열렸기에 이를 쪼개어 보니, 그 속에 수염이 하얀 노인 두 사람이 마주 앉아 바둑을 두면서 즐겁게 담소를 나누고 있었는데, 그중에 한 노인이 말하기를 "귤 속의 즐거움은 상산의 네 노인에 뒤지지 않는다."라고 했다는 이야기가 있다. 《玄怪錄 卷3》

684 원화를……뛰어넘겠네 : 원화는 천지조화의 큰 작용을 뜻하는 말이다. 《회암집(晦庵集)》 권4 〈재사에서의 감흥 20수〔齋居感興二十首〕〉에 "지극한 사람은 원화를 잡아서, 동정에 관계없이 그대로라네.〔至人秉元化, 動靜體無違.〕"라고 하였다. 곧 동굴 안에서 천지조화를 체득하여 옛 현인을 초월한다는 말이다.

685 청한은……못했어라 : 청한은 청한자(淸寒子) 김시습(金時習)이다. 김시습은 울진에 우거할 때 성류굴을 찾은 적이 있으며 《매월당집(梅月堂集)》 권12에 〈울진 성류굴에서 묵으며〔宿蔚珍聖留窟〕〉라는 시를 남겼다. 《매월당집》에는 사흘을 묵었다는 정확한 표현은 없으나 아마도 구전으로 그러한 이야기가 있었던 듯하다. 삼만 육천 날은 인간의 100년 인생을 뜻하는 말이다. 곧 이 선경에 다시 찾아와서 생을 마치지 못했다는 말이다.

686 생학……아득하니 : 생학은 신선이 타는 학이다. 옛날의 선인(仙人) 왕자교(王子喬)는 바로 주 영왕(周靈王)의 태자 진(晉)으로, 생황 불기를 좋아하여 곧잘 봉황의 울음소리를 내곤 하였는데, 선인(仙人) 부구공(浮丘公)을 따라 숭산(嵩山)에 올라가 선도(仙道)를 닦다가 30년이 지난 어느 날 백학을 타고 구지산(緱氏山) 꼭대기에 머물며 손을 흔들어 사람들과 작별하고는 신선이 되어 승천하였다는 전설에서 유래한 말이

바람 타고 왕래하느라 사선[687]이 피곤하리　駛風來往疲四僊
옥 호리병에 몸 숨긴 일 여기에 비길 만하거니와　玉壺藏身此可方
여남은 오히려 저잣거리 벗어나지 못했다네[688]　汝南猶未超城廛
인간 세상에는 베풀지 않는 채마밭[689] 없고　人間未有不貸圃
청산을 사려 해도 돈이 필요하구나[690]　欲買靑山亦須錢

다. 《列仙傳 王喬傳》 십주는 바다 가운데 선인이 산다는 섬으로, 곧 조주(祖洲), 영주(瀛洲), 현주(玄洲), 염주(炎洲), 장주(長洲), 원주(元洲), 유주(流洲), 생주(生洲), 봉린주(鳳麟洲), 취굴주(聚窟洲)를 말한다. 《海內十洲記》

687 사선 : 성류굴은 신라 시대의 사선으로 일컬어지는 영랑(永郎), 술랑(述郎), 안상(安祥), 남석행(南石行)이 와서 놀았다고 하여 선유굴(仙遊窟)로도 불린다.

688 옥……못했다네 : 후한(後漢) 때 한 노인이 여남(汝南)의 저자에서 약장사하면서 밤이면 가게 머리에 매달린 호리병 속으로 뛰어들어가곤 했는데 그것을 본 시연(市掾) 비장방(費長房)이 그 노인을 찾아가 노인을 따라 함께 그 병 속으로 들어가보니, 옥당(玉堂)에 화려하고 좋은 술과 안주가 가득하여 노인과 함께 실컷 마시고 나왔다는 고사가 있다. 《後漢書 方術列傳下 費長房》

689 베풀지 않는 채마밭 : 남을 의식하지 않고 스스로 유유자적 도에 노닐며 살아간다는 말이다. 《장자》 〈천운(天運)〉에 "옛날 지인은 인에서 길을 빌리고 의의 여관에 의탁하여 소요의 터전에서 놀고, 먹을 만큼의 양식의 땅을 갈고, 남에게 베푸는 것을 의식하지 않을 정도의 채마밭을 경작하였다. 소요는 인위적으로 함이 없는 것이고, 먹을 만큼의 양식은 쉽게 몸을 보양함이고, 베푸는 것을 의식하지 않는 채소 경작은 남에게 내놓지 않는다는 말이니, 옛날에 이것을 참된 도를 얻는 놀이라고 하였다.〔古之至人, 假道於仁, 託宿於義, 以遊逍遙之墟, 食於苟簡之田, 立於不貸之圃. 逍遙, 无爲也. 苟簡, 易養也. 不貸, 无出也, 古者謂是采眞之遊.〕"라고 하였다.

690 청산을……필요하구나 : 별다른 주석이 없어도 문장 그 자체로 의미가 이해되기는 하나, 이 구절은 매산전(買山錢)의 고사를 염두에 쓰고 쓴 것이다. 당(唐)나라 우적(于頔)이라는 사람이 양양(襄陽)을 진무(鎭撫)할 때, 여산(廬山)의 대부산인(戴符山人)이 편지를 써서 삼척동자를 통해 보내 산을 구매하기 위한 매산전 100만 전을 빌려달라고 청하자, 우적이 이를 내주고 지필묵(紙筆墨)과 의복 등을 함께 주었다는 고사가

쟁탈과 안위가 이르지 않는 곳에서 爭奪安危所不到
온갖 인연 식어 중묘[691]를 온전히 하리로다 萬緣灰來衆妙專
고파여 고파여 나를 따르려는가 古坡古坡從我否
내 장차 이곳에서 노년을 마치리라 吾將於此終老焉

있다.《太平廣記 卷177》

691 중묘 : 도를 뜻한다.《도덕경》1장에 "현묘하고 현묘하니 모든 현묘함의 문이로다.〔玄之又玄, 衆妙之門.〕"라고 하였다.

처남 나심원을 보내며[692] 나심원은 나준이다

送內弟羅深源 浚

이 이별 서글퍼하지 말지니　此別莫怊悵
이 만남 애초에 우연이었네　此會初邂逅
도성에서 숱하게 만났어도　千回洛下面
품은 뜻이 서로 맞지 않은 적 있던가　含意豈曾剖
나란히 명산 안에서 다니며　聯翩名嶽中
침상 같이한 날 또한 많아라　同榻亦日富
저녁 판잣집엔 흰 달 뜨고　板閣皓月夕
대낮 소나무 정자엔 싸락눈 어지러이 날렸지　松軒亂霰晝
높은 산과 넘실대는 물에 깊은 생각 담겼고[693]　峩洋存俯仰
종과 북채는 응하고 두드림이 딱 맞았도다[694]　鐘桴叶應扣
살펴보건대 너는 뜻이 높고 드넓어　觀爾意高廣

692 처남 나심원을 보내며 : 나준(羅浚, 1688～1739)은 본관은 안정(安定), 자는 심원(心源), 호는 동현(洞玄)이다.

693 높은……담겼고 : 두 사람이 만나서 서로의 마음을 잘 알아주었다는 뜻이다. 32쪽 주36 참조.

694 종과……맞았도다 : 나준과 삼연이 서로 학문을 토론하면서 잘 호응하였다는 말이다. 《예기(禮記)》 〈학기(學記)〉에서 "물음에 잘 대답하는 자는 종을 치는 것과 같다. 작게 치면 작게 울리고, 크게 치면 크게 울린다.〔善待問者如撞鐘, 叩之以小者則小鳴, 叩之以大者則大鳴.〕"라고 하였다. 또 보통 서로 잘 호응하는 것을 일컬어 북채로 북을 치면 그 소리가 호응하는 것이 마치 그림자나 메아리와 같다는 의미의 부고영향(桴鼓影響) 혹은 부고상응(桴鼓相應)이라는 성어가 있다.

우주를 뛰어넘어 두루 섭렵했어라 周覽邁宇宙
그러나 주로 삼아 한 번 잡은 것 없었기에 由無主一操
왕왕 마음속에서 싸우도다[695] 往往以心鬭
부념이 언뜻 움직여 일어남에[696] 浮念乍掉擧
욕망의 경계에 혹 소홀하네 慾界或漏逗
구름 낀 숲이 어찌 깊지 않으랴만 雲林豈不深
누가 다시 날뛰는 원숭이[697]를 잡아 묶을까 誰復縶騰狖
외물에 동화되어버리지 않는 사람 얼마 없으니[698] 無幾人化物

695 너는……싸우도다 : 나준이 비록 광박(廣博)한 공부를 하였지만 수렴하여 하나를 주장하는 것이 없어 진정한 공부를 이루지 못했으므로 마음속에서 잡다한 것들이 서로 분란을 일으켜 어지러웠다는 말이다. 《장자(莊子)》 〈제물론(齊物論)〉에 "큰 지혜는 한가하고 여유롭지만 작은 지혜는 시비를 따지며, 위대한 말은 담백하지만 작은 말은 수다스럽다. 잠들어서도 꿈을 꾸어 마음이 쉴 새 없고, 깨어나서는 외물을 받아들여 분란이 일어나 날마다 마음속에서 싸운다.〔大知閑閑, 小知閒閒, 大言炎炎, 小言詹詹. 其寐也魂交, 其覺也形開, 與接爲構, 日以心鬭.〕"라고 하였다.

696 부념이……일어남에 : 부념은 선도 악도 아닌 쓸데없는 잡념을 뜻한다. 《성학집요(聖學輯要)》 제2 〈수기(修己)〉에 "어지러워지는 병통에 두 가지가 있다. 첫 번째는 악념으로 외물에 유혹되어 사욕을 재고 따지는 것을 이른다. 두 번째는 부념으로 도거하고 산란하여-도거는 생각이 일어나는 모양이다.- 서로 이어져 끊이지 않음을 이른다.- 이 부념은 선도 아니고 악도 아니므로 부념이라고 한다.-〔亂之病有二. 一曰惡念, 謂誘於外物, 計較私欲也. 二曰浮念, 謂掉擧散亂,-掉擧, 念起之貌.- 相續不斷也.-此念非善非惡, 故謂之浮念.-〕"라고 하였다.

697 날뛰는 원숭이 : 안정되지 않고 요동치는 마음의 상태를 뜻한다. 《돈황변문집(敦煌變文集)》의 〈유마힐경강경문(維摩詰經講經文)〉에 "원숭이 같은 마음과 말 같은 생각이 미쳐 날뛰기를 그쳤다.〔心猿意馬罷顚狂〕"라고 하였다.

698 외물에……없으니 : 《예기》 〈악기(樂記)〉에 "대저 외물이 사람을 감동시킴은 무궁하고, 사람의 좋아하고 미워하는 마음은 절도가 없으면, 이는 외물이 이름에 사람이

빼어난 기운 얻었다는 것 믿지 못하겠어라[699] 未信得其秀
기운이 맑아도 바탕이 혹 잡되니 氣淸質或駁
뜻이 크다 한들 어찌 사업을 다해 마치랴 志大業豈究
눈물 흘리며 때때로 스스로 슬퍼하더니 流涕時自悼
나에게 알맞은 처방 내려 구해달라 하는구나 要我發藥救
내 밭이 황폐함이 한창 걱정인데 方患我田蕪
어찌 너의 기대에 부응할 만한 것 있으랴 豈有可應副
만사에는 근본이 있으니 萬事有根本
숱한 성인들이 분명히 주고받았네 千聖明受授
잡아 단속해 이 마음에 있게 하고 操約其在此
힘써 예법 안에 머물지어다 勉哉禮法囿
봄날 제단에 비파를 내려놓은 사람이 春壇捨瑟人
바람 쐬고 읊조림에 어찌 분주했겠나[700] 風詠豈奔走

외물에 동화되는 것이다. 사람이 외물에 동화된 자는 천리를 멸하고 인욕을 다하는 자이다.〔夫物之感人無窮, 而人之好惡無節, 則是物至而人化物也. 人化物也者, 滅天理而窮人欲者也.〕"라고 하였다.

699 빼어난……못하겠어라 : 주돈이(周敦頤)의 《태극도설(太極圖說)》에 오직 사람은 빼어난 기운을 얻어 가장 영특하다.〔惟人也, 得其秀而最靈.〕"라고 하였다.

700 봄날……분주했겠나 : 공자의 제자 증점(曾點)의 일을 말한 것이다. 공자의 제자인 자로(子路)와 염유(冉有)와 공서화(公西華)가 먼저 자신의 포부에 대해 답변을 올리자 공자가 마지막으로 증점의 생각을 물었는데, 이에 증점이 조용히 비파를 연주하고 있다가 뎅 하고 한 번 퉁긴 다음 비파를 내려놓은 뒤에 일어나서는〔舍瑟而作〕 "저의 뜻은 저들과는 다릅니다. 늦봄에 봄옷이 완성되면 관을 쓴 어른 대여섯과 동자 예닐곱과 함께 기수에서 목욕하고 무우에서 바람 쐬고 노래하면서 돌아오겠습니다."라고 하였다. 공자는 "나는 증점을 허여(許與)한다."라고 하였는데 이에 대해 정자(程子)는 "그의

백원에서 옷깃을 가다듬은 늙은이[701]	百原整襟叟
안정되고 고요하여 만물의 이치에 철저하게 통하였지	凝靜抵通透
처음에 한만한 기운이 없게 한다면	始令閑氣無
마지막에 도심이 무성해짐을 알게 되리라	終覺道襟茂
너의 마음 한번 깨끗이 씻겼을 때에	待爾一刷洗
임하에서 다시 만나자꾸나	林下作會又
간곡한 삼자부[702]를	丁寧三字符
이별에 임하여 돌아가는 그대에게 주노라	臨別納歸袖

가슴속이 유연하여 곧바로 천지 만물과 상하가 함께 통한다."라고 하였다. 《論語 先進》

701 백원에서……늙은이 : 송(宋)나라 때 학자 소옹(邵雍)이다. 190쪽 주435 참조.

702 삼자부 : 주희(朱熹)가 유자휘(劉子翬)에게 성인의 도로 들어가는 차례를 묻자, 유자휘가 "나는 《주역》에서 덕(德)으로 들어가는 문을 찾았으니, 이른바 '허물 있는 이가 멀지 않아 빨리 뉘우쳐서 회복한다.〔不遠復〕'라는 것이 바로 나의 삼자부다."라고 하였다. 《心經 不遠復章》

삼연집

제9권

詩 시

시詩

어 동자 도응에 대한 만사[1] 기축년(1709, 숙종35)

魚童子道凝挽 己丑

제1수

벽오동 나무 무성하니	萋萋碧梧樹
낙산 언덕에 가지 펼쳤네[2]	布柯駱山皐
화락하게 우는 한 마리 봉황 새끼	雝雝鳳一雛
알에서 나와 구포[3]가 찬란했어라	脫菴燿九苞

1 어……만사 : 어도응(魚道凝, 1694~1709)은 본관은 함종(咸從), 자는 경이(敬以)이다. 부친은 어유봉(魚有鳳)이며 어유봉의 아내 남양 홍씨(南陽洪氏)는 삼연의 숙부인 김수증(金壽增)의 외손(外孫)이다. 또한 어도응은 삼연이 아꼈으나 요절했던 문인 홍유인(洪有人)의 생질(甥姪)이기도 하다. 《本集 卷30 魚孺子道凝墓表》《淵泉集 卷31 杞園魚先生行狀》

2 벽오동……펼쳤네 : 오동나무는 봉황새가 머무는 나무이고, 여기에서 봉황은 곧 어도응을 비유한 말이다. 《시경》〈대아(大雅) 권아(卷阿)〉에 "봉황새가 울어대니, 저 높은 뫼로다. 오동나무가 자라니, 저 양지쪽이로다. 무성한 오동나무에, 봉황새 노래 화락하도다.〔鳳凰鳴矣, 于彼高岡. 梧桐生矣, 于彼朝陽. 菶菶萋萋, 雝雝喈喈.〕"라고 하였다.

3 구포(九苞) : 봉황이 지녔다는 아홉 가지 특징을 말하는데 구포명(口包命), 심합도

상서로운 깃 털고 떨치니	祥翮相刷拂
어찌 졸렬하게 둥지 지킨 적 있으랴[4]	何嘗拙護巢
바람 불어 손지[5] 꺾이니	風吹孫枝折
황금색 비취색 깃털 사라져버렸네	零落金翠毛
단소[6]가 까마득하니	丹霄莽寥闊
아득히 바라보며 그저 슬피 부르짖는다	目極但哀號
빈집은 가을빛으로 뒤덮였는데	空軒掩秋色
환히 빛나는 고요한 달은 높이 떴구나	朗朗靜月高

제2수 其二

덕을 계승해나갈 옥 같은 종자 있으니	嗣德玉有種
밝고 윤기 나 더할 나위 없이 아름다웠네	朗潤美無度
규장은 또한 바라는 바가 아니었으니	圭璋也非願
광채를 머금은 채 드날려 드러남을 부끄러워하였도다[7]	含彩羞騰露

(心合度), 이청달(耳聽達), 설굴신(舌詘伸), 채색광(彩色光), 관구주(冠矩州), 거예구(距銳鉤), 음격양(音激揚), 복문호(腹文戶)이다. 《山堂肆考 卷211 羽蟲 鳳》

4 어찌……있으랴 : 다른 평범한 새처럼 졸렬하게 거처에 안주하지 않는다는 말이다. 보통 비둘기를 졸조(拙鳥)라고 한다. 《방언(方言)》에 "촉나라에서는 비둘기를 졸조라고 부르는데, 둥지를 잘 짓지 못하고 다른 새의 둥지를 취하여 산다. 졸렬해도 그 거처를 편히 여긴다.〔蜀謂之拙鳥, 不善營巢, 取鳥巢居之, 雖拙而安處也.〕"라고 하였다.

5 손지 : 오동나무 가지에서 다시 생겨난 가지로, 흔히 동손(桐孫)이라 한다.

6 단소 : 하늘의 지극히 높은 곳을 뜻한다. 두보(杜甫)의 〈촉의 승려 여구 사형에게 주다〔贈蜀僧閭丘師兄〕〉에 "봉황이 숨자 단소도 어둑하고, 용이 떠나자 백수도 흐릿하다.〔鳳藏丹霄暮, 龍去白水渾.〕"라고 하였다.

7 규장은……부끄러워하였도다 : 자신의 재주를 감춘 채 수양하기만 했을 뿐 재주를

사문이 야장의 액을 당하니	斯文冶長厄
계림은 악취가 되었어라[8]	桂林爲惡趣
청자에 대한 취사의 분수를	靑紫取捨分
장로들이 서로 의논하였지[9]	長老議交互

드러내어 혼탁한 세상에서 현달하기를 바라지는 않았다는 말이다. 규장은 고대 조빙(朝聘)에 제후가 잡던 옥으로, 훌륭한 인품을 비유한다. 《예기(禮記)》 〈빙의(聘義)〉에 "규장특달(珪璋特達)"이라 하여, 규장을 가진 이는 다른 폐백(幣帛)이 없어도 곧바로 천자를 뵐 수 있다고 하였다.

8 사문이……되었어라 : 야장은 공자의 제자인 공야장(公冶長)이다. 《논어》 〈공야장〉에서, 공자가 공야장을 평하여 말하기를 "사위 삼을 만하다. 비록 감옥에 갇힌 적이 있지만 그의 죄가 아니다."라고 하였다. 야장의 액이란 곧 죄를 짓지 않았는데도 부당하게 죄를 받은 것을 말한다. 계림은 과거 급제 또는 과거 그 자체를 가리킨다. 진 무제(晉武帝) 때 극선(郤詵)이 현량 대책(賢良對策)에서 장원(壯元)을 하였는데, 소감을 묻는 무제의 질문에 "계수나무 숲의 가지 하나요, 곤륜산의 옥돌 한 조각입니다.〔桂林之一枝, 崑山之片玉.〕"라고 답한 말에서 유래하였다. 《晉書 卷52 郤詵列傳》 악취는 불교 용어로 지옥, 아귀(餓鬼), 축생(畜生)의 극악하고 더러운 경계를 뜻하는 말이다. 1699년(숙종25)에 노산대군(魯山大君)을 단종대왕(端宗大王)으로 복호(復號)한 것을 경하하여 베푼 과거에서 부정이 있어 옥사가 일어났는데, 과장의 등록관(謄錄官)·봉미관(封彌官)·서리 등이 청탁을 받고 입격 시권(入格試券)에 다른 응시자의 피봉(皮封)을 붙여서 합격시키거나 역서(易書) 때 고쳐 써 준 일, 응시자가 자호를 시관에게 알려 합격시킨 등의 부정이 있었다. 이때 급제자 33명 중 15명의 급제가 취소되었고, 시관(試官) 등 10여 명이 유배에 처해졌다. 이후로 과방(科榜)에 대한 복과(復科) 요청이 계속 제기되어 결국 1710년에 직접적인 부정행위자를 제외한 당시의 합격자는 모두 복과되었다. 사문이 야장의 액을 당했다는 것은 결국 억울한 사람까지도 피해를 보았다는 말이고, 계림이 악취가 되었다는 말은 과거가 부정으로 얼룩졌다는 말이다. 어도응의 부친 어유봉도 이 당시 과거에 응시했다가 시험의 부정을 보고는 과거를 단념하였다. 《肅宗實錄 25年 10月 21日, 11月 1日, 12月 22日·30日, 26年 1月 7日·20日·22日, 2月 1日·5日·6日·14日·17日, 7月 6日, 9月 9日, 29年 11月 20日, 36年 5月 19日》 《杞園集 年譜》

차라리 궤짝 안에서 늙을지언정	寧爲櫝中老
맹세코 진흙 속에서 더럽혀지지 않을진저[10]	誓不泥中汚
어찌 알았으랴 일곱 살 아이에게서	那聞七齡兒
이렇듯 시속을 높이 초탈한 말 나올 줄	出此高世語
맑은 자질 본디 뜻이 개결하였나니	淸資故潔志
혼탁한 세상에 어찌 머물러 있으랴	濁界豈剩住
아름다운 참된 기운 거두어	英英斂眞氣
요포[11]로 떠나버렸구나	逝矣瑤之圃

제3수 其三

아 네가 어린 마음을 버린 것은	嗟爾棄幼志
삼가를 하기 훨씬 오래전이로다[12]	久矣三加前

9 청자에……의논하였지 : 청자는 푸른 인끈〔靑綬〕과 자주색 인끈〔紫綬〕을 가리키는 것으로, 옛날 구경(九卿)은 푸른 인끈을, 공후(公侯)는 자주색 인끈을 사용하였다. 여기에서는 출사하여 높은 벼슬에 오르는 것을 뜻한다. 취사의 분수는 곧 출사해야 하는지, 아니면 모든 것을 버리고 물러나 은거해야 하는지에 대한 분수이다. 당시 과거에 대한 변고가 생기자 어유봉은 과업(科業)을 영원히 버리고자 하였으나, 이에 대한 장자(長者)들의 의론이 아직 결정되지 않고 있었다. 《杞園集 卷23 亡兒墓誌銘》

10 차라리……않을진저 : 이는 어도응이 부친 어유봉에게 진달한 말이다. 당시 장자들의 의론이 결정되지 않은 상황에서 어도응이 홀로 부친 어유봉에게 나아가 "대인께서 만약 다시 과거에 나아가신다면 이는 옥이 진흙 속으로 들어가는 것입니다."라고 하자 듣는 자들이 놀라고 탄식하였다. 《杞園集 卷23 亡兒墓誌銘》

11 요포(瑤圃) : 신선이 사는 동산을 옥이 자라는 동산이라 하여 요포라 한다. 《초사(楚辭)》 〈섭강(涉江)〉에 "청룡 타고 백룡 몰고서 나는 중화와 함께 요포에서 놀리라.〔駕靑虯兮驂白螭, 吾與重華遊兮瑤之圃.〕"라고 하였다.

12 아……오래전이로다 : 보통은 관례(冠禮)를 하면서부터 어린 마음을 버리는 법인

아름다운 이름은 《중용》에서 나왔으니 嘉名出中庸
어진 부친이 강론하고 연마한 것이었네[13] 賢父所講硏
광대하게 만물을 발육하고 洋洋育萬物
넉넉하게 예가 3천 가지로다 優優禮三千
장구하게 도가 커지기를 기원하고 遐祈道爲大
아울러 구태의 나이[14]까지 살기를 축원하였어라 並祝耈鮐年
설을 지어 장옥에 빗대었더니 作說擬墻屋
나의 축하는 산천에 가로막혔지[15] 賸賀阻山川
오호라 얼마 안 있어 보았더니만 嗚呼未幾見

데 어도응은 어릴 때부터 이미 원숙하여 관례를 올리기도 전에 덕을 이루었다는 말이다. 삼가는 관례에서 관을 세 차례 갈아 씌우는 의식을 말한다. 맨 처음에는 치포관(緇布冠)을 씌우고, 다음에는 피변(皮弁)을 씌우고, 마지막에는 작변(爵弁)을 씌운다. 《의례(儀禮)》 〈사관례(士冠禮)〉에 "처음으로 갓을 씌우고는 말하기를 '좋은 달 좋은 날에 원복을 씌우나니, 너의 어린 마음을 버리고 성인(成人)의 덕을 따르라.〔始加祝曰, 令月吉日, 始加元服, 棄爾幼志, 順爾成德.〕'고 한다."라는 내용이 있다. 어도응은 죽기 한 해 전인 1708년에 조부의 강화도 관아에서 관례를 행하였다.《杞園集 年譜》

13 아름다운……것이었네 : 어도응의 이름은 도가 응집된다는 뜻으로, 《중용장구》 제27장에 "위대하다 성인의 도여! 광대하게 만물을 발육하여 높음이 하늘에 다하였다. 넉넉하게 크도다. 예의가 3백 가지요, 위의가 3천 가지이다. 그 사람을 기다린 뒤에 행해진다. 그러므로 '만일 지극한 덕이 아니면 지극한 도가 모이지 않는다.'라고 말한 것이다.〔大哉! 聖人之道. 洋洋乎發育萬物, 峻極于天. 優優大哉, 禮儀三百, 威儀三千. 待其人而後行. 故曰苟不至德, 至道不凝焉.〕"라고 한 데서 따온 것이다.

14 구태의 나이 : 장수를 뜻한다. 구(耈)는 노인의 얼굴이 '언 배 빛〔凍梨色〕'이어서 때가 끼어 있는 것과 같은 것이다. 태(鮐)는 복어이니, 사람이 매우 늙으면 등에 복어 무늬가 생기는 것이다.

15 설을……가로막혔지 : 아마도 삼연이 어도응의 관례를 맞아 그의 자설(字說)을 지어 장옥에 빗댄 일이 있는 듯하다. 자세한 내용은 미상이다.

영구 앞 휘장에 관이 걸려있구나[16] 繐帷弁有懸
이를 어루만지며 내 애가 끊어지나니 撫此我腸斷
떨어진 눈물이 널 곁에 가득하도다 零淚滿柩邊

제4수 其四

인함은 의당 백 번 대신해서라도 바꾸어야 하고[17] 仁宜百身贖
죽음은 일천 명의 자식이 요절한 듯이 혹독하도다 死比千殤酷
삶과 죽음 그리고 아비와 자식 存沒父子間
이 모두가 다 막혀버린 상황을 어찌 차마 말하랴 忍說兩隔塞
천지의 신령한 기운 흘러넘치니 天地淑氣漓
간혹 만나는 것은 수명이 짧음을 알겠어라[18] 間値知數局

16 오호라……걸려있구나 : 본래는 살아서 우뚝이 관을 쓰고 있는 어도응의 모습을 보았어야 했는데 이제 어도응이 죽어 그 관이 영구의 휘장에 걸려있음을 본다는 말이다. 《시경》〈제풍(齊風) 보전(甫田)〉에 "예쁘고 아름답게, 머리 묶어 쌍상투 한 것을, 얼마 안 있다 만나 보면, 우뚝이 관을 쓰고 있네.〔婉兮孌兮, 總角丱兮. 未幾見兮, 突而弁兮.〕"라고 하였다.

17 인함은……하고 : 어도응과 같은 어진 사람을 위해서는 다른 사람이 백 번을 대신 죽어서라도 살릴 만하다는 말이다. 춘추 시대 진(秦)나라의 훌륭한 신하이자 어진 사람들로서 목공(穆公)의 순장(殉葬)에 희생되었던 자거씨(子車氏)의 엄식(奄息)·중항(仲行)·겸호(鍼虎) 3형제의 죽음을 애도한 《시경》〈진풍(秦風) 황조(黃鳥)〉에 "저 푸른 하늘이여, 우리 좋은 사람을 죽이도다. 만약 대신하여 죽을 수만 있다면 사람마다 그 몸을 백 번이라도 바치리라.〔彼蒼者天, 殲我良人. 如可贖兮, 人百其身.〕"라고 하였다.

18 천지의……알겠어라 : 어도응이 맑은 기운을 타고났기에 수명이 짧았다는 말이다. 송(宋)나라 정호(程顥)의 아들 정단각(程端慤)은 자질이 영민하고 품성이 뛰어났으나 5세에 죽었는데, 정호가 그의 묘지(墓誌)에서 "동정은 음양의 근본인데, 더구나 오행(五行)이 번갈아 운행하면 더욱 들쭉날쭉하여 가지런하지 않다. 생명을 받은 부류는

화락한 군자는 또한 신명이 돕는 법인데[19]　豈弟亦神勞
너의 부친은 어찌하여 홀로 되었단 말이냐　爾翁胡乃獨
응당 삼주의 학통을 말미암아야 하거늘　當由三洲統
일이 아악을 곡한 것과 같구나[20]　事同哭阿嶽
우리 당의 기운의 운행이　吾黨一氣運
이렇듯 좋지 못한 운수를 유독 만났어라　偏遭此不淑
명이 궁한 것은 따질 것도 없거니와　命窮不待較
이치대로 마음을 푸는 것은 그래도 배울 만하도다[21]　理遣尙可學
정요가 일찍 꿈에 들었으니　貞曜早入夢

잡되게 섞인 경우가 많고, 정일한 경우는 간혹 만나는 것이 당연하다. 간혹 만나는 것도 어려우니 수명이 간혹 길지 못한 것도 당연하다. 우리 아이는 정일한 기운을 받아 수명이 짧은 것인가. 천리가 그러한 것이니, 내가 무슨 말을 하겠는가.〔夫動靜者陰陽之本, 況五氣交運, 則益參差不齊矣. 賦生之類, 宜其雜揉者衆, 而精一者間或値焉. 以其間値之難, 則其數或不能長, 亦宜矣. 吾兒其得氣之精一而數之局者歟? 天理然矣, 吾何言哉?〕"라고 하였다. 《二程文集 卷4 程邵公墓誌》

19 화락한……법인데 : 《시경》〈대아(大雅) 한록(旱麓)〉에 "화락한 군자여, 신명이 돕는 바로다.〔豈弟君子, 神所勞矣.〕"라고 하였다.

20 응당……같구나 : 부친 어유봉의 학문을 이어 농암(農巖) 김창협(金昌協)의 학통을 이어받아야 하는데 일찍 죽은 것이 마치 김창협의 아들 김숭겸(金崇謙, 1682～1700)이 일찍 요절한 것과 같다는 말이다. 삼주는 김창협의 또 다른 호이다. 삼연은 어도응의 부친 어유봉에 대해 삼주의 학통을 말미암았다고 허여한 바가 있으며, 농암을 배우려는 자는 어유봉을 통해 들어가면 헤매지 않게 될 것이라고 평하였다. 《梅山集 卷37 杞園魚先生墓誌銘》 아악은 김숭겸의 아명(兒名)이다.

21 이치대로……만하도다 : 이성으로 사리를 살피고 헤아려 슬프고 억눌린 감정을 해소한다는 말이다. 진(晉)나라 위개(衛玠)가 "사람이 미처 생각하지 못함이 있을 때는 마음으로 용서해 주어야 하고, 고의로 일으킨 일이 아니면 이치대로 순응해야 한다.〔人有不及, 可以情恕, 非意相干, 可以理遣.〕"라고 하였다. 《晉書 卷36 衛瓘列傳 衛玠》

하늘이여 곡을 그치게 해줄 수 있겠는가[22] 天也可停哭

22 정요가……있겠는가 : 정요는 당(唐)나라 때 한유(韓愈)의 벗인 맹교(孟郊)이다. 맹교가 죽었을 때 한유가 그의 묘지명을 지으면서 정요라고 사시(私謚)한 바가 있다. 맹교가 어린 자식 셋을 모두 일찍 떠나보내고 슬퍼하자, 한유가 이를 위로하기 위해 〈맹동야가 자식을 잃어〔孟東野失子〕〉라는 시를 지어주었다. 시의 내용은 대략 다음과 같다. 맹교가 자식 셋을 연이어 잃고 슬퍼하자, 이를 딱하게 여긴 지신(地神)이 신령한 거북을 천제(天帝)에게 보내 따지게 하였다. 그러자 천제가 천지인(天地人)은 서로 상관없이 사물이 지닌 분수대로 사는 것이고, 자식의 유무(有無)를 가지고 화복(禍福)을 판단할 수 없으며, 자식이 있다 하여 기뻐하지 말고 자식이 없다 하여 탄식하지 말라는 요지로 말해주었다. 거북이 천제의 말을 듣고는 맹교의 꿈에 검은 의관(衣冠)의 사자 모습으로 나타나 그 말을 전해주니, 맹교가 슬픔을 거두고 기뻐하였다. 《五百家註昌黎文集 卷4 孟東野失子・卷29 貞曜先生墓誌銘》 곧 맹교의 꿈에 거북이 나타나 위로하여 마음을 풀어준 것과 같이 지금 잠자리에 든 어유봉에게도 그렇게 해달라는 말이다.

오이주에 대한 만사[23]

吳履周挽

어질면서 수를 누리지 못하는 이치 야속하기만 하니　仁而無壽理蒼茫
정려문에 다시 눈과 서리 내리누나[24]　棹楔門閭又雪霜
회갑 때 처음 유기의 굳셈 타고나니[25]　周甲初資游氣勁
극가인지라 모두들 준걸이 드러나리라 기대했네[26]　克家咸冀俊民章

23 오이주에 대한 만사 : 오이주(1684~1709)는 본관은 해주(海州), 자는 계직(季直)으로 오두인(吳斗寅)의 아들이다. 본집 권30에 〈오이주묘표(吳履周墓表)〉가 있다.

24 정려문에……내리누나 : 정려문은 오이주의 부친 오두인의 정려를 가리킨다. 오두인은 1689년(숙종15) 인현왕후의 폐위에 반대하는 상소의 소두(疏頭)였는데 참혹한 국문을 받고 의주로 유배 가던 도중 파주에서 죽었다. 이후 복관되고 정려가 내려졌으며 충정(忠貞)이라는 시호가 내려졌다.

25 회갑……타고나니 : 오이주가 천지의 굳센 기운을 받아 태어났다는 말이다. 오이주는 부친 오두인의 회갑에 태어났다. 유기는 인간과 만물을 형성하는 우주의 대기(大氣)를 말한다. 《정몽(正蒙)》 〈태화(太和)〉에 "유기가 어지럽게 뒤섞여서 합하여 형질을 이루어 만 가지로 다른 사람과 물건을 낳는다.〔游氣紛擾, 合而成質者, 生人物之萬殊.〕"라고 하였다.

26 극가인지라……기대했네 : 극가는 조상의 사업과 집안일을 잘 계승할 수 있는 훌륭한 자제인 극가자(克家子)이다. 《주역》 〈몽괘(蒙卦) 구이(九二)〉에 "구이는 몽매함을 포용해주면 길하고 부인의 말을 받아들이면 길할 것이니, 자식이 집안일을 잘하도다.〔九二 包蒙吉 納婦吉 子克家.〕"라고 한 데에서 온 말이다. 《서경》 〈주서(周書) 홍범(洪範)〉에 "세·월·일에 때가 바뀜이 없으면 백곡이 풍성하고, 다스려짐이 밝아지고, 준걸이 드러나고, 집이 편안해질 것이다.〔歲月日, 時無易, 百穀用成, 乂用明, 俊民用章, 家用平康.〕"라고 하였다. 오이주가 오두인의 회갑에 태어나자 조정의 공경대부들과

백문에는 난초 심었던 밭두둑 시들고[27]	白門萎絶滋蘭畹
적현에는 옥을 묻은 산언덕 드높아라[28]	赤縣嵯峩瘞玉岡
과부의 뱃속에 충효의 종자 있으니	孀婦腹中忠孝種
형들이 눈물 훔치며 우렁찬 소리 기다리도다[29]	諸兄收淚候喤喤

벗들이 모두 시를 지어 기쁨을 표하기도 하였다.《本集 卷30 吳履周墓表》《陶菴集 卷44 姑夫吳公墓誌》

27 백문에는……시들고 : 오이주가 죽어 그가 인의(仁義)를 닦으며 선도(善道)를 지향하던 뜻이 모두 시들어 사라졌다는 말이다. 백문은 서남방의 별칭으로, 도성의 서문이나 남문을 뜻하는 말로 쓰인다. 아마도 오이주의 집이 도성의 서남쪽이었던 듯하다. 《초사(楚辭)》〈이소(離騷)〉에 "내 이미 난초를 구완에 심고 또다시 혜초를 백묘에 심었노라.……가지와 잎이 무성하기 바라며 때가 되면 베어들이려 하였노라. 비록 시들어 버린들 또한 무엇이 해로울까마는 뭇 향초들이 버려지는 것이 서글프구나.〔余旣滋蘭之九畹兮, 又樹蕙之百畝.……冀枝葉之峻茂兮, 願竢時乎吾將刈. 雖萎絶其亦何傷兮, 哀衆芳之蕪穢.〕"라고 하였는데, 여기에서 난초를 심는다는 것은 곧 인의를 닦아 스스로를 정결히 하여 항상 게을리 하지 않는다는 의미이고, 이 난초가 시들어 버려도 해로울 것은 없겠지만 선도가 행해지지 못하여 향초가 황폐해져 버려지는 것과 같음이 서글프다는 뜻이 담겨있다.

28 적현에는……드높아라 : 적현은 기현(畿縣)과 같은 말로, 도성 부근의 경기(京畿)에 속한 현을 가리킨다. 옥을 묻었다는 것은 훌륭한 인재가 죽어 묻혔다는 말이다. 오이주는 경기도 양성현(陽城縣) 천덕산(天德山)에 묻혔다.

29 과부의……기다리도다 : 우렁찬 소리란 곧 아들이 태어날 것을 기대한다는 뜻이다. 《시경》〈소아(小雅) 사간(斯干)〉에 "이에 남자를 낳아서 평상 위에 재우고, 치마를 입히며, 구슬을 갖고 놀게 하매, 우는 소리가 우렁차니, 붉은 슬갑이 휘황찬란하여 실가를 두고 군왕이 되리로다.〔乃生男子, 載寢之牀, 載衣之裳, 載弄之璋, 其泣喤喤, 朱芾斯皇, 室家君王.〕"라고 하였다. 실제로는 이 유복자는 아들이 아니라 딸이었다.

울산 부사로 부임하는 정종지를 전송하며[30]

送鄭宗之出宰蔚山

제1수

울산에서 외려 현산의 인연 만나니[31]	蔚山猶接峴山緣
온통 푸른 대해가 궤안 앞에 있으리라	一色滄溟几案前
모름지기 개운 노선[32] 불러일으켜	須喚開雲老仙起

30 울산……전송하며 : 정종지는 정필동(鄭必東, 1653~1718)이다. 본관은 동래(東萊)이며 종지는 그의 자이다. 《승정원일기》에 따르면, 1709년(숙종35) 3월 22일에 울산 부사로 제수되어 4월 24일에 하직하고 떠났다.

31 울산에서……만나니 : 부임하는 울산에 뛰어난 풍광이 있어 그 풍광을 즐기면서 즐겁게 지낼 것이라는 말이다. 진(晉)나라 때 양호(羊祜)는 도독형주제군사(都督荊州諸軍事)로 양양(襄陽)에 주둔하고 있으면서 평일에는 가벼운 갖옷에다 허리띠를 느슨히 맨 차림으로 현산에 올라서 술을 마시고 놀며 덕치를 베풀었다. 또한 진나라 때 산간(山簡)은 양양 태수로 있으면서 현산 아래 위치한 습가(習家)의 양어지(養魚池)가 경치가 좋아서, 매일 그곳에 나가 온종일 술을 마시고 곤드레가 되어 돌아오곤 하였다. 《晉書 卷34 羊祜列傳·卷43 山簡列傳》

32 개운 노선 : 개운포(開雲浦)의 처용(處容)을 가리킨다. 울산의 개운포는 신라 때 헌강왕(憲康王)이 바다에 나왔다가 갑자기 일어난 구름과 안개로 길을 잃었는데 해신(海神)에게 빌어 구름이 걷혔다 하여 붙여진 이름이다. 또한 이때 동해의 용왕이 나타나 춤을 추었는데 그 가운데 한 아들이 왕을 따라 서울로 가서 정사를 돕게 되니 이 사람이 바로 처용이다. 정포(鄭誧)의 〈개운포〉 시에 "섬을 비추는 구름 빛 따뜻하고, 강에 연이어 수맥이 통하누나. 사람들 말하기를 옛날에 처용 늙은이가, 이 푸른 물결 속에서 자랐다 하네. 풀을 두른 치맛자락 푸르고, 꽃이 머문 취한 얼굴 붉었어라. 거짓 미친 체하고 세상을 희롱한 뜻 무궁했으니, 항상 춤추고 봄바람을 보내네.〔映島雲光煖, 連江水脈通. 人言昔日處容翁, 生長碧波中. 草帶羅裙綠, 花留醉面紅. 佯狂玩世意無窮, 恒舞

춤추는 소매 멀리 휘저어 삼연을 불러와야 하리	遙揮舞袖引三淵

제2수 其二

총총히 도성에서 이별하고서	悤悤解手洛城中
그대 말 남쪽 갈 제 내 말은 동쪽으로 가누나	君馬南時我馬東
중간의 월송정 위에서 만나기로	中半月松亭上會
허튼 신선놀음 약속을 가을바람에 부치리라[33]	架虛仙約寄秋風

度春風.〕"라고 하였다. 《新增東國輿地勝覽 卷22 慶尙道 蔚山郡》

33 중간의……부치리라 : 삼연이 거처하는 설악산과 정필동이 부임하는 울산 사이의 중간 지점인 울진의 월송정에서 만나자는, 실현하기 어려운 약속을 가을에 하겠다는 말이다. 월송정은 관동팔경의 하나로, '越松亭' 또는 '月松亭'으로 표기한다.

석담 육곡. 주자의 〈무이도가〉 시운에 차운하다[34]

〈무이도가〉의 시운을 우옹이 동지들에게 분배하여 맡겼다가 완성하지 못한 것을 문하의 공들이 공에게 이어 맡겼으므로 이 화운이 있게 된 것이다

石潭六曲 次朱子武夷棹歌韻 棹歌韻 尤翁所嘗分屬於同志而未就者 門下諸公繼託於公 故有此和述

육곡의 안개 낀 낚시터가 푸른 물굽이에 잠겨있으니 六曲煙磯浸綠灣
낚싯대 하나 들고 마음 가는 대로 솔 대문 나서네 一竿隨意出松關
가만히 연못 가운데 달 비칠 때까지 앉았노라니 從容坐到潭心月
물고기는 뛰고 사람은 노래 부르며 위아래에서 한가롭다 魚躍人歌上下閑

34 석담……차운하다 : 석담의 제6곡은 조협(釣峽)이다.

인제로 가는 도중에

麟蹄途中

제1수

금년에 또다시 인제에 이르니 今年又復到麟蹄
초여름 막 갠 날에 푸른 풀 가지런하다 初夏新晴草色齊
초록 나무 위 꾀꼬리는 강 좌우에서 우짖고 綠樹鶯啼江左右
푸른 이내 속 말은 높고 낮은 바위 지난다 青嵐馬度石高低
모를레라 지금 신세가 모두 그림 같은 줄 不知身世渾圖畫
우연히 만난 풍광을 번번히 품평하네 偶觸風光輒品題
한계령 안팎 옛 거처와 새 거처 表裏寒溪新舊隱
둥지 틀고서 항상 단제[35]와 가까워지고저 結巢常欲近丹梯

제2수 其二

산에 돌아와 뜻이 산뜻한데 비 막 개니 還山佳意雨新收
읊조리며 바라보는 먼 봉우리에 옅은 아지랑이 머문다 吟望遙岑淡靄留
비둘기 울음소리 희미하게 들리니 멀리 있음을 외려 알겠고 隱隱鳩鳴猶覺遠
개 짖는 소리 시끄럽지 않으니 그윽함을 방해하지 않누나 寥寥犬吠不妨幽

35 단제 : 선계(仙界)로 들어가는 길을 의미한다.

푸른 수풀 베어낸 화전 두루 펼쳐졌고 斫開綠藪燒畬遍
메조 찧어낸 물방아 멈추어 있네 舂過黃粱水碓休
내일 곡연에서 응접할 일로 수고로울 터이니 明日曲淵勞應接
일이 없을 수 없는 것이 또한 한가로운 근심이로다 未能無事亦閑愁

영시암에서 심 자를 얻다

永矢菴得心字

날씨 차가워 소설이 가까우니	天寒小雪逼
설산의 기운 소슬하네	雪山氣蕭森
그러다 웬일로 폭우 쏟아져	夫何白雨作
소나무 계수나무 숲을 시원스레 씻어냈어라	洒落松桂林
구름이 큰 고개에서 둥실 떠와	雲從大嶺來
뭉쳐져 사방 산에 그늘 만드네	合爲四山陰
판잣집에 우선 편안히 누우니	板屋且高臥
처마의 풍경은 좋은 소리 내누나	簷鈴亦好音
홍몽[36]은 문밖 뜰에 보이고	鴻濛視戶庭
안개는 베개와 이불에 스며든다	煙靄寄枕衾
알겠어라 처한 곳이 높은 산중이라	可知所處高
티끌세상이 몇 개 봉우리 너머에 떨어져 있음을	塵世隔幾岑
너무 지나치게 적막한 것 아닌가 했더니	無已太闃寂
두 사람이 우연히 나를 찾아왔구나	二子偶相尋
기쁘게 강론 자리 여니	懽言開講評
화락함이 금슬을 연주하는 듯하도다	諧若奏瑟琴
종이창은 허백[37]을 끌어들이고	紙牕引虛白

36 홍몽 : 우주가 형성되기 이전의 혼돈 상태를 뜻한다. 곧 영시암 앞에 태고의 풍광이 펼쳐졌다는 말이다.

등불은 외로운 심금을 비추네	燈花照孤襟
염옹에게 도서가 있으니[38]	濂翁有圖書
천지의 마음을 환희 꿰뚫은 것이라	洞然天地心
높고 아득한 연화봉	迢迢蓮花峯
검푸르고 차가운 한 근원 깊었도다[39]	紺寒一源深
바위와 샘은 이곳도 못지않으니	巖泉此不乏
오묘한 계합이 거의 지금에 있도다	妙契庶在今

37 허백 : 《장자(莊子)》〈인간세(人間世)〉의 "빈방 안에는 흰빛이 생기고 거기에는 좋은 징조가 깃든다.〔虛室生白, 吉祥止止.〕"라는 말에서 유래한 표현으로, 마음이 청허(淸虛)하여 욕심이 없으면 순백의 도심(道心)이 절로 생겨난다는 뜻이다. 여기서는 바깥에서 비치는 흰 달빛을 형용한 듯하다.

38 염옹에게 도서가 있으니 : 염옹은 염계(濂溪)에 머물면서 강학한 송(宋)나라 때 학자 주돈이(周敦頤)이다. 그의 대표 저작이 《태극도설(太極圖說)》과 《통서(通書)》인데 《태극도설(太極圖說)》은 우주론을 설명한 것이고, 《통서》는 윤리론을 설명한 것이다.

39 높고……깊었도다 : 주돈이가 머문 염계는 여산(廬山)의 연화봉에서 발원하여 그 물빛이 검푸르고 찼는데 이를 탁영담(濯纓潭)이라 하였다. 《朱子大全 卷52 道統一 周子》

동 자 운을 얻어

得冬字

높은 누대에서 언제 갤까 점치니	高樓占霽候
무지개가 멀리 소나무에 걸려 있구나	蝃蝀挂遠松
한계의 물이 빠지려 하니	寒溪水欲落
여울 아래의 용은 돌아갈지어다	歸哉瀨下龍
내 날이 저물면 쉴 것을 생각하여[40]	吾思嚮晦息
문을 굳게 닫아거노라	閉戶堅其封
푸른 상수리는 저녁 화톳불 감으로 준비하고	蒼櫟備夕烘
메조는 아침까지도 찧어서 먹으리라	黃粱繼晨舂
머리맡에 염락의 책[41] 있으니	頭邊濂洛書
이를 보며 남은 겨울 보낼 만하도다	撫可了殘冬
환성[42]이 없어서는 안 되니	喚醒不可無

40 내……생각하여 : 《주역》 〈수괘(隨卦) 상(象)〉에 "못 가운데에 우레가 있는 것이 수이니, 군자가 날이 저물면 들어가서 편안하게 쉰다. 우레가 못 속에 간직되어 있는 것을 스스로 기르는 것이니, 군자는 그 상을 취하여 날이 저물 때에는 들어가 편안하게 있으면서 스스로를 기른다.〔澤中有雷, 隨, 君子以, 嚮晦入宴息. 雷藏澤中, 自養也, 君子取其象, 當暮晦之時, 入而安處, 以自息養焉.〕"라고 하였다.

41 염락의 책 : 성리서(性理書)를 가리킨다. 염은 송학(宋學)의 비조(鼻祖)인 주돈이(周敦頤)가 거주하던 염계(濂溪)이고, 낙은 정호(程顥)와 정이(程頤)가 거주하던 낙양(洛陽)이다.

42 환성 : 외물에 이끌려 방일해진 마음을 시시각각 불러서 일깨운다는 뜻으로, 지경(持敬) 공부의 한 방법이다.

이웃 절에 간혹 드문드문 종소리 울린다[43]　隣寺或疎鐘
눈이 비록 일만 길로 높이 쌓여　雪深雖萬丈
조원봉[44]보다 높으나　高於朝元峯
굳게 들어앉은 나를 어이하리오　堅坐奈吾何
이미 속세의 발걸음 끊었거늘　已斷塵世蹤
경계를 논하자면 참으로 고달프고 밋밋하나　論境實苦淡
즐거움을 말하자면 도리어 깊고 짙어라　語樂却深濃
원컨대 그대는 갑자기 돌아가지 말지어다　願子毋遽歸
이런 한가로움은 얻기가 어렵나니　難得此從容

43 이웃……울린다 : 이웃 절에서 울리는 종소리가 삼연의 마음을 일깨우는 매개체가 된다는 말이다.

44 조원봉 : 영시암과 마주한 봉우리의 이름이다.

저물녘 동대에 올라

暮登東臺

막 갠 저물녘 산 붉게 물드니	新霽暮山紫
석양빛이 내 동대 비춘다	照曜我東臺
길게 읊조리며 한 번 배회하노니	長嘯一徙倚
정신이 구해[45]를 벗어나누나	神情出九垓
흐르는 시냇물은 흰 용이 뛰어오르는 듯	溪流白龍跳
포효하며 온 골짝에 우렛소리 만드네	吼作萬壑雷
동남쪽의 금빛 연꽃	東南金芙蓉
봉정이 또한 우뚝하여라	鳳頂亦崔嵬
마치 고야의 신선[46] 보는 듯	如睹姑射仙
흠치르르한 면모가 사람 향해 열렸어라	脕顏向人開
드높은 바람이 떡갈나무 잎에 불어오니	高風吹槲葉
빗줄기 걷혀 그대로 배회한다	雨散仍徘徊
두건과 소매는 함께 휘날리고	巾袂與飛動
흰 구름은 어른어른 다가오누나	白雲冉冉來
고비 캐던 산언덕 계속 바라보노니	望望採薇岡

45 구해 : 중앙과 팔방의 땅을 뜻하는 말로, 곧 세상을 가리킨다.

46 고야의 신선 : 《장자(莊子)》 〈소요유(逍遙遊)〉에 "막고야 산에 신인이 살고 있는데, 살결은 빙설과 같고 예쁘기는 처녀와 같으며, 오곡을 먹지 않고 바람을 마시며 이슬을 먹는다.〔藐姑射之山, 有神人居焉, 肌膚若氷雪, 綽約若處子, 不食五穀, 吸風飮露.〕"라고 하였다.

청한[47]은 어디에 있는가　　清寒安在哉
어둑어둑 황혼이 이르니　　蒼然暮色至
즐거운 가운데 슬픔이 일어날까 두려워라　　恐惹樂中哀

산중에 매월당의 옛 거처가 있다.

47 청한 : 청한자(淸寒子) 김시습(金時習)이다.

빗속에서 운자를 불러
雨中呼韻

빗속에서 운자를 불러

빽빽한 빗발이 멀리 소나무 지나고 雨足森森度遠松
구름 걷히자 두세 봉우리 모습 드러낸다 雲披露却兩三峯
서루의 사면에 시냇물 소리 우렁차고 書樓四面溪聲合
벽운사(碧雲寺)[48]에선 저물녘 종소리 부질없이 들려오네 碧寺虛傳日暮鐘

48 벽운사(碧雲寺) : 영시암 근처에 있던 절 이름이다.

이 자 운을 얻어

得理字

작년에 정사 불타고	去年精舍燬
올해 새로 정사 지었네[49]	今年精舍起
단지 몇 굽이 길 떨어진 곳인데	移步只數曲
우열을 비할 수 없어라	勝劣不可比
산신령이 마련해준 뜻에 깊이 감사하고	深荷嶽靈意
가만히 집 지을 구상하였네	默想有料理
어찌 집 짓는 노고 없으랴만	寧無土木勞
진실로 사간의 기쁨[50]을 얻었도다	允獲斯干喜
서리 내릴 때 비로소 완성하니	霜天始斷手
나의 안석과 자리를 옮기노라	以我几席徙
뜰을 돌며 산보하고	巡院且散步
누각 올라 자주 기대네	上樓復頻倚
앞에 펼쳐진 형세 이미 탁 트였고	面勢旣云敞

49 작년에……지었네 : 1707년(숙종33)에 설악산에 지었던 벽운정사(碧雲精舍)가 1708년 10월에 불에 타서 1709년 9월에 새로 영시암(永矢菴)을 지은 일을 말한다.

50 사간의 기쁨 : 좋은 장소에 좋은 집을 짓는 기쁨이다. 《시경》 〈소아(小雅) 사간(斯干)〉에 "질서정연한 이 물가요, 그윽하고 그윽한 남산이로다. 대나무가 총생하는 듯하고, 소나무가 무성한 듯하도다.……비바람 막고 새와 쥐들도 없애 군자가 여기에 살게 되었도다.……우뚝 선 건물은 새가 놀라 낯빛을 변함과 같으며, 화려한 추녀는 꿩이 날아가는 것과 같도다.〔秩秩斯干, 幽幽南山. 如竹苞矣, 如松茂矣.……風雨攸除, 鳥鼠攸去, 君子攸芋.……如鳥斯革, 如翬斯飛.〕"라고 하였다.

바람은 머물 곳을 아는구나	風氣知所止
구름 걷힌 울안밭 넓고[51]	開雲廣園圃
집을 두른 칡넝쿨 빼어나다	繞屋秀葛藟
긴 시내 완연히 고리처럼 둘러있고	長溪宛環匝
좋은 봉우리 엄연히 옥처럼 솟아있네	好峯儼玉峙
동대와 봉정이 마주하고 있으니	東臺挹鳳頂
지팡이와 신을 채비하고 나설 수고 덜었구나	不勞理杖屣
평소 금상의 벽[52] 있어	平生禽尙癖
바다와 산을 두루 유람하였지	溟嶽亦遍履
완전한 승경이라 평가할 곳은 없었거니와	品題無全勝
금강산은 우선 거론하지 않겠노라	楓嶽姑捨是
참으로 타향을 떠돌던 나그네 같았더니	眞同旅遊人
지금에야 고향으로 돌아왔구나	於今返鄕里
《여산기》[53] 맛이 있고	有味廬山記

51 구름……넓고 : 이는 삼연이 골짜기 안의 평지를 말한 것이다. 삼연은 골짜기 안의 평지를 '개운포(開雲圃)'라고 명명하였는데, 이는 당(唐)나라 때 잠삼(岑參) 혹은 노륜(盧綸)의 시로 알려져 있는 〈창당이 보내온 '숭산에서 마도사를 찾아' 시에 수창하다〔酬暢當嵩山尋麻道士見寄〕〉에 "구름 걷고 옥을 심으려니 산이 얕아 꺼려지네.〔開雲種玉嫌山淺〕"라고 한 구절에서 따온 것이다. 《本集 拾遺 卷31 語錄 雪嶽家舍之圖》

52 금상의 벽 : 산수를 좋아하여 유람하러 다니는 성벽(性癖)이다. 금(禽)은 후한(後漢) 때의 은사(隱士)인 금경(禽慶)이고, 상(尙)은 역시 후한 때의 은사인 상장(尙長)이다. 상장은 자녀들을 모두 출가시킨 뒤 가사(家事)를 단절하고 친구인 금경과 함께 명산대천을 두루 유람하러 다녔는데 끝내 그들이 어디서 어떻게 죽었는지는 알 수 없다고 한다. 《後漢書 卷83 逸民列傳》

53 여산기 : 송(宋)나라 때 진순유(陳舜兪)가 여산을 유람하고 그곳의 승경과 고사

백 거사[54]와 마음 함께 하노라 心期白居士
바람을 이루었으니 내 무엇을 하리오 願愜夫何爲
이미 늘그막에 접어들었거니 黃髮已暮齒
응당 한 부의 《주역》을 가지고 應將一部易
연구하며 이곳에서 늙으리라 研究老於此

등을 총망라하여 기록한 책이다. 동진(東晉) 때의 고승 혜원법사(慧遠法師)가 백련사(白蓮社)를 결성하고 도잠(陶潛), 육수정(陸修靜)과 함께 어울렸던 일과 호계삼소(虎溪三笑) 등의 고사 역시 이 책에 실려 있다.

54 백거사 : 당(唐)나라 때의 시인 백거이(白居易)이다. 백거이는 만년에 벼슬을 그만두고 여산의 향로봉(香爐峯) 아래에 초당을 짓고 은거하면서 승려 여만(如滿)과 함께 향화사(香火社)를 결성하고 향산거사(香山居士)로 자호하였다.

암 자 운을 얻어
得菴字

이내 삶 참으로 즐거운 일 없으니	吾生苦無樂
세상사 모든 것 감내하지 못하네	於世百不堪
설산 속에서 노년 보내려	投老雪山中
영시암 완성했어라	成是永矢菴
고황은 진실로 안개와 노을이요[55]	膏肓實煙霞
내 마음 맞는 것 바로 바위 못이로다	契會卽巖潭
이곳이 내 편안한 거처로 알맞으니	偃仰斯得宜
외롭고 쓸쓸함도 진실로 달게 받아들이네	孤寂固所甘
동산과 못을 둘러 만들고	園池紆規畫
깊고 그윽한 땅 택하였어라	選幽猶耽耽
서책 보관하는 작은 누각 있고	藏書有小樓
빈 창엔 만상이 담겨 있도다	虛牖萬象涵
이름도 좋을사 고명재[56]	佳名高明岾

55 고황은……노을이요 : 속세를 떠나 깊은 산수에서 살아가는 것을 좋아한다는 말이다. 고황은 심장과 횡격막 사이 부분으로, 여기에 병이 나면 치료가 어렵다 하여 고질병을 이르는 말로 쓰인다. 당(唐)나라 전유암(田遊巖)이 벼슬을 그만둔 뒤에 온 가족을 데리고 태백산(太白山)에 들어가 20여 년 동안 은거하다가 뒤에 기산(箕山)으로 들어가자, 고종(高宗)이 그를 불러 산속 생활이 어떤지를 물어보니 그가 대답하기를 "신은 산수를 좋아하는 병이 이미 고황에 들고 안개와 노을에 고질병이 들었는데, 성상의 시대를 만나 다행히 소요하고 있습니다.〔臣泉石膏肓, 煙霞痼疾, 既逢聖代, 幸得逍遙.〕" 라고 한 데서 온 말이다. 《新唐書 卷196 隱逸列傳 田遊巖》

옥 같은 봉우리가 엄연히 다가오네 玉峯儼來參
층성과 낭풍[57] 層城與閬風
몇몇 곳과 비교하며 품평하노라 品題較二三
한가로이 혹 턱을 괴고서 悠然或支頤
뜬생각을 가벼운 산바람에 부쳐 날리네 浮念寄輕嵐
채색 구름 엉겨서 싸락눈 내리려 하고 彤雲凝欲霰
호기[58]는 소나무 녹나무에 붙어 있구나 灝氣著松楠
저 항해[59]의 정기를 떠다가 挹彼沆瀣精
속진에 찌든 가슴에 머금고 뱉으리 塵胸與吐含
나를 돌아보건대 실로 볼품없으니 顧己實菲薄
맑은 풍광 누림에 어찌 부끄럼 없으랴 淸享詎無慚
아 나의 인지의 벗[60]이여 嗟我仁智伴
현묘히 대할 것이요 한담을 말지어다[61] 玄對莫閑談

56 고명재 : 영시암에서 멀리 보이는 흰 봉우리의 안산(案山)이다. 교교봉(皎皎峯)이라고도 하였다. 《本集 拾遺 卷31 語錄 雪嶽家舍之圖》

57 층성과 낭풍 : 층성은 증성(曾城)이라고도 하며 중국 신화에서 서왕모(西王母)가 사는 곤륜산(崑崙山)에 있다는 성이다. 낭풍 역시 곤륜산 정상에 있다는 신선의 거처이다.

58 호기 : 천지 사이에 두루 퍼져 있는 맑은 기운을 뜻한다.

59 항해 : 신선이 마신다는 북방의 밤기운이 어려 맺힌 이슬을 이르며, 흔히 신선이 마시는 귀한 음료수를 뜻하는 말로 쓰인다.

60 인지의 벗 : 인하고 지혜로워 산수를 좋아하는 삼연의 벗을 가리킨 말이다. 《논어》 〈옹야(雍也)〉에 "지혜로운 자는 물을 좋아하고, 인한 자는 산을 좋아한다.〔知者樂水, 仁者樂山.〕"라고 하였다.

61 현묘히……말지어다 : 산수를 감상하면서 세속의 부질없는 말을 늘어놓지 말고

오직 청정한 마음으로 산수를 마주하라는 말이다. 현묘히 대한다는 것은 담박하고 청정하여 현묘한 경지에 이른 마음으로 산수를 대한다는 뜻이다. 손작(孫綽)의 〈유량비문(庾亮碑文)〉에 "마음이 담연하여 진실로 현묘함으로 산수를 대하였다.〔方寸湛然, 固以玄對山水.〕"라고 한 데서 온 말이다. 《世說新語 容止》

동쪽 시내의 소나무 삼나무 사이에 검은 바위가 홀로 우뚝이 서 있는데 두 개의 못을 굽어보고 있다. 내가 가서 노닐며 돌아오는 것도 잊고서 마침내 '음음대'라 명명하고 못은 '낙기'라고 하였다

東溪松杉之間 有玄巖特起 俯臨兩潭 余往遊忘返 遂名以蔭飮臺 潭曰樂飢

소나무 삼나무 천만 그루	松杉千萬本
푸른 못이 아래에 둘러 있네	綠潭下縈洄
기이한 바위가 그 곁에 우뚝 솟았으니	奇巖峙其傍
올려보고 내려보며 배회할 만하도다	俯仰堪徘徊
내 《초사》를 취하여	吾欲取楚辭
음음대라 명명하고자 하네[62]	名以蔭飮臺
맑은 물결 희롱하며 기뻐할 만하고	淸流弄可悅
흘러가는 모습 풍취 있도다	洋洋有味哉
하수의 방어와 제나라 강씨[63]	河魴與齊姜

62 내……하네 : 《초사(楚辭)》 〈구가(九歌) 산귀(山鬼)〉에 "산중의 사람이 두약처럼 향기롭고, 바위틈의 샘물 마시고 송백의 그늘에서 쉬도다.〔山中人兮芳杜若, 飮石泉兮蔭松栢.〕"라고 하였다.

63 하수의……강씨 : 맛 좋은 음식과 아름다운 여인을 뜻한다. 《시경》 〈진풍(陳風) 형문(衡門)〉에 "형문의 아래여, 쉬면서 노닐 만하도다. 샘물이 흘러감이여, 굶주림을 즐길 만하도다. 어찌 물고기 먹음에 하수의 방어만 먹을 것이며, 어찌 아내 취함에 제나라 강씨만 취하랴.〔衡門之下, 可以棲遲. 泌之洋洋 可以樂飢. 豈其食魚, 必河之魴? 豈其取妻, 必齊之姜?〕"라고 하였다.

이곳을 마주함에 그런 생각 이미 사그라드네	對此念已灰
육우의 차[64]를 어이 시험하랴	何試陸羽茶
난정의 술잔[65] 띄우지 못하도다	不汎蘭亭杯
담박한 물로 도리어 속을 채우니	淡然却充腸
날마다 청허해짐을 알겠어라	日覺淸虛來
한 대그릇 밥과 한 바가지 물로 즐거움 변치 않으니	簞瓢不改樂
공성께서는 안회를 허여하였도다[66]	孔聖許顏回
높은 산을 거의 바랄 만하나	高山庶可企
길을 잃음이 어찌 슬프지 아니하랴	迷途詎不哀
이 못이 또한 나의 스승이니	斯潭亦吾師
가까이하며 매번 돌아가기를 잊는도다	親近每忘廻

64 육우의 차 : 당(唐)나라 시인 육우는 차를 매우 즐겨 《다경(茶經)》 3편을 저술하였다.

65 난정의 술잔 : 진(晉)나라 왕희지(王羲之)가 목제(穆帝) 영화(永和) 9년 삼월 삼짇날에 사안(謝安), 손작(孫綽) 등 당대 명사들과 회계(會稽) 산음(山陰)의 난정에 모여 계사(禊事)를 행하고 곡수(曲水)에 술잔을 띄워 돌려 마시며 시를 지은 고사가 전하는데, 왕희지가 지은 〈난정기(蘭亭記)〉에 그 내용이 상세하다.

66 한 대그릇……허여하였도다 : 《논어》 〈옹야(雍也)〉에 공자가 이르기를 "어질구나, 안회여! 한 대그릇의 밥과 한 바가지의 물로 누추한 시골구석에서 사는 것을 다른 사람은 그 근심을 견디지 못하건만, 안회는 그 즐거움을 변치 않으니 어질구나, 안회여!〔賢哉回也! 一簞食, 一瓢飮, 在陋巷, 人不堪其憂, 回也不改其樂, 賢哉回也!〕"라고 하였다.

밤새 내리는 산비에 잠자리에서 감흥이 일어
山雨連宵 枕上感興

제1수

시내는 시끄럽고 나뭇잎도 떨어지니 溪喧兼落木
달도 어둑하여 마침내 누각 비웠네 月黑竟虛樓
깊고 어둑한 산에 비 많으니 幽晦山多雨
소슬하게 근심이 생기려 하누나 蕭騷我欲愁
흐르는 세월 아낄수록 세월 더욱 급히 흐르고 惜年年益急
도를 깨닫기 바랄수록 도는 더욱 아득하네 望道道逾悠
한밤중에 잠자리에서 뒤척이노니 輾轉長宵半
형제들은 서쪽에 머물러 있구나 西方骨肉留

제2수 其二

비가 어느 봉우리에서 왔는가 雨自何峯至
오늘 밤 시냇물 불어나 흐르네 溪添一夜流
소나무 가지에서 처음 급하게 빗소리 울리더니 松梢鳴始急
판잣집 울리며 그대로 머무누나 板閣響仍留
선위[67]는 응당 이르기 어려울 것이요 仙尉應難到

67 선위 : 한(漢)나라 때 남창 현위(南昌縣尉)를 지내고서 왕망(王莽)이 정권을 잡자 벼슬을 버리고 산에 들어가 신선이 되었다고 전해지는 매복(梅福)을 가리키는 말이다. 《漢書 卷67 梅福傳》 여기에서는 당시 양양 부사(襄陽府使)로 부임한 이해조(李海朝)를 가리키는 듯하다. 이해조는 이해 1월 양양 부사에 임명되었다.

도성에서 오는 편지 받을 수 없겠네	京書不可收
산신령의 뜻을 뉘 알랴	誰知山鬼意
세밀에 또한 근심에 젖는구나[68]	歲暮亦離憂

68 세밀에……젖는구나 : 《초사(楚辭)》 〈구가(九歌) 산귀(山鬼)〉에 "바람이 쇄쇄 불고 나뭇잎 우수수 떨어지니, 그대를 그리워하며 그저 근심에 젖네.〔風颯颯兮木蕭蕭, 思公子兮徒離憂.〕"라고 하였다.

눈이 내린 뒤 북루에 올라 둘러보다

雪後登北樓延矚

바위에 건물 지을 터 비로소 열리니 巖構始開基
구상하여 높은 누각 얽었네 造意結高樓
원하는 바는 뭇 봉우리를 몰아 所欲驅群嶺
처마와 기둥 끝에 기이한 풍광 드러내는 것이라 呈奇簷檻頭
누각 완성되자 과연 초연하여 樓成果超然
허공에 뜬 호기[69]를 나란히 마주하노라 平挹灝氣浮
봉래의 맥이 빙빙 둘러 扶輿蓬萊脈
북쪽에서 와서 기이한 봉우리 촘촘하네 北來奇峯稠
구름 걷히자 빛나는 낭간(琅玕)[70] 빽빽하고 雲開明玕森
햇살 비추자 찬란한 은빛 물결 흐르누나 日射爛銀流
새하얗게 한밤에 눈 내리니 皎然一夜雪
색상의 본래 가지런함이로다[71] 色相本來侔

69 호기 : 325쪽 주58 참조.

70 낭간(琅玕) : 전설 속의 선계(仙界)의 나무로 구슬 같은 열매가 달린다고 하는데, 봉황이 오직 이 열매만을 배불리 먹는다고 한다. 보통 대나무를 비유하는 말로 많이 쓰이는데, 여기에서는 눈으로 뒤덮인 숲을 가리킨 듯하다.

71 색상의 본래 가지런함이로다 : 색상은 불교 용어로, 눈으로 볼 수 있는 현상으로 드러난 외경(外境)을 가리킨다. 여기에서는 본래 색상 자체는 일체 차별이 없이 공적하고 평등한 것이지만 외경으로 드러난 가지각색의 모습으로 인해 차별상이 생겨나는데, 지금 눈이 내려 색상의 본래 평등성이 구현되었다는 말이다.

누가 두 가지 흰 것[72] 분별해내랴	誰能辨兩白
그저 두 눈동자만 어른어른하리라	但自眩雙眸
사람을 요포에 앉게 하니	令人坐瑤圃
마치 중화의 노닒을 따르는 듯하구나[73]	若追重華遊
구슬 놀이에 남은 완상 있으니	弄丸有餘玩
깊은 월굴에 정신이 통하도다[74]	神透月窟幽
소나무 삼나무가 저물녘 거센 바람에 춤추니	松杉儛晚飆
푸른빛이 언덕 가운데에 드러나네	翠蒼露中丘
얇게 언 얼음 밑으로 푸른 시냇물 쏟아지니	氷輕碧澗瀉
쟁그랑 명구[75] 소리 들리누나	鏗如聽鳴球
변환하는 모습 어찌 한 가지 모양이랴	變幻豈一態
맑고 흐린 날씨 또한 번갈아 닥치도다	陰晴亦互遒

72 두……것 : 눈과 눈에 덮인 경물이다.

73 사람을……듯하구나 : 요포는 신선이 사는 동산이고 중화는 순(舜) 임금이다. 302쪽 주11 참조.

74 구슬……통하도다 : 구슬 놀이는 역리(易理) 즉 음양의 이치를 탐구한다는 말이고, 월굴은 음의 이치를 가리킨다. 곧 음기로 생긴 눈을 통해 역리를 탐구하고 정신이 합일된다는 말이다. 송(宋)나라 소옹(邵雍)의 《격양집(擊壤集)》 권12 〈자작진찬(自作眞贊)〉에 "구슬을 가지고 노는 여가에, 한가로이 왔다 갔다 하노라.〔弄丸餘暇, 閑往閑來.〕"라고 하였는데, 자주(自註)에 "구슬은 태극이다."라고 하였다. 또한 소옹의 《격양집(擊壤集)》 권16 〈관물음(觀物吟)〉에 "천근과 월굴이 한가로이 왕래하니, 삼십육궁이 모두 다 봄빛이로다.〔天根月窟閑往來, 三十六宮都是春.〕"라고 하였는데, 천근은 양이고 월굴은 음이다.

75 명구 : 옥으로 만든 경쇠이다. 《서경》 〈우서(虞書) 익직(益稷)〉에 "명구를 치고 거문고와 비파를 타며 노래를 읊는다.〔戛擊鳴球, 搏拊琴瑟以詠.〕"라고 하였다.

누대에서 이 풍광을 받아서 쓰니 樓居有受用
백발로 유유자적 배회할진저 皓首其夷猶

11일 밤 눈이 내린 뒤 달을 보며

十一夜雪後見月

그윽한 계곡물 아직 얼지 않았는데	幽澗未合凍
산에 눈은 어이하여 이리 일찍 내렸나	嶺雪來何早
햇빛을 받아 반은 푸른 산색 드러났는데	見晛半蒼山
고재[76]는 아직 희디희구나	高岾猶皓皓
달이 조원봉에 떠오르니	月上朝元峯
누각이 맑고 깊은 못에 비춰 일렁이네	樓影漾澄灦
텅 비고 밝은 달밤에 항해[77]가 이어지고	虛明連沆瀣
몇 점 별빛이 갠 하늘에 빛나누나	數星點晴昊
낭랑히 읊조리며 잠들지 못하니	朗詠不能寐
고고하고 맑은 기운 가슴에 어리네	孤淸耿懷抱
산중의 〈유란〉 곡조	山中幽蘭操
짝하는 곡조가 또한 좋도다[78]	儷曲亦云好

76 고재 : 325쪽 주56 참조.

77 항해 : 325쪽 주59 참조.

78 산중의……좋도다 : 산중에서 〈유란〉의 곡조를 연주하면서 그와 짝이 되는 〈백설〉의 곡조 역시 좋다는 말이다. 초(楚)나라 송옥(宋玉)이 〈풍부(諷賦)〉에서 "그곳에 거문고가 있기에 신이 〈유란〉과 〈백설〉의 곡조를 탔습니다.〔中有鳴琴焉, 臣援琴而鼓之, 爲幽蘭白雪之曲.〕"라고 하였는데, 이를 인용하여 남조(南朝) 송(宋)나라의 사혜련(謝惠連)이 〈설부(雪賦)〉에서 "초나라 노래에서는 〈유란〉과 짝이 되는 곡조로 눈을 노래하였다.〔楚謠以幽蘭儷曲〕"라고 하였다. 《文選註 卷13》

묵은 책은 높은 누각에 묶어 던져놓았으니 陳編東高閣
공부를 폐한 지 오래되었어라 久矣未硏討
야기[79]의 뜻을 마음속으로 융회하니 融心夜氣旨
여기에서 거의 도를 구하겠네 於此庶求道
일 많은 산음객은 多事山陰客
갔다 왔다 허둥대었구나[80] 來往亦顚倒

79 야기 : 밤사이에 생겨나는 천지의 맑은 기운을 말하는데, 유가(儒家)에서는 이 기운을 흔히 사람의 양심에 비겨서 중하게 여긴다. 그런데 외물을 접하기 이전의 청명한 새벽에는 이런 마음이 남아 있다가 낮에 불선한 행위를 하여 점점 사라지게 된다고 하는데, 이것을 제(齊)나라 우산(牛山)의 나무에 비유한 내용이 역시 《맹자》〈고자 상〉 우산장(牛山章)에 나온다.

80 일……허둥대었구나 : 산음객은 진(晉)나라 때의 왕휘지(王徽之)이다. 왕휘지가 폭설이 내린 달 밝은 밤에 산음에서 홀로 술을 마시다가, 불현듯 섬계(剡溪)에 있는 벗 대규(戴逵)가 보고 싶어 밤새도록 배를 타고 그 집 앞에까지 갔다가 흥이 다하여 그냥 돌아온 고사가 있다. 《世說新語 任誕》 곧 왕휘지가 가만히 눈 내린 달밤에 풍취를 완상하며 마음을 다스리지 못하고 부질없이 왕래하였다는 말이다.

눈 내린 뒤의 정경

雪後卽事

어제 지붕 위로 눈 내리더니	昨日屋上雪
우뚝하게 몇 자나 두텁게 쌓였네	嵯峩數尺厚
홀연 처마에서 눈 녹은 물 똑똑 떨어지더니	忽爲簷溜滴
쏟아져 앞 시내 향해 달려간다	瀉向前溪走
산은 멀리 푸른 모습 드러내고	山容呈遠翠
햇살은 빈 창에 일렁이누나	日彩漾虛牖
고요한 완상 모두 천기의 발현이니	靜玩摠天機
혹 좌우에서 근원을 만나도다[81]	逢源或左右
아침저녁으로 밥 먹기 마치니	晨昏茶飯畢
뜨락 고요하여 아무 일 없네	庭院闃何有
바람 불어와 책장 넘기고	風來散書帙
구름 지나며 우물 절구 적시네	雲度潤井臼
누각 아래에서 기물 갈고 있는 늙은이	樓下磨器叟

81 혹……만나도다 : 깊은 경지에 나아가면 지극히 가까운 자신의 주위에서 어떤 일을 취할지라도 도의 근원을 알게 된다는 뜻이다. 《맹자》 〈이루 하(離婁下)〉에 "군자가 적절한 방법을 사용하여 학문의 세계에 깊이 나아가는 목적은 스스로 체득하려고 해서이다. 스스로 체득한 바가 있으면 거기에 거처하기를 편히 하게 되고, 거처하기를 편히 하면 이용함이 많게 되고, 이용함이 많으면 몸의 좌우에서 취해 쓸 때 그 근원을 만날 수 있게 된다. 그렇기 때문에 군자는 스스로 체득하려고 하는 것이다.〔君子深造之以道, 欲其自得之也. 自得之則居之安, 居之安則資之深, 資之深則取之左右逢其原. 故君子欲其自得之也.〕"라고 하였다.

사각사각 손을 놓지 않는구나	軋軋不輟手
내 실로 그 부지런함 사랑하니	我實愛其勤
위로하고자 해도 말술이 없어라	欲慰無斗酒
우리도 어찌 게으를 수 있으랴	吾徒豈容怠
학문에 힘쓰며 뒤처짐을 채찍질해야 하리[82]	勉學宜鞭後

82 뒤처짐을 채찍질해야 하리 : 뒤처져 게으르지 않도록 경책한다는 말이다. 《장자(莊子)》 〈달생(達生)〉에 "양생을 잘하는 사람은 양을 치는 것처럼 그 뒤처진 놈을 보고 채찍질을 가한다.〔養生者, 若牧羊然, 視其後者而鞭之.〕"라고 하였다.

춘행을 전송하러 산을 나서며[83]

送春行出山

밝은 달이 쌓인 눈과 함께하니　　明月共積雪
설산의 봉우리 희디희도다　　皎皎雪山岑
달이 밝음은 오고 감이 있거니와　　月明有往來
눈이 쌓임은 고금이 없어라[84]　　雪積無古今
한겨울의 절기에 내 들어와　　窮陰爲我節
홀로 우거하며 마음 괴로웠어라　　獨棲抱苦心
곰들은 벌써 깊이 겨울잠에 들었고　　熊羆旣深蟄
벽려만이 빈 숲에 남아 있었지　　薜荔但空林
적막한 나를 찾아 네가 오니　　君來扣寂寞
발걸음 소리 날 놀라게 했네　　驚我以跫音
웃으면서 옷 위의 먼지를 털어내고　　笑拂衣上塵
흥취는 구중의 거문고[85]에 드높았도다　　興逸丘中琴
배회하다 나의 방에 들어와　　低徊入我室

83 춘행을……나서며 : 춘행은 삼연의 족질(族姪) 김시좌(金時佐)의 아들이다.

84 달이……없어라 : 달의 밝음은 항상 순환하는 것이지만 지금 설악산의 눈은 고금에 계속 쌓여 있다는 말이다.

85 구중의 거문고 : 산중 은자의 거문고를 뜻하는 말이다. 진(晉)나라 좌사(左思)의 〈초은시(招隱詩)〉에 "지팡이를 짚고 은사를 부르노니, 황량한 길이 고금에 가로놓였어라. 암혈에는 건물이 없고, 구중에는 우는 거문고 있어라.〔杖策招隱士, 荒塗橫古今. 巖穴無結構, 丘中有鳴琴.〕"라고 하였다.

강론하며 깊은 이치 탐구하였어라	講評在鉤深
뜻이 맞으니 한결같이 담박하고	意協一味淡
정신이 화합하니 온갖 이치 가득하다	神融萬理森
누각에 올라 다시 맑은 풍광 보면서	登樓復淸眺
옥을 울리듯 높이 읊조렸어라	鳴玉動高吟
높은 산과 일렁이는 물 가운데[86]	峩山與洋水
눈과 달빛으로 흉금을 씻었도다	雪月洗素襟
이윽고 이별의 때가 오니	俄然見離合
어찌하여 부침을 달리하는가[87]	豈以異浮沉
호리병 속의 별천지에 있다가[88]	壺中自別天

86 높은……가운데 : '설악의 산수 속'이라는 일차적 뜻 이외에 두 사람의 뜻이 맞았다는 의미도 내포하고 있다. 옛날에 백아(伯牙)는 거문고를 잘 타고 그의 친구 종자기(鍾子期)는 그 소리를 잘 알아들었는데, 백아가 높은 산에 뜻을 두고 거문고를 타자 종자기가 듣고 말하기를 "태산처럼 높고 높도다.〔峨峨兮若泰山〕"라고 하였고, 또 백아가 흐르는 물에 뜻을 두고 거문고를 타자 종자기가 또 말하기를 "강하처럼 넘실대도다.〔洋洋兮若江河〕"라고 하였다. 《列子 湯問》

87 어찌하여 부침을 달리하는가 : 서로 이별한다는 말이다. 위(魏)나라 조식(曹植)의 〈칠애시(七哀詩)〉에 "그대는 맑은 길의 먼지 같고, 첩은 흐린 물속 진흙과 같네. 부침함이 각자 형세 다르거니, 회합함이 어느 때려나.〔君若淸路塵, 妾若濁水泥. 浮沈各異勢, 會合何時諧.〕"라고 하였다.

88 호리병……있다가 : 함께 설악산의 선경(仙境) 속에 있었다는 말이다. 후한(後漢)의 비장방(費長房)이 저자의 아전이었을 때, 어떤 노인이 저잣거리에서 약을 팔면서 호리병 하나를 가게 머리에다 걸어놓았다가 저자가 파하면 호리병 속으로 뛰어들어갔는데, 비장방이 이를 보고 노인에게 가서 재배(再拜)하고 술과 안주를 올리니 노인이 비장방에게 다음 날 찾아오라고 하였다. 다음 날 다시 찾아가니 노인이 비장방을 데리고 같이 호리병 속으로 들어갔는데, 장엄한 옥당(玉堂) 안에 안주와 술이 가득 놓여 있었으

걸음을 옮기자 곧 상삼이로다[89] 移步卽商參

나무꾼 도낏자루는 일천 날이 흘러가버리고[90] 樵柯易千日

어부의 배는 다시 찾아가려 해도 길을 찾지 못했어라[91] 漁舟迷再尋

다시 만날 기약 있는지 없는지 存期有無間

이별하는 말은 빨리도 내달려가네 別騎逝駸駸

서글피 혜초 장막[92]을 닫으니 惆悵掩蕙帳

므로 함께 술을 실컷 마시고 돌아왔다고 한다. 《後漢書 方術列傳下 費長房》

89 걸음을……상삼이로다 : 서로 멀리 떨어지게 되었다는 말이다. 삼성(參星)은 동쪽 하늘에 있고 상성(商星)은 서쪽 하늘에 있어서, 각각 뜨고 지는 시각이 다른 관계로 영원히 서로 만날 수가 없는 데에서 유래한 표현이다. 《春秋左氏傳 昭公 元年》

90 나무꾼……흘러가버리고 : 진(晉)나라 때 왕질(王質)이 나무를 하러 석실산(石室山)에 들어갔다가 동자 두어 사람이 바둑을 두며 노래하는 것을 보고는 곁에서 구경하였다. 한 동자가 대추 씨 같은 것을 주어 그것을 머금고는 배고픈 줄도 잊고 있었는데, 이윽고 동자가 왕질에게 "네 도낏자루가 이미 다 썩어버렸다."라고 하여 왕질이 일어나서 보니 과연 자기의 도낏자루가 이미 다 썩어버렸고, 집에 돌아가보니 이미 자기가 아는 사람은 하나도 없는 세상이 되어버렸다고 한다. 《述異記 卷上》

91 어부의……못했어라 : 동진(東晉)의 태원(太元) 연간에 무릉(武陵)의 한 어부가 시내를 따라 한없이 올라가다가 갑자기 도화림(桃花林)이 찬란한 선경을 만나 들어가서, 선대(先代)에 진(秦)나라 때의 난리를 피해 처자(妻子)를 거느리고 그곳에 들어와 대대로 살고 있다는 사람들을 만나서 극진한 대접을 받고, 수일 후에 그곳을 떠나서 배를 얻어 타고 다시 수일 전에 갔던 길을 되돌아왔는데, 그 후로는 다시 그 도화림을 찾을 수가 없었다고 한다. 《陶淵明集 卷5 桃花源記》

92 혜초 장막 : 산중 은자의 거처를 가리키는 말인데, 홀로 남게 된 심상을 더하기도 한다. 남제(南齊) 때 공치규(孔稚圭)가 종산(鍾山 북산)에 은거하다가 변절하여 벼슬길에 나간 주옹(周顒)을 책망하며 지은 〈북산이문(北山移文)〉에 "혜초 장막 텅 비어 밤에 학이 원망하고, 산중 사람 떠나자 새벽에 원숭이가 놀란다.〔蕙帳空兮夜鶴怨, 山人去兮曉猿驚.〕"라고 하였다.

누가 바위 위의 이불 함께 덮을까 誰同石上衾

십자교[93]로 돌아가거든 歸去十字橋

함께했던 이 날을 잊지 말지어다 莫忘此光陰

93 십자교 : 십자교는 경복궁 좌우에 있던 서십자각(西十字閣)과 동십자각(東十字閣) 앞에 있던 두 개의 다리인데, 이 중 지금은 사라진 서십자각의 서쪽에 마을이 형성되어 있었고 이를 십자교라 부르기도 했다. 김춘행의 거처가 여기에 있었던 듯하다.

설악산에서 홀로 거처하던 중 도이가 청평 유람을 나섰다는 말을 듣고서 나도 모르게 정신과 마음이 그리로 날아가기에 문득 절시 두 편을 지어 화답을 요구하다 도이는 족질 시좌이다

雪山索居中 聞道以 族姪時佐 作遊淸平 不覺神情飛動 輒吟二絶以要和

제1수

청평의 폭포 찾는 작은 청노새	淸平尋瀑小靑驢
피로 쌓인 뒤의 정신과 마음 씻어내도다	洗拂神情積瘁餘
다시 식암[94]에 나아가 영구히 이어나가기 도모하니	更就息菴圖永久
흰 구름 깊은 곳에 서책 보관하기 좋아라	白雲深處好藏書

제2수 其二

우리 유학이 비록 참되지만 거짓된 학문 많으니	吾道雖眞僞學多
회옹도 일찍이 중을 부러워했다네[95]	晦翁曾亦羨頭陀

94 식암 : 고려 때의 거사(居士) 이자현(李資玄, 1061~1125)이 머물던 청평산의 암자이다. 이자현은 본관은 인주(仁州), 자는 진정(眞精), 호는 식암·청평거사(淸平居士)·희이자(希夷子), 시호는 진락(眞樂)이다. 이자현의 가문은 당시 문벌 집안으로 문하 시중(門下侍中)을 지낸 이자연(李子淵)이 그의 조부이며, 권력을 농단했던 이자겸(李資謙)은 그의 사촌 형제이다. 젊은 나이에 권력에 염증을 느끼고 관직을 버리고 청평산에 들어가 부친이 세웠던 보현원(普賢院)을 문수원(文殊院)이라 개명하여 중건하고 평생을 은거하면서 수도하였다.

95 회옹도……부러워했다네 : 회옹은 주희(朱熹)의 호이다. 주희가 승려의 수행을 찬탄한 것으로는 《심경(心經)》에, 서암(瑞巖)의 승려가 매일 자신에게 스스로 주인옹(主人翁)이 분명하게 깨어 있는지 묻는 것을 보고 주희가 요즘 학자는 이와 같이 할 수

그대는 선동에서 솔잎 먹는 이들을 보시게	君看仙洞啖松者
천 명의 유자들이 어찌 저들을 좇겠는가[96]	千額儒巾豈趕他

없다고 탄식한 내용이 보인다. 주인옹은 마음을 가리킨다.

96 그대는……좇겠는가 : 선동은 청평산의 계곡 이름이다. 곧 청평산에서 용맹정진하는 승려들의 기상을 유자들이 따를 수 없다는 말이다.

맏형이 병들어 일어나지 못하고 있다는 소식을 멀리서 받고서 걱정하고 그리워하는 마음을 이길 수 없어 율시 한 수를 지어 형님께 보내다

遠承伯氏病未離牀 不堪憂戀之悰 吟成一律 仰呈座下

이미 자리 털고 일어난 지 오래라 생각했더니	已謂離牀久
아직도 지팡이 짚고서야 걷는다고 하네	猶聞恃杖行
군자의 병인 줄 깊이 알겠고[97]	深知君子病
형제간의 정으로 더욱 마음 쓰여라	益軫弟兄情
서신은 구름 낀 봉우리 넘는 일 적거니와	書越雲峯少
양은 눈 내린 골짝에서 생겨나도다[98]	陽從雪壑生
새벽 잠자리에서 자주 잠꼬대하는 말	晨衾頻囈啽
반은 할미새 울음[99]이라네	半是鶺鴒鳴

97 군자의……알겠고 : 삼연의 맏형 김창집(金昌集)의 병이 단순한 신체적 병이 아니라 국정과 세도(世道)를 근심해서 생긴 병임을 안다는 말이다. 당시 김창집은 소론 대신인 최석정(崔錫鼎)과 마찰을 빚다가 좌의정의 자리에서 체차되어 우거 중이었다.

98 양은……생겨나도다 : 음기가 가득한 눈 쌓인 골짝에서 양이 생기듯 어두운 현실 속에서도 밝고 정대한 기운이 싹튼다는 말이다. 이는 순음(純陰)에서 일양(一陽)이 처음 생겨나는 복괘(復卦)의 뜻을 취한 것이기도 하다.

99 할미새 울음 : 형제간에 걱정하는 마음이다. 《시경》 〈소아(小雅) 상체(常棣)〉에 "저 할미새가 언덕에 있으니, 위급한 때에는 형제가 서로 돕는 법이라오.〔鶺鴒在原, 兄弟急難.〕"라고 하였다.

현산 30영. 이 사군 자동에게 화답하다[100]

峴山三十詠 和李使君子東

높고 높은 산의 태고 때 흰 눈이	峩峩太始白
춥거나 덥거나 언제 사라진 적 있으랴	寒暑豈歇時
바다의 해가 녹이지 못하고	海日莫銷鑠
붉은 구름이 신기한 빛 발하누나	紅雲發神奇
선위[101]가 군성의 서쪽에서	仙尉郡城西
매양 턱 괴고 읊조리며 바라보네	吟望每支頤
요대[102]의 수천 점 눈발이	瑤臺數千點
하얀 접리에 흩날리겠구나[103]	飄洒白接䍦

100 현산……화답하다 : 현산은 강원도 양양의 별칭이다. 중국 양양의 명승지가 현산이고, 그곳에서 양호(羊祜)와 산간(山簡) 등이 노닌 고사에서 유래한 것이다. 309쪽 주31 참조. 강원도 양양의 남문루(南門樓)의 이름이 현산정(峴山亭)이기도 하다. 자동은 이해조(李海朝)의 자이다. 당시 이해조가 양양 부사로 있었다. 이해조의 원시는 《명암집(鳴巖集)》 권4의 〈현산 30영(峴山三十詠)〉이다.

101 선위 : 329쪽 주67 참조.

102 요대 : 옥으로 장식한 누대로, 신선이 거처한 곳을 말하는데 보통 눈이 쌓인 누대를 가리킬 때도 쓰이는 표현이다.

103 하얀 접리에 흩날리겠구나 : 접리는 두건(頭巾)의 일종이다. 진(晉)나라 때 풍류로 이름이 높던 산간이 양양 군수로 있으면서 술을 좋아하여 매양 고양(高陽)의 습가지(習家池)를 좋아하여 나가 술을 잔뜩 마시고 취해 돌아오므로, 당시 아동들이 노래하기를 "산공이 어디로 나가는가, 고양지로 가는구나. 날 저물면 있는 술 다 마시고 돌아와, 곤드레가 되어 아무것도 모른다오. 때로는 말을 타고 오면서 하얀 접리를 거꾸로 쓰기도 하네.〔山公出何許, 往至高陽池. 日夕倒載歸, 酩酊無所知. 時時能騎馬, 倒著白接䍦.〕"

이상은 설악의 갠 풍광이다.

오대산이 나의 파총이니　五臺我嶓冢
푸른 물결이 바다 어귀에 일렁이네[104]　滄浪漾海口
맑기는 사조의 명주요[105]　澄爲謝朓練
푸르기는 이백의 술일세[106]　綠是李白酒
목란배가 푸른 바다 가로지르니　蘭舟橫碧落
시 잘 짓는 한수 동쪽의 태수로다　能詩漢東守
파려의 빛깔을 저버릴 수 없으니[107]　不枉玻瓈色

라고 하였다.《晉書 卷43 山簡列傳》 여기에서는 양양 부사로 있는 이해조를 가리킨 말이다. 이해조의 원시에도 "밝고 밝게 날이 갠 후의 산색이 나의 흰 접리와 같구나.〔晶晶霽後色, 同我白接䍦.〕"라고 하였다.

104 오대산이……일렁이네 : 오대산에서 내려와 바다로 흘러 들어가는 한수(漢水)를 말한 것이다. 한수는 지금의 남대천이다. 중국의 양양 경내를 흐르는 강이 한수였으므로 강원도 양양에서도 한수라고 부른 것이다. 파총은 중국의 산 이름이다.《서경》〈하서(夏書) 우공(禹貢)〉에 "파총산에서 양수를 인도하여 동쪽으로 흘러 한수가 된다.〔嶓冢導漾, 東流爲漢.〕"라고 하였다.

105 맑기는 사조의 명주요 : 남조(南朝) 제(齊)나라 사조의 시 〈저물녘 삼산에 올라 다시 경읍을 바라보며〔晩登三山還望京邑〕〉에 "남은 노을 흩어져 깁을 이루고, 맑은 강은 깨끗하기 명주 같아라.〔餘霞散成綺, 澄江淨如練.〕"라고 하였다.《謝宣城集 卷3》

106 푸르기는 이백의 술일세 : 당(唐)나라 이백의 시 〈양양가(襄陽歌)〉에 "멀리 바라보니 한수는 오리 머리처럼 푸르러, 흡사 포도주가 막 괴기 시작한 것 같네.〔遙看漢水鴨頭綠, 恰似葡萄初醱醅.〕"라고 하였다.《李太白集 卷6》

107 파려의……없으니 : 파려는 '파리(玻璃)'라고 표기하기도 하며 고대의 옥 이름이다. 맑은 수면이나 하늘을 비유하는 말로 쓰이기도 한다. 즉 맑은 봄 물결을 보고 술을 마시지 않을 수 없다는 말이다.

열 말의 술에 취해도 되리라 方許醉十斗

이상은 한수의 봄 물결이다.

아득히 먼 이화대[108] 迢遙梨花臺
산호의 가지를 지척에 두었구나 咫尺珊瑚枝
붉은 동이와 금빛 기둥을[109] 紅盆與金柱
매양 이곳에서 가리키며 감상하도다 指點每於斯
빈왕의 취령[110] 이후로 賓王鷲嶺後
누가 바다 감상하는 시 지으려나 誰爲觀海詩
만약 하늘 너머의 일을 묻는다면 若問天外事

108 이화대 : 양양의 낙산(洛山)에 있는 대 이름이다. 이해조의 원시에 "낙산사는 또한 낙가사라고 일컫는다. 바닷가 어느 곳이나 일출을 감상할 만하지만 낙산이 일출 지점을 정면으로 마주하고 있고 이화정이 극히 높고 탁 트여서 가장 멀리 바다를 바라볼 수 있기 때문에 일출을 감상하는 장소로는 반드시 낙산을 일컫는다고 한다.〔洛山寺, 稱洛伽寺. 海傍無非可觀日, 而洛山正對暘谷, 梨花亭極高敞, 望海最遠, 故觀日必稱洛山云.〕"라고 하였다.

109 붉은……기둥을 : 둥근 태양과 퍼져나오는 태양빛을 형용한 말이다.

110 빈왕의 취령 : 빈왕은 왕발(王勃), 양형(楊炯), 노조린(盧照鄰) 등과 함께 초당사걸(初唐四傑)로 일컬어지는 낙빈왕(駱賓王)이다. 당나라 맹계(孟棨)의 《본사시(本事詩)》에 다음과 같은 고사가 실려 있다. "송지문(宋之問)이 항주(杭州) 영은사(靈隱寺)에 가서 달구경을 하면서 '취령은 울창하게 솟아 있고, 용궁은 고요 속에 싸였네.〔鷲嶺鬱岧嶢, 龍宮鎖寂寥.〕'라고 두 구절을 읊고 나서 뒷부분을 잇지 못했는데, 그때 한 노승이 지나가다가 '「누대는 푸른 바다의 해를 바라보고, 문은 절강의 조수를 대하네.〔樓觀滄海日, 門對浙江潮.〕」라고 하지 않는가?'라고 하고는 연이어 열 구절의 시를 읊었다. 그런데 구절마다 아주 비범하여 송지문이 감탄을 금치 못했는데, 그 노승이 낙빈왕이었다고 한다."

구담[111]도 알지 못하리 瞿曇亦不知

이상은 낙가산(洛伽山)에서의 일출 감상이다.

무슨 불평스러움 있길래 夫何有不平
포효하며 갠 하늘 진동시키나 訇哮殷晴空
깊고 먼 곳에서 불어온 줄 알겠거니 窈窕知所自
갑작스레 거대한 파도와 바람 일으키네 倏見洪濤風
기성과 달을 어찌 점칠 것 있으랴 箕月豈待占
산과 못이 본래 서로 통하거늘[112] 山澤本相通
여기에서 물아를 마치니 於焉了物我
서로 각각 다른 이치 어찌 한량 있으랴[113] 回泬理何窮

111 구담 : 범어 'Gautama'의 음역으로, 석가모니의 성씨이다.

112 기성과……통하거늘 : 기성과 달이 만나는 시기를 점칠 필요 없이 산과 못의 기운이 통하여 바람이 생겨난다는 말이다. 진(晉)나라 장협(張協)의 〈잡시(雜詩)〉에 "비록 기성과 필성이 만나지 못하더라도, 작은 비는 언제나 저절로 장마를 이루네.〔雖無箕畢期, 膚寸自成霖.〕"라고 하였는데, 그 주(註)에 "기성은 바람을 주관한다.……달과 기성이 만나면 바람이 분다.〔箕星主風.……月與箕會則風.〕"라고 하였다. 또한《주역》〈설괘전(說卦傳)〉에 "산과 못이 기운을 통한다.〔山澤通氣〕"라고 하였다.

113 여기에서……있으랴 : 이 구절은《장자(莊子)》〈제물론(齊物論)〉에 나오는 남곽자기(南郭子綦)의 이야기를 바탕에 깔고 있다.《장자》〈제물론〉에서 자유(子游)가 안석에 기대어 멍하니 앉아 있는 남곽자기에게 그 까닭을 묻자, 지상의 크고 작은 온갖 서로 다른 바람 소리를 거론하면서 그 다양한 소리들이 나름대로의 출처와 의미를 각기 지니고는 있지만 조물주의 시각으로 보면 다 같은 것이라 하고, 아울러 인간의 생활 속에 일어나는 시시비비의 논쟁도 큰 관점에서 보면 서로 다를 것이 없다고 대답한 이야기가 있다. 곧 이 바람을 통해 물아(物我)의 차별성을 벗어나 물아일체(物我一體)의 경지를 깨닫되, 온갖 바람이 서로 다른 출처와 소리를 내는 개별성의 이치 역시

이상은 천후산(天吼山)의 바람 소리[114]를 들음이다.

그대 허깨비 같은 몸 버려	捨爾幻化身
부처의 승묘[115]한 상 구하였도다	求佛勝妙像
신령한 구슬은 염불하던 끝에 떨어지고	靈珠落念頭
자애로운 대나무는 정수리 위에 돋아났어라	慈竹生頂上
불가의 일은 허황된 것 많고	浮屠事多幻
배 골짜기 자취는 이미 지난 일이로다	舟壑迹已往
푸른 새 떠나가 보이지 않으니	青鳥去無影
드넓은 구름 파도 아득히 바라보노라	極目雲濤廣

이상은 의상(義相)의 이적(異蹟)[116]이다.

다함이 없다는 말이다.

114 천후산(天吼山)의 바람 소리 : 이해조의 원시에 "천후산은 양양부 북쪽 65리에 있다. 바위 봉우리가 깎아지른 듯 서 있는 것이 기이하고 장쾌한데 속칭 소금강이라고 하니, 바로 설악산의 한 지류이다. 산 중턱에 두 개의 풍혈이 있는데 큰 바람이 일어나려고 할 때면 산이 먼저 소리를 내므로 천후라는 이름이 붙었다.〔天吼山, 在府北六十五里. 石峯峭削奇壯, 俗稱小金剛, 卽雪嶽一支. 山腰有兩風穴, 大風將起, 山自先鳴, 故名.〕"라고 하였다.

115 승묘(勝妙) : 보통 부처의 뛰어난 모습을 형용할 때 쓰이는 말이다. 명(明)나라 통윤(通潤)의 《능엄경합철(楞嚴經合轍)》에 "만류를 뛰어넘어 으뜸으로 나온 것을 '승'이라 하고, 오탁악세(五濁惡世)에 처하여서도 오염되지 않는 것을 '묘'라고 한다.〔超萬類而首出曰勝, 處五濁而不染曰妙.〕"라고 하였다.

116 의상(義相)의 이적(異蹟) : 이해조의 원시에 "고려의 승려 익장의 기록에 다음과 같은 내용이 있다. 낙산사 동쪽 몇 리쯤 되는 해변에 배를 들여놓을 만한 굴이 있는데, 세상에서는 관음대사가 상주하는 곳이라고 전한다. 굴 앞에는 자리 하나를 펼쳐 깔 만한 바위가 있다. 신라의 의상 법사가 바로 이 바위 위에서 예배하면서 관음의 진상을

원통천안불[117]은	圓通千眼佛
상주하는 향해[118] 멀어라	住處香海廻
버들가지로 감로를 뿌리니[119]	楊枝洒甘露
중생들이 우러러 관정[120]을 받도다	衆生仰灌頂

구하였으나 14일이 지나도록 친견하지 못하자 곧장 바다로 투신하였다. 그러자 신룡이 법사를 떠받치고 바위 위로 건져내었는데, 관음이 곧바로 굴속에서 팔을 뻗어 수정 염주를 주면서 말하기를 '나의 몸은 친견할 수가 없다. 다만 굴 위에서 걸어가 쌍죽이 솟아난 곳에 이르면 그곳이 바로 나의 정수리 위이다. 이곳에 법당을 지어 불상을 안치하라.'라고 하였다. 그리고 신룡이 여의주와 보옥을 바쳤는데 의상 법사가 이를 받아 오니 쌍죽이 저절로 돋아났다. 이에 그 땅에 법당을 열고 용이 바친 옥으로 불상을 조성하여 안치하니, 바로 관음사이다. 이곳에 여의주를 보관하였으니 절에서 전하면서 보배로 여겼다. 고려의 유자량이 병마사가 되어 굴 앞에 와서 예배하였는데, 푸른 새가 꽃을 물고 날면서 울더니 모자 위에 꽃을 떨어뜨렸다.〔高麗僧益壯記, 洛山寺東數里許海邊, 有窟可容舟, 世傳觀音大士所住處. 窟前, 有石可鋪一席, 新羅義相法師, 乃於石上展拜, 求見觀音眞像, 二七日未獲覩, 便投身海中, 有神龍扶出石上. 觀音卽於窟中, 伸臂授水晶念珠曰, 我身不可覩. 但從窟上行至雙竹湧出處, 是吾頂上. 於此可營一殿, 安排像設也. 神龍獻如意珠及寶玉, 義師受珠玉而來, 有雙竹自抽. 乃於其地創殿, 以龍所獻玉造像安之, 卽觀音寺. 藏珠於是, 寺傳寶之. 高麗庾資諒爲兵馬使, 到窟前拜稽, 有靑鳥啣花飛鳴, 花墜幞頭上.〕"라고 하였다.

117 원통천안불 : 관음보살이다. 원통과 천안은 모두 관음보살을 달리 부르는 말이다.

118 향해 : 향수해(香水海)의 준말이다. 《화엄경(華嚴經)》에서 우주를 설명할 때 풍륜(風輪) 위에 향수해가 있고 그 위에 천 겹의 꽃잎으로 이루어진 거대한 연꽃이 떠 있는데, 그 속에 천 명의 부처가 있는 천 개의 연화장세계(蓮華藏世界)가 있다고 한다.

119 버들가지로 감로를 뿌리니 : 삼십삼관음(三十三觀音) 중에 양류관음(楊柳觀音)이 있는데, 왼손은 시무외인(施無畏印)을 맺고 오른손으로는 버들가지를 쥐고서 중생의 병을 낫게 한다고 하며, 또 천수관음(千手觀音)의 사십수(四十手) 중에 양류지수(楊柳枝手)가 있다고 한다. 양류관음은 약왕관음(藥王觀音)이라고도 한다. 《千手千眼觀世音菩薩大悲心陀羅尼》《千光眼觀自在菩薩祕密法經》

신상은 옥을 깎아 조성했는데　神像玉琢成
가운데에 빛나는 보월을 품고 있네　中含寶月炯
고생스레 꽃을 바치는 무리　辛勤獻花徒
기이한 이적이 그들과 함께하리라　靈迹與之並

이상은 관음신상(觀音神像)이다.

움푹 파인 거대한 벼랑의 암굴[121]　嵌空巨崖广
주위를 둘러 법당이 나뉘어 섰어라　周遭壇宇分
고승의 상을 한 감실에 봉안했는데　高僧安一龕
가부좌한 몸에 이끼가 끼었어라　趺坐著苔紋
문 앞으로 달마를 우러르니　門前達摩尊
좋은 향을 피워 받들도다　奉以名香焚
향로 연기 점점 흘러가　爐煙冉冉去

120 관정 : 불가에서 물이나 그 밖의 액체를 사람의 이마에 뿌려 정화하는 의식이다. 또한 버들과 관련해서는《관정경(灌頂經)》에 다음과 같은 이야기가 있다. 석가모니 당시에 유야리국(維耶離國) 사람들이 사냥으로 살생하는 업을 많이 지어 돌림병이 돌았는데, 선제 비구(禪提比丘)가 가서 주문으로 백성들을 교화하고 질병에서 구해주었다. 그러나 선제 비구가 죽은 뒤에 다시 돌림병이 돌아 무수한 사람이 죽자 사람들이 선제 비구가 머물던 곳을 떠올리고 가보았는데, 그곳에는 선제 비구가 씹던 버들가지가 땅에서 돋아나 숲을 이루고 그 아래에는 맑은 샘물이 있었다. 사람들이 마침내 버드나무에 예배하고 버들가지를 꺾어 샘물을 묻혀 병자에게 뿌리니 모두 병이 나았다.

121 암굴 : 원문의 '엄(广)'은 일반적으로 이 글자를 해석하는 '집'의 뜻이 아니다.《설문해자(說文解字)》에 이 글자를 "엄을 말미암아 집을 짓는 것이다.〔因广爲屋〕"라고 하였는데, 이는 곧 암굴 자체를 집으로 삼는다는 뜻이며 이때 '엄(广)'은 바위 언덕이나 암굴을 뜻하는 '엄(厂)'의 뜻이다. 이는 본집 전체의 용례를 검토해보아도 암굴의 뜻이 됨이 분명하다.

날아서 눈 덮인 고개의 구름을 쫓누나 飛逐雪嶺雲

이상은 계조(繼祖)의 깊은 굴[122]이다.

옥 같은 대가 금빛 못 굽어보니 瓊臺俯金潭

바위 부채가 푸른 뫼에 늘어섰도다 石扇排青嶂

융치[123]가 온갖 오묘한 모습 갖추었으니 融峙備衆妙

어찌 기이하고 웅장한 형세뿐이랴 豈惟勢奇壯

명산을 납극[124] 신고 두루 다니다 名山蠟屐遍

비로소 단구의 생각[125] 흡족하여라 始愜丹丘想

122 계조(繼祖)의 깊은 굴 : 이해조의 원시에 "천후산 아래에 있다. 굴 밑에는 벼랑에 가설하여 작은 암자를 지었는데 텅 비어 상주하는 승려가 없다. 세상에서는 계조 선사가 선정에 든 곳이라고 전한다. 굴 앞으로 큰 바위가 들쭉날쭉 서 있고, 동쪽으로 큰 바다를 굽어보는데 앞으로 달마 봉우리들을 마주하고 있다.〔在天吼山下. 窟底, 架崖構小菴, 空無僧. 世傳繼祖禪師入定處. 窟前, 巨石錯立, 東臨大海, 前對達摩諸峯.〕"라고 하였다. 계조 선사는 여말(麗末)의 계조연진(繼祖演眞)을 가리키는 듯하다.

123 융치 : '융(融)'은 흐르는 물을 뜻하고, '치(峙)'는 솟은 봉우리를 뜻한다. 진(晉)나라 손작(孫綽)의 〈유천태산부(遊天台山賦)〉에 "융해되어 하천이 되고, 응결하여 산이 된다.〔融而爲川瀆, 結而爲山阜.〕"라고 하였는데, 이 구절을 활용한 글들에서 '결(結)'을 '치(峙)'로 대체하기도 한다. 《文選 卷11》

124 납극 : 밀랍을 바른 나막신을 말한다. 남조(南朝) 송(宋)나라 때 사영운(謝靈運)이 산에 오를 적에는 반드시 밀랍을 바른 나막신을 신었다고 한다. 《南史 卷19 謝靈運列傳》

125 단구의 생각 : 선경(仙境)을 그리던 생각을 말한다. 단구는 밤이나 낮이나 항상 밝은 땅으로, 신선이 산다는 곳이다. 굴원(屈原)의 〈원유(遠遊)〉에 "신선을 따라 단구에서 노닒이여, 죽지 않는 옛 고장에 머물렀도다.〔仍羽人於丹丘兮, 留不死之舊鄉.〕"라고 하였다. 《楚辭 卷5》

금강암[126]이 떨어지려 하니　　欲落金剛巖
깜짝 놀라 탄성 지르며 다시 지팡이를 잡노라　　驚吁更拄杖

이상은 비선대(飛仙臺)의 층층 못[127]이다.

암벽의 수십 성가퀴　　雲根數十雉
띠처럼 둘러 아직도 터가 남아 있네　　帶縈尙餘址
만촉의 시대 아득하여 알 수 없고　　茫昧蠻觸世
권씨와 김씨는 어디로 갔는가　　有無權金氏
공연히 나무와 돌은 성벽 이루었다 무너지니　　成壞空木石
끝내 사슴과 돼지가 기대어 사는구나　　憑據竟鹿豕
안위는 아득하여 미리 정할 수 없으니　　安危莽難平
길게 휘파람 불며 성채 잔해 어루만지노라　　長嘯撫殘壘

이상은 권씨와 김씨의 성채 잔해[128]이다.

126 금강암 : 이해조의 원시에 신흥사(神興寺)를 언급했으니, 금강암은 곧 지금의 신흥사 흔들바위를 말한 듯하다.

127 비선대(飛仙臺)의 층층 못 : 이해조의 원시에 "천후산 남쪽에 신흥사가 있고, 절 앞으로 5리 남짓 거리에 동천이 깊고 그윽하며 첩첩 봉우리가 빽빽하게 서 있고 흰 바위가 평평하게 깔렸으며 시냇물이 흘러 못을 이루니, 바로 와선대이다. 와선대에서 시내를 따라 몇 리를 올라가면 봉우리와 천석이 와선대에 비해 더욱 기이하고 웅장하며 청량하니, 바로 비선대이다. 이곳은 현산의 제일 동천이다.〔天吼山南, 有神興寺, 寺前五里餘, 洞府深邃, 疊嶂森羅, 白石平鋪, 溪流成潭, 卽臥仙臺. 自臥仙沿溪上數里, 峯巒泉石, 比臥仙益奇壯淸爽, 乃飛仙臺, 此是峴山第一洞天也.〕"라고 하였다.

128 권씨와……잔해 : 이해조의 원시에 "설악산 정상에 석축 천여 척이 둘렀는데 무너진 성가퀴가 아직도 있다. 세상에서는 옛날 권씨와 김씨 두 집이 이곳에 피난하였기 때문에 이름한 것이라 전한다.〔在雪嶽頂, 石築周千餘尺, 廢堞尙在. 俗傳昔有權金二家避亂于此故名.〕"라고 하였다.

세상에 드문 풍운의 선비	風雲希世士
바다 감상하러 동쪽으로 왔어라	觀海亦東走
함께 이 대 위에 올라	同臨此臺上
무슨 계획 하였던가	有何講畫否
바위는 귀신과 도깨비처럼 늘어서 있고	巖排鬼魅立
파도는 고래와 교룡의 울음소리 전해오네	浪輸鯨蛟吼
천지가 가없이 펼쳐진 이곳에	乾坤此無倪
남긴 이름 우연히 사라지지 않았구나	寄名偶不朽

이상은 텅 빈 하조대(河趙臺)[129]이다.

천년의 세월 담긴 작은 산	千年自小山
만 리를 뻗어오는 좋은 달	萬里來好月
다가올 밤은 지나간 밤과 다르니	來夜非去夜
어찌 생사에 대한 감회 없으랴	寧不感存沒
느슨한 띠에 부는 바람을 길이 품고	長懷緩帶風
눈물 흘리는 비석을 돌아보도다[130]	却顧墮淚碣

129 하조대(河趙臺) : 조선 초의 개국 공신인 하륜(河崙)과 조준(趙浚)이 노닐었던 곳이라 전해지는 누대이다.

130 느슨한……돌아보도다 : 모두 중국의 양양과 관련된 진(晉)나라 때 장군 양호(羊祜)의 고사를 든 것이다. 양호가 양양에서 도독형주제군사(都督荊州諸軍事)로 군정을 잘 펼쳐 오(吳)나라를 방비하여 변환(邊患)을 없애고는 군중에서 항상 가벼운 갖옷에 느슨한 띠를 두르고 현수산(峴首山)에서 노닐었다고 한다. 또 그가 죽자 양양의 백성들이 저자를 파하고 통곡하였으며 그가 평소 노닐던 현수산에다 비석을 세우고 사당을 건립하였는데, 그 비석을 보는 사람들이 모두 눈물을 흘렸다 하여 두예(杜預)가 그 비에 타루비(墮淚碑)라는 이름을 붙였다.《晉書 卷34 羊祜列傳》

신선들을 찾을 수 없으니 群仙不可問
술잔을 잡고서 센머리 보며 웃노라 把杯哂霜髮

이상은 현수산(峴首山)[131]에서 달을 기다림이다.

복사꽃 오얏꽃 흐드러진 고을 爛漫桃李縣
무릉의 시내[132]에 비해 어떠한가 何似武陵川
숲을 뚫고 부사(府使)의 수레가 가니 穿林皁蓋往
어여뻐할 만한 곳 있다는 소리 들리네 更聞有可憐
바위의 꽃에 들어찬 봄빛 巖葩一種春
물가 위에서 아리땁게 흔들리누나 臨水弄嬋娟
못 속의 붉은빛 탐닉하다가 貪看潭底紅
나도 모르게 바위 위에서 잠이 들도다 不覺石上眠

이상은 춘암(春巖)[133]에서의 꽃구경이다.

신령스러운 설악에서 뽑혀 나온 줄기 靈嶽所抽枝
조각조각 모두 잔안[134]이어라 片片皆孱顔

131 현수산(峴首山) : 이해조의 원시에 "읍 앞의 작은 산기슭을 속칭 현산이라고 한다.〔邑前小麓, 俗稱峴山.〕"라고 하였다.

132 무릉의 시내 : 340쪽 주91 참조.

133 춘암(春巖) : 이해조의 원시에 "부 서쪽 5리 남짓 되는 곳을 속칭 예문이라고 하는데, 골짝 안의 샘과 바위가 완상할 만하다. 시냇가 작은 바위는 열 사람 남짓 앉을 만한데, 봄이면 진달래가 만개하여 태수가 그때마다 이곳에서 꽃을 감상한다고 한다. 지금은 의춘암으로 개명하였다.〔府西五里餘, 俗稱禮門, 洞中泉石可玩. 溪邊小巖, 可坐十餘人, 春時杜鵑爛開, 太守輒賞花於此云. 今改以宜春巖.〕"라고 하였다.

멀리서 초나라 하늘 푸른빛 나누어 遙割楚天碧
맺혀서 작은 무산 되었구나[135] 結爲小巫山
나는 구름은 마치 정을 품은 듯하고 雲飛若有情
어둑히 내리는 비에 푸른 쪽머리 잃었어라[136] 雨暗失翠鬟
새벽녘에 원숭이 울음소리[137]인 듯한 소리가 猶疑曉猿聲
은은하게 단풍 숲 사이에서 들려오네 隱約楓林間

이상은 무산[138]의 구름과 비이다.

군의 서쪽 들판 반쯤 어렴풋하니 郡西半莽蒼
무성한 뽕나무들 시야에 들어오네 望中桑柘繁

134 잔안 : 삐쭉삐쭉 드높이 솟은 봉우리를 일컫는 말이다.

135 멀리서……되었구나 : 중국 초 땅에 있는 무산과 같은 이름이므로 이렇게 말한 것이다. 곧 중국 무산의 푸른빛을 나누어 양양의 무산이 되었다는 말이다. 특히 무산은 초나라 회왕(懷王)이 고당(高唐)에서 노닐며 낮잠을 자다 꿈속에서 무산의 신녀를 만나 사랑을 나눈 고사로 유명하다. 회왕과 사랑을 나눈 신녀가 이튿날 떠나면서 말하기를 "첩은 무산의 남쪽 높은 구릉의 험준한 곳에 사는데, 매일 아침이면 구름이 되고 저녁이면 비가 되어 아침저녁으로 양대(陽臺) 아래로 내려옵니다."라고 하였다. 《文選 卷19 高唐賦》

136 푸른 쪽머리 잃었어라 : 푸른 쪽머리는 푸른 산등성이를 비유하는 말이다. 곧 비가 어둑히 내려 푸른 산의 모습이 가려졌다는 뜻인데, 신녀의 의미도 함께 들어 있다고 하겠다.

137 원숭이 울음소리 : 남조(南朝) 제(齊)나라의 왕융(王融), 당나라의 장구령(張九齡) 등 역대의 많은 문인들이 〈무산고(巫山高)〉라는 제목의 작품을 남겼는데, 모두 애절한 원숭이의 울음을 말한 바 있다.

138 무산 : 이해조의 원시에 "읍 앞의 남대천 가에 봉우리들이 늘어서 있는데 속칭 무산이라고 한다.〔邑前南大川邊, 列嶂羅立, 俗稱巫山.〕"라고 하였다.

자욱하게 절로 안개 생겨나고 漠漠自生煙
어슴푸레 촌락이 늘어서 있다[139] 曖曖相望村
알겠어라 즐겁게 농사지으면서 知有耕耘樂
처자를 편안히 보존하겠네 妻子以安存
알겠어라 유 형주가 可知劉荊州
길게 탄식하며 녹문에서 물러났음을[140] 長嘆謝鹿門

이상은 녹문[141]의 안개 낀 나무이다.

흰 구름 가장 깊은 곳 白雲最深處
온 땅에 신령스러운 약초 돋았네 遍地生靈草
부드러운 자줏빛 줄기 따오니 採來紫莖柔
이름도 훌륭하고 맛도 좋도다 名佳味亦好
삼수를 노래한 구가 절로 있고[142] 三秀自九歌

139 자욱하게……있다 : 호젓한 촌락의 분위기를 말한 것이다. 도잠(陶潛)의 〈전원으로 돌아와 살며〔歸田園居〕〉에 나오는 "어슴푸레 먼 마을의 인가(人家) 보이고, 아련히 마을에선 연기 오르네.〔曖曖遠人村, 依依墟里煙.〕"라고 하였다.《陶淵明集 卷2》

140 알겠어라 유……물러났음을 : 후한(後漢) 때의 은자인 방덕공(龐德公)이 처자를 데리고 양양의 현산 아래에서 농사를 지으며 살았는데, 형주 자사(荊州刺史) 유표(劉表)가 그를 초빙하자 가솔을 모두 거느리고 양양의 녹문산(鹿門山)에 들어가 다시는 세상에 나오지 않았다는 고사가 있다.《後漢書 卷83 逸民列傳 龐公》

141 녹문 : 이해조의 원시에 "부성 서쪽으로 작은 들을 지나면 촌락이 펼쳐져 있는데, 뽕나무가 뒤덮고 있으며 앞으로는 큰 내를 임해 있다. 속칭 임천이라고 하며 녹문이라고도 한다.〔府城西過一小墅, 村落周布, 桑柘掩翳, 前臨大川. 俗號林泉, 亦稱鹿門.〕"라고 하였다.

142 삼수를……있고 : 삼수는 영지의 꽃이 1년에 세 번 피는 것을 말한다.《초사(楚

천고의 세월에 사호가 있네[143] 千古有四皓
호탕히 노래하며 여운을 흥얼거리니[144] 浩歌理餘韻
기쁨과 감개가 외로운 회포에 가득 차누나 欣慨滿孤抱

이상은 지산(芝山)[145]의 삼수(三秀)이다.

아름다운 못에서 순무를 캘 만하니 芳池可採蓴
일렁이는 물결 바닷가에 있도다 瀲灩海之滸
줄기를 뽑으니 만 가닥의 은이요 抽莖萬縷銀
목구멍에 삼키니 삼위의 이슬[146]일세 入喉三危露
풍아에서 부규로 흥하였고[147] 風雅鳧葵興

辭)》〈구가 산귀(山鬼)〉에 "산에서 삼수를 캔다.〔采三秀兮於山間〕"라고 하였다.

143 천고의……있네 : 사호는 진(秦)나라 말기의 어지러운 세상을 피해 상산(商山)에 은거하여 영지를 캐 먹으면서 지낸 동원공(東園公), 기리계(綺里季), 하황공(夏黃公), 녹리선생(甪里先生) 등 네 명의 은자를 가리킨다. 《高士傳》

144 호탕히……흥얼거리니 : 노래는 곧 〈구가〉와 사호가 부른 〈자지가(紫芝歌)〉를 말한다. 〈자지가〉의 가사는 다음과 같다. "색깔도 찬란한 영지여, 배고픔을 충분히 달랠 수 있네. 요순의 시대 멀기만 하니, 우리들 장차 어디로 돌아갈까? 고관대작들을 보게나, 근심이 또 얼마나 많은가? 부귀하면서 사람들을 두려워하기보단, 빈천해도 내 뜻대로 사는 것이 더 낫도다.〔曄曄紫芝, 可以療飢. 唐虞世遠, 吾將何歸? 駟馬高蓋, 其憂甚大? 富貴之畏人, 不如貧賤之肆志.〕" 《高士傳》

145 지산(芝山) : 이해조의 원시에 "자지산은 부 남쪽 70리 지점에 있다. 산중에 자지가 많이 나므로 이름한 것이다.〔紫芝山, 在府南七十里. 山中多生紫芝, 故名.〕"라고 하였다.

146 삼위의 이슬 : 《여씨춘추(呂氏春秋)》 〈본미(本味)〉에 "물 가운데 가장 맛이 좋은 것으로는 삼위산의 이슬이 있다.〔水之美者, 有三危之露.〕"라고 하였다.

147 풍아에서 부규로 흥하였고 : 풍아는 《시경》이다. 《시경》 〈노송(魯頌) 반수(泮

기미는 농어와 짝하누나[148] 氣味鱸魚偶
누가 이 맛을 알랴 誰能知此味
한번 맛보면 진조[149]를 벗어버린다네 一嘗解塵組

이상은 순지(蓴池)[150] 백 이랑이다.

맑은 동헌에 외로운 거문고 놓아두고 淸軒捨孤琴
뜰에다 양부고 들였도다[151] 庭納兩部鼓

水)〉에 "즐거운 반수에서, 잠깐 순채를 뜯노라.〔思樂泮水, 薄采其茆.〕"라고 하였는데, 《시경집전(詩經集傳)》의 주에 "묘는 부규로서 잎은 크기가 손만 하고, 붉고 둥글며 미끄러우니, 강남 사람들이 순채라 이르는 것이다.〔茆, 鳧葵, 葉大如手, 赤圓而滑, 江南人謂之蓴菜者也.〕"라고 하였다. 〈노송 반수〉의 문체에 대해 《시경집전》에서 "그 일을 읊어 기흥한 것이다.〔賦其事以起興也〕"라고 하였다.

148 기미는 농어와 짝하누나 : 진(晉)나라 때 장한(張翰)이 고향인 오강(吳江) 지방을 떠나 낙양(洛陽)에서 벼슬살이하던 중 가을바람이 부는 것을 보자 오중(吳中)의 순챗국과 농어회가 생각나서 말하기를 "인생살이는 뜻에 맞게 사는 것이 귀한 법인데, 어찌 벼슬에 얽매여서 수천 리 밖을 떠돌면서 명예와 관작을 노리겠는가."라고 하고는 드디어 수레를 타고 고향으로 돌아간 고사가 있다. 《晉書 卷92 張翰傳》

149 진조 : 속세의 벼슬아치가 차는 관인(官印)의 끈을 말한다.

150 순지(蓴池) : 이해조의 원시에 "부 동쪽 8리 지점의 구봉산 아래에 두 호수가 산을 좌우에서 끼고 있으므로 쌍호라고 부르며 또한 순지라고도 한다.〔在府東八里九峯山下, 兩湖夾其左右, 故名以雙湖, 亦稱蓴池.〕"라고 하였다.

151 맑은……들였도다 : 양양 부사가 자신의 개인 집무에서 나와 뜰에다 큰 풍악을 벌여놓고 사람들과 함께한다는 말이다. 외로운 거문고는 수령의 정사를 뜻한다. 공자의 제자 복자천(宓子賤)이 선보(單父) 고을의 수령이 되어 잘 다스려 교화가 이루어지니, "거문고만 연주할 뿐 마루 아래로 내려오는 일이 없었는데도 잘 다스려졌다.〔彈鳴琴, 身不下堂而單父治.〕"라는 고사에서 유래한 표현이다. 《呂氏春秋 察賢》 양부고는 양부고취(兩部鼓吹)와 같은 말로, 성대한 연회 때에 좌부(坐部)·입부(立部)의 양부(兩

백 리까지 멀리 들리니	思廣百里聽
용궁까지 진동시키네	震蕩及水府
높은 누대에 팔방의 바람[152] 모여들고	樓高八風會
드넓은 하늘에 신선들 춤추누나	天闊群仙舞
고래 같은 파도는 우렁차게 협주하고	鯨波助轟鬧
바다의 달도 나타났다 사라진다	海月亦呑吐

이상은 태평루(太平樓)[153]의 풍악이다.

아명[154]의 푸른 소나무 집	阿明碧松宅
드높은 기둥과 지붕 엄연하도다	儼然棟宇崇
쏴아 쏴아 바람 불며 신령의 비가[155]	颯颯神靈雨
많이도 취기[156] 동쪽에서 내리네	多自翠旗東

部)가 음악을 합주하던 것을 지칭한다.

152 팔방의 바람 : 동북방의 염풍(炎風), 동방의 도풍(滔風) 혹은 조풍(條風), 동남방의 훈풍(熏風) 혹은 경풍(景風), 남방의 거풍(巨風), 서남방의 처풍(淒風) 혹은 양풍(涼風), 서방의 요풍(飂風), 서북방의 여풍(厲風) 혹은 여풍(麗風), 북방의 한풍(寒風)을 말한다. 《呂氏春秋 有始》《淮南子 墜形訓》

153 태평루(太平樓) : 이해조의 원시에 "태평루는 바로 객사의 문루이니, 지극히 크고 넓다. 태수가 매번 이곳에 풍악을 펼친다.〔太平樓, 卽客舍門樓, 極宏敞. 太守每張樂於此云.〕"라고 하였다.

154 아명 : 동해의 신이다. 《고미서(古微書)》 권34에 "동해의 신 이름은 아명이고, 남해의 신 이름은 축융(祝融)이고, 서해의 신 이름은 신승(臣乘)이고, 북해의 신 이름은 우강(禺强)이다."라고 하였다.

155 쏴아……비가 : 신령의 감응과 은택을 말한 것이다. 《초사(楚辭)》 〈구가(九歌) 산귀(山鬼)〉에 "동풍이 불어오니 신령이 비를 뿌리네.〔東風飄兮神靈雨〕"라고 하였다.

156 취기 : 물총새의 푸른 깃으로 장식한 깃발이다.

희생과 폐백에 힐향[157]이 감응하니　牲幣孚肹蠁
어찌 벼슬아치가 향화 게을리할 수 있으랴　寧容吏惰躬
고깃배들이 바다에 떠 있으니　漁船交海中
맹풍[158]이 일게 하지 말지어다　毋使起盲風

이상은 해묘(海廟)의 향화(香火)이다.

하늘과 땅 두 조각이 갈리니　天地兩片磨
조물주가 손을 거두지 않네　化翁不輟手
원기에는 대소가 없으니　圓機無大小
해변에 또한 파인 절구 있도다[159]　海澨亦凹臼
다 갈리면 바다가 육지 되리니　磨窮海爲陸
형체가 있는 어느 것인들 사라지지 않으랴　有形孰不朽

157 힐향 : 벌레 이름으로, 신령스러운 감응(感應)이 홍성함을 비유하는 말이다. 《문선(文選)》의 〈촉도부(蜀都賦)〉에 "큰 복이 성대하게 일어난다.〔景福肹蠁而興作〕"라고 하였는데, 그 주(註)에 "힐향은 습생하는 벌레이니, 모기 따위가 이것이다.……큰 복이 홍성함이 벌레 떼가 날아올라 많음과 같은 것이다.〔肹蠁濕生蟲, 蚊類是也,……言大福之興, 有如此蟲群飛而多也.〕"라고 하였다.

158 맹풍 : 질풍(疾風)을 뜻한다. 《예기(禮記)》〈월령(月令)〉에 "중추에 맹풍이 일어나면 홍안이 날아오고 현조가 돌아가며, 뭇 새들은 먹이를 저장한다.〔仲秋之月, 盲風至, 鴻雁來, 玄鳥歸, 群鳥養羞.〕"라고 하였는데, 이에 대한 공영달(孔穎達)의 소(疏)에 "진나라 사람들은 질풍을 맹풍이라 한다.〔秦人謂疾風爲盲風〕"라고 하였다.

159 원기에는……있도다 : 원기는 《장자(莊子)》〈도척(盜跖)〉에 나오는 표현으로 〈제물론(齊物論)〉에 나오는 '환중(環中)'과 같은 뜻이다. 곧 둥근 고리 가운데의 공허한 곳으로 시비와 피아 등의 상대적인 개념을 초월한 절대적인 경지를 이른다. 이와 같이 대소의 구분이 없으므로 지금 해변에 있는 돌절구와 그 안의 둥근 돌 안에 세계가 다 담겨 있다는 말로 쓴 것이다.

묻노라 마고 신선[160]이여	借問麻姑仙
또한 이 이치를 아는가	亦解此理否

이상은 죽도(竹島)의 선구(仙臼)[161]이다.

잠겨 있는 용이 변화에 익숙하여	潛龍變化熟
깊은 물속에 있으면서 밭에 있는 듯하도다[162]	在淵若在田
몸을 보존하고도 여력이 있어[163]	存身有餘力
두껍고 단단하게 언 얼음에 밭갈이 마쳤네	耕罷氷腹堅
갈아놓은 흔적의 넓이 따라	犁痕隨闊狹
호수 언덕에서 내년 농사 점치도다	湖岸占來年

160 마고 신선 : 선녀인 마고가 일찍이 왕원(王遠)에게 이르기를 "만나 뵌 이래로 벌써 동해가 세 차례 뽕나무밭으로 변하는 것을 보았는데, 지난번에 봉래산에 당도해서는 물이 또 지난번 만났을 때보다 절반쯤 얕아졌으니, 어찌 장차 다시 육지로 변하지 않겠습니까."라고 한 상전벽해(桑田碧海)의 고사가 있다. 《神仙傳 卷7 麻姑》

161 죽도(竹島)의 선구(仙臼) : 이해조의 원시에 "섬은 부 남쪽 40리 지점의 관란정 앞에 있는데, 온 섬이 모두 푸른 대나무이다. 섬 아래 해변에 구유처럼 움푹 파인 바위가 있는데 정교하게 잘 다듬어져 있다. 그 안에 둥근 돌 하나가 있는데, 세간에서는 둥근 돌이 그 안에서 돌면서 갈아 절구가 되었고 다 갈리면 세상이 바뀐다고 전한다.〔島在府南四十里觀瀾亭前, 滿島皆蒼竹, 島下海澨, 有石凹如槽, 磨礱巧刻. 中有一圓石, 諺傳圓石搖轉其中, 磨而成臼, 磨盡則世改矣.〕"라고 하였다.

162 깊은……듯하도다 : 물속에 잠긴 용이 지상에 나온 것처럼 얼음에 변화를 일으켰다는 말이다. 《주역》〈건괘(乾卦) 상구(上九)〉에 "잠긴 용이 못에 있다.〔潛龍在淵〕"라고 하였고, 〈건괘 구이(九二)〉에 "드러난 용이 밭에 있다.〔見龍在田〕"라고 하였다.

163 몸을……있어 : 용이 땅속에 칩복(蟄伏)한 상태에서도 힘이 남았다는 말이다. 《주역》〈계사전 하(繫辭傳下)〉에 "용과 뱀이 땅속에 몸을 숨기는 것은 자신의 몸을 보전하기 위함이다.〔尺蠖之屈, 以求信也, 龍蛇之蟄, 以存身也.〕"라고 하였다.

뜨거운 하늘에 또 비를 뿌리니 炎天又行雨
용이여 어느 때에 잠들려느냐 龍兮幾時眠

이상은 초호(草湖)의 용경(龍耕)[164]이다.

상운역[165] 길 평탄한데 祥雲驛路平
길을 끼고 일만 그루 솔 정연하네 夾路萬松整
씨는 응당 조래[166]에서 왔을 것이요 種應自徂徠
음향은 모령과 통하는 듯하여라[167] 韻若通茅嶺
무더위에 더위 먹은 사람 얼마나 되나 炎塵幾人暍
빽빽한 그늘 속 도리어 겨울처럼 춥도다 密陰反冬冷
다시 생각하노니 생학[168]을 밤에 타고서 更思笙鶴夕

164 초호(草湖)의 용경(龍耕) : 이해조의 원시에 "쌍성호는 일명 청초호라고도 한다. 부의 북쪽 40리 지점 간성과의 경계에 있으며 둘레가 수십 리이다. 매년 겨울 얼음이 언 뒤에 얼음에 홀연 비늘무늬가 생겨 북쪽 해안에서 남쪽 해안까지 마치 쟁기로 갈아엎은 듯한 형상이 생기는데, 촌사람들이 용경이라고 부르면서 이것으로 한 해 농사를 점친다고 한다.〔雙成湖, 一名青草湖, 在府北四十里杆城界, 周數十里. 每冬月合凍後, 氷忽鱗起, 自北岸至南岸, 有若犁破狀, 村人謂之龍耕, 以此占年云.〕"라고 하였다.

165 상운역 : 양양부의 속역(屬驛)으로 양양부 남쪽 25리 지점에 있었다.

166 조래 : 산동성(山東省) 태안현(泰安縣)에 있는 산 이름으로, 대들보감이 될 만한 소나무가 잘 자란다고 한다. 《시경》〈노송(魯頌) 비궁(閟宮)〉에 "조래산의 소나무와 신보산의 잣나무를 자르고 헤아리며 재어보고 자질하니, 소나무 서까래 크기도 하여 정침이 몹시 우뚝하네.〔徂徠之松, 新甫之栢, 是斷是度, 是尋是尺, 松桷有舃, 路寢孔碩.〕"라고 하였다.

167 음향은……듯하여라 : 남북조 시대 양(梁)나라 사람인 도홍경(陶弘景)이 모산(茅山)에 들어가 은거하면서 솔바람 소리를 매우 좋아한 나머지 정원에 온통 소나무만 심어놓고는 그 음향을 들을 때마다 흔연히 즐거워하였다고 한다.《南史 卷76 陶弘景傳》

달빛 속에 고요히 허공을 거닐리라　　携月步虛靜

이상은 상운정(祥雲亭)[169]의 솔숲이다.

어느 곳이 봄이 일찍 드나　　何處入春早
대제의 흥에 겨워 노니는 길이로다　　大堤洽遊途
둑 위에 금빛 버들가지 울창하니　　堤上鬱金枝
한들한들 맑은 호수에 나부낀다　　婀娜拂晴湖
산공[170]은 홀로 취하지 않고서　　山公不獨醉
풍악과 남녀들을 대동한 채　　歌管士女俱
습가지에서 돌아와　　歸從習家池
버들 언덕에 푸른 노새를 매어두도다　　柳岸繫青駒

이상은 대제[171]의 버들이다.

168 생학 : 신선이 타는 학을 가리킨다. 주 영왕(周靈王)의 태자 진(晉)인 옛날의 선인(仙人) 왕자교(王子喬)는 생황 불기를 좋아하여 곧잘 봉황의 울음소리를 내곤 하였는데, 선인(仙人) 부구공(浮丘公)을 따라 숭산(嵩山)에 올라가 선도(仙道)를 닦다가 30년이 지난 어느 날 백학을 타고 구지산(緱氏山) 꼭대기에 머물며 손을 흔들어 사람들과 작별하고는 신선이 되어 승천하였다는 전설에서 유래한 말이다.《列仙傳 王子喬》

169 상운정(祥雲亭) : 이해조의 원시에 "상운정은 부 남쪽 20여 리 지점에 있다. 해변의 장송이 울창한데 우러러보면 해가 보이지 않는다.〔祥雲亭, 在府南二十餘里. 傍海長松森鬱, 仰不見日.〕"라고 하였다.

170 산공 : 산간(山簡)이다. 345쪽 주103 참조. 여기에서는 양양 부사 이해조를 가리킨 것이다.

171 대제 : 이해조의 원시에 "현산의 서쪽 곁에 대로(大路)가 있는데 속칭 대제라고 한다.〔峴山西傍有通衢, 俗稱大堤.〕"라고 하였다.

봉정이 아득히 세간 벗어났는데　　鳳頂逈出世
나는 듯한 바위 대에 일만 사람 앉을 수 있네　　飛臺萬人石
동쪽으로 붉은 부상[172] 가리키고　　東指扶桑赤
북쪽으로 하얀 봉래[173]에 인사하누나　　北挹蓬萊白
태곳적 조개가 벼랑에 붙어 있고　　洪荒蠔著崖
배를 묶었던 흔적 아직도 남아 있네　　繫舟猶有迹
구름 사이로 외로운 탑 솟았으니　　雲間起孤塔
모를레라 이 무슨 부처의 힘일런가　　不知何佛力

이상은 봉정의 외로운 탑[174]이다.

승려의 이름은 홍각인데　　頭陀曰弘覺
어떤 도인인지 모르겠구나　　不知何道者
매월당은 기이한 것 좋아하여　　梅月亦好奇
비석에 찬란하게 전사하였네　　石面賁傳寫
예학의 필체[175] 살아 숨 쉬고　　瘞鶴筆意活

172 붉은 부상 : 동해 속에 있다는 신목(神木)이다. 해가 뜰 때 이 나뭇가지를 떨치고 솟구쳐 오른다 하여 해가 뜨는 곳이나 동해를 가리키는 말로 쓰인다.

173 하얀 봉래 : 봉래산으로도 불리는 금강산의 흰 봉우리를 말한 것이다.

174 봉정의 외로운 탑 : 이해조의 원시에 "봉정암은 설악의 절정에 있으면서 일만 봉우리를 굽어보며 동쪽으로 대해에 임해 있어 시원스레 탁 트인 것이 비할 데가 없다. 암자 서쪽에 큰 바위가 있는데 넓이가 수천 사람이 앉을 만하다. 중앙에 조성된 탑이 우뚝 외로이 홀로 서 있는데 어느 시대에 만들었는지 알 수 없다. 그 곁 돌 틈에 구멍 두 개가 있는데 셀 수 없을 정도의 머나먼 과거세에 배를 매어둔 곳이라고 전한다.〔鳳頂菴, 在雪嶽絶頂, 俯視萬峯, 東臨大海, 爽豁無比. 菴西有大巖, 廣可坐數千人, 當心造塔, 突兀孤起, 不知創自何世. 而傍有石罅二孔, 傳是浩刦繫舟處云.〕"라고 하였다.

환아의 풍류[176] 아름다워라 換鵝風流假

어이하여 겁회[177]가 되기도 전에 如何刦未灰

부서져 황량한 숲 아래 누웠는고 斷仆荒林下

동봉(東峯 김시습(金時習))이 홍각을 위해 비석을 세우고 우군(右軍 왕희지(王羲之))의 필적을 모아 새겼다고 한다.

이상은 사림사(沙林寺)의 부서진 비석[178]이다.

서산을 일찍 태운 뒤 西山早燒餘

175 예학의 필체 : 예학은 비명(碑銘)의 이름으로 화양진일(華陽眞逸)이 글을 짓고 상황산초(上皇山樵)가 글을 썼다. 강소(江蘇) 단도현(丹徒縣) 초산(焦山) 비탈 바위 위에 있었는데, 뒤에 강 속으로 떨어졌다가 송(宋)나라 순희(淳熙) 연간에 꺼냈고, 그 뒤 다시 강에 떨어진 것을 청(淸)나라 강희(康熙) 때 진붕년(陳鵬年)이 인부를 모집하여 꺼냈다. 이 비문의 글씨를 누가 썼는지는 의견이 분분한데, 그 가운데 왕희지(王羲之)가 썼다는 설도 있다. 삼연은 왕희지가 쓴 것으로 보고 인용한 것이다.

176 환아의 풍류 : 평소에 거위를 좋아하던 왕희지가 거위를 많이 기르는 산음(山陰)의 도사(道士)를 찾아갔는데, 그 도사가 왕희지에게 《도덕경(道德經)》 한 권을 붓으로 써주면 모두 다 주겠다고 하자, 왕희지가 흔쾌히 승낙하고 경문(經文)을 써준 다음에 그 대가로 거위를 모두 가지고 온 고사가 있다. 《太平御覽 卷238 晉中興書》

177 겁회 : 이 세계가 괴멸(壞滅)할 때에 일어난다는 큰 불인 겁화(刦火)가 타고 남은 재를 말한다.

178 사림사(沙林寺)의 부서진 비석 : 이해조의 원시에 "사림사는 부 서쪽 70리 지점의 산골에 있다. 절은 폐사가 되어 옛터만 남아 있다. 절 앞의 석비는 바로 매월당이 왕우군의 글자를 집자하여 홍각 선사의 행적을 기록한 것이다. 필획이 완연하게 핍진하여 사람들이 많이들 보배처럼 완상한다. 근래에 나무꾼과 목동이 때려 부수었으나 부서진 비석이 아직도 남아 있다.〔沙林寺, 在府西七十里山峽間, 寺廢但有舊址. 寺前石碑, 卽梅月堂集王右軍字, 記弘覺師行迹者也. 筆劃宛然逼眞, 人多寶玩. 近爲樵牧撞碎, 斷碑猶存.〕"라고 하였다.

비 한 번 내리자 푸른 고사리 돋아나네 一雨綠薇生
광주리를 가지고 가서 이에 캐니 持筐于以採
내 그 이름 너무나도 사랑하노라[179] 紛吾愛其名
누가 이 맛이 쓰다고 했나 誰云此味苦
장부의 지조를 면려할 수 있도다[180] 可勵丈夫貞
바라건대 비린내 나고 썩은 장[181]을 되돌려 願廻腥腐腸
산중에 사는 마음을 차츰 보존했으면 稍存巖岫情

이상은 서령(西嶺)[182]에서 고사리를 캠이다.

북진에 물고기들 모이니 北津鱗介湊
어망과 통발 갖춘 일천 배 즐비하다 罾罶比千船
고래며 새우가 일제히 물결 속에 팔딱이니 鯨蝦擧波蕩
방어와 연어를 도마 위에 올리네 登俎用魴鰱

179 내……사랑하노라 : 주(周)나라 무왕(武王)이 은(殷)나라를 정벌하자 신하가 임금을 쳐서는 안 된다며 주나라 곡식을 먹지 않고 수양산(首陽山)에 숨어 고사리를 캐 먹고 살다가 굶어 죽은 백이(伯夷)와 숙제(叔齊)의 일이 떠오르므로 서령의 이름을 사랑한 것이다. 수양산은 서산이라고도 부른다. 백이와 숙제가 수양산에서 고사리를 캐 먹다가 굶어서 장차 죽으려 할 적에 부른 노래에 "저 서산에 올라 고사리를 캐노라.〔登彼西山兮, 采其薇兮.〕"라고 하였다. 《史記 卷61 伯夷列傳》

180 장부의……있도다 : 《맹자》 〈만장 하(萬章下)〉에 "백이의 풍모를 들은 사람들은 완악한 자들이 청렴해지고, 나약한 자들이 뜻을 세우게 되었다.〔聞伯夷之風者, 頑夫廉, 懦夫有立志.〕"라고 하였다.

181 비린내……장 : 속진(俗塵)에 물든 것을 비유한 말이다.

182 서령(西嶺) : 이해조의 원시에 "오색령이 부 서쪽에 있는데 고사리가 많이 난다.〔五色嶺在府西, 多生薇蕨.〕"라고 하였다.

노인은 우갈뿐인데	蘆人惟羽褐
관아 주방에서는 싱싱한 것만 뽑아가누나[183]	官廚但擇鮮
《춘추》에서 당 땅의 진열을 비판하였으니[184]	春秋譏矢棠
다시 흥청망청 즐기지 말지어다	勿復樂流連

이상은 북진[185]에서의 관어(觀魚)이다.

상서로운 광채가 구봉 아래에서 나니	祥光九峯下
가을빛이 인초[186]에 무르익었도다	秋色老忍草
무슨 연유로 냉천의 물을 떴던가	何緣酌冷泉
미인이 붉은 벼를 베고 있었네	有美刈紅稻
모름지기 알지니 색이 곧 공이요	須知色是空

183 노인은……뽑아가누나 : 어촌 백성들의 삶이 궁핍한데 관아에서는 그들의 삶을 돌볼 생각은 하지 않고 좋은 물고기만 가져간다는 말이다. 노인은 물가에서 갈대를 베어 채취하는 사람이고, 우갈은 짐승의 털이나 깃털로 짠 거친 베옷이다. 진(晉)나라 곽박(郭璞)의 〈강부(江賦)〉에 "노인과 어부가 강호에 파묻혀 살아가네. 옷은 우갈이요, 음식은 거친 채소와 비린 생선뿐이로다.〔蘆人漁子, 擯落江山. 衣則羽褐, 食惟蔬鮮.〕"라고 하였다. 《文選 卷12》

184 춘추에서……비판하였으니 : 《춘추좌씨전(春秋左氏傳)》 은공(隱公) 5년에 "은공이 당 땅에 가서 어구(漁具)를 진열해놓고 물고기 잡는 것을 구경하였다.〔公矢魚于棠〕"라고 기록하고, 이것이 예에 맞지 않는 행위라고 비판하였다.

185 북진 : 이해조의 원시에 "북진은 낙산 서쪽 몇 리쯤 되는 곳에 있다. 태수가 매양 낙산사에서 북진으로 와서 관어한다고 한다.〔北津在洛山西數里許, 太守每自洛寺觀漁於此津云.〕"라고 하였다.

186 인초 : 인욕초(忍辱草)의 준말이다. 인도의 설산(雪山)에서 나며 소가 이것을 먹으면 최상의 맛인 제호(醍醐)의 젖을 생산해낸다고 한다. 이를 가지고 중생이 정진을 통해 불성을 찾는 것을 비유한다. 《大般涅槃經》

정과 염[187]이 두 가지가 아니니라	淨染不二道
관음이 어찌 마등[188]이랴	觀音豈摩登
나집이 도리어 원효 노인이로다[189]	羅什還曉老

원효가 이곳에서 벼를 베고 있는 여인을 만나 함께 장난치며 어울렸는데, 이 여인은 관음보살이 여인의 몸으로 현신한 것이었다고 한다.

이상은 냉천[190]의 고거(故居)이다.

동봉[191]이 구름처럼 노닐던 자취 東峯雲遊迹

187 정과 염 : 불교에서 '정'은 청정하게 번뇌를 여읜 법성(法性)의 정법(淨法)이고, '염'은 번뇌에 오염된 무명(無明)의 염법(染法)이다.

188 마등 : 인도의 종족 중 하나인 마등가(摩登伽)의 약칭이다. 석가모니의 제자 아난(阿難)이 탁발을 하던 중 마등가의 음녀(淫女)의 유혹을 받아 거의 파계(破戒)할 뻔하였는데, 석가모니가 이를 알고 문수사리(文殊師利)를 보내 신주(神呪)로 아난을 벗어나게 하여 데리고 돌아온 일이 있다. 마등가의 음녀도 그 뒤를 따라왔다가 석가모니로부터 교화를 받고 출가하였다. 《楞嚴經》

189 나집이……노인이로다 : 나집은 서역(西域)의 구자국(龜玆國) 승려로, 중국으로 와서 불경을 한문으로 번역한 구마라집(鳩摩羅什)이다. 구마라집은 구자국을 침공한 중국 후량(後涼)의 장군 여광(呂光)에게 포로가 되어 중국으로 끌려왔는데, 이때 여광의 강압으로 파계하여 여인을 맞았으며 후진(後秦)의 황제 요흥(姚興)의 국사(國師)가 되어 요흥의 요청으로 불경을 번역하였다. 이것이 이른바 현장(玄奘) 이전의 가장 권위적인 불경 번역으로 구역(舊譯)으로 불린다. 곧 구마라집이나 원효 모두 색(色)과 공(空), 정(淨)과 염(染)의 이분법적 변견(邊見)에 머물지 않고 자유자재했다는 말이다.

190 냉천 : 이해조의 원시에 "냉천은 구봉산 아래에 있다. 세상에서 전하기를, 관음보살이 여인으로 화현(化現)하여 벼를 베고 있었는데, 고승 원효가 냉천의 물을 떠 마시면서 그 여인과 장난치며 어울렸다고 한다.〔冷泉在九峯山下. 世傳觀音化爲女刈稻, 高僧元曉, 因取飮冷泉, 與之戲謔.〕"라고 하였다.

대개 궁벽한 숲들에 다 미쳐 있네 大抵盡窮林
가까운 설악산 외로이 올려다보고 孤瞻雪嶽邇
깊은 검곡 두루 찾아다녔어라 遍搜黔谷深
어부와 나무꾼도 오세[192]를 부르니 漁樵五歲喚
만고에 빙월[193] 같은 마음 전해지누나 氷月萬古心
요컨대 고사리 캐는 무리이니 要之採薇徒
석담 또한 지음이로다[194] 石潭亦知音

이상은 검동(黔洞)[195]의 황폐한 터이다.

191 동봉 : 김시습(金時習)의 호이다.

192 오세 : 이이(李珥)가 지은 〈김시습전(金時習傳)〉에, 김시습은 다섯 살 적에 세종 앞에서 시를 지어 명성을 떨쳤으므로 사람들이 그의 이름을 부르지 않고 '오세'라고 불렀다고 한다. 《栗谷全書 卷14》

193 빙월 : 빙호추월(氷壺秋月)의 준말로 고결한 인품을 형용하는 말이다. 남송(南宋)의 등적(鄧迪)이 주희(朱熹)의 스승인 이동(李侗)의 인품을 말하면서 "마치 얼음으로 된 호로병에 밝은 가을 달이 담겨 있는 것처럼 티 없이 맑고 깨끗하니, 우리가 미칠 수 없다."라고 한 데서 온 말이다. 《宋史 卷428 李侗列傳》

194 요컨대……지음이로다 : 고사리 캐는 무리에 대해서는 367쪽 주179 참조. 석담은 이이(李珥)의 호이다. 이이가 지은 〈김시습전〉에 "절의를 세우고 윤기를 붙들어서 그의 뜻은 일월과 그 빛을 다툴 만하고, 그의 풍도를 들은 이는 나약한 사람도 자립할 것이니, 백세의 스승이라 하여도 지나친 말이 아닐 것이다.〔標節義扶倫紀, 究其志, 可與日月爭光, 聞其風, 懦夫亦立, 則雖謂之百世之師, 亦近之矣.〕"라고 하였는데, 나약한 사람도 자립할 것이라는 말은 《맹자》 〈만장 하(萬章下)〉에서 "백이의 풍모를 들은 사람들은 완악한 자들이 청렴해지고, 나약한 자들이 뜻을 세우게 되었다.〔聞伯夷之風者, 頑夫廉, 懦夫有立志.〕"라고 한 평가를 김시습에게 적용한 것이다. 《栗谷全書 卷14》 이 구절은 이해조의 원시에 "처량한 채미가, 후세에 누가 지음일런고.〔悽悽采薇歌, 後世誰知音.〕"라는 말을 받아서 한 것이다.

195 검동(黔洞) : 이해조의 원시에 "검달동은 부 남쪽 80리 지점의 산골 사이 매우

사물이 크면 볼만한 것 있으니 物大有可觀
바다 말고 더 볼만한 물은 없도다 海外無復水
당이 드높아 드넓은 국량에 걸맞으니[196] 堂高稱宏量
호기[197]를 만 리에서 받아들이네 灝氣納萬里
하늘과 땅은 뿌리를 드러내고 乾坤露根柢
해와 달은 그 시작을 드러내누나 日月見端始
되레 큰 자라의 등[198]이 還疑巨鼇脊
바로 이 헌함인가 하네 卽此軒檻是

이상은 호당(灝堂)[199]에서 바다를 바라봄이다.

신승이 석장 꽂은 곳 神僧所卓錫
풍기가 오묘하게 뭉쳐 있구나 風氣團妙有

험한 곳에 있다. 첩첩 산봉우리가 빙 둘러싸고 있어 사람들이 발길이 잘 닿지 않으니, 바로 매월당이 옛날 은거하던 곳인데 유지가 아직도 남아 있다. 세상에서는 오세동자의 터라고 전한다.〔黔達洞, 在府南八十里山谷間絶險處, 疊嶂環擁, 人迹罕到. 卽梅月堂舊隱處, 遺址尙存, 俗傳五歲童子基云.〕"라고 하였다.

196 드넓은 국량에 걸맞으니 : 이 당에 앉아 바다를 감상할 사람의 드넓은 국량에 걸맞다는 말이다. 이해조의 원시에 "나의 황죽 주렴을 걷어올려 푸른 바다의 물을 다 받아들이도다.〔卷我黃竹簾, 盡納滄溟水.〕"에 호응하는 말이라고 할 수 있다.

197 호기 : 325쪽 주58 참조.

198 큰 자라의 등 : 신산(神山)이 바다 물결에 떠밀려 다니자, 상제(上帝)가 거대한 자라들로 하여금 그 산들을 떠받치게 했다는 전설이 있다. 《列子 湯問》

199 호당(灝堂) : 이해조의 원시에 "납호당은 태평루 동쪽 수십 보쯤 되는 곳에 있는데 바다 쪽을 굽어보고 있다. 옛날에는 노닐면서 바다를 감상하는 장소였는데 당은 무너지고 복구되지 않았다.〔納灝堂, 在太平樓東數十步許, 俯海一面. 舊爲遊賞之所, 堂毁未復.〕"라고 하였다.

둘러 있는 봉우리는 학이 멈춘 곳 따랐고[200] 峯廻隨鶴止
솟아나는 샘물은 범의 울음 거쳤어라[201] 泉涌經虎吼
동재에 패엽경이 있으니 東齋貝葉書
현묘한 법 물으러 태수가 왔네 扣玄來太守
팽택처럼 고상할 수 있다면 能爲彭澤高
술 마시는 것을 원공이 나무라지 않으리라[202] 遠公不病酒

이상은 영혈사(靈穴寺)[203]의 중을 찾아감이다.

200 둘러……따랐고 : 원효가 터를 잡은 곳에 신비감을 더한 표현이다. 서주(舒州)의 잠산(潛山)은 풍광이 아름다운데, 그중에서도 산록(山麓)이 더욱 빼어났다. 고승인 보지공(寶誌公)과 도사인 백학도인이 모두 이곳에 머물고자 하였으므로, 양 무제(梁武帝)에게 가서 상의하게 되었다. 무제는 두 사람이 모두 영험한 신통력을 가지고 있었으므로, 두 사람 가운데 어떤 물건으로 산록에 먼저 표시한 사람이 그곳에서 거처하라고 하였다. 이에 백학도인은 "저는 학이 멈추는 곳으로 표지를 삼겠습니다."라고 하고, 보지공은 "저는 석장이 꽂힌 곳을 표지로 삼겠습니다."라고 하였다. 이윽고 학이 먼저 날아가서 산록에 멈추려고 하는데, 문득 공중에서 석장이 날아오는 소리가 들리더니 보지공의 석장이 먼저 산록에 꽂혔다. 백학도인은 내키지 않았지만 전에 약속한 말을 어길 수 없었으므로, 각각 표지한 곳에 집을 지었다고 한다. 《山堂肆考 卷146 卓錫誌地》

201 솟아나는……거쳤어라 : 원효가 터를 잡은 곳에 신비감을 더한 표현이다. 당(唐)나라 때 성공 선사(性空禪師)가 일찍이 대자산(大慈山)에서 거처할 때 물이 없었는데, 어떤 신인(神人)이 말하기를 "내일 마땅히 물이 생길 것이다."라고 하였다. 그날 밤 두 마리의 범이 발로 땅을 긁자 샘물이 솟았으므로, 그 샘을 호포천(虎跑泉)이라고 했다 한다. 《明一統志 卷38 杭州府 錢塘縣 虎跑泉》

202 팽택처럼……않으리라 : 팽택은 동진(東晉) 때 팽택 영(彭澤令)을 지내다가 은거한 도잠(陶潛)이고, 원공은 동진 때의 고승 혜원(慧遠)이다. 혜원이 동림사(東林寺)에서 백련사(白蓮社)라는 모임을 만들고 도잠을 초청했는데 도잠이 술 마실 것을 허락받은 뒤에 갔다는 고사가 있다. 《古今事文類聚 續集 卷4》

203 영혈사(靈穴寺) : 이해조의 원시에 "영혈사는 설악산에 있다. 신라 때의 승려인

원효가 창건했는데 옛날에 고승이 많았다고 한다.〔靈穴寺, 在雪嶽, 新羅僧元曉所創建, 舊多高僧云.〕"라고 하였다.

현산의 선위가 설악의 고개를 지나 백연의 거처로 왕림하여 판잣집에서 밤새 촛불을 밝히고 즐겼는데 산의 달 또한 아름답고 술이 거나하게 취해 흥이 달아올라 문득 율시 한 수를 지어 화답을 요구하였다[204]

峴山仙尉穿歷雪嶺 枉臨于百淵巖棲 板閣秉燭 山月亦佳 酒闌興劇 輒題一律以要和

새로 흙칠한 판잣집에서 홀로 지냈더니　新塗板屋獨淹留
부사의 수레가 깊은 설악 골짝 뚫고 왔구나　皁蓋來穿雪壑幽
이 산이 있은 이래 누가 밤에 촛불 잡고 즐겼던가　自有此山誰秉燭
우연히도 밝은 달빛이 누각에 가득하여라　偶然明月又盈樓
깊고 넓은 구름 속 암벽이 가까이에 병풍처럼 펼쳐졌고　潭潭雲壁張屛近
은은하게 바람 부는 여울은 유유히 노래 부르며 흐른다　隱隱風湍度曲悠
오동잎과 계수나무 꽃의 시경을 찾는다면　梧葉桂花詩景索
구단은 소주를 무엇으로 대할까[205]　丘丹何以待蘇州

204 현산의……요구하였다 : 현산은 양양(襄陽)이고, 선위는 지방 수령에 대한 미칭(美稱)이다. 곧 당시 양양 부사로 있던 이해조(李海朝)이다.

205 오동잎과……대할까 : 당(唐)나라 때 소주 자사(蘇州刺史)를 지낸 위응물(韋應物)이 임평산(臨平山)에 은거하고 있는 그의 벗 구단에게 시를 보내기를 "가을밤에 그대를 그리워하며, 서늘한 날씨에 산보하며 읊조리노라. 산은 텅 비어 솔방울도 떨어지니, 그윽한 그대 응당 잠들지 못하리.〔懷君屬秋夜, 散步詠涼天. 山空松子落, 幽人應未眠.〕"라고 하였는데, 구단이 답시를 보내기를 "이슬은 오동잎에 떨어져 울리고, 가을

바람에 계수나무 꽃은 피네. 그 속에 신선을 배우는 사람 있어, 퉁소 불며 밝은 달을 희롱하도다.〔露滴梧葉鳴, 秋風桂花發. 中有學仙人, 吹簫弄明月.〕"라고 하였다. 《唐詩紀事 卷47》《韋蘇州集 卷3》 구단은 삼연을 말하고 위응물은 이해조를 말하는 것으로 볼 때, 곧 오동잎과 계수나무와 밝은 달이 있다고 시를 지어 보냈는데, 이해조가 직접 삼연을 찾아와서 그 시경을 보여달라고 한다면 지금은 겨울이 되어 밝은 달밖에 보여줄 것이 없다는 뜻이다.

영시암 춘첩 경인년(1710, 숙종36)

永矢菴春帖 庚寅

머리 셀수록 마음 더욱 생동하고	髮白心愈活
형체 마를수록 도 더욱 불어난다	形枯道益肥
편안하고 위태로움은 산 밖의 일	安危山外事
푸른 구름 속 사립을 길이 닫아두노라	長掩碧雲扉

강릉 오죽헌 율곡이 태어난 곳이다

江陵烏竹軒 栗谷所生地

제1수

단청한 오죽헌 엄연히 드높으니 遺軒丹艧儼岹嶢

뜨락 대나무 죽손(竹孫)[206] 돋아 푸르러 시들지 않네

庭篺生孫翠不凋

간기 받은 검은 용이 처음 바다에서 나왔더니 間氣玄龍初出海

사문의 상서로운 봉이 이미 하늘로 사라져버렸구나[207]

斯文瑞鳳已藏霄

모름지기 부자께서 때마침 왔다가 간 것을 알아야 하거니와[208]

須知夫子時來去

다만 해동의 국운이 자라나고 소실됨과 관련 있도다

只係偏邦運長消

206 죽손(竹孫) : 대나무 마디에서 새로 자라난 가지를 지칭하는 말이다.

207 간기……사라져버렸구나 : 이이(李珥)의 탄생과 죽음을 말한 것이다. 간기는 드물게 위대한 인물이 타고난 천지의 특수한 기운이다. 《춘추연공도(春秋演孔圖)》에 "정기는 황제가 되고 간기는 신하가 되며, 음률은 성이 되고 빼어난 기운은 사람이 된다.〔正氣爲帝, 間氣爲臣, 宮商爲姓, 秀氣爲人.〕"라고 한 데서 유래하였다. 이이가 태어날 때 모친이 용이 아이를 감싸 품 안에 넣어주는 꿈을 꾸었으므로 어렸을 때 이름을 현룡(見龍)이라고 불렀다. 《栗谷全書 卷35 附錄 行狀》

208 모름지기……하거니와 : 《장자(莊子)》 〈양생주(養生主)〉에 "때마침 그때에 태어난 것은 선생이 올 때가 되었기 때문이요, 때마침 이때에 세상을 떠난 것은 선생이 갈 때가 되었기 때문이다.〔適來, 夫子時也; 適去, 夫子順也.〕"라고 하였다.

진실로 밝은 영기 도는 특별한 땅이니[209] 信是炳靈爲境別
팔창[210]으로 멀리 경호의 기운을 받아들이네 八牕收納鏡湖遙
'수(收)'가 어떤 본에는 '통(通)'으로 되어 있다.

제2수 其二

유현이 배출된 큰 바닷가 儒賢所出大瀛濱
마을 노인들이 맹씨 이웃[211]이라 서로 전하네 故老相傳孟氏隣
이 모친이 진실로 이 아들 낳았으니 是母眞能生是子
사문에 이분이 계신 것 얼마나 다행인가 斯文何幸有斯人
저녁 대숲 속에서 경전 연구하며 글 읽고 伊吾竹裏研經夕
새벽 사당 앞에서 엎드려 병 고쳐달라 기도했어라[212] 匍匐祠前禱疾晨
궤각에 아직도 《요결》초고 남아 있으니[213] 几閣猶留要訣草

209 진실로……땅이니 : 강릉에 밝은 영기가 돌아 위대한 인물이 탄생했다는 말이다. 좌사(左思)의 〈촉도부(蜀都賦)〉에 "강한의 밝은 영기가 대대로 영걸을 낳았다.〔江漢炳靈, 世載其英.〕"라고 하였다.《文選 卷4》

210 팔창(八牕) : 사방에 난 여덟 개의 창문이다. 당나라 노륜(盧綸)이 〈서주의 막부로 돌아가는 양덕종을 전송하며〔送楊德宗歸徐州幕〕〉에서 "네 개의 문에 여덟 개의 창문 어찌나 밝은지, 영롱해라 하늘 기운 그대로 쏟아져 들어오네.〔四戶八窓明, 玲瓏逼上淸.〕"라고 하였다.《全唐詩 卷276》

211 맹씨 이웃 : 이이와 그의 모친인 신사임당(申師任堂)을 맹자와 맹자를 낳아 훌륭하게 키워낸 맹모(孟母)에 비겨 맹씨 이웃이라고 한 것이다.

212 새벽……기도했어라 : 이이가 5세 때 모친의 병이 위독하자 몰래 외조부의 사당으로 들어가 기도를 올린 일이 있다.《栗谷全書 卷35 附錄 行狀》

213 궤각에……있으니 : 궤각은 문서를 보관해두는 서안(書案)과 집이다.《요결》은

심화[214]가 모두 선생의 정신임을 볼지어다 試看心畫摠精神

《격몽요결(擊蒙要訣)》이다. 1577년(선조10)에 이이(李珥)가 부제학을 사퇴하고 3월에 파주(坡州) 율곡(栗谷)에 돌아왔다가, 10월에 해주(海州) 석담(石潭)으로 가서 은병정사(隱屛精舍)를 짓고 제자를 가르칠 때 지은 책으로, 학자들에게 도학(道學)의 입문을 제시하였다. 입지(立志)·혁구습(革舊習)·지신(持身)·독서(讀書)·사친(事親)·상제(喪制)·제례(祭禮)·거가(居家)·접인(接人)·처세(處世)의 10장으로 구성되어 있다. '격몽'은 몽매한 것을 물리친다는 뜻이다.

214 심화 : 글자를 가리키는 말이다. 한(漢)나라 양웅(揚雄)의 《법언(法言)》〈문신(問神)〉에 "말은 마음의 소리요, 글은 마음의 그림이다. 따라서 소리와 그림으로 나타난 것만 보아도, 그 사람이 군자인지 소인인지를 알 수가 있다.〔言心聲也, 書心畫也. 聲畫形, 君子小人見矣.〕"라는 말이 나온다.

운근정이 완성되어 봄기운을 타고서 말을 달려가서 바라보고 시를 지어 군수 권대숙에게 보이다[215] 권대숙은 권익륭이다

雲根亭成 乘春騁望 題示權大叔 益隆 明府

제1수

군수가 바람과 우레 끼고 신묘한 조화 부리니[216]　　使君神化挾風霆
지난날의 규모 때려 부수고 청간정보다 넓혔네[217]　　槌碎前規侈淸澗亭
동쪽으로 터를 열며 해약[218]에게 과시하고　　東面開基誇海若

215 운근정이……보이다 : 운근정은 간성 군수(杆城郡守) 권익륭(權益隆)이 청간정(淸澗亭) 남쪽에 새로 지은 정자에 붙인 이름이다. 본집 습유 권23에 〈운근정기〉가 있다.

216 군수가……부리니 : 권익륭이 지방 정사를 다스리는 솜씨가 신묘했다는 말이며 또한 이런 신묘한 솜씨로 정자를 지어냈다는 말이다. 권익륭은 항상 일에 따라 기이한 대책을 내어 아전과 백성들이 놀라면서 신묘하게 여겼다고 한다. 《本集 拾遺 卷23 雲根亭記》

217 지난날의……넓혔네 : 청간정은 처한 땅이 낮고 승경을 볼 수 있는 것이 적어 사람들이 흠결이라고 여겨왔는데, 권익륭이 이를 보완하기 위해 청간정의 남쪽 곁에 쓰러져가는 누각을 중수하려고 하였다. 그러자 삼연이 글을 보내 예전 크기 그대로 중수하는 것은 좋은 일이지만 그렇게 해서는 유람객들의 조롱을 풀 수 없을 것이라고 하였다. 이에 권익륭이 계획을 바꾸어 청간정에서 남쪽으로 100여 보 떨어진 높은 지대를 찾아 새로 정자를 짓게 되었다. 《本集 拾遺 卷23 雲根亭記》 때려 부순다는 표현은 특히 당(唐)나라 이백(李白)이 〈강하에서 남릉 위빙에게 주다〔江夏贈韋南陵氷〕〉에서 "내가 그대를 위해 몽둥이로 황학루를 때려 부수겠다.〔我且爲君槌碎黃鶴樓〕"라고 한 표현을 원용한 것이다.

218 해약 : 《장자(莊子)》 〈추수(秋水)〉에 나오는 해신(海神)의 이름이다.

서쪽 봉우리의 뼈를 깎으며 산신령에게 읍소하누나[219] 西峯斲骨泣山靈
옥 같은 누대 여덟 기둥 허공 가르고 서니 瓊樓八柱分空立
신기루 일천 용마루가 형세 겨루기 멈추도다[220] 蜃閣千甍抗勢停
이제부터 풍악 울리며 응접에 피곤하리니 從此笙歌疲應接
사선[221]과 손님들이 번갈아 난간에 기대리라 四仙諸客迭憑欞

제2수 其二

처마 기둥이 앞뒤에서 서로 얼굴을 여니[222] 簷楹前後互開顔
너르게 펼쳐진 천지의 끝[223]이 바로 이 사이에 있구나 軒豁端倪卽此間
동쪽으로 무저곡 임한 것은 우선 놓아두고[224] 且置東臨無底谷

219 서쪽……읍소하누나 : 운근정을 지을 때 사용한 골재를 운근정 서쪽의 은봉산(銀峯山)에서 캐온 것을 말한 것이다. 《本集 拾遺 卷23 雲根亭記》

220 신기루……멈추도다 : 이제 드높이 솟은 운근정 앞에서 신기루도 한발 물러설 것이라는 말이다. 삼연이 권익륭에게 정자의 규모를 크게 짓기를 권할 때 "이 공역을 하면서 어찌 우뚝 높이 세워 신기루와 기이함을 다투어서 유람하는 사람들의 조롱을 풀 것을 도모하지 않는가?"라고 하였다. 《本集 拾遺 卷23 雲根亭記》

221 사선 : 신라 때의 네 국선(國仙)으로 동해안을 거쳐 금강산을 유람하며 많은 자취를 남긴 영랑(永郞), 술랑(述郞), 남석행(南石行), 안상(安詳)이다.

222 처마……여니 : 정자의 기둥과 기둥 사이로 풍광이 펼쳐짐을 형용한 것이다.

223 너르게……끝 : 한유(韓愈)의 〈남해신묘비(南海神廟碑)〉에 "큰 거북 긴 고기 펄펄 뛰며 앞뒤를 이었고, 하늘 끝과 땅끝은 너르게 드러났다.〔穹龜長魚, 踊躍後先. 乾端坤倪, 軒豁呈露.〕"라고 하였다.

224 동쪽으로……놓아두고 : 무저곡은 모든 물이 모여든다는 바닷속 골짝이다. 《列子 湯問》 곧 바다 쪽에 펼쳐진 광경은 굳이 말할 필요도 없이 훌륭하므로 우선 논하지

서쪽으로 만 겹의 산 마주한 모습 한번 보노라　　試看西挹萬重山
안개 어린 암굴들은 푸른 뫼에 나뉘어 있고[225]　　煙霞窟宅分蒼嶺
눈 녹은 폭포의 원류와 지류는 초록 물굽이에 흩어진다
雪瀑源流散綠灣
초승달 아래에 마선[226]은 삐걱삐걱　　伊軋麻船新月下
섬의 갈매기와 물가의 학은 쌍쌍이 돌아오네　　嶼鷗汀鶴作雙還

않는다는 뜻이다. 삼연은 운근정의 풍광을 나열해 논하면서 "동쪽 면은 하늘과 맞닿아 가없이 펼쳐져 있으니 논할 대상이 아니다."라고 하였다. 《本集 拾遺 卷23 雲根亭記》

225 안개……있고 : 삼연이 운근정의 풍광을 나열해 논하면서 "서쪽으로는 100리의 지세가 길게 뻗어 있고, 금강산에서부터 내달려온 산맥이 구불구불 서려 솟아서 설악산과 천후산(天吼山)이 되었는데, 안개에 어린 암굴이 성대히 가득하다.〔隱軫烟霞之窟宅〕"라고 하였다. 《本集 拾遺 卷23 雲根亭記》

226 마선 : 나무로 만든 배의 일종인 초마선(哨麻船)이다.

선원선생 풍계영당[227]

仙源先生楓溪影堂

차가운 시냇물로 세수 양치하고서 영당을 배알하니 盥漱寒溪謁影堂
못 동쪽에 막 떠오른 해가 아로새긴 들보에 비친다 池東初日射雕樑
맑고 높게 자리에 계시니 참으로 와 계신 듯하고 淸高當座眞如在
엄숙하게 앞으로 종종걸음 하니 나도 모르게 황망하네 凜肅趨前未覺忙
광악[228]이 내린 정기 담긴 모습 자세히 우러르고 光嶽降精瞻部位
봄볕 같은 따사로움 감싼 얼굴에 빙상[229] 온축하셨어라 陽和裹面蘊氷霜
장공이 덕을 찬술한 글이 영정과 나란히 있으니 張公撰德丹靑並
굳세고 방정한 성품 뽑아내어 잘 선양하였도다[230] 拈出剛方善闡揚

227 선원선생 풍계영당 : 선원선생은 삼연의 종증조 김상용(金尙容, 1561～1637)이다.

228 광악 : 삼광(三光)과 오악(五嶽)의 준말이다. 삼광은 해〔日〕·달〔月〕·별〔星〕이고, 오악은 태산(泰山)·형산(衡山)·화산(華山)·항산(恒山)·숭산(嵩山)이니, 천지(天地)를 가리킨다.

229 빙상 : 얼음과 서리처럼 매섭고 곧은 절개를 비유한 것이다.

230 장공이……선양하였도다 : 장공은 김상용의 사위 장유(張維)인 듯하다. 장유가 지은 〈고 우의정 풍계 김공 자찬묘명 후서(故右議政楓溪金公自撰墓銘後敍)〉에 "하늘로부터 품부받은 자질이 굳세고 방정하며 단정하고 확고하여 뜻을 정하면 비록 맹분(孟賁)과 하육(夏育)이라도 빼앗을 수 없었다.〔天資剛方端確, 意有所定, 則雖賁育莫能.〕"라고 하였다.《谿谷集 卷7》

석교에 있는 조카 언겸(彦謙)의 집에서 병으로 사나흘을 머무르며 시를 남기다[231]

石郊彦姪家 病淹三四日 留題

대완이 소완의 청광(淸狂)함에 비해 어떠한고[232]	大阮何如小阮狂
한 방에 쓰러져 침상을 같이하누나	頹然一室與同牀
주렴 드리우고 돌아보니 현화[233]가 흩날리고	垂簾返視玄花散
베개 높이고 침 삼키니 화개[234]가 싸늘하다	高枕呑津華蓋凉
들판 너머 송계에는 정과 회가 나뉘어 있고[235]	野外松溪分井澮
울타리 서쪽 연악에는 홰나무 뽕나무 나오네	籬西蓮嶽出槐桑
덧없는 인생 가고 머무름을 인연에 따를 뿐	浮生去住隨緣耳
만사가 무상하여 북망산을 마주하노라	萬事無常對北邙

언겸이 눈병을 조리 중이었는데 나 또한 폐병을 앓았으므로 함련에서 말하였다.

231 석교에……남기다 : 김언겸(金彦謙)은 삼연의 동생 김창업(金昌業)의 둘째 아들이다.

232 대완이……어떠한고 : 대완과 소완은 진(晉)나라 때 죽림칠현(竹林七賢)으로 방달불기(放達不羈)했던 완적(阮籍)과 그의 조카 완함(阮咸)이다.

233 현화 : 눈이 어두워 어른거려 앞이 제대로 보이지 않는 것을 이른다.

234 화개 : 폐를 가리키는 말이다. 《황정내경경(黃庭內景經)》〈간기(肝氣)〉에 "앉아서 화개를 모시고 귀경을 노닌다.〔坐侍華蓋遊貴京〕"라고 하였는데, 그 주에 "화개는 폐이다."라고 하였다.

235 들판……있고 : 송계는 현재의 노원구 월계동 일대이다. 정과 회가 나뉘어 있는 것은 전지가 구획되었다는 말이다. 정은 정전(井田)이고 회는 밭 사이의 도랑이다.

나주로 부임하는 조정이를 전송하며[236]

送趙定而之任羅州

제1수

남쪽 지방 지대 낮고 습하여[237] 사람 근심케 하니	南方卑濕足愁人
쓸쓸한 북쪽 마을에서 다시 그대 전송하노라	北里蕭條又送君
다만 만년에 배불리 먹기가 어렵기에	只爲殘年難飽飯
매양 이별할 때마다 각자 마음이 아프구나[238]	每當離別各傷神

236 나주로……전송하며 : 조정이는 조정만(趙正萬, 1656~1739)으로, 본관은 임천(林川), 자는 정이, 호는 오재(寤齋)이다. 《승정원일기》에 따르면 조정만은 이해 5월 22일에 하직하고 임지인 나주로 떠났다.

237 남쪽……습하여 : 실제로 전라도 지역이 그렇다기보다는 항용 쓰는 표현이므로 이렇게 말한 것이다. 한(漢)나라 가의(賈誼)가 남쪽의 장사(長沙)에 임명되어 떠나면서 장사는 지대가 낮고 습기가 많아 스스로 장수하지 못할 것이라 여겨 슬퍼하였으며, 원앙(袁盎)이 오(吳)나라로 갈 때 조카 원종(袁種)이 "남방은 지대가 낮고 습하니 숙부는 날마다 술이나 마시고 다른 일은 묻지 말 것이며, 왕을 달래어 배반하지 않게 해야 할 뿐이오."라고 하였다. 《史記 卷84 賈生列傳, 卷101 袁盎列傳》

238 다만……아프구나 : 만년에 배부르기가 어렵다는 것은 두보(杜甫)의 시 〈병을 앓고 난 뒤 왕의를 찾아가 술을 마시며 드리는 노래〔病後過王倚飮贈歌〕〉에 "다만 남은 인생 밥 배불리 먹게 하여 그저 무사히 오래도록 서로 만나보기를 바라노라.〔但使殘年飽喫飯, 只願無事長相見.〕"라고 한 데서 온 표현이다. 곧 두보가 남은 인생을 유유자적하며 배불리 먹고 서로 오래도록 만나기를 바랐던 것과는 달리, 조정만이나 삼연은 그러한 처지가 되지 못함을 슬퍼한 것이다. 조정만은 관직 생활이 청렴하여 항상 빈한하였고, 삼연 역시 산중에 파묻혀 호사를 누릴 처지가 아니었다. 윤봉조(尹鳳朝)의 《포암집(圃巖集)》 권12 〈형조판서 조공 묘지명(刑曹判書趙公墓誌銘)〉에 "삼연이 또 공을 가장 잘 알았는데, 일찍이 말하기를 '……크고 부유한 고을을 두루 역임하여 오랫동안

제2수 其二

큰 고을 온갖 업무가 줄이 얽힌 것과 같으니 雄州萬務若棼繩
밤낮없이 책상에 머리 파묻고 일을 하네 書案埋頭夜燭仍
비록 공황[239]이 있더라도 모두 졸 터인데 縱有龔黃都瞌睡
오헌[240]은 이에 홀로 잘 맡아 처리하리라 寤軒於此獨專能

제3수 其三

벽계 옆에 낮에 문 닫고 지내는 전원의 거처 田園晝掩檗溪邊
붉은 작약 흐드러지게 피고 소나기 쏟아진다 紅藥紛披白雨懸
묘향산에서 저녁에 홀로 누워 却似香山孤臥夕
그대 오리 신발이 어천에 내린 것 아쉬워한 때와 어찌나 같은지[241] 惜君鳧舃下漁川

번화함을 누렸으되 평소 행실이 유사와 같았으니, 이는 그의 검박함이다.'라고 하였다.〔三淵又最知公, 嘗曰,……歷官雄腴, 久享紛華, 而素履如儒士, 是其寒儉也.〕"라고 하였다.

239 공황 : 전한(前漢) 때 대표적 순리(循吏)인 공수(龔遂)와 황패(黃霸)의 병칭이다.

240 오헌 : 조정만의 호이다. 조정만이 불면증이 걸렸을 때 삼연이 그에게 오재(寤齋)라는 호를 붙여주고 설(說)을 지어주었다. 본집 권25 〈오재설(寤齋說)〉이 그것이다.

241 묘향산에서……같은지 : 어천은 평안도 영변(寧邊)에 있는 역 이름이다. 오리 신발은 지방 관원의 행차를 뜻한다. 후한(後漢) 때 섭현 영(葉縣令) 왕교(王喬)가 매월 초하루와 보름마다 수레도 없이 조정에 나오므로, 황제가 괴이하게 여겨 태사(太史)에게 몰래 엿보게 하였더니, 그가 올 때마다 동남쪽에서 오리 두 마리가 날아오므로 그물을 쳐서 잡았는데 신발 한 짝만 있었다고 한다. 《後漢書 卷112 方術列傳 王喬》 1706년(숙종32) 4월에 삼연은 관서 지방을 유람하였고, 조정만은 당시 평양 서윤(平壤庶尹)으로 있었다. 두 사람이 함께 묘향산을 유람하러 나섰다가 중도에 조정만은 공무로 어천으로 향했고, 삼연이 홀로 남아 유람을 이어갔다. 《本集 拾遺 卷28 關西日記》

병풍 그림을 읊다

詠屛畫

제1수

솔바람이 돌 평상에 불어오니	松風吹石牀
차 끓이는 부뚜막 아이 곁이로다	茶竈小童傍
높이 읊조리니 흥취를 알겠고	高哦知興會
나는 듯한 폭포는 구름 속에 길게 걸렸구나	飛瀑挂雲長

제2수 其二

노새 더디고 사람도 취했는데	騾遲人亦醉
시내 길은 버들 곁에 멀리 이어졌네	溪路柳邊遙
아득히 석양이 지려 하는데	蒼茫將落景
위태로운 다리 건너는 줄도 모르는구나	不省度危橋

제3수 其三

어슴푸레한 푸른 숲이 젖으니	漠漠青林濕
세차게 빗방울 퍼붓는다	濃濃白雨霏
비에 젖은 도롱이와 삿갓 무거우니	霑來蓑笠重
양손에 낚싯대 쥐고 돌아오누나	雙把釣竿歸

제4수 其四

저녁 안개 내린 물가에 배를 매니	煙水維舟夕

서늘한 바람이 갈대 낚시터에 분다　　涼風在葦磯
높이 뜬 달 아래 젓대 소리 퍼지고　　月高橫吹發
아이는 맑은 달빛을 희롱하누나　　童子弄澄輝

제5수 其五

초막이 가을 강 앞에 임했고　　草閣臨秋水
성근 소나무가 난간 앞에 서 있도다　　疎松復檻前
빈 배는 저대로 물결 따라 출렁이고　　虛舟橫自在
백로는 하염없이 서 있구나　　白鷺立悠然

제6수 其六

쌍돛 단 배는 천 리를 미끄러져 가니　　雙帆千里勢
탁 트인 포구는 먼 하늘가에 있다　　闊浦際遙空
비껴 나는 기러기가 물가를 지나니　　斜飛鴻過渚
한결같이 가을바람을 탔구나　　一意得秋風

제7수 其七

눈 속에 향기로운 언덕이 묻혔으니　　雪裏埋香岸
나귀 타고 발길 닿는 대로 가는구나　　騎驢任所之
참으로 유유자적 오고 가거니와　　眞成閑往返
외로운 흥 알아줄 이 뉘 있으랴　　孤興有誰知

제8수 其八

아스라이 먼 배에 눈이 가득 쌓이고　　微茫雪盈舸

높고 낮게 나는 학은 사람을 따른다　高下鶴隨人
청량하게 읊조리며 오래도록 바라보니　皎然吟望久
호연건[242] 한쪽이 내려앉았네　墊却浩然巾

'호연(浩然)'이 어떤 본에는 '백륜(白綸)'으로 되어 있다.

242 호연건 : 등 뒤로 커다란 천을 드리우는 일종의 두건(頭巾)으로서, 지금의 방한모자와 비슷하다. 당(唐)나라 때 시인 맹호연(孟浩然)이 쓰고 다녀서 호연건이라는 명칭을 얻었다고 한다.

안 참의에 대한 만사[243] 안 참의는 안후이다

安參議 垕 挽

제1수

문성이 강론한 나무 오래되었고[244] 文成講樹古

택로는 사자 그려 전하였도다[245] 澤老畫獅傳

243 안……만사 : 안후(安垕, 1636~1710)는 본관은 순흥(順興), 자는 자후(子厚), 호는 죽애(竹涯)이다. 장령(掌令), 삼척 부사(三陟府使), 공조 참의(工曹參議), 좌승지(左承旨) 등을 역임하였다.

244 문성이……오래되었고 : 문성은 안후의 선조인 문성공(文成公) 안향(安珦)으로, 본관은 순흥(順興), 자는 사온(士蘊), 호는 회헌(晦軒)이다. 우리나라에 성리학을 최초로 도입하였다. 1275년(충렬왕1) 상주 판관(尙州判官)에 부임하였고, 1289년 원나라에 가서 주자서(朱子書)를 베끼고 공자와 주희의 화상(畫像)을 그려 돌아오고, 1303년 김문정(金文鼎)을 중국에 보내 공자와 70제자의 화상, 문묘에서 사용할 제기와 악기 및 육경(六經), 제자(諸子), 사서(史書), 주자서 등을 구해오게 하였다. 1304년 대성전(大成殿)이 완성되자, 공자를 비롯한 선성(先聖)들의 화상을 모셨다. 강론한 나무는 공자가 제자들을 살구나무 아래에서 가르쳤던 것에서 유래한 표현으로, 여기에서는 안향이 우리나라에 성리학을 도입한 공적을 말한 것이다.

245 택로는……전하였도다 : 택로는 안후의 외조부인 택당(澤堂) 이식(李植)으로, 본관은 덕수(德水), 자는 여고(汝固), 호는 택당·남궁외사(南宮外史)·택구거사(澤癯居士), 시호는 문정(文靖)이다. 1610년(광해군2) 별시 문과에 급제하여 1613년 설서(說書)를 거쳐 1616년 북평사(北評事)가 되고, 이듬해 선전관을 지냈다. 대사간, 대사성, 대사헌, 형조 판서, 이조 판서, 예조 판서 등을 역임하였다. 문장에 뛰어나 신흠(申欽)·이정귀(李廷龜)·장유(張維)와 함께 한문사대가(漢文四大家)로 꼽혔으며, 저서에 《택당집》 등이 있다. 사자를 그려 전하였다는 것은 곧 외손에게 학통을 전수한다는 뜻이다. 주희(朱熹)가 외손자 황로(黃輅)에게 자기 집 벽에 걸린, 육탐미(陸探微)가 그린 사자 그림을 떼어 보내주면서 "이 사자처럼 떨쳐서 크게 울릴 것을 기대한다."라고

시례의 근원[246] 모이고　詩禮源流會
광대하고 중후한 의취 오로지 하였어라　鴻厖氣味專
치자와 밀랍의 풍습[247]과는 어울리기 어려우니　難諧梔蠟俗
관잠(冠簪) 하고 홀 들던 시절[248]에 현달하지 못했네　未展笏簪年
한가롭게 즐겁게 살았으니 무슨 유감 있으랴　寬樂夫何憾
참된 성품 온전히 하여 하늘로 돌아갔도다　全眞以返天

제2수 其二

평소 뱃속의 상자[249]에　平生腹爲笥

한 데서 온 표현이다.《朱子大全 續集 卷1 答黃直卿》

246 시례의 근원 : 가학(家學)의 근원을 말한다. 공자의 아들 이(鯉)가 뜰에서 공자 앞을 빠른 걸음으로 지나다가 공자로부터 시(詩)와 예(禮)를 배웠느냐는 질문을 받고 또 그것을 왜 배워야 하는지에 대해 듣고서 물러 나와 시와 예를 배웠던 일에서 유래한 말이다.《論語 季氏》

247 치자와 밀랍의 풍습 : 실상은 보잘것없이 겉만 그럴듯하게 꾸미는 풍습이다. 유종원(柳宗元)의《유하동집(柳河東集)》권20〈편고(鞭賈)〉에 "옛날 어떤 부자가 노랗고 윤이 나는 채찍을 좋아하여 많은 돈을 주고 샀는데, 뒤에 끓는 물에 닿자 형편없는 본색이 드러났다. 그제야 가짜임을 알았는데 노란 것은 치자 물을 들인 것이고, 윤이 난 것은 밀랍을 칠한 것이었다."라고 하였다.

248 관잠(冠簪)……시절 : 관잠과 홀은 모두 벼슬아치의 복장으로, 곧 벼슬 살던 시절이다.

249 뱃속의 상자 : 후한(後漢) 때 변소(邊韶)가 일찍이 수백 인의 문도(門徒)를 가르칠 적에 한번은 낮잠을 자는데 한 제자가 선생을 조롱하기를 "배가 똥똥하여 글 읽기는 싫어하고 잠만 자려고 한다."라고 하자, 변소가 그 말을 듣고 즉시 "똥똥한 내 배는 오경의 상자이고, 잠만 자려고 하는 것은 경을 생각하기 위함이다.〔腹便便, 五經笥, 但欲眠, 思經事.〕"라고 했던 데서 온 표현이다. 전하여 흔히 박학다식함을 의미한다.《後漢書 卷110上 文苑列傳上 邊韶》

한 부의 석담의 책[250] 있었도다	一部石潭書
자식 훈도할 때 이를 요체로 삼았고	訓子斯爲要
사람 만나면 그저 빈 듯했어라[251]	逢人只若虛
금화는 고문할 사람 놓쳤고[252]	金華違顧問
봉각은 취허할 사람 잃었네[253]	鳳閣失吹噓
말세에 많이들 겉모양만 따지니	末世多皮相
나 홀로 깊이 탄식하노라	深嗟獨在余

250 석담의 책 : 석담은 이이(李珥)의 호이다. 안후는 우리나라 선유(先儒) 가운데 유독 이이를 존숭하였다. 《悔窩集 卷7 先大夫左承旨知製敎竹涯府君遺事錄》

251 빈 듯했어라 : 안후의 식견이 높았음에도 불구하고 안후가 다른 사람을 만나면 겸손하게 자신은 텅 빈 것처럼 행동했다는 말이다. 《논어》〈태백(泰伯)〉에서 증자(曾子)가 안자(顔子)에 대해 평하기를 "능하면서 능하지 못한 이에게 물으며, 학식이 많으면서 적은 이에게 물으며, 있어도 없는 것처럼 여기고, 가득해도 빈 것처럼 여기며, 자신에게 잘못을 범하여도 따지지 않는 것을, 옛적에 내 벗이 일찍이 이 일에 종사하였다.〔以能問於不能, 以多問於寡, 有若無, 實若虛, 犯而不校, 昔者吾友嘗從事於斯矣.〕" 라고 하였다.

252 금화는……놓쳤고 : 금화는 한(漢)나라 미앙궁(未央宮) 안의 금화전(金華殿)으로, 성제(成帝) 때 정관중(鄭寬中)과 장우(張禹)가 이곳에서 《상서(尙書)》와 《논어》를 진강(進講)한 고사에 의거하여 학사원(學士院)의 별칭으로 쓰이게 되었다. 흔히 경연(經筵)이나 서연(書筵)을 가리키기도 하는데, 고문할 사람을 놓쳤다는 것은 훌륭한 인재인 안후가 죽어 임금이 경연 등에서 고문할 훌륭한 신하를 놓쳤다는 말이다.

253 봉각은……잃었네 : 봉각은 당(唐)나라 때 중서성(中書省)의 별칭이다. 취허는 입으로 불어 바람을 일으켜서 깃털을 날려 보내는 것으로, 남을 칭찬하고 장려하여 추천함을 이른다. 곧 조정에서 등용할 훌륭한 인재를 잃어버렸다는 말이다.

울타리 밖을 산보하다 우연히 읊다
散步籬外偶吟

유독 이 성근 울타리 바깥은	獨此疎籬外
찌는 무더위가 종일토록 없네	炎蒸盡日無
평평한 언덕은 아득히 멀리 펼쳐졌는데[254]	平皐忽超遠
어둠이 잠깐 사이에 내리깔리누나	暝色亦斯須
호미질 멈춘 밭의 풀에는 이슬 맺혔고	露草停鋤圃
지친 말이 가는 길의 다리에는 안개가 꼈네	煙橋倦騎途
매미 떼는 내 곁에서 우니	繁蟬啼我側
느긋한 읊조림을 매미와 함께하도다	漫詠與之俱

254 평평한……펼쳐졌는데 : 원문 글자에 대한 주석은 지양함이 마땅하나, 이 구절은 곡해의 소지가 있으므로 그 글자의 용법을 밝혀둔다. 《초사(楚辭)》 〈구가(九歌) 국상(國殤)〉에 "평원은 아득하고 길은 멀리 뻗었다.〔平原忽兮路超遠〕"라고 하였는데, 이때 '홀(忽)'은 홀연의 뜻이 아니라 아득하여 잘 보이지 않을 정도라는 '황홀(恍惚)'의 뜻이며, 삼연의 이 구절의 '홀' 또한 그와 같은 뜻이다.

화강 수령으로 부임하는 이일원을 전송하고 이어서 금강산에 가기로 거듭 약속하다[255] 이일원은 이병연이다

送李一源 秉淵 出宰花江 仍申楓嶽之約

금강산은 산 중의 호걸이요 楓嶽山之傑
화강 수령은 바로 신선이라 花江吏是仙
연하는 성기와 통하고 煙霞通性氣
한묵은 인연 따라 지으리[256] 翰墨赴因緣
늙은 이 몸이 그대와 나막신 나란히 하고 오를 것 생각하노니 老子思聯屐
홍애의 어깨를 치고자 하노라[257] 洪厓擬拍肩

255 화강……약속하다 : 화강은 김화현(金化縣)의 이칭으로 지금의 철원 동부 지역이다. 이병연(李秉淵, 1671～1751)은 조선 후기의 시인으로, 본관은 한산(韓山), 자는 일원, 호는 사천(槎川)이다. 벼슬은 음보(蔭補)로 부사(府使)에 이르렀으며, 영조조 최고의 시인으로 일컬어졌다. 저서로 《사천시초(槎川詩抄)》가 있다.

256 연하는……지으리 : 여기에서 연하는 산수(山水)의 기운, 곧 금강산을 가리킨 것이다. 금강산과 이병연이 성정이 서로 통한다는 말이다. 김화와 금강산이 인접하였으므로 이런 말을 한 것이다. 한묵을 인연 따라 짓는다는 것은 금강산의 훌륭한 산수와 이병연의 훌륭한 문장이 서로 만나 좋은 글을 낳게 될 인연을 말한 것이다.

257 늙은……하노라 : 나막신을 나란히 한다는 것은 삼연이 이병연과 함께 금강산에 오르고자 한다는 말이다. 나막신에 대해서는 352쪽 주124 참조. 홍애의 어깨를 친다는 것은 금강산에 가서 신선을 만나고자 한다는 말이다. 홍애는 황제(黃帝)의 신하였다는 전설상의 신선이다. 진(晉)나라 곽박(郭璞)의 〈유선(游仙)〉 시에 "왼손으론 부구의 옷소매를 끌어당기고, 오른손으론 홍애의 어깨를 치네.〔左挹浮丘袖, 右拍洪厓肩.〕"라는 구절이 있다.

맑은 가을날 계수나무 부여잡는 약속[258] 하니　　淸秋攀桂約

달은 정양사[259]에 둥글게 뜨리라　　月到正陽圓

258 계수나무 부여잡는 약속 : 계수나무를 부여잡는다는 것은 은자가 사는 깊은 산중을 뜻하는 말이다. 《초사(楚辭)》 〈초은사(招隱士)〉에 "계수나무 가지를 부여잡으며 편히 오래 머무른다네.〔攀援桂樹兮聊淹留〕"라고 한 데서 온 말이다.

259 정양사 : 금강산에 있는 절로, 표훈사(表訓寺)의 말사이다. 백제의 관륵(觀勒)이 창건하고, 신라 문무왕 때 원효 대사가 중건하였다. 이 절은 내금강 가운데서도 가장 경치가 좋기로 유명하여 예로부터 금강산 유람을 하는 이들에게 필수적인 탐방처였다.

삼가 일로당이 수연(壽宴)에서 지어 보여주신 시에 차운하여 잔치에 가지 못한 마음을 펼치다[260]

謹次佚老堂壽席題示韻 用申未赴之忱

근심은 늦더위를 따라 물러가고	憂隨老炎退
기쁜 기운이 가을 당에 가득하겠네	喜氣滿秋堂
아이들은 서하의 지팡이 면하였고[261]	兒免西河杖
손님들은 북두의 술잔으로 축원하리로다[262]	賓稱北斗觴

260 삼가……펼치다 : 일로당은 삼연의 족형(族兄)인 김성최(金盛最, 1645~1713)의 당호(堂號)이다. 본관은 안동(安東), 자는 최량(最良)으로 의금부 도사, 사복시 주부, 단양 현감(丹陽縣監), 충주 목사(忠州牧使) 등을 역임하였다.

261 아이들은……면하였고 : 김성최가 장수하는 동안 중간에 부모보다 먼저 세상을 떠난 자식이 없다는 말이다. 공자의 제자인 자하(子夏)가 서하 지역에서 제자들을 가르치고 있을 적에 아들을 잃고 너무 슬퍼한 나머지 시력을 잃었는데, 증자(曾子)가 붕우간에는 실명할 경우 조문하는 의리가 있다고 하여 자하에게 조문을 가자, 자하가 곡을 하면서 자신에게 죄가 없다고 하였다. 이에 증자가 "그대가 어찌 죄가 없단 말인가. 내 그대와 함께 수수(洙水)와 사수(泗水) 사이에서 부자(夫子)를 섬겼는데, 그대는 물러나 서하 가에서 노년을 보내면서 서하의 사람들로 하여금 그대를 부자로 의심하게 하였으니 이는 그대의 죄 중에 첫 번째이다. 그대가 어버이를 잃었을 때에는 사람들로 하여금 알려지지 못하게 하였으니 이는 그대의 죄 중에 두 번째이다. 그대가 아들을 잃었을 때에는 그대의 시력을 잃었으니 이는 그대의 죄 중에 세 번째이다. 그런데 그대가 어찌 죄가 없다고 말하는가."라고 하자, 자하가 짚고 있던 상장(喪杖)을 내던지고 절을 한 뒤 "내가 잘못하였다. 내가 잘못하였다. 내 무리를 떠나 홀로 거처한 지 또한 이미 오래되었기 때문이다."라고 사죄하였다. 《禮記 檀弓上》

262 손님들은……축원하리로다 : 북두의 술잔은 성대한 잔치에 술잔을 바치는 것을 뜻한다. 《초사(楚辭)》 〈구가(九歌) 소사명(少司命)〉에 "북두성 가져다가 맛있는 술

풍악은 청동[263]에 성대하게 울리고 笙歌淸洞鬧
주렴 친 장막은 필운[264]에 서늘하다 簾幕弼雲凉
앉아서 신선의 집을 상상하노라니 坐作仙家想
더욱 오래도록 읊조리며 춤추게 하도다 愈令詠蹈長

푸리라.〔援北斗兮酌桂漿〕"라고 하였는데, 북두성이 국자 모양으로 생겼기 때문에 이처럼 비유한 것이다.

263 청동 : 청풍계(淸楓溪)이다. 인왕산 동쪽 기슭의 북쪽에 해당하는 지역으로 현재의 종로구 청운동 52번지 일대이다.

264 필운 : 필운대(弼雲臺)이다. 인왕산 자락, 지금의 서울시 종로구 필운동 배화여고 뒤뜰에 있는 높은 암벽이다.

다시 당 자 운으로 맏형에게 화답하다
疊堂字韻 和伯氏

오동과 대나무가 바람에 소리 내니	颼颸梧竹響
깊은 당에 앉아서 내리는 비 바라보네	觀雨坐深堂
절로 근심이 바다처럼 많거니와	自是憂如海
술잔 가득 따를 술 없지 않도다	微無酒滿觴
풍진 속세는 시비로 시끄럽고	是非塵界鬧
설악산은 예나 지금이나 서늘하여라	今古雪山凉
끊어졌다 이어졌다 침상 함께하는 날들	斷續連床日
길에 임하여 온갖 감정이 자라누나	臨行百感長

지난밤 마음이 서글퍼 다시 당 자 운으로 시를 지어 삼가 맏형에게 드리다

隔宵悢悢 又疊堂字韻 伏呈伯氏

종남산에 쓸쓸히 누워	終南臥寥落
육청당[265]으로 머리를 돌리노라	回首六青堂
사간의 건축 적막하고[266]	錯莫斯干築
빈이의 술잔 드물도다[267]	稀疎儐爾觴
험난함과 평탄함으로 가득한 숱한 길들	千途饒險坦
더위와 서늘함이 갑자기 바뀌는 천지의 기운	一氣驟炎凉
그래도 황화절[268]에는	尙擬黃花節
동와[269]에서 오래도록 취하여 꿈꾸고자 하네	東窩醉夢長

'상의(尙擬)'는 어떤 본에는 '대간(待看)'으로 되어 있다.

265 육청당 : 김수항(金壽恒)의 옥류동(玉流洞 현재의 옥인동) 저택의 사랑채인 육청헌(六青軒)이다.

266 사간의 건축 적막하고 : 선조가 남긴 옥류동 저택이 형제들 누구는 먼저 세상을 떠나고 남은 사람들은 모두 뿔뿔이 흩어져 사는 상황 속에서 적막하다는 말이다. 《시경》 〈소아(小雅) 사간(斯干)〉에 "선조를 계승하여 담장이 백 도나 되는 집을 지었네.〔似續妣祖, 築室百堵.〕"라고 하였는데, 이는 곧 선조의 유업(遺業)을 계승한다는 뜻이기도 하다.

267 빈이의 술잔 드물도다 : 형제들끼리 함께 모이는 일이 드물다는 말이다. 《시경》 〈소아 상체(常棣)〉에 "네 변두를 늘어놓아 술 마시기를 실컷 하더라도, 형제간이 모두 있어야 화락하고 또 사모할 수 있다네.〔儐爾籩豆, 飮酒之飫, 兄弟旣具, 和樂且孺.〕"라고 하였다.

268 황화절 : 황화 즉 국화가 피는 중양절(重陽節)의 별칭이다.

269 동와 : 어디를 가리키는지 미상이나 옥류동 저택을 가리킨 것이 아닌가 한다.

산에 돌아와 맏형의 시에 차운하다
還山次伯氏韻

제1수

세상길 험난함이 백뢰관보다 더하니[270] 世途險過百牢關
바위 거처에서 어찌 홀로 한가히 잠들지 않으랴 巖處寧無獨寐閑
부러워할 만하여라 하씨 집안의 대소 은자[271] 堪羨何家大小隱
흰머리로 푸른 구름 사이에서 함께 지낸 것이 白頭相守碧雲間

제2수 其二

구름 같은 수렴동[272] 열두 폭포가 관문이 되니 水簾十二雲爲關
승려가 항상 머물지 않아 탑 하나 한적하다 僧不常留一塔閑
뉘 알랴 봉황지 가의 노인[273]이 誰識鳳凰池上老

270 세상길……더하니 : 백뢰관은 지금의 섬서성(陝西省) 면현(勉縣) 서남쪽에 있는 관문이다. 두보(杜甫)의 〈기주가(夔州歌)〉에 "백제성은 드높아 삼협을 진무하고, 구당협곡 험함은 백뢰관보다 더하네.〔白帝高爲三峽鎭, 瞿唐險過百牢關.〕"라고 하였다.

271 하씨……은자 : 하씨는 양 무제(梁武帝) 때 하구(何求), 하점(何點), 하윤(何胤)형제를 가리킨다. 하윤의 형인 하구와 하점이 모두 은거하고 하윤만 벼슬을 하고 있었는데, 큰형인 하구가 세상을 떠나자 하윤도 약야산(若邪山) 운문사(雲門寺)에 은둔하니, 세상 사람들이 하점을 대산(大山), 하윤을 소산(小山)이라고 칭하였다.《梁書 券51 何點列傳》

272 수렴동 : 내설악의 대표적인 계곡이다.

273 봉황지 가의 노인 : 당(唐)나라 때 중서성(中書省)에 봉황지가 있었던 데서 유래하여 궁궐 안의 연못을 뜻한다. 노인은 곧 도성에서 벼슬하고 있는 맏형 김창집(金昌集)

스무 해 동안 나비 되어 그 사이에서 노닐 줄[274]　　廿年蝴蝶戱其間

을 가리킨 것이다.

274 스무……줄 : 김창집은 부친 김수항(金壽恒)이 사사(賜死)된 이후 벼슬을 버리고 은거하였다가 1694년(숙종20)에 다시 벼슬에 나아갔으므로 그때 벼슬에 출사한 이후 지금까지 20년 가까이 되는 세월 동안 계속 은거를 꿈꿨다는 말이다.

삼가 만형이 보낸 여 자 운에 차운하다

伏次伯氏下投廬字韻

제1수

수옥[275]에 지내려던 초심으로 만년에 오두막 엮으니	樹屋初心晩結廬
멍하게 있는 신세 꺼진 재와 같아라	嗒焉身世死灰如
안개와 놀 속 굴 깊은데도 외려 얕을까 걱정하고	煙霞窟邃猶嫌淺
원숭이 새와 한 맹세[276] 굳건하니 감히 소홀히 하랴	猿鳥盟堅敢作疎
왕적은 형이 있어 때때로 수레에 올랐고[277]	王績有兄時命駕
희이는 은거하여 그저 책만 들었네[278]	希夷還隱只携書
서쪽으로 놀러 갔다 봄풀이 지금 시들었으니[279]	西遊春草今凄綠

275 수옥 : 나무를 의지해서 이를 마룻대로 삼아 지은 초막집을 이른다.

276 원숭이……맹세 : 산중에 깊이 은거하고 세상에 나가지 않기로 한 맹세이다. 340쪽 주92 참조.

277 왕적은……올랐고 : 당(唐)나라 때 왕적은 하수(河水)와 분수(汾水) 사이에서 은거하여 살면서 형제가 보고 싶으면 곧장 하수를 건너 집으로 돌아가곤 했다고 한다. 《新唐書 卷196 隱逸列傳》《淵鑑類函 卷36 河4 渡河還家》

278 희이는……들었네 : 희이는 오대(五代)와 송(宋)나라 초기의 저명한 도교 학자이자 은사(隱士)인 진단(陳摶)의 사호(賜號)이다. 진단은 박주(亳州) 진원(眞源) 사람으로 후당(後唐) 때 과거에 응시했으나 낙방하고 무당산(武當山)의 구실암(九室巖), 화산(華山)의 운대관(雲臺觀), 소화(小華) 석실(石室) 등지에서 은거하였는데, 《역(易)》을 좋아하여 항상 손에 들고 보았다고 한다. 《宋史 卷457 隱逸列傳》

279 서쪽으로……시들었으니 : 서쪽에 있는 도성에 다녀오는 사이 설악산의 봄풀이 시들고 계절이 바뀌었다는 말이다. 봄풀은 곧 은거지가 있는 곳을 뜻한다. 《초사(楚辭)》〈초은사(招隱士)〉에 "왕손은 유람길 떠나 돌아오지 않는데, 봄풀은 돋아나 무성하

벼랑의 곰이 벌써 자리 차지한 것에 뒤처질까 염려하도다 恐後崖熊已定居

제2수 其二

세상일이 점점 집을 허무는 데에 이르거니와[280] 世事駸駸到剝廬
도성에서 머뭇대는 것이 과연 어떠한가 遲回京輦果何如
용은 큰 못으로 돌아가 깊숙하게 몸을 보존하고 龍歸大澤存身密
큰 기러기는 높은 구름으로 들어가 짝과 멀어지네 鴻入高雲與侶疎
처음에 하씨 집안의 나란한 은자[281] 되는 것 바랐거니 始願何家成並隱
어찌 곽씨가 중서에서 고과한 것[282] 논하랴 寧論郭氏考中書

여라.〔王孫遊兮不歸, 春草生兮萋萋.〕"라고 하였다. 왕손은 산을 떠나 돌아오지 않는 사람을 뜻한다.

280 세상일이……이르거니와 : 《주역》〈박괘(剝卦) 상구(上九)〉에 "큰 과일을 다 먹지 않음이니, 군자는 수레를 얻고 소인은 집을 허물리라.〔碩果不食, 君子得輿, 小人剝廬.〕"라고 하였다. 이는 박괘가 양(陽)이 소멸하여 이미 다하고 홀로 상구 한 효만이 아직 남아 음의 도가 지극히 성하고 혼란한 시절인데, 혼란이 극에 달하면 다스려질 것을 생각하므로 무리의 마음이 군자를 실어주고 소인은 집을 잃어서 그 몸을 용납할 곳이 없게 된다는 의미이다. 여기에서는 소인배가 득세하여 곧 양이 회복될 시기가 도래하기는 하겠지만, 그렇다고 해도 그 희망을 품고 굳이 번다한 세상사에 얽매일 이유가 무엇이냐는 의미에 가깝다.

281 하씨……은자 : 400쪽 주271 참조.

282 곽씨가……것 : 오랜 세월 동안 재상의 자리에 있는 것이다. 곽씨는 당나라 때의 명신인 곽자의(郭子儀)이다. 곽자의가 20여 년간 중서령(中書令)의 직책을 맡았는데, 그가 관리들의 성적을 고과한 것이 무려 스물네 번이나 되었다고 한다. 《新唐書 卷137 郭子儀列傳》

봉대에서 나는 나비에게 선채가 남았으니	鳳臺飛蝶留仙債
어찌 양산의 거처만 꿈꾸랴[283]	可但楊山夢卜居

'몽(夢)'이 어떤 본에는 '험(驗)'으로 되어 있다.

283 봉대에서……꿈꾸랴 : 봉대는 설악산의 최고봉인 대청봉(大靑峯)의 다른 이름이다. 봉대에서 나는 나비는 곧 삼연이 있는 설악산에서 함께 지내기를 꿈꾸는 김창집의 정신을 뜻한다. 이는 앞 시인 〈산에 돌아와 맏형의 시에 차운하다〉에서 "뉘 알랴 봉황지가의 노인이 스무 해 동안 나비 되어 그 사이에서 노닐 줄"의 뜻과 같다. 선채란 선경(仙境)에 들어가 살고자 하는 마음을 이루지 못하여 빚처럼 남아 있다는 뜻이다. 양산은 삼연 집안의 선영(先塋)이 있는 양주(楊州)이다.

여 자 운을 써서 시를 지어 조카 언겸(彦謙)에게 주어 이별한 뒤에 나의 얼굴을 보는 용도로 삼게 하다

用廬字韻 題贈彦姪 俾作別後顔面

사간에 지은 새 오두막[284]을 네가 사랑하여 斯干爾自愛新廬
베개 높이 하고 누워 어느새 자기 집처럼 여겼어라 高枕居然我屋如
이슬에 젖은 토란밭은 윤택한 우물에 이어졌고 露下芋畦連井潤
빗속의 박 넝쿨은 성근 울타리에 붙었네 雨中匏蔓著籬疎
운기[285]를 헤아리며 호롱불 밑에서 대화하고 商量運氣篝燈話
흥망을 따져본 것은 한죽의 책[286]이로다 劈畫興亡汗竹書
세상의 재앙이 끊이지 않고 오는 것이 되레 염려되니
却恐世氛來亹亹
부들자리 대자리[287] 편 흰 구름 속 거처로 옮길 것을 권하노라

284 사간에……오두막 : 사간은 시냇가를 뜻한다. 《시경》 〈소아(小雅) 사간(斯干)〉에 "질서 정연한 이 물가요, 그윽하고 그윽한 남산이로다.〔秩秩斯干, 幽幽南山.〕"라고 하였다. 새 오두막은 삼연의 영시암(永矢菴)을 말한 것이다.

285 운기 : 한의학에서 질병의 발생을 설명할 때 전통적인 음양오행설과 결부하여 운기(運氣)라는 개념이 있는데, 토운(土運)·금운(金運)·수운(水運)·목운(木運)·화운(火運)의 5운과 풍(風)·열(熱)·화(火)·습(濕)·조(燥)·한(寒)의 6기가 운기의 구체적 항목들이다. 운기를 이러한 한의학의 개념으로 사용한 예가 본집 권8 〈정재문에 대한 만사〔鄭載文挽〕〉 제5수에 보인다.

286 한죽의 책 : 역사서이다. 옛날에는 죽간(竹簡)에다 글을 썼기 때문에 한죽(汗竹)이라 하며, 한청(汗青)이라고도 한다.

287 부들자리 대자리 : 편안한 거처의 의미가 있다. 《시경》 〈소아 사간〉에 "아래는

勸移莞簟白雲居

부들자리요 위에는 대자리이니, 여기에서 잠이 편안하리로다.〔下莞上簟, 乃安斯寢.〕" 라고 하였다.

문동 서실에서 밤에 술을 마시며 시를 지어 남기다[288]
文洞書室 卜夜留題

제1수

박꽃 핀 울타리에 굽은 소나무 문	匏花籬落偃松門
푸른 시내는 졸졸 나그네 향해 울린다	碧澗潺湲向客喧
늘그막의 한가한 마음이 지난날의 자취를 사랑하여	垂老閑情憐宿迹
해를 걸러 담화헌[289]에서 등불을 밝히누나	隔年燈火湛華軒

제2수 其二

고개 구름이 살짝 트여 달빛이 문에 비치니	嶺雲微缺月臨門
벌레 울음 닭 울음이 한바탕 시끄럽다	蟲語雞聲亦一喧
일백 날을 도성 안에서 종소리 듣는 것이	百日聞鐘城闕裏
오늘 밤 그대 집에 유숙하는 것만 못하도다	不如今夜宿君軒

288 문동……남기다 : 문동이 정확히 어디인지는 미상이나, 본집 습유 권27 〈설악일기(雪嶽日記)〉에서 삼연이 양주 석실(石室)에 있는 선영을 참배하고 벽계(檗溪)로 향하면서 그 중간에 문동을 지났으므로 석실과 벽계 사이에 있는 어느 곳일 듯하다. 또한 본집 습유 권7에 이 시와 같은 제목의 시가 있는데, 그 소주(小註)에 이운(李澐)의 거처라고 하였다. 이운은 본관은 전주(全州), 자는 사정(士靜)이며, 이동백(李東白)의 아들이다.

289 담화헌 : 《농암집(農巖集)》 권24 〈만취대에서 놀았던 일에 대한 기문〔游晩翠臺記〕〉에 이운의 거처라고 하였다.

제3수 其三

밤새도록 시냇가의 문을 닫지 않고	終宵不掩澗邊門
아녀들은 밤 깊으니 잠시 조용해지네	兒女更深暫息喧
백연[290]의 참맛을 말하고자 할진댄	欲話百淵眞意味
산의 달이 그윽한 집에 떠오름을 기다려야지	待看山月到幽軒

290 백연 : 삼연이 머무는 설악산의 곡백담(曲百潭)이다.

산에 돌아와 부질없이 흥을 읊다
還山漫興

반백의 귀밑머리 듬성듬성 하늘에는 흰 이슬	斑鬢飄蕭白露天
언뜻 도성 떠나 전원으로 돌아왔네	乍離城闕得歸田
비 많이 내린 돌 여울은 콸콸 흐르고	石灘聒聒經多雨
상현 되어가는 여라 덩굴에 비친 달빛 고와라	蘿月娟娟向上弦
세상 탄식하며 다섯 번 슬퍼한 것[291] 옛일 아니요	嘆世五噫非古事
가을 만나 〈구변〉은 또 새로운 글이로다[292]	逢秋九辯又新篇
용천검 노련한 기운이 아직도 두성 찌르니	龍泉老氣猶衝斗
가지고 가서 빛을 감추어 백연에 두도다[293]	携去韜光在百淵

291 세상……것 : 후한(後漢) 때 양홍(梁鴻)의 고사이다. 양홍은 가난하였으나 학문을 좋아하고 혼란한 세상에서 벼슬하기를 원치 않아 현숙한 아내 맹광(孟光)과 함께 패릉(霸陵) 산골에서 농사짓고 살았다. 하루는 도성에 들어갔다가 토목공사에 백성들이 시달리는 것을 보고 〈오희가(五噫歌)〉를 지어 "저 북망산을 오르니 슬프구나. 서울을 돌아보니 슬프구나. 궁실이 드높으니 슬프구나. 사람들이 수고로우니 슬프구나. 아득한 미앙궁이여 슬프구나.〔陟彼北芒兮噫！ 顧覽帝京兮噫！ 宮室崔嵬兮噫！ 人之劬勞兮噫！ 遼遼未央兮噫！〕"라고 잘못된 국정을 개탄하였다. 《後漢書 卷83 逸民列傳 梁鴻》

292 가을……글이로다 : 〈구변〉은 전국 시대 초(楚)나라 사람 송옥(宋玉)이 지은 글이다. 그 첫머리에 "슬프다, 가을의 기운이여. 쓸쓸하여라, 초목은 낙엽이 져서 쇠하였도다. 처창하여라, 흡사 타향에 있는 듯하도다. 산에 올라 물을 굽어봄이여, 돌아가는 이를 보내도다.〔悲哉, 秋之爲氣也！ 蕭瑟兮草木搖落而變衰. 憭慄兮若在遠行, 登山臨水兮送將歸.〕"라고 하였다. 그래서 이 부(賦)를 〈비추부(悲秋賦)〉라고도 일컫는다. 〈구변〉이 비록 아득한 옛날에 지은 글이지만 가을을 만나 읊음에 새롭게 느껴진다는 말이다.

293 용천검……두도다 : 진(晉)나라 때 장화(張華)가 일찍이 두성(斗星)과 우성(牛

星) 사이에 자기(紫氣)가 뻗쳐 있는 것을 보고 예장(豫章)의 점성가 뇌환(雷煥)에게 물으니, 보검의 빛이라 하였다. 이에 풍성(豐城)의 감옥 터에서 춘추 시대에 만들어진 보검인 용천검(龍泉劍)과 태아검(太阿劍)을 발굴했다고 한다.《古文眞寶 後集 卷2 滕王閣序》 여기에서는 바로 삼연이 가슴속에 품은 기개를 비유한 것이다.

아침 일찍 양근 읍내를 출발하며

早發楊根邑底

누워서 외로운 고을 호각 소리 들으니	臥聞孤縣角
청량하게 오경 하늘에 울려 퍼지네	寥亮五更天
구름 낀 뫼에서 절 종소리 울린 뒤요	雲岫佛鐘後
달빛 비친 시내에 어부 노래 들리기 전이라	月溪漁唱前
수시로 종복과 마부 재촉하고	隨時催僕馭
아침 햇살 속에 드러난 산과 내 분별한다	卽色辨山川
이 길을 다 갈아 없애기 어려우니	此路難磨盡
말 타고 길 다닌 지 스무 해로세	征鞍二十年

아침 일찍 삼정포를 출발할 때 안개비가 걷히지 않아

早發三亭浦 霧雨未開

인제에도 비가 오는지 알 수 없거니와	未料麟蹄雨
말고개[294] 그늘진 것이 먼저 걱정스럽네	先愁馬嶺陰
먹장구름 속의 일만 골짝 지나고	雲霾穿萬峽
이슬 젖은 일천 숲 거쳐 가도다	露裛歷千林
보였다 말았다 동복은 내 뒤를 따라오고	隱現僮隨後
아득한 곳에서 새 지저귀는 소리 들려온다	蒼茫鳥送吟
일천 길 높이 돌 비탈에서 조심스러워지니	小心千仞磴
이곳 넘으면 비로소 시원스레 내달릴 수 있겠네	踰此始駸駸

294 말고개 : 강원도 홍천에 있는 고개 이름이다. 이 고개를 넘어 인제로 향하게 된다.

가을 농사

秋稼

들판은 푸른색 누른색 섞여 있으니	青黃交野色
일만 보배가 모두 알짜를 머금고 있도다[295]	萬寶摠含眞
콩은 알처럼 많고	豆子繁如卵
벼는 사람 키를 넘어 쑥쑥 자라 있네	禾身茁過人
농부들 이야기에는 쓸데없는 말과 알맹이 있는 말 뒤섞여 있고	農談錯虛實
고을 풍속은 경박함과 순후함이 반반이라	邑俗半澆淳
유독 가을 산의 면모는	獨有秋山面
드러낸 자태가 가는 곳마다 새로워라	呈姿著處新

295 일만……있도다 : 가을 들판의 곡식들이 여문 것을 형용한 말이다. 《장자(莊子)》 〈경상초(庚桑楚)〉에 "봄기운이 발동하면 온갖 풀이 나오고, 가을이 오면 온갖 열매가 성숙한다.〔春氣發而百草生, 正得秋而萬寶成.〕"라고 하였다.

장차 만의역에 당도하려는데 말이 지쳐 당도하지 못하고서 건령의 촌집에 유숙하다

將抵萬宜驛 馬煩未達 寄宿健嶺村舍

제1수

연기를 좇아왔는데 아직도 역은 멀어	追煙猶遠驛
잠자리 빌린 곳이 높은 산언덕이로다	借榻卽崇岡
용동[296]은 이곳에서 오솔길 통하고	龍洞斯通逕
인제의 경계에 비로소 들어서네	麟蹄始入疆
내 말은 꼴을 배불리 얻어먹고	芻萁吾馬飽
친절한 주인은 불을 밝혀주누나	燈燭主人良
다시 들를 약속 정해두고 싶지만	欲設重過約
가렴주구 세상이라 장차 멀리 숨을 테지	誅求且遠藏

제2수 其二

솔 사립문 기울어져 닫히려 하고	松扉垂欲閉
은하수는 산의 반쯤 빛나네	星漢半山光
이슬 맺힌 풀에는 메뚜기 가느다랗게 울고	露草蛩吟細
바람 부는 숲에는 범이 길게 포효한다	風林虎吼長
기협(夔峽)에서 그대는 생계를 이어가고	居夔爾生理
촉 땅에서 나는 문장을 짓노라[297]	入蜀我文章

296 용동 : 인제의 용대리(龍垈里)를 가리킨 듯하다. 영시암이 있는 곳이다.

우연히 앉아 맑은 밤 지내니 偶坐徂淸夜
가랑비가 평상에 들이치누나 霏微雨入床

297 기협(夔峽)에서……짓노라 : 협곡에서 세상을 멀리하고 사는 주인과 협곡을 넘어 인제에서 시를 지으며 사는 삼연 자신을 두보(杜甫)에 비긴 것이다. 두보는 안사(安史)의 난을 피해 기협에서 살았으며, 만년에는 촉 땅 성도(成都)의 완화계(浣花溪)에 초당을 짓고 살면서 많은 작품을 남겼다.

새벽에 출발하며

曉發

오경에 바야흐로 조각달 떠 있고	五更方缺月
바위 비탈은 참으로 비스듬히 돌아 있다	巖磴苦回斜
검은 것은 소나무 녹나무 그림자	黑是松楠影
흰 것은 메밀 보리 꽃	白應蕎麥花
쓸쓸히 골짜기 돌아가는 범	寂寥歸洞虎
처량히 숲을 등지는 까마귀	蕭颯背林鴉
북쪽 뫼에 켜진 외로운 불빛	北崦留孤火
뉘 집에서 일찍부터 길쌈하는가	誰家早績麻

만의역

萬宜驛

정감 가는 물가 역	關情臨水驛
이곳의 풍기 단란하구나	風氣此團圓
기장과 벼 가을걷이 분주하고	黍稻紛秋稼
어부와 나무꾼은 저물녘 배에 모여 있다	漁樵會晚船
광주리의 배에 주인 늙은이 웃고	筐梨主翁笑
용수로 거른 술에 노복은 취해 자빠지네	篘酒僕夫顚
세 칸의 오두막을 이곳에 마련해두고서	欲置三間屋
산에 돌아가는 길에 여기에서 쉬고저	還山用息肩

한계주인 강선일이 강릉으로 거처를 옮겼다가 스무 해 뒤에 돌아와서 다시 길옆에 새로 집을 지었기에 유숙하면서 다정한 마음을 폈다

寒溪主人姜善一遷居江陵 廿年而後返 復營新屋于路左 寄宿叙款

말 머리의 한계 어귀	馬首寒溪口
옛 주인의 집에 투숙하네	來投舊主人
그사이 이별한 지 얼마나 오래되었나	中年別何闊
한결같이 그 참된 모습 사랑하노라	一味愛其眞
매조미[298] 밥에 송이버섯 굽고	粟飯松芝炙
진흙 구들에 보릿짚 자리로다	泥炕麥稈茵
땔감 태워가며 이런저런 이야기 나누니	燃薪長短話
흰머리로 산골 이웃 되었구나	皓首作山隣

298 매조미 : 벼를 매통에 갈아서 왕겨만 벗기고 속겨는 벗기지 않은 쌀이다.

계곡 어귀의 새 집에서 밤을 보내며
谷口新屋經夜

제1수

쓸쓸히 와서 높이 누우니	寥落來高臥
가을 산엔 그저 흰 구름뿐	秋山但白雲
창가에는 사람 말소리 들리는 듯	牕邊若人語
대 홈통에는 졸졸 샘물 소리	筧上細泉聞
홀로 마음에 완상할 것 보존하니	了自存心賞
어찌 세속의 어지러운 것 찾을까	于何覓世紛
단구[299]가 오히려 이 안에 있으니	丹丘猶是內
꿈에서 신선들을 좇아 함께하리라	夢逐羽人群

제2수 其二

아 내가 산으로 돌아온 이 밤	嗟我還山夕
무슨 감흥이 이리도 긴가	夫何感興長
바위 비탈에서는 소뢰[300] 생기고	巖阿生素籟
판잣집에는 옅은 서리 내린다	板屋下微霜

299 단구 : 밤이나 낮이나 항상 밝은 땅으로, 신선이 산다는 곳이다. 352쪽 주125 참조.

300 소뢰 : 가을바람이다. 《초학기(初學記)》에서 가을바람의 다양한 명칭을 말하면서 상풍(商風), 소풍(素風), 처풍(凄風), 고풍(高風), 양풍(涼風), 격풍(激風), 비풍(悲風)이라고 하였다. 또한 완적(阮籍)의 〈영회(詠懷)〉에 "소풍이 옅은 서리를 발한다.〔素風發微霜〕"라고 하였다.

이미 푸른 단풍잎 절정이니	已爛青楓葉
푸른 혜초 향기가 머물기 어렵겠네	難留碧蕙芳
어찌 옷을 늦게 부친다고 근심하랴	寧愁寄衣晚
벽라 옷[301] 절로 있거늘	自有薜蘿裳

301 벽라 옷 : 벽려(薜荔 줄사철나무)와 여라(女蘿 소나무겨우살이)로 만든 옷으로, 산속에서 한가하게 사는 은자(隱者)의 의복을 가리킨다. 《초사(楚辭)》 〈구가(九歌) 산귀(山鬼)〉에 "산비탈에 사는 사람이여, 벽려로 옷 해 입고 여라 띠 둘렀도다.〔若有人兮山之阿, 被薜荔兮帶女蘿.〕"라고 하였다.

손자 광이 보내온 시운에 화답하여 멀리서 나의 뜻을 담는다[302]

和洸孫寄來韻 用寓遐意

벌집의 벌과 껍데기 속의 달팽이를 보노니　看取房蜂與殼蝸
이 몸이라고 어찌 늙도록 집이 없을쏜가　此身那得老無家
푸른 구름 깊은 곳 누정 거처 좋거니　碧雲深處樓居好
혜호[303]가 완성한 시에 탄성이 나오도다　惠好詩成更發嗟

302 손자……담는다 : 손자 광은 윤세량(尹世亮)에게 시집간 삼연의 장녀의 아들 윤광(尹洸)이다.

303 혜호 : 자신을 사랑하고 아끼는 사람이라는 뜻으로, 여기에서는 손자 윤광을 지칭한 것이다. 《시경》〈패풍(邶風) 북풍(北風)〉에 "나를 사랑하고 좋아하는 이와, 손잡고 함께 수레 타고 가리라.〔惠而好我, 攜手同車.〕"라고 한 데서 온 말이다.

설악의 정사에서 출발하여 금강산으로 향하며

自雪嶽精舍發向楓嶽

설악산은 기이함이 대적할 곳 없고	雪嶽奇無敵
금강산은 덕스러워 외롭지 않네	蓬山德不孤
높고 낮은 곳에 오묘한 감상 거리 보존했고	高低存妙賞
안과 밖에 선경을 품고 있도다	表裏管仙區
날개를 가지런히 하여 서리 바람을 타고	整翮霜飆以
벗을 불러 바다의 달 함께 보겠네	邀朋海月俱
마침내 질탕한 유람 마음껏 하고서	終須恣跌蕩
돌아와 나의 호연지기 길러야 하리라	歸養浩然吾

용산

龍山

용산은 인제 협곡의 정상이니	龍山麟峽頂
백성과 사물이 구름과 함께 깊이 거하네	民物與雲深
절로 높고 차가운 즐거움[304] 있으니	自有高寒樂
이곳에 살며 순박한 마음 보존하도다	仍存淳朴心
은하수는 판잣집에 드리워지고	星河垂板屋
방아 찧는 소리는 삼나무 숲에 은은히 들린다	杵碓隱杉林
긴긴밤 시냇가에 누웠노라니	永夜溪邊枕
마치 태고의 소리 듣는 듯하여라	如聆太古音

304 높고 차가운 즐거움 : 본집에서 '高寒'이 쓰인 용례를 고려할 때 이는 산중의 즐거움을 말하는 것이다.

속사골

籔莎谷

금강산의 기맥이 이미 닿았으니	蓬萊已氣脉
길을 끼고 모두가 단풍 벼랑이어라	夾路盡楓崖
다리 자주 끊어져 말을 멈추고	立馬橋頻斷
흙비 떨어지려 하는 산을 바라보노라	看山雨欲霾
뽕나무와 삼으로 백성들은 유유자적 살아가고	桑麻民自適
소나무와 바위 어울린 경치 아름답구나	松石境仍佳
마치 산음 길[305]로 나온 듯하니	似出山陰道
깊은 가을에 정회가 생길 만하도다	深秋可作懷

305 산음 길 : 진(晉)나라 왕휘지(王徽之)가 벗 대규(戴逵)를 찾아 늘 산음(山陰) 길을 다녔는데, 그가 말하기를 "산음 길을 가노라면, 산천의 경치가 좌우에서 어우러져 사람으로 하여금 이루 다 구경할 겨를이 없게 한다.〔從山陰道上行, 山川自相映發, 使人應接不暇.〕"라고 하였다.《世說新語 言語》

순갑촌에서 말을 먹이다

純甲村秣馬

장양[306]을 향해 가지 않고	不向長楊去
-1자 결락- 순갑을 찾아왔도다	□尋純甲來
바쁜 마음에 가까운 산길 잡아 왔는데	忙心取山近
좁은 오솔길에 열리는 숲 좋아라	狹逕喜林開
식사로 향기로운 송이버섯 있고	餐有松芝馥
자리는 쌓인 떡갈나무 잎을 쓰네	茵因槲葉堆
어리석게도 난학을 타리라 생각했다가	癡思鸞鶴馭
마을의 말을 빌려 타고 다시 돌아가네[307]	村騎借還廻

306 장양 : 금강산이 있는 회양도호부(淮陽都護府)의 속현(屬縣)이다. 장양현 동쪽 30리에 금강산이 있다.

307 어리석게도……돌아가네 : 난학은 신선이 타는 난새와 학이다. 순갑촌으로 길을 잡아 가면서 금강산의 신선을 만나 학을 타고 산을 넘을 수도 있을 것이라는 어리석은 망상을 했다가 마을에서 말을 빌려 타고 높은 산을 빙 둘러 금강산으로 향한다는 말이다.

장안의 동쪽 곁에 첩첩 봉우리가 기이하고 출중하여 전에 본 적이 없는 것이었는데 물어보고서 그곳이 금장곡임을 알았다[308]

長安東邊 疊嶂奇拔 曾所未覩 問知爲金藏谷也

기이하고 출중한 금장곡 특별하니	奇挺金藏別
봉우리마다 땅에서 우뚝 길게 솟았네	峯峯拔地長
서리 내린 하늘에 검과 창 빽빽하고	霜空森劍戟
갠 아침 햇살에 옥홀이 엄연하다	晴旭儼圭璋
나도 모르는 사이에 지친 몸 곧추서고	不覺疲軀立
참으로 늙은이의 흥 들뜨게 하는구나	眞令老興狂
말 세우고 달려가 절하고자 하니	停鞍欲趨拜
미원장[309]이 아닐런가	無乃米元章

308 장안의……알았다 : 장안은 내금강으로 들어가는 초입인 장안동(長安洞)이다. 표훈사(表訓寺), 정양사(正陽寺), 만폭동(萬瀑洞), 비로봉(毗盧峯)으로 올라가는 길목에 있다. 여기에 자리하고 있는 장안사(長安寺)에서 금강산을 유람하는 이들이 보통 첫 밤을 보내게 된다.

309 미원장 : 송(宋)나라 때 서화가 미불(米芾)로, 원장은 그의 자이다. 미불은 기암괴석(奇巖怪石)을 매우 좋아하였는데, 그가 유수(濡須)의 수령이 되었을 때 강변에 괴석이 있다는 소식을 듣고 관아로 옮겨오게 하였다. 그 돌이 이르자 뜰 아래로 내려와 절을 하며 "내가 돌 형님 보기를 소원한 지가 20년이나 되었소."라고 하였으며, 그 돌을 가리켜 항상 '석장(石丈)'이라고 불렀다고 한다. 《梁溪漫志 卷6 米元章拜石》

석교[310]

石橋

신선산 다시 못 만난 지 오래였더니[311]	仙山違面久
비로소 석교의 기이한 모습 보도다	始覩石橋奇
비를 끊는 무지개[312] 일천 자 모습이요	截雨虹千尺
은하수에 걸친 반달 형상일세	凌河月半規
시냇물은 청량한 소리 더하고	溪流增響亮
구름은 물속에서 느릿느릿 흘러간다	雲影送逶迤
여기에서 단구[313]가 가까우니	自此丹丘近
교송[314]이여 누가 그대들인가	喬松爾是誰

310 석교 : 금강산 장안사(長安寺)의 일조문(日照門)을 들어가면 있는 만천교(萬川橋)이다. 이유원(李裕元)의 《임하필기(林下筆記)》 권37 〈봉래비서(蓬萊秘書)〉에서 삼연의 시를 인용하면서 다음과 같이 말하였다. "재에서 30리를 가는 동안에 한 물을 무려 아홉 번이나 건너서 장안동 어귀에 이른 다음 일조문으로 들어가서 만천교를 건넜는데, 만천교는 바로 금강산의 문이다. 그 다리는 또한 비홍교(飛虹橋)라고도 칭한다. 다리 안에는 산영루(山暎樓)가 있었는데, 정유년의 홍수에 다리는 떠내려가고 누각은 무너졌다. 다리가 옛날에는 돌로 되어 있던 것이 지금은 나무로 이루어져 있다."

311 신선산……오래였더니 : 삼연은 1671년(현종12) 19세 되던 해 4월에 금강산을 유람하였고, 그 이후로 이번이 다시 찾은 길이었다.

312 비를 끊는 무지개 : 비가 내리다가 무지개가 나타나면 곧 비가 그치게 되므로 아치형의 석교를 이에 비유한 것이다.

313 단구 : 352쪽 주125 참조.

314 교송 : 왕자교(王子喬)와 적송자(赤松子)의 병칭이다. 전설 속에 나오는 선인으로, 둘 다 불로장생한 것으로 유명하다.

밤에 북쪽 요사채에서 묵으며 묘향산의 승려 원조와 나란히 눕다

夜宿北寮 與妙香僧圓照聯榻

푸르고 붉은 일천 봉우리 그림자	蒼赤千峯影
암자들은 석양을 전송하누나	諸菴送夕陽
청량함은 사경에 뜬 달빛 그대로요	淸仍四更月
상쾌함은 뜰 반쯤 덮은 서리와 맞도다	爽合半庭霜
경불[315] 하는 고승 머무르며	擎拂留高釋
나란히 누워 묘향산 이야기하네	連牀說妙香
응당 재촉하여 돌다리를 걷다가	應催石梁步
그대로 신선과 함께 날아가야지	仍與羽人翔

315 경불 : 경권수불(擎拳竪拂)을 줄여 말한 것이다. 이는 고승이 학인(學人)들을 가르칠 때 불법을 말로 설명하는 것이 아니라 주먹을 치켜들거나 불자(拂子)를 세우는 등의 언어를 벗어난 방법으로 선(禪)을 깨우치게 하는 것이다.

영원동[316]

靈源洞

지팡이 짚고 영원동 어귀에 오니 杖及靈源口
구름 휘감긴 오솔길 하나 그윽하다 縈雲一逕幽
단풍이 떨어진 것 무슨 문제랴 何妨紅葉脫
하얀 봉우리 빽빽함을 더욱 알겠어라 愈覺素峯稠
일백 개의 탑은 어느 곳에 감춰져 있나[317] 百塔藏何處
일천 개의 못은 모두 아래로 흐르누나 千潭摠下流
봄에 왔을 때는 흐릿하여 길을 찾지 못했더니 迷津春曖曖
요랑하게 가을을 만남이 기뻐라[318] 寥朗喜逢秋

316 영원동 : 금강산 비로봉 서북쪽에 있는 골짜기로, 금강산에서 가장 깊은 골짜기라고 한다.

317 일백……있나 : 금강산에 백탑동천(百塔洞天)이 있는데 이곳에 크고 작은 백 개의 탑이 있다고 한다. 《林下筆記 卷37 蓬萊秘書》

318 봄에……기뻐라 : 옛날 어릴 적 찾아왔을 때는 봄기운이 도는 영원동을 자세히 살펴보지 못했는데, 지금 가을 무렵에 다시 와서 영원동을 찾게 되었다는 말이다. 본집 권2에 삼연이 어렸을 때 금강산을 찾아 지은 시들이 수록되어 있는데, 영원동을 찾아 지은 시는 없는 것으로 볼 때 당시에는 영원동을 자세히 탐방하지 못한 듯하다. 요랑하다는 것은 경물을 만나 마음이 텅 비고 눈이 밝아지는 것을 말한다. 진(晉)나라 손작(孫綽)의 〈유천태산부(遊天台山賦)〉에 "마음과 눈의 요랑함을 마음껏 펼치고, 느린 걸음을 차분히 발길 닿는 대로 내딛는다.〔恣心目之寥朗, 任緩步之從容.〕"라고 하였는데, 그 주(註)에 요랑은 마음이 텅 비고 눈이 밝은 것이라 하였다. 《文選 卷11》

영원암[319]

靈源菴

빈 암자에 와서 고요함을 익히고	空菴來習靜
홀로 누워 암자 사립 닫노라	獨臥掩禪扉
고요한 뜰의 구유에 샘물 똑똑 떨어지고	院晏槽泉滴
바람은 처마에 불어 떡갈나무 잎 날린다	簷風槲葉飛
우두커니 누구와 짝할까	嗒焉誰與偶
담박하니 돌아가고 싶지 않구나	澹爾欲無歸
중도에서 한습[320]을 만났는데	半路逢寒拾
송화다식으로 나의 배고픔 달래주더라	松茶慰我饑

319 영원암 : 장안사(長安寺)의 부속 암자로, 내금강 영원동(靈源洞) 지장봉(地藏峯) 기슭의 평평한 언덕에 있었다. 승려 영원(靈源)이 금강산 영원동에 들어와 암자를 짓고 수행하였으므로 영원암이라 하였다.

320 한습 : 당(唐)나라 때의 저명한 시승(詩僧)인 한산(寒山)과 습득(習得)을 병칭한 것으로, 여기에서는 영원암을 찾아올 때 길에서 만난 승려들을 비유한 것이다.

표훈사[321]

表訓寺

산영이라 불리는 누각이 셋이니[322]	三樓山影號
표훈사가 중간에 장쾌하게 자리했네[323]	表訓壯中間
일만 개 옥이 우뚝 솟은 동산이요[324]	萬玉崢嶸圃
많은 신선들이 출입하는 관문[325]이로다	群仙出入關
구름은 태생하는 학[326]의 둥지 휘감았고	雲棲胎鶴穴
우레는 싸우는 용들의 물굽이에 울리누나	雷吼鬪龍灣
율로의 장편[327] 있으니	栗老長篇在

321 표훈사 : 강원도 금강군 내금강리에 있는 사찰이다. 백화암(白華菴) 위에 있는데, 신라 문무왕(文武王) 때 승려 표훈(表訓)이 창건한 절이다.

322 산영이라……셋이니 : 산영(山影)은 산영(山映)으로 표기하기도 하며, 금강산 안에 같은 이름의 누각이 장안사(長安寺), 표훈사, 유점사(榆岾寺) 세 곳에 있었다.

323 표훈사가……자리했네 : 산영루라는 이름의 누각을 보유한 장안사, 표훈사, 유점사 가운데 표훈사가 중간의 위치에 있으므로 이렇게 말한 것이다.

324 일만……동산이요 : 신선이 사는 동산을 옥이 자라는 동산이라 하여 요포(瑤圃)라고 일컫는데, 이처럼 선경(仙境)과도 같은 봉우리들이 표훈사를 둘러싸고 있음을 말한 것이다.

325 관문 : 겹겹의 산줄기를 묘사한 것이다.

326 태생하는 학 : 학은 보통 전설상에서 모태에서 태어나는 새로 알려져 있기 때문에 이렇게 말한 것이다. 학을 다른 말로 태선(胎仙), 태금(胎禽)이라고 한다.

327 율로의 장편 : 율곡(栗谷) 이이(李珥)가 금강산을 유람하고 지은 장편시이다. 《율곡전서(栗谷全書)》 습유(拾遺) 권1 〈내가 풍악을 유람할 때 게을러서 시를 짓지 않았는데 유람을 다 마치고서 이에 보고 들은 것을 추려서 3천 언을 이루었다. 감히 시라고

사롱[328]이 사방 벽 둘렀어라 紗籠四壁環

하지는 못하겠고 그저 지나온 것들을 기록한 것일 뿐이다. 말은 혹 속되고 시운도 혹 중복되었으나 보는 이들은 비웃지 말기를〔余之遊楓嶽也 懶不作詩 登覽旣畢 乃摭所聞所見 成三千言 非敢爲詩 只錄所經歷者耳 言或俚野 韻或再押 觀者勿嗤〕〉이 그것이다.

328 사롱 : 벽사롱(碧紗籠)의 준말로, 먼지가 묻지 않도록 푸른 깁으로 감싸서 벽에 쓴 시문을 보호하는 것이다.

정양사[329]

正陽寺

제1수

둥근 대에서 길게 휘파람 불며 앉았노라니	圓臺舒嘯坐
날고뛰는 듯한 일만 봉우리 빽빽하게 둘렀다	飛躍萬峯稠
흰 이슬 맺힌 금빛 줄기 솟아났고	皓露金莖擢
푸른 구름 속에 옥 죽순 싹 텄어라[330]	蒼雲玉筍抽
조물주가 마음먹고 만들었고	有心眞宰設
신선들이 집으로 삼아 머무누나	爲宅列仙留
노래를 남기기가 쉽지 않으니[331]	未易留歌詠
달 밝은 가을밤에 서성이노라	低徊桂月秋

제2수 其二

동북쪽에 감돌며 치솟는 기운 쌓였으니[332]	東北扶輿積

329 정양사 : 395쪽 주259 참조.

330 흰……텄어라 : 모두 정양사를 둘러싼 봉우리의 아름다운 모습을 형용한 것이다.

331 노래를……않으니 : 정양사를 둘러싼 풍광이 말로 형용할 수 없을 정도로 다양하고 뛰어나 쉬이 노래를 남길 수 없다는 말이다.

332 동북쪽에……쌓였으니 : 금강산이 동북쪽으로 바다를 만나 기운이 그곳에 뭉쳐서 쌓여 치솟는다는 말이다. 한유(韓愈)의 〈요 도사를 전송하는 서문〔送廖道士序〕〉에 "중원의 맑고 깨끗한 기운이 이곳에 이르러 더 뻗어가지 못하고 끝난다. 기운이 끝나는 곳에는 기운이 왕성하지만 오령을 넘을 수 없으니, 반드시 이곳에서 구불구불 감돌고 빙빙 돌며 올라가고 왕성하게 쌓였을 것이다.〔中州淸淑之氣於是焉窮. 氣之所窮, 盛而

운근[333]이 큰 바다에 이르렀네 雲根到巨溟
삼한의 맑고 깨끗한 기운 독점하고 三韓專淑氣
오악의 진형을 덮어버리도다[334] 五嶽掩眞形
붉은 햇살 속에서도 서리와 우박 머금었고 赤日含霜雹
캄캄한 밤에도 달과 별이 머무누나 玄宵駐月星
그 자리 지키면서 오랑캐와 중화가 모두 우러르며 坐令夷夏仰
청명[335] 향해 정례 올리게 하네 頂禮向青冥

不過，必蜿蟺扶輿磅礴而鬱積.〕"라고 한 표현이 있다.

333 운근 : 벼랑이나 바위를 뜻하는 말이다. 두보(杜甫)의 시에 "충주 고을은 삼협의 안에 있는지라, 마을 인가가 운근 아래 모여 있네.〔忠州三峽內，井邑聚雲根.〕"라는 표현이 나오는데, 그 주(註)에 "오악(五嶽)의 구름이 바위에 부딪혀 일어나기 때문에, 구름의 뿌리라고 한 것이다."라고 하였다. 《杜少陵詩集 卷14 題忠州龍興寺所居院壁》

334 오악의 진형을 덮어버리도다 : 정양사에서 바라보는 금강산의 자태가 중국에서 신성시하는 오악을 덮고도 남을 만큼 뛰어나다는 말이다. 오악은 동악(東嶽) 태산(泰山), 서악(西嶽) 화산(華山), 남악(南嶽) 형산(衡山), 북악(北嶽) 항산(恒山), 중악(中嶽) 숭산(嵩山)을 말한다. 도교에서는 이 오악의 형상을 그린 그림을 〈오악진형도(五嶽眞形圖)〉라고 하는데 재앙을 막고 복을 불러온다고 한다.

335 청명 : 푸른 하늘이라는 뜻이기도 하나 신선이 사는 천상 세계의 의미가 강하다.

약속하였는데 오지 않아[336]

有期不至

일천 봉우리가 근심스레 떨리려 하니 千峯悄欲響
정양루[337]에 종소리 울려 퍼진다 鐘動正陽樓
떨어지는 나뭇잎 속에 승려는 돌아와 선정에 들고 落木僧歸定
높은 구름은 나그네가 함께 머무네 高雲客與留
아양의 거문고[338] 고요하고 峩洋琴寂寂
성궐[339]의 달은 아득하여라 城闕月悠悠
구불구불 우거진 계수나무에 기대니 偃蹇憑叢桂
그윽한 약속 생각하며 끝내 저물녘에 근심하노라 幽期竟晚愁

336 약속하였는데 오지 않아 : 바로 다음 시의 내용을 고려했을 때, 오지 않은 사람은 삼연의 족질(族姪) 김시보(金時保)인 듯하다.

337 정양루 : 정양사 헐성루(歇惺樓)의 다른 이름이다.

338 아양의 거문고 : 339쪽 주86 참조.

339 성궐 : 약속한 상대방이 머무는 성시(城市)를 가리킨 듯하다.

사경에게[340]

屬士敬

신선산에서 단풍 감상할 짝	仙山賞楓伴
단풍 떨어질 제 풍계[341] 생각하노라	楓落憶楓溪
계곡은 붉게 물들어 사람 취하게 하고	澗赤令人醉
벼랑은 아롱져 가는 곳마다 길을 잃는다	崖斑著處迷
약속은 식었는데 달이 부질없이 떴고	盟寒空桂月
발걸음 막혔는데 구름 속 계단 길만 나 있구나	迹阻但雲梯
홀로 천단[342]에서 휘파람 부노니	獨發天壇嘯
교송[343]이 함께 노닒을 허락하리라	喬松許共携

340 사경에게 : 사경은 삼연의 족질(族姪) 김시보(金時保)의 자이다.

341 풍계 : 김시보가 있는 서울 인왕산의 청풍계(青楓溪)이다.

342 천단 : 금강산의 높은 곳을 비유한 말이다. 두보(杜甫)의 〈석유(昔遊)〉에 "왕자교(王子喬)가 천단에서 내려오니, 희미한 달이 흰 학을 비춘다.〔王喬下天壇, 微月映皓鶴.〕"라고 하였다.

343 교송 : 427쪽 주314 참조.

진불암[344]

眞佛菴

진불암 필적할 곳 없는 경계	眞佛無雙界
높은 바위에 푸른 기운 엉겼어라	高巖縹氣凝
구름은 폭포 찾는 길손 맞이하고	雲迎尋瀑客
다리는 솔잎 먹는 승려 앞에 끊어졌네	橋斷食松僧
전자 새겨진 벽돌담은 단풍 속에 묻혀 있고	篆甃塡紅葉
선제[345]는 붉은 등덩굴 뻗어 있구나	璇題蔓紫藤
장엄한 모습으로 개창했음을 알겠으니	莊嚴知所創
아득히 먼 광릉[346] 때로다	緬矣自光陵

344 진불암 : 금강산 영랑재(永郎岾) 아래에 있는 암자이다. 내금강에서 영원암(靈源菴)과 더불어 가장 깊숙한 곳에 위치하여 인적이 드물며, 그 오묘하고 고적한 맛이 필적할 곳이 없다고 한다.《農巖集 卷23 東游記》

345 선제 : 높고 화려한 누각의 서까래 머리 부분을 옥으로 장식한 것을 말한다.

346 광릉 : 세조(世祖)의 묘호(廟號)이다.

선암[347]

船菴

선암에서 옛날 사흘 밤 묵으며	船菴舊三宿
청량하게 맑은 인연 맺었도다	瀟洒結淸緣
향로의 연기 너머로 푸른 측백 서 있고	翠栢爐香外
세수하는 곳 앞에 붉은 샘물 흐른다	紅泉盥漱前
깊숙한 곳에 자리하니 새소리도 드물고	冥棲稀鳥語
한가로이 섰노라니 나무에 매달린 곰을 만나네	閑立値熊懸
오솔길 하나 가섭굴로 통하는데	一逕穿伽葉
바위 자태 하나하나 신선 같구나	巖姿箇箇仙

347 선암 : 내금강(內金剛) 표훈사(表訓寺)의 부속 암자이다.

수미대를 찾아가려 하면서 지익과 치웅 두 상인과 시내를 따라 덩굴을 부여잡고 가면서 왕왕 길을 잃었는데 곳곳에서 석장을 꽂고 현담을 나누었다

將尋須彌臺 與智益致雄二上人沿溪捫蘿 往往迷路 隨處卓錫而談玄

키 작은 측백이 대자리처럼 서려 있으니[348]	短栢蟠如簀
푸르고 길게 뻗은 시내 길을 밟노라	溪行踏翠長
은은한 바람은 벼랑 계곡을 울리고	微風韻崖谷
저물녘 이슬은 두건과 옷을 적신다	晩露裛巾裳
바위에서 쉬며 《염송》[349]을 보고	憩石看拈頌
샘물을 만나면 녹낭[350]을 시험해보네	逢泉試漉囊
벗들과 유람이 너무 요란할까 저어되나	朋遊嫌太鬧
지허[351]는 기쁘게 서로 함께 다녔지	支許喜相將

348 키……있으니 : 대자리처럼 촘촘하고 빽빽하게 나무가 자라 있다는 말이다. 《시경》 〈위풍(衛風) 기욱(淇奧)〉에 "저 기수의 벼랑 언덕을 보건대 푸른 대나무가 대자리 같도다.〔瞻彼淇奧, 綠竹如簀.〕"라고 하였는데, 《시경집전(詩經集傳)》에 "책(簀)은 대나무로 만든 깔개이니 대나무의 빽빽함이 그와 같으면 지극히 성대한 것이다."라고 하였다.

349 염송 : 선종의 화두 1125칙에 염과 찬송을 붙인 《선문염송(禪門拈頌)》이다. 승려들이 기본적으로 보는 도서에 속한다.

350 녹낭 : 녹수낭(漉水囊)으로, 승려가 물을 떠서 마실 때 물속에 사는 벌레나 티끌을 거르는 천 주머니이다.

351 지허 : 진(晉)나라의 승려 지둔(支遁)과 학자 허순(許詢)이다. 두 사람이 불경(佛經)과 현리(玄理)를 담론하며 친하게 지냈던 고사가 전한다. 《世說新語 文學》

수미대[352]

須彌臺

깊고 휑한 동천 작은데	谽谺洞天小
그 속에 수미를 받아들였네[353]	中自納須彌
불탑은 옥 층계 겹겹 쌓았고[354]	佛塔重瑤級
신선 바둑판에는 옥 바둑알 쌓였어라	仙枰累玉棊
맑고 깨끗함은 고야[355]를 보는 듯	淸眞挹姑射
진귀하고 풍부함은 파사[356]를 둘러보는 듯	瓌富閱波斯

352 수미대 : 금강산 강선대(降仙臺)에서 몇 리쯤 떨어진 설봉(雪峯)에 있다.

353 깊고……받아들였네 : 불교의 우주관에서 수미산은 사주(四洲) 세계의 중앙인 금륜(金輪) 위에 우뚝 솟은 높은 산으로, 일곱 개의 산과 여덟 개의 바다가 있고 또 밖에 철위산(鐵圍山)이 둘러 있어 물속에 잠긴 것이 8만 유순(由旬), 물 위로 드러난 것이 8만 유순이며, 꼭대기는 제석천(帝釋天), 중턱은 사왕천(四王天)의 주처(住處)가 되는 곳이다. 지금 삼연이 방문한 동천의 이름이 수미대이므로 작은 골짝 안에 거대한 수미산을 받아들인 것과 같다고 비유적으로 말한 것이다.

354 불탑은……쌓았고 : 수미탑(須彌塔)을 말한 것이다. 크기는 대략 백탑(百塔)과 같고 높이는 백탑보다 높으며, 곁에 붙은 돌은 넷이고 탑의 몸체는 셋으로 되어 있으며, 탑의 기단(基壇)에는 수미동(須彌洞)이란 글자가 새겨져 있다. 《林下筆記 卷37 蓬萊秘書》

355 고야 : 《장자(莊子)》 〈소요유(逍遙遊)〉에 "막고야 산에 신인이 살고 있는데, 살결은 빙설과 같고 예쁘기는 처녀와 같으며, 오곡을 먹지 않고 바람을 마시며 이슬을 먹는다.〔藐姑射之山, 有神人居焉, 肌膚若氷雪, 綽約若處子, 不食五穀, 吸風飮露.〕"라고 하였다.

356 파사 : 페르시아의 음역(音譯)으로, 값진 보물이 많이 나는 나라로 알려져왔다. 《三寶太鑑 西洋記》

반나절을 빽빽한 덩굴 뚫고서 半日穿蘿密

피로도 잊고 비로소 기이한 풍광 따냈도다 忘疲始賭奇

만폭동[357]

萬瀑洞

잠겼거나 뛰는 용은 머리가 없고[358] 潛躍龍無首
높고 낮은 폭포는 근원 있도다 高低瀑有源
어지러이 흩날리는 구름을 뿜어내고 噓爲雲浛浛
옹기종기 무더기 바위가 둘러싸고 있네 衛以石蹲蹲
봉로의 은구[359] 펼쳐져 있고 蓬老銀鉤絡
파옹의 적석 흔적 남았어라[360] 芭翁赤舃痕

357 만폭동 : 내금강에 있는 골짜기이다. 표훈사(表訓寺)에서 5리쯤 떨어진 지점에 있는데, 수미동(須彌洞)과 팔담동(八潭洞)의 물이 교류하는 곳이다. 대소(大小)의 향로봉(香爐峯)이 문을 이루고 청학대(靑鶴臺)가 대치하고 있으며, 바위 면에는 '소동령령 풍패청청(疎桐泠泠風佩淸淸)', '봉래풍악 원화동천(蓬萊楓嶽元化洞天)', '만폭동(萬瀑洞)'이란 문구가 새겨져 있는데 모두 양사언(楊士彦)의 글씨이고, 또 '천하제일명산(天下第一名山)'이라고 새겨져 있는데 김수증(金壽增)의 글씨이다. 또 돌 면에 바둑판이 새겨져 있는데 이름은 삼산국(三山局)이라 한다. 《林下筆記 卷37 蓬萊秘書》

358 잠겼거나……없고 : 용의 몸체처럼 보이는 폭포수의 모습을 형용한 것이다.

359 봉로의 은구 : 봉로는 호가 봉래(蓬萊)인 양사언이다. 은구는 '은 갈고리'라는 뜻으로, 자획이 아름다우면서도 굳세고 힘찬 서법을 일컫는 말이다.

360 파옹의……남았어라 : 파옹은 화양동(華陽洞) 파곶(芭串)에 은거했던 송시열(宋時烈)이다. 적석은 고대에 공후(公侯)가 신던 신발로, 여기에서는 국가의 원로인 송시열의 발걸음을 존칭한 말이다. 1662년(현종3) 3월에 송시열이 금강산을 유람하면서 만폭동 반석(盤石)에 주희(朱熹)의 "맑은 시내 흰 돌과 취향을 함께하고, 갠 달 맑은 바람 특별히 전하리.〔淸溪白石要同趣, 霽月光風更別傳.〕"라는 시를 친필로 써서 새겨두었다. 《宋子大全附錄 卷4 年譜》《宋子大全隨箚 卷9》

양지바른 언덕에서 내 머리를 말리리니 陽阿晞我髮
아래에 세두분[361] 있도다 下有洗頭盆

361 세두분 : 만폭동 근처의 반석에 절구 모양으로 움푹 파여 있어 7~8말의 물을 담을 수 있는 곳이다. 《陶谷集 卷25 遊金剛山記》

보덕굴[362]

普德窟

푸른 놀 끝에 구리 기둥 걸렸으니	銅柱靑霞杪
쓰러지지 않도록 쇠사슬로 연결했네	扶顚鐵鎖聯
황금을 깔 만한 땅 없기에[363]	地無金可布
경쇠와 함께 암자가 공중에 매달렸어라	室與磬俱懸
형세는 곤이 날아올라 닿을 만치 아득하고[364]	勢邈鵾翔逮
공력은 신이 만들어 원숙한 것과 똑같다[365]	功齊蜃構圓

362 보덕굴 : 내금강 법기봉(法起峯) 만폭동(萬瀑洞)에 있는 삼국 시대 고구려의 승려 보덕이 창건했다고 전해지는 암자이다. 벼랑의 돌출 부분 위에서부터 쇠사슬을 내려서 그 밑을 쇠기둥으로 버티고 쇠기둥 위로 판자를 얹고서 판자의 다른 부분은 쇠사슬로 엮어서 바위에 기대게 한 구조로, 마치 공중에 떠 있는 듯한 느낌을 준다.

363 황금을……없기에 : 황금을 땅에 깐다는 것은 사찰을 건립할 부지를 마련한다는 뜻이다. 인도의 수달 장자(須達長者)가 석가모니를 매우 존경하여 정사(精舍)를 세워 석가모니가 머물게 하려고 하였다. 그리하여 기타 태자(祇多太子)의 원지(園地)를 사려고 하였는데, 태자가 농담으로 황금을 원지의 땅에 가득 깔면 팔겠다고 하였다. 이에 장자가 즉시 자기가 가진 황금을 몽땅 털어서 원지에 가득 깔자 태자가 감동하여 원지를 희사(喜捨)하였고, 이것이 최초의 사찰이라 할 수 있는 기원정사(祇園精舍)가 되었다. 《大唐西域記 卷6》

364 형세는……아득하고 : 거대한 붕조(鵬鳥)가 날아올라 닿을 만큼 높이 있다는 말이다. '곤(鵾)'은 '곤(鯤)'으로도 표기하는 물고기의 이름이다. 북쪽 바다에 그 크기가 몇천 리나 되는지 짐작할 수도 없는 곤이라는 물고기가 거대한 붕조로 변해 구만리 상공으로 날아오른다는 우화가 있다. 《莊子 逍遙遊》

365 공력은……똑같다 : 바다 위에 만들어지는 환상적인 신기루(蜃氣樓)와 같이 보덕암을 지은 공력이 신기하다는 말이다. '신'은 교룡(蛟龍)의 일종으로 그 모습이 뱀과

불가의 말은 진실로 허황한 것 많으니　　浮屠信多幻
보덕은 참으로 어떤 선승이런가　　普德定何禪

같으면서 크고 용처럼 뿔이 있는데, 기운을 토해내어 누대와 성곽의 형상을 만들며 이를 신루(蜃樓) 혹은 해시(海市)라 한다.《本草綱目 鱗一 蜃》

벽하담[366]

碧霞潭

산 중에 금강산보다 뛰어난 산 없고	山莫尊楓嶽
못 중에는 오직 벽하담을 꼽네	潭惟數碧霞
하늘빛이 거닐 만한 이랑이 없고[367]	天光無畝步
바위 표면은 반질반질함이 부족하구나	石面欠鎔磨
다행히 향성[368]이 그 안에 잠겨 있고	幸有香城蘸
한창 울긋불긋 단풍으로 덮여 있도다	方將錦樹遮
우리 집에도 수렴이 있으니	吾家水簾在
흡족한 뜻을 누구에게 자랑할까[369]	意愜向誰誇

366 벽하담 : 금강산 만폭동에 있는 못 이름이다.

367 하늘빛이……없고 : 벽하담이 자리한 곳이 매우 좁다는 뜻이다. 주희(朱熹)의 시에 "반 이랑 네모난 못에 한 거울이 열리어, 하늘빛과 구름 그림자가 함께 배회하누나.〔半畝方塘一鑑開, 天光雲影共徘徊.〕"라고 하였다.《晦庵集 卷2 觀書有感》 삼연은 본집 권24 〈동유소기(東遊小記)〉에서 "벽하담은 물이 쏟아져 내리는 장쾌함은 있으나 자리가 매우 좁다.〔碧霞有激射之快而地步苦窄〕"라고 하였다.

368 향성 : 내금강(內金剛) 영랑봉(永郎峯) 동남쪽을 병풍처럼 둘러싸고 있는 하얀 바위 봉우리인 중향성(衆香城)이다.

369 우리……자랑할까 : 삼연이 거처하는 설악산의 수렴동(水簾洞)에도 금강산의 벽하담과 같이 물이 주렴처럼 장쾌하게 쏟아지는 풍광이 있지만 홀로 있는 처지에 자랑할 상대가 없다는 말이다. 본집 권24 〈동유소기〉에서 계곡의 우열을 나열하면서 수렴동을 벽하담의 위에 두었다.

사자암[370]

獅子巖

사자가 걸터앉은 듯한 모습 무서우니 獅子蹲堪畏
위엄 있고 신령스러움 또한 대단하여라 威神亦大哉
석응[371]은 낮게 날개를 드리우고 低垂石鷹翮
화룡[372]은 깊이 잠겨 우렛소리 고요하다 沈寂火龍雷
온갖 도깨비들은 잠들 때에 숨어 있고[373] 百魅眠時伏
숱한 벼랑은 울부짖자 무너지네 千崖吼後摧
속세의 선비들이 어지러이 다니는데 紛紜俗士駕
어이하여 포효해서 돌아가게 하지 않는고 胡不喝教廻

370 사자암 : 금강산 만폭동 경내에 있는 바위이다.

371 석응 : 금강산에 있는 봉우리의 이름이다. 승상봉(丞相峯)과 장군봉(將軍峯) 사이에 있다.

372 화룡 : 만폭동 경내에 있는 못의 이름이다.

373 온갖……있고 : 사자의 잠을 깨울까 두려워하여 함부로 움직이지 않는다는 말이다.

마하연[374]

摩訶衍

빽빽하게 솟은 봉우리는 호위하는 듯	森聳峯如衛
깊고 높은 경내는 텅 빈 듯하구나	泓崢境若空
물은 다하고[375] 구름은 뜰에 가득하며	水窮雲滿院
승려는 선정에 들고 길손은 단풍에 기대네	僧定客依楓
계수나무 찍는 오질 밉고[376]	斫桂憎吳質
바윗길 여는 사공 우스워라[377]	開巖哂謝公
영랑[378]의 뜻 깊이 알겠나니	深知永郎意
세상 사람들이 이곳에 통하지 않게 하려 했도다	未欲世人通

374 마하연 : 내금강 만폭동 상류에 있는 암자이다.

375 물은 다하고 : 만폭동의 상류 근원이므로 다했다고 말한 것이다.

376 계수나무……밉고 : 오질은 전설상의 신선 오강(吳剛)으로, 질(質)은 그의 자이다. 오강이 신선술을 배우다가 잘못을 저질러 달 속으로 귀양 가서 항상 도끼로 계수나무를 찍고 있다는 전설이 있다. 《酉陽雜俎 卷1 天咫》 마하연의 뜰에 계수나무가 있으므로 오질의 고사를 인용하여 계수나무를 찍어서는 안 된다는 뜻을 보인 것이다. 본집 권2의 〈마하연〉 시 마지막 구절에 "떠나려 할 제에 노목을 어루만지니, 계수나무 참으로 사랑스럽구나.〔將去捫老木, 此桂誠可戀.〕"라고 하였다.

377 바윗길……우스워라 : 사공은 남조(南朝) 송(宋)나라 때의 문인 사영운(謝靈運)이다. 사영운은 산수를 몹시 좋아하였는데 한번은 수백 명을 동원하여 시령(始寧)의 남산(南山)에서부터 임해(臨海)까지 나무를 베어내고 곧바로 길을 내니, 임해 태수 왕수(王琇)가 크게 놀라 산적(山賊)인 줄 알았다고 한다. 《宋書 卷67 謝靈運列傳》 구태여 깊이 숨겨진 산에 길을 내는 사영운의 행위를 못마땅하게 여긴 것이다.

378 영랑 : 381쪽 주221 참조.

중백운[379]

中白雲

흰 구름 깃들어 머무는 곳	白雲棲有處
암자가 그 가운데 있구나	蘭若卽其中
쇠줄 부여잡고 오르는 승려 적고	鐵鎖僧攀少
아름다운 암자 높이 부처 앉았네	花龕佛坐崇
깃발은 달빛 비치는 석단에 나부끼고	旛飄石壇月
범종 소리는 바람 불어오는 해송에 떨어진다	鐘落海松風
《능가경》 가지고 들어와	欲把楞伽入
길이 팔식을 비게 하고저[380]	長教八識空

379 중백운 : 금강산 중향성(衆香城) 아래에 있는 암자의 이름이다.

380 능가경……하고저 : 《능가경》은 불교 경전 가운데에서도 유식론(唯識論)의 중요한 이론적 뒷받침이 되는 경전이다. 유식론에서 팔식은 인체의 여섯 가지 감각기관인 안이비설신의(眼耳鼻舌身意)가 외경(外境)과 접촉하여 발생하는 육식(六識)과 의(意)보다 좀 더 깊은 단계의 의식인 말나식(末那識), 그보다 더 깊은 근본 무의식인 아뢰야식(阿賴耶識)을 합쳐 부르는 말이다.

화강 수령 이일원이 뒤미처 도착하여 암자에서 밤에 술을 마시며 《농암집》의 시운에 차운하다[381]

花江守李一源追到卜夜于菴中 次農巖集韻

무량한 겁 속의 담무갈[382]	浩刦曇無竭
깎아지른 봉우리에 가부좌하고 있네	跏趺絶巘頭
연꽃이 특별하게 경계를 펼치고	蓮花開界別
계수나무가 그윽하게 암자 수호하누나	桂樹護龕幽
관가 촛불을 맑은 밤에 가져와 밝히고	官燭來淸夜
암자 사립문은 하얀 가을[383]에 활짝 열렸다	禪扉敞素秋
일만 폭포 소리[384]에 드높은 읊조림 보태니	高哦憑萬瀑
천뢰[385]가 함께 소리를 내도다	天籟與飀飀

381 화강……차운하다 : 화강과 이일원에 대해서는 394쪽 주255 참조. 차운한 원시는 《농암집》 권2 〈마하연(摩訶衍)〉이다.

382 담무갈 : 범어(梵語) 'Dharmodgata'의 음역으로, 금강산에 주거(住居)하는 법기보살(法起菩薩)을 가리킨다. 《화엄경(華嚴經)》에서 '동북쪽 바다 가운데에 금강산이 있는데, 그곳에서 담무갈보살(曇無竭菩薩)이 1만 2천 보살과 함께 항상 반야(般若)를 설법하고 있다'고 하였다. 이에 의거하여 마하연 앞에 있는 봉우리를 담무갈봉이라고 한다.

383 하얀 가을 : 가을은 오행(五行)에서 금(金)에 해당하고 금의 색깔은 흰색이므로 가을을 일컬어 소추(素秋)라 한다.

384 일만 폭포 소리 : 마하연이 금강산 만폭동 깊은 곳에 있으므로 한 말이다.

385 천뢰 : 바람 소리, 물소리, 새소리 등 자연물이 내는 온갖 소리를 가리킨다. 《莊子 齊物論》

비로봉 정상에 올라[386]

登毗盧絶頂

제1수

나의 비로봉 유람 이번이 처음이니[387]	吾遊於是始
가을날 비로봉에 올랐도다	秋日上毗盧
공활한 하늘에 무엇이 있으랴	寥廓天何有
가파른 봉우리에 땅 이미 없어라	崢嶸地已無
둥근 것은 황곡이 보고[388]	圓歸黃鵠睹
탁 트인 것은 대붕이 도모하네[389]	闊入大鵬圖
감히 조선이 작다 말하랴	敢謂朝鮮小
하루살이가 이 몸을 비웃는구나[390]	蜉蝣笑此軀

386 비로봉 정상에 올라 : 비로봉은 금강산의 최고봉이다.

387 나의……처음이니 : 예전에도 금강산에 유람 왔지만 비로봉에 오른 것은 이번이 처음이라는 말이다. 본집 권2에 삼연이 처음 금강산 유람을 하고 와서 남긴 시들을 보면 비로봉에 오른 내용이 없다.

388 둥근……보고 : 비로봉에 막힘없이 펼쳐진 하늘을 황곡이 보게 된다는 말이다. 《초사(楚辭)》 〈석서(惜誓)〉에 "황곡이 한 번 날아올라 산천의 굽어 도는 모습을 알고, 두 번 날아올라 천지의 둥글고 네모남을 본다.〔黃鵠之一擧兮知山川之紆曲. 再擧兮睹天地之圜方.〕"라고 하였다.

389 탁……도모하네 : 《장자(莊子)》 〈소요유(逍遙遊)〉에 "붕새가 남쪽 바다로 옮겨 갈 때에는 물결을 치는 것이 3천 리요, 회오리바람을 타고 9만 리를 올라가 여섯 달을 가서야 쉰다."라고 하였다.

390 하루살이가……비웃는구나 : 보통 사람들은 자그마한 하루살이가 큰 천지를 알지 못하고 죽어가는 것을 비웃지만, 삼연 역시 하루살이처럼 큰 조선 땅에 잠깐 붙어살

제2수 其二

세찬 바람이 힘찬 발걸음 따라 부니 剛風隨健步
두 겨드랑이에서 날개 돋아 날려 하네 兩腋欲翩翩
구름 안으로 들어갔다 나왔다 하는 솔개 놓치고 滅沒雲鳶失
하늘 아득히 야마[391]가 감도누나 空濛野馬旋
안개 속에 잠긴 아홉 점의 주[392] 煙沈州九點
부평초처럼 일렁이는 삼천 세계[393] 萍漾界三千
괴이해라 큰 바다가 바짝 다가와 却怪滄溟逼
고래가 그저 내 무릎 곁에서 뛰어오름이 鯨跳只膝邊

제3수 其三

골짝과 언덕 건너 度壑經丘了
우뚝 높이 솟은 봉우리 올랐노라 方躋卓卓巍
천지가 한 덩어리로 보이고 堪輿一團視
큰 산과 강은 갖가지 모습 드러낸다 嶽瀆萬殊歸
산에 올라 감상하는 묘한 방법 있으니 有術登觀妙
좁게 얽매임이 잘못됨을 아는 것이라 其知局促非

다 죽어가는 것이므로 도리어 하루살이의 비웃음을 산다는 말이다.

391 야마 : 공기 중에 야생마처럼 떠도는 아지랑이를 뜻한다.

392 아홉 점의 주 : 구주(九州), 즉 천하를 가리킨다. 천하가 작게 보인다는 말이다.

393 삼천 세계 : 우주의 불교적 표현이다. 삼천 대천세계(三千大千世界)의 준말로, 우리가 살고 있는 세계 1천을 합하면 소천세계(小千世界)가 되고, 소천세계 1천을 합하면 중천세계(中千世界)가 되고, 다시 중천세계 1천을 합하면 대천세계(大千世界)가 되는데 삼천 대천세계는 소, 중, 대 세 1천 세계를 합친 것이다.

우리에게 절로 기상이 있으니	吾人自氣象
바람 몰고 나는 것 배우지 않으리[394]	不學御風飛

394 우리에게……않으리 : 유자(儒者)로서 높은 산에 올라 국량을 넓히고 호연지기를 기를 것이요, 허황된 신선술은 배우지 않겠다는 말이다. 《장자》〈소요유〉에 "열자가 바람을 몰아 하늘 위로 올라가서 기분 좋게 보름 동안 마음대로 돌아다니다가 돌아온다.〔列子御風而行, 泠然善也, 旬有五日而後反.〕"라고 하였다.

하산하며
下山

안개 노을 미치도록 좋아하는 마음 일찍부터 품었더니	夙抱煙霞癖
세상 속에 침체되어 백발에 이르렀네	沈淹到白頭
날랜 몸은 허연에게 부끄럽고[395]	輕便許掾愧
늙고 병듦은 소문의 근심이라[396]	老疾少文愁
금강산을 오직 꿈에서 그렸더니	費夢惟斯境
외로운 유람을 우연히 가을에 하게 되었도다	孤遊偶及秋
비로봉의 제일가는 감상	毗盧第一賞
다시 할 수 있으려는지	其可再爲不

395 날랜……부끄럽고 : 허연은 동진(東晉) 때 은사(隱士)인 허순(許詢)의 별칭이다. 허순은 평소 산택(山澤)을 두루 유람하기를 좋아하였는데, 당시 사람들이 그에 대해 "명승지를 사랑하는 마음이 있을 뿐 아니라 제승지구(濟勝之具)도 있다."라고 하였다. 제승지구는 명승지를 다니는 도구, 즉 유람을 다니기에 적합한 튼튼한 팔다리를 이른다.《世說新語 栖逸》 삼연은 허연처럼 튼튼하고 가벼운 몸을 가지고 있지 못해 부끄럽다는 말이다.

396 늙고……근심이라 : 소문은 남조(南朝) 송(宋)나라 사람인 종병(宗炳)의 자이다. 종병은 산수를 매우 사랑하여 유람을 즐겼는데, 뒤에 병이 들자 "늙음과 병이 한꺼번에 이르렀으므로 명산을 두루 구경하지 못할 듯싶으니, 오직 맑은 생각을 가지고 누워서 유상해야 할 뿐이다."라고 하고 그가 평소에 다녔던 명승지를 모두 방에 그려놓고 감상했다고 한다.《宋書 卷93 宗炳列傳》

불지암에서 일원과 나란히 누워[397]

佛地菴 與一源聯枕

비로봉 올랐던 나의 지팡이 되돌려	返我毗盧策
그대를 따라 불지암에 왔노라	從君佛地菴
유유히 오리 신발 던져두고[398]	蕭然委鳧舃
고요히 암자에 투숙하였네	闃爾託禪龕
붉은 국화는 허공의 색깔 뒤흔들고[399]	紫菊搖空色
푸른 삼나무는 저녁 이내를 걸었다	蒼杉挂暮嵐
외로운 달빛이 하늘을 뚫고 나와	孤光天罅拆
불공드리는 등불 빛에 멀리서 참여하누나	遙與佛燈參

397 불지암에서……누워 : 불지암은 내금강 만폭동에 있는 암자이다. 일원은 394쪽 주255 참조.

398 오리 신발 던져두고 : 일원, 즉 이병연(李秉淵)의 발걸음이 불지암에 머물렀다는 말이다. 오리 신발은 386쪽 주241 참조.

399 붉은……뒤흔들고 : 높은 곳에 자리한 불지암에 텅 빈 하늘의 색채뿐인데, 그 가운데 붉은 빛깔의 국화가 바람에 흔들리며 유독 돋보인다는 말이다.

새벽에 일어나 달빛 속을 걸으며 일원과 함께 읊다
晨起步月 與一源同賦

수많은 별들 차츰 빛을 감추고	繁星稍掩縟
서쪽 봉우리에 하얀 빛무리 은은하네	微白暈西岑
나도 모르게 깜짝 놀라 베개 밀치고	不覺驚推枕
서로 이끌고 걸으며 숲을 도노라	相將步繞林
중향성(衆香城)에 펼쳐진 호기[400]가 다가오고	香城來灝氣
그윽한 계수나무에는 맑은 그림자 흩뜨리누나	幽桂散澄陰
어찌 꼭 정양사의 밤이라야만	何必正陽夜
둥근 달빛이 마음에 흡족하랴[401]	圓光諧賞心

400 호기 : 325쪽 주58 참조.

401 어찌……흡족하랴 : 금강산 정양사의 헐성루(歇惺樓)는 풍광 좋은 내금강에서도 가장 경치가 좋기로 유명하여 예로부터 금강산 유람을 하는 이들에게 필수적인 탐방처였는데, 그런 정양사에 꼭 갈 것 없이 불지암에서의 밤도 달을 완상하기에 충분히 좋다는 말이다.

일원과 작별하고 외금강으로 향하다

與一源分袂向外山

만폭동 원류 있는 곳	萬瀑源流在
두 개의 남여(藍輿)가 물 근원에 섰네	雙輿立水頭
우리는 이곳에서 만나고 헤어지지만	吾人斯合散
이 땅은 항상 맑고 그윽하리라	玆地每清幽
새벽에 여라 덩굴에 달빛 곱게 비치고	蘿月娟娟曉
가을날 단풍에 서리 사각사각 내린다	楓霜淅淅秋
짧은 다리 근심스레 홀로 건너니	短橋愁獨過
바람에 나부끼는 소매에 숲의 소리 띠었어라	風袂帶林飀

은신대[402]

隱身臺

쇠를 깎은 듯 둘러싼 하얀 벼랑에	削鐵霜崖匝
비단 드리운 듯 눈발 같은 긴 폭포 떨어지네	垂綃雪瀑長
쌩쌩 불어오는 바람은 겨드랑이에 가득 차고	翏翏風滿腋
너울너울 바다 기운이 옷자락 날린다	拍拍海吹裳
학을 타고 멀리 날아가는 신선 바라보고	鶴馭瞻遐擧
개구리의 우물에서 대도에 부끄럽도다[403]	蛙墟愧大方
이어서 약목을 꺾어	仍思折若木
태양을 후려쳐 한가로이 소요해볼까 생각하네[404]	拂日以相羊

402 은신대 : 은선대(隱仙臺)라고 표기하기도 한다. 구룡소(九龍沼)를 지나 개울과 숲을 지나 우측으로 통하는 가파른 길을 올라가면 도착한다. 십이폭포를 한눈에 볼 수 있어 예부터 좋은 전망대로 유명하다.

403 개구리의……부끄럽도다 : 그동안 좁은 세상 속에 살다가 장대한 금강산을 유람하고 자신의 식견이 부끄러워졌다는 말이다. 《장자(莊子)》 〈추수(秋水)〉에서 황하의 신이 넓은 바다를 보고는 부끄러워하면서 바다의 신에게 "나는 하마터면 대도를 깨달은 사람들에게 길이 비웃음을 당할 뻔하였습니다.〔吾長見笑於大方之家〕"라고 하자, 바다의 신이 "우물 안의 개구리에게 바다에 대해 이야기해줄 수 없는 것은 자신이 머무는 장소에 구애되었기 때문이다.〔井鼃不可以語於海者, 拘於虛也.〕"라고 하였다. '虛'는 '墟'와 같은 뜻으로 개구리가 머무는 장소, 즉 우물을 가리킨다.

404 이어서……생각하네 : 약목은 서쪽의 곤륜산 끝 해가 지는 곳에 있는 나무이다. 굴원(屈原)의 〈이소(離騷)〉에 "약목의 가지를 꺾어 태양이 지지 못하게 후려쳐서, 잠시 동안 여기저기 한가하게 소요해볼까.〔折若木以拂日兮, 聊逍遙以相羊.〕"라고 하였다.

유점사[405]

榆岾寺

제1수

서방에 낙토가 있는 줄 알았더니	西方知樂土
부처들이 동방으로 온 것 괴이하구나	諸佛怪東來
황홀하여라 돌배 타고 건너온 일	恍惚石航度
아득하구나 유점사 개창된 시절	微茫榆岾開
용이 자리 옮긴 못에서는 탑 솟아오르고[406]	龍移淵涌塔
까마귀 떠난 우물에는 이끼 꼈어라[407]	烏去井含苔

405 유점사 : 금강산 외금강에 있는 절이다. 고려 때 민지(閔漬)가 찬한 〈유점사기(榆岾寺記)〉에 의하면, 서역(西域)의 월지국(月支國)에서 일찍이 53구(軀)의 부처가 무쇠로 만든 종(鐘)을 타고 신라의 안창현(安昌縣) 포구(浦口)에 닿았는데, 이때 안창현재(安昌縣宰) 노춘(盧偆)이 관속들을 거느리고 가보니 부처는 보이지 않고 부처가 나뭇가지에 종을 걸어놓고 쉰 흔적만 있기에, 이리저리 부처를 찾던 도중 한편에서 종소리가 나는 것을 듣고 그곳으로 가보았다. 그곳에는 못이 하나 있고 못 위에 느릅나무가 있었는데, 느릅나무 가지에 종을 걸어 놓고 부처들이 못 언덕에 죽 늘어서 있으면서 이상한 향기를 풍겼다. 노춘은 관속들과 함께 부처 앞에 나아가 예배하였다. 그리고 관청으로 돌아가 이 사실을 왕께 아뢴 다음, 이 자리에 절을 창건하여 부처들을 봉안(奉安)하고 유점사라 하였다고 한다. 또 고려 때 보덕암(普德菴)의 중이 찬했다는 〈금강산기(金剛山記)〉에 의하면, 한(漢)나라 평제(平帝) 원시(元始) 4년인 서기 4년에 서역으로부터 황금 불상 53구가 바다에 떠와서 이 산에 이르렀으므로 이곳에 절을 짓게 되었다고 한다.

406 용이……솟아오르고 : 민간에서 전하는 말에 옛날 아홉 마리의 용이 사는 못을 메우고 유점사를 세웠는데, 그 용들이 자리를 옮겨 구룡연(九龍淵)이 되었다고 한다. 《新增東國輿地勝覽 第45卷 江原道 高城郡》

민지는 무엇 하던 사람인가 閔漬何爲者
노춘은 정말로 있었던가 盧春果有哉

제2수 其二

산이 웅장하여 풍기가 모이니 山雄風氣會
불상이 깊은 숲에 들어앉았네 象設據穹林
물방아는 멀리서 운반해온 곡식 찧고 雲碓輸糧遠
무지개다리는 깊이 길손을 끌어들인다 虹橋引客深
누각은 청량하여 붉은 해 없고[408] 樓淸無赤日
원은 탁 트여 황금을 들였어라[409] 園敞費黃金
조계의 물줄기 일만 번 꺾여 흐르는데 萬折曹溪派
바다로 달려가는 마음 머뭇대도다[410] 遲徊走海心

407 까마귀……껐어라 : 유점사에는 오탁정(烏啄井)이라는 샘이 있는데, 그 유래에 대해 정엽(鄭曄, 1563～1625)은 "그곳에는 본래 샘이 없었다. 어느 날 여러 마리의 까마귀가 날아와 땅을 쪼았는데, 신령한 샘물이 갑자기 넘쳐흘렀다. 지금의 오탁정이 바로 그것이다.〔又其地本無泉, 一日群烏來集啄地, 靈泉忽流溢. 今之烏啄井是也.〕"라고 하였다.《守夢集 卷3 金剛錄》

408 누각은……없고 : 유점사 입구의 시내 위에 세워진 산영루(山映樓)가 청량하여 붉은 해의 뜨거운 기운이 들지 않는다는 말이다.

409 원은……들였어라 : '원'은 기원(祇園)과 같이 사찰을 뜻하는 말이다. 기원은 444쪽 주363 참조. 유점사의 중창에 왕실에서 하사한 황금이 사용되었다는 말이다. 유점사는 1408년(태종8)에 태종이 백금 2만 냥을 하사하여 중건하였고 이후로도 단종, 세조, 인목대비 등이 내탕금을 하사하여 수차례 중건하였다.

410 조계의……머뭇대도다 : 조계는 선종(禪宗)의 비조(鼻祖)인 육조 혜능(六祖慧能)이 도를 깨우치고 법을 펼친 곳이다. 이 구절은《순자(荀子)》〈유좌(宥坐)〉에 "물이 만 번 꺾여도 반드시 동으로 흐르는 것은 굳은 의지가 있는 것 같다.〔其萬折也必東,

似志.〕"라고 하여 모든 물이 동쪽의 바다로 반드시 흘러간다는 표현을 들어 유점사의 경관이 너무나도 빼어나고 뛰어나 떠나고 싶지 않은 마음을 비유적으로 말하였다.

미륵봉

彌勒峯

옥이 선 듯 우뚝 솟은 봉우리　　玉立亭亭幹
멀리서 바라보니 태청[411]에 기대 있네　　遙瞻倚太淸
미륵이라 부르는 것 맘에 들지 않으니　　可憎彌勒號
열선의 이름으로 바꾸어야 마땅하리　　合易列僊名
항해[412]의 얼음이 겉면에 맺혔고　　沆瀣氷留面
부상[413]의 햇살이 정기를 쏘누나　　扶桑日射精
억겁의 세월 지나도록 몸을 굽히지 않으니　　天荒不傴僂
얼마나 많은 덧없는 인생들을 물거품처럼 보았겠나　　泡視幾浮生

411 태청 : 도교(道敎)에서 말하는 세 선경(仙境) 가운데 하나이다. 세 선경은 옥청(玉淸), 상청(上淸), 태청이다. 여기에서는 높은 하늘을 가리킨 말이다.

412 항해 : 신선이 마신다는 북방의 밤기운이 어려 맺힌 맑은 이슬이다. 《초사》 〈원유(遠遊)〉에 "육기를 먹고 항해를 마신다.〔飡六氣而飮沆瀣兮〕"라고 하였다.

413 부상 : 365쪽 주172 참조.

중내원[414]

中內源

제1수

나무와 돌 모두 오래되고 파리한데	木石俱蒼瘦
빈 암자에 옅은 볕 비껴 든다	空菴淡景斜
구름이 응당 부엌 지킬 것이요	雲應守廚臼
바람이 절로 가사 흔드네	風自拂袈裟
일체의 경계 끊어 애초에 아상(我相)[415] 없으니	泯絶初無我
발걸음 머무는 곳 이미 나의 집일세	淹遲已是家
높은 창문으로 드넓은 바다 거둬들이니[416]	高牕收闊海
어른어른 물결에서 꽃이 생기누나[417]	閃閃浪生花

414 중내원 : '중내원(中內院)'으로 표기하기도 한다. 이유원(李裕元)의 《임하필기(林下筆記)》 권37 〈봉래비서(蓬萊秘書)〉에 "만경대가 있는데, 금강산의 전 면모가 보이고 동쪽으로 바다에 임해 있다. 또 돌아서 크고 작은 재를 넘어서 북쪽으로 5리를 가면 중내원이 나타나는데, 산봉우리들이 마치 물결 위에 있는 섬과 같다. 곁에는 큰 바위가 있는데 올라가서 밟으면 한 사람이 밟아도 조금 움직이고 백 사람이 밟아도 역시 조금 움직인다."라고 하였다.

415 아상(我相) : '나'라는 실제가 있다는 망념을 일으켜 '나'와 '나의 것'에 집착하는 것이다.

416 높은……거둬들이니 : 홍경모(洪敬謨)의 《관암전서(冠巖全書)》 21책 〈해악기(海嶽記)〉에서 중내원암(中內院庵)을 말한 부분에 "좌우의 골짝이 겹겹으로 감싸고 있는데 동남쪽으로는 멀리 트여서 푸른 바다가 술잔처럼 보인다.〔左右洞壑, 重疊關鎖, 東南遙坼, 滄溟如杯.〕"라고 하였다.

417 어른어른……생기누나 : 보통 낭화(浪花)는 파도가 뒤집히면서 생기는 하얀 포

제2수 其二

덩그러니 놓인 소나무 절구 다듬어져 있고	寂寂硏松臼
파르라니 측백 울타리 엮여 있다	靑靑綴栢藩
예전에 듣기로 오솔길 있어	曾聞有微逕
영원동까지 통한다 하네	可以達靈源
흥취는 높이 뜬 구름 좇아가고	興逐高雲往
마음은 지는 석양과 함께 번득이도다	心將落照翻
봄 되면 영지 캘 계획을	春來採芝計
가만히 곡신[418]과 논해보노라	潛與谷神論

말을 가리키는 말인데, 여기에서는 멀리 보이는 파도에 햇빛이 비쳐 반사되는 빛을 형용한 말로 보는 것이 정경에 타당할 듯하다. 또한 '閃閃'은 《두시언해(杜詩諺解)》에서 "어른어른ᄒᆞᆫ 믌겴 고지 드위잇놋다.〔閃閃浪花翻〕"라고 한 표현을 준용하였다. 이는 단순히 반짝인다는 의미에 그치지 않고 물결에 비친 빛이 잇따라 흔들리며 움직이는 모습까지 포괄하므로 더욱 적절하다.

418 곡신 : 문맥상 단순히 골짝의 신으로 잘못 볼 소지가 있으나, 본집 안에서 곡신이 그러한 용례로 쓰인 경우는 없으며 또한 통상적인 용례가 그렇지 않다. 《노자》에 "곡신은 죽지 않나니 이를 현빈이라 한다.〔谷神不死, 是謂玄牝.〕"라고 하였는데, 《노자권재구의(老子鬳齋口義)》에 "'곡'이라는 것은 텅 비는 것이니, '곡신'이라는 것은 중심이 텅 비어 있는 신묘한 것이다. 사람의 신묘함은 중심이 텅 비어 있음으로부터 나오기 때문에 항상 보존되어 죽지 않음을 말하는 것이다."라고 하였다. 이는 자기 안의 텅 비어 신묘한 정신을 말한 것이다. 또한 오장(五臟)의 신을 가리키기도 한다. 하상공(河上公)은 "사람이 정신을 기르면 죽지 않으니, 신은 오장의 신을 말한다."라고 풀이하였다. 어떤 견해를 따르든 곧 자기 내면을 말한 것이다.

일출을 보며

觀日出

향로봉을 꿈꾸며 반쯤 잠들었다가[419]	半枕香爐夢
창문 밀치자 해가 바다에서 솟아오르네	推牕日涌溟
아스라이 맞이하는 수레[420] 굴러오더니	迢迢賓駕轉
일렁일렁 목욕한 동이[421] 멈추누나	漾漾浴盆停
단풍 숲 절벽은 자줏빛 어우러지고	紫合楓林壁
측백나무 뜰은 푸른빛 흔들린다[422]	青搖栢樹庭
교룡의 침과 고래의 숨결 느껴지던	蛟涎與鯨吸
비린내 나는 낙산의 일출은 싫었더니라	曾厭洛山腥

419 향로봉을……잠들었다가 : 향로봉은 내금강의 만폭동(萬瀑洞)에 있는 봉우리 이름이다. 현재 외금강에 와 있는 삼연이 밤새 내금강의 절경이라 할 수 있는 만폭동 향로봉을 꿈속에서 다시 보았다는 말이다.

420 맞이하는 수레 : 떠오르는 태양이다. 맞이한다는 것은 떠오르는 태양을 맞이하는 것이다. 《서경》 〈우서(虞書) 요전(堯典)〉에 "떠오르는 해를 공경히 맞이한다.〔寅賓出日〕"라고 하였다. 수레는 《회남자(淮南子)》 〈천문훈(天文訓)〉에 전설상의 신인 희화(羲和)가 새벽에 여섯 마리 용이 끄는 수레에 태양을 싣고 허공을 달린다는 신화에서 유래한 것이다.

421 목욕한 동이 : 마찬가지로 떠오른 태양을 비유한 것이다. 동이는 둥근 태양의 형상을 비유할 때 흔히 쓰이는 말이며, 목욕한다는 것은 《회남자》 〈천문훈〉에 "해는 양곡에서 떠올라 함지에서 목욕한다.〔日出於暘谷, 浴於咸池.〕"라고 한 데서 유래한 것이다.

422 단풍……흔들린다 : 떠오른 태양빛이 각각 붉은 단풍 숲과 푸른 측백을 거쳐 암벽과 뜰에 투사된다는 말이다.

바다를 바라보며

望海

물결 출렁이는 이곳 어느 벼랑인가	沆瀁何崖壁
큰 바다가 나를 향해 밀려오누나	滄溟向我來
몸이 피곤하여 가다 쉬다 하려 했더니	身疲欲流憩
의취가 심원하여 마침내 여기서 배회하노라	意遠遂徘徊
이 언덕에 조수 없음이 괴이하고[423]	此岸無潮怪
훗날 바닥이 드러나는 것 슬프도다[424]	他年見底哀
모르는구나 자라의 등[425] 위에서	不知鰲脊上
끝내 개미가 빙빙 도는 신세[426]인 것을	終作蟻旋廻

423 이……괴이하고 : 바다라면 응당 밀물과 썰물이 있어야 하는데 동해에는 조수가 없는 것이 괴이하다는 말이다. 동해에 조수가 없는 특징은 많은 시인들이 언급했으며 과제(課題)로 〈동해무조석론(東海無潮汐論)〉이 제출되기도 하였다.

424 훗날……슬프도다 : 먼 훗날에는 이 큰 동해바다도 육지로 변할 생각에 슬퍼진다는 말이다. 362쪽 주160 참조.

425 자라의 등 : 371쪽 주198 참조.

426 개미가……신세 : 보통 사람의 덧없는 인생을 표현할 때 '맷돌을 따라 도는 개미〔蟻旋磨〕'라는 표현을 쓴다. 이는 개미는 맷돌 위에서 오른쪽으로 돌고 맷돌은 왼쪽으로 도는데, 맷돌은 빠르고 개미는 느리므로 맷돌을 따라 왼쪽으로 돌 수밖에 없다는 뜻이다. 맷돌은 천지(天地)의 운행을 말하고, 개미는 커다란 운명의 굴레 속을 벗어나지 못하는 것에 비유한다.《晉書 卷11 天文志上》 이와 같이 거대한 자라의 등 위에서 하찮은 미물인 개미가 돈다고 표현한 것이다.

발연에서 신계로 향하며[427]

自鉢淵向新溪

이끄는 사미가 길에 가득하고　沙彌携滿路
마을에서 관단마 빌렸네[428]　款段乞諸村
모습 바꾼 산은 춤추는 듯하고　換面山如舞
파도 감춘 바다는 요란스럽다　藏濤海亦喧
기운은 폭포 찾느라 예민하고　氣因尋瀑銳
정신은 구름 바라보느라 나부끼네　神以望雲翻
저물녘 어스름 내려앉을 제　暝色蒼然至
종소리 찾아 절문에 이르렀노라　尋鐘到寺門

427 발연에서 신계로 향하며 : 발연은 외금강 신계사(新溪寺) 남쪽 25리쯤에 있는 연못이다. 신계사는 '신계사(神溪寺)'로 표기하기도 한다. 쌍으로 흐르는 곳은 상발연(上鉢淵)이고 여섯 개의 웅덩이가 있는 곳은 하발연(下鉢淵)인데, 제5연(淵)이 마치 바리때처럼 생겼기 때문에 그렇게 이름하였다. 옛날에 진표 율사(眞表律師)가 발연에서 가부좌를 하고 앉았다가 잡념이 생기면 흐르는 폭포에 달려가서 마음을 안정시키곤 했으므로 치폭(馳瀑)이라 불렀다고 한다. 《林下筆記 卷37 蓬萊祕書》

428 이끄는……빌렸네 : 아마도 발연의 발연사에서 신계의 신계사로 향하면서 삼연을 인도하여 길을 이끄는 사미가 많았던 것으로 짐작된다. 관단마는 걸음이 느리고 작은 말이다.

새벽에 일어나 폭포를 찾다

早起尋瀑

제1수

구룡[429]은 잠자는가 일어났는가	九龍眠起否
은하수는 새벽에 아득히 흐르네	星漢曙蒼蒼
나막신 매만지고 움직이려 하는데	理屐吾將動
종소리 울리자 중들도 바쁘다	撞鐘僧亦忙
짙은 서리 내린 암벽 미끄럽고	霜濃添壁滑
세찬 바람 불어 줄 거는 것 방해하네	風勁挂繩妨
필경에 계곡 근원의 폭포는	畢竟源頭瀑
천신[430]이 얼마나 길려나	天紳幾許長

제2수 其二

계곡 가득 바람 씽씽 부니	滿谷風飀飂
놀란 물방울이 벽라의(薜蘿衣)[431]로 튀어 오르네	驚淙上薜衣
연이어진 못에는 음수[432]가 숨어 있고	潭連陰獸伏

429 구룡 : 외금강의 구룡연(九龍淵)을 말한 것이다.

430 천신 : 하늘로부터 내려오는 띠라는 뜻으로, 폭포를 말한다. 한유(韓愈)의 〈혜스님에게 보내다〔送惠師〕〉 시에 "이때 비가 처음 개어, 높은 폭포에서 하늘 띠 드리웠네.〔是時雨初霽, 懸瀑垂天紳.〕"라는 구절이 있다.

431 벽라의 : 420쪽 주301 참조.

432 음수 : 음의 성질을 가진 짐승으로, 여기에서는 용을 가리킨다. 한유(韓愈)의 〈남

키 다투는 봉우리에는 상서로운 새 날아다닌다	峯競瑞禽飛
험하고 가파른지라 조심조심 길 가고	險絶容心小
진귀하고 기이한 풍광 본 적 별로 없는 것일세	瓌奇閱眼稀
미투리 해진들 무엇이 아까우랴	靑鞋破何惜
선경 감상 참으로 놓치지 말아야지	仙賞苟無違

산시(南山詩)>에 "깊고 맑아 음수를 숨겼네.〔凝湛閟陰獸〕"라고 했는데, 이때 음수는 용을 가리킨 말이다.

폭포[433]

瀑布

제1수

우뚝한 절벽이 하늘에 닿았는데	傑壁參雲漢
나는 듯한 폭포수 아득히 높은 곳에서 떨어지네	飛流墮杳茫
용의 목구멍에서 뿜어져 나오는 듯	噴從龍吭出
백로가 뛰어올라 나는 것 같구나	跳作鷺身翔
떨어진 곳의 깊은 못은 발우 모양이고	落地淵爲鉢
폭포 보며 머무는 사람은 바위를 평상 삼았네	留人石作牀
불어난 물을 타고 가볼 수도 없고	無緣乘漲至
벼랑은 미끄러워 몸을 두기 어렵구나	崖滑致身妨

제2수 其二

적현에는 오직 여산이 있고[434]	赤縣惟廬嶽

433 폭포 : 제1수에서 못의 모양이 발우라고 하였으나 시에서 형용한 폭포의 모습을 미루어보면 이는 발연(鉢淵)의 폭포라고 보기는 어렵다. 발연의 폭포는 대체로 낮고 완만하여 사람들이 물 미끄럼틀을 탈 수 있을 정도이므로 이 시의 폭포와는 맞지 않으며, 앞 시에서 발연에서 신계사 쪽으로 옮겨와 그곳에서 유숙하고 폭포를 찾아 나선 정황이 있으므로 아마도 이 시에서 말한 폭포는 구룡폭포(九龍瀑布)인 듯하다. 신계사는 구룡연과 구룡폭포 등을 찾아 나설 때의 출발점이 되는 곳이기도 하다. 또한 제3수에서 송시열(宋時烈)의 각자(刻字)를 말하고 있는 것을 볼 때도 구룡폭포일 가능성이 상당하다.

434 적현에는……있고 : 적현은 중국을 가리킨다. 전국 시대 제(齊)나라 추연(鄒衍)

청구에는 또한 박연이 있네[435] 青丘亦朴淵

가까이로는 삼사를 피해야 하고[436] 近應三舍避

멀리로는 구천의 높이에 매달렸어라[437] 遙並九天懸

눈과 우박 같은 물보라가 솔바람에 흩어지고 雪雹松風散

무지개가 뻗어 바다의 해를 뚫는구나 虹蜺海日穿

너울너울 모두 오르내릴 翩躚俱上下

날개옷 입은 신선이 부러워라 堪羨羽衣仙

제3수 其三

진동하는 폭포 소리에 벼랑 무너질 것 같고 震疊崖將仆

떨어져 찧는 폭포수에 골짝 뚫리려 한다 舂撞壑欲穿

이 중원(中原) 지방을 '신주적현(神州赤縣)'이라고 일컬은 데에서 유래하였다. 여산은 중국 강서성에 있는 명산으로 폭포가 유명하다.

435 청구에는……있네 : 청구는 우리나라를 가리킨다. 박연은 개성 천마산에 있는 폭포이다.

436 가까이로는……하고 : 폭포를 바로 앞에서 볼 수는 없고 멀리 물러나서 보아야 한다는 뜻이다. 삼사는 90리이다. 그러나 실제로 90리를 물러나야 한다는 뜻은 아니고 단지 멀리 떨어져야 함을 말한 것이다. 삼사를 피한다는 것은 진 문공(晉文公)이 초(楚)나라에 망명하고 있을 때, 초왕(楚王)에게 "만일 임금의 덕으로 진나라로 돌아간다면 진나라와 초나라가 전쟁을 할 경우 임금을 위하여 삼사를 물러나 피하겠습니다."라고 하였고, 후에 과연 문공이 귀국하고 두 나라가 전쟁을 벌일 때 진나라 군대가 약속대로 삼사를 피하여 후퇴한 고사에서 온 표현이다.《春秋左氏傳 僖公 23年》

437 멀리로는……매달렸어라 : 폭포가 하늘 위로 멀리 매달려 있다는 말이다. 구천은 하늘의 가장 높은 곳을 가리킨다. 이백의 〈여산폭포를 바라보며〔望廬山瀑布〕〉에 "삼천 척의 높이로 곧바로 쏟아지니, 은하수가 구천에서 떨어지는 것 같다오.〔飛流直下三千尺, 疑是銀河落九天.〕"라고 하였다.《李太白集 卷20》

즐거운 마음 이곳에서 흡족하니 賞心於是快
신령이 만들어놓은 것 완전하다 하겠네 神設亦云全
나약했던 넋 꺾였다가 웅건해지고 弱魄摧仍厲
먼지 묻은 두건 씻겨 이미 깨끗해졌어라 塵巾濯已鮮
파옹이 남긴 큰 각자[438]가 芭翁留大刻
똬리를 틀고 서린 독룡 앞에 있도다 蟠屈毒龍前

438 파옹이……각자 : 파옹은 송시열이다. 442쪽 주360 참조. 구룡연 가에 "성난 폭포가 한가운데로 쏟아져, 사람의 눈을 어지럽게 한다.〔怒瀑中瀉, 使人眩轉.〕"라고 새긴 글씨가 송시열의 필체로 전해진다. 《林下筆記 卷37 蓬萊秘書》

폭포에서 돌아와 옥류동에 이르러 바위 위에서 피로한 몸을 쉬고 이어서 점심을 차려 먹다

歸到玉流 石上息疲 仍設午炊

승려 서넛이 나막신 신은 내 발 받쳐주니	三四僧扶屐
천 층 높이 밧줄에 몸을 맡기네	千層繘送身
가파르고 험한 곳 넘어옴을 함께 기뻐하고	同欣踰絶險
맑고 잔잔한 물결 희롱하며 홀로 즐기고파라	獨欲弄澄淪
둥글게 누워 있는 바위에 앉을 자리 펼쳐지고	臥石圓開局
멀리까지 치달리는 여울물은 띠처럼 늘어졌구나	馳湍闊拖紳
소나무 뿌리에 대롱으로 불어 불을 붙이니	松根吹籥火
밥맛도 담박하고 깔끔하여라	飯味亦淸眞

정관재를 천장할 때 지은 만사[439]

靜觀齋遷葬挽

제1수

순환하는 하늘의 시간 빠르게 흐르고	回薄天時速
심원하고 미묘한 땅의 이치 알기 어렵네	玄微地理難
청오가 고심하여 점괘 살피니[440]	青烏三考卜
햇빛 아래 의관을 다시 묻도다	白日再衣冠
이는 선인의 복 받는 것이니[441]	是受先人祉
바야흐로 만세의 편안함 이루리로다	方成萬歲安
못과 대에 아직 미련이 남아	池臺尙餘戀
정삽[442]이 머뭇대려 하누나	旌翣欲盤桓

439 정관재를……만사 : 정관재는 삼연의 스승인 이단상(李端相, 1628～1669)의 호이다. 이 당시 이단상의 무덤은 양주(楊州) 영지동(靈芝洞)에 있었는데, 이단상의 묘가 역촌(驛村)을 점유하였다며 고발을 당하여 아들 이희조(李喜朝)는 조사를 받고 고신(告身)을 빼앗겼으며 이후 선영이 있는 용인(龍仁) 문수산(文秀山)으로 천장하게 되었다. 《黎湖集 卷29 芝村李先生行狀》

440 청오가……살피니 : 지관(地官)이 심사숙고하여 묏자리를 잡았다는 말이다. 청오는 황제(黃帝) 때의 풍수가이다. 일설에는 진(秦)・한(漢) 때의 풍수가라고도 한다.

441 이는……것이니 : 명당으로 천장하고 여기에서 발복(發福)하여 후손들이 조상으로부터 복을 받는다는 말이다. 한유(韓愈)의 〈홍원 소윤 방군 묘지(興元少尹房君墓志)〉에 "지위와 장수를 누리고 훌륭한 아우와 아들 있음이 선인의 장지에서부터 오니 이를 일러 복을 받는 것이라 한다.〔有位有年, 有弟有子, 從先人葬, 是謂受祉.〕"라고 하였다. 《五百家註昌黎文集 卷25》

442 정삽 : 정(旌)은 붉은 천에 사자(死者)의 관직과 성명을 쓴 명정(銘旌)이고, 삽

제2수 其二

묘소에 계신 지 마흔두 해 되었는데　山丘四旬二
공의 생전 수명도 그와 같았어라[443]　公壽與之如
수명이야 얼마 되지 않아 짧았거니와　草草年何短
남기신 뜻은 당당하게 이어지도다　堂堂志有餘
구름과 우레[444]는 아 가슴속에 온축하신 포부였고　雲雷嗟蘊抱
물과 달에서 맑고 텅 빈 모습 상상하네　水月想澄虛
소자는 지금 쇠하고 늙었는데　小子今衰晩
누구를 따라 역서를 강론할까　從誰講易書

제3수 其三

태극정에서 전에 합장할 때[445]　太極亭前祔
우리 형님 제문 지으셨네[446]　吾兄有祭文

(翣)은 네모진 화포(畫布)에 다섯 자 길이의 자루를 붙여 상여의 양옆에 세우고 가는 물건이다.

443 묘소에……같았어라 : 이단상이 죽어 처음 묻힌 1669년으로부터 천장하는 지금까지 42년의 세월이 흘렀는데, 이단상이 생전에 누린 수명 역시 42세였다는 말이다.

444 구름과 우레 : 천하를 경륜할 재주이다. 《주역》 〈둔괘(屯卦) 상전(象傳)〉에 "구름과 우레가 둔이니, 군자가 이를 보고서 천하를 경륜한다.〔雲雷屯, 君子以, 經綸.〕"라고 하였다.

445 태극정에서……때 : 이단상은 처음에 가평(加平) 조종현(朝宗縣)에 장사 지냈다가 1701년(숙종27) 9월 초5일에 양주(楊州) 영지동(靈芝洞)으로 이장하여 부인 전의 이씨(全義李氏)와 합장하였다. 《靜觀齋集 年譜 卷2》 태극정은 영지동에 이단상이 세운 정자 이름이다.

446 우리……지으셨네 : 김창협(金昌協)의 제문이다. 《정관재집》 별집 권6 〈부록(附

지금 긴 밤을 함께하면서 今焉共長夜
몇 개의 새 무덤이 모였는가[447] 幾箇會新墳
눈발 날리는 구성[448]에 흰 장막 치고 白幕駒城雪
구름 낀 토원[449]에 붉은 명정 휘날린다 丹旌兎院雲
대련의 뒤가 쓸쓸하니 蕭條大連後
상여 끈을 잡은 사람 몇 되지 않는구나[450] 攀紼未成群

錄)〉에 실려 있는 김창협의 제문 두 개 가운데 두 번째 제문을 말한다.

447 지금……모였는가 : 긴 밤은 단순한 밤을 말하는 것이 아니라 사람이 죽어 지하에 묻혀 영원히 캄캄한 가운데 있는 것을 비유한 말이다. 새 무덤은 이단상이 죽은 이후 삼연의 형 김창협을 비롯해 이단상의 아들 이하조(李賀朝) 등 이단상과 관련 있는 이들이 세상을 떠나 이단상의 양주 무덤 근처에 새로 묻혔다는 말이다.

448 구성 : 용인의 옛 이름이다.

449 토원 : 양주목(楊州牧)에 속한 지명으로 도제원(道濟院)이라고도 한다. 《新增東國輿地勝覽 卷11 京畿 楊州牧》

450 대련의……않는구나 : 대련은 아우 소련(小連)과 함께 거상(居喪)을 잘한 것으로 이름난 사람이다. 《禮記 雜記下》 이단상의 아들인 이희조와 이하조 가운데 아우 이하조는 죽고 없어서 형인 이희조만이 상여를 끌고 있다는 말이다. 또 이하조는 후사 없이 죽었고 이희조 역시 아들이 하나뿐이었으므로 상여를 끄는 인원이 더욱 단출했던 것이다.

질녀 조씨 부인을 곡하다[451]

哭姪女趙氏婦

제1수

아 네가 초츤하던 시절에	嗟爾在髫齔
백운산 아래에서 거하였지[452]	白雲山下居
푸른 여라 덩굴로 띠풀 지붕 메꾸었고	青蘿補茅屋
붉은 봉새는 옷에 뒤집혀 붙었어라[453]	紫鳳倒衣裾
하늘과도 같은 모친을 갑자기 잃고[454]	奄失如天恃

451 질녀……곡하다 : 질녀 조씨 부인은 조문명(趙文命)에게 시집간, 삼연의 동생 김창업(金昌業)의 딸이다. 본집 권27에 〈질녀 조씨 부인 묘지명〔姪女趙氏婦墓誌銘〕〉이 있다.

452 아……거하였지 : 초츤은 머리를 뒤로 늘어뜨리고 이를 갈 무렵의 7~8세쯤 되는 어린아이를 이르는 말이다. 조씨 부인은 1681년(숙종7)에 태어났는데 1689년(숙종15) 조부 김수항(金壽恒)이 사사(賜死)되어 조씨 부인의 부친인 김창업이 영평(永平)의 백운산 아래에서 시묘하던 때이므로 백운산에 거하였던 것이다. 이 표현은 삼연이 쓴 조씨 부인의 묘지명에서 "유인을 기르던 때에 집안에 온갖 재앙이 닥쳐 두려워하고 근심하고 곡하면서 거의 하루도 얼굴을 펼 날이 없었다.〔孺人之育, 値家百罹, 恐懼愁哭, 殆無一日開顏.〕"라고 한 말과 맥을 같이한다.

453 붉은……붙었어라 : 수놓은 옷감을 잘라 헌 저고리를 기웠기 때문에 그 무늬가 어긋나 잘 맞지 않는다는 뜻으로, 가세가 기욺을 표현한 말이다. 두보(杜甫)의 〈북정(北征)〉에 "물의 신인 천오와 붉은 봉새의 무늬가 해진 저고리 위에 뒤집혀 붙어 있네.〔天吳及紫鳳, 顚倒在裋褐.〕"라고 하였다.

454 하늘과도……잃고 : 삼연이 지은 묘지명에 따르면 조씨 부인은 열세 살 모친을 여의었다.

칠흑 같은 여막에서 길게 울부짖었지 長啼若漆廬
시집가서 얼굴을 펼 만하였거늘 于歸眉可展
수명이 짧은 것을 끝내 어이하리오 年短竟何如

제2수 其二

성곽을 등진 새 집이 그윽하니 背郭新堂靚
축하하는 제비가 쌍으로 낮게 나네[455] 雙飛賀燕低
끝내는 여관을 떠난 것과 같이 되었으니[456] 終同逆旅謝
부질없이 마을 사람들을 울게 하누나 徒使里人啼
차가운 계절에 얼음이 처마에 엉기고 殺節氷凝霤
깊은 밤에 달빛이 규방에 희미하구나 深宵月曖閨
예로부터 반씨와 위씨가 품었던 한[457]이 潘韋從古恨

455 성곽을……나네 : 자세한 정황은 알 수 없으나 아마도 조문명이 새 집을 마련하게 된 일이 있었던 듯하다. 제비가 축하한다는 것은 보통 새 집이 완성된 것을 말할 때 쓰는 표현이다. 곧 제비나 참새가 사람의 집을 자기들의 둥지로 삼을 것을 서로 축하한다는 말이다. 《회남자(淮南子)》 〈설림훈(說林訓)〉에 "큰 집이 이루어지면 제비와 참새들이 서로 축하한다.〔大廈成而燕雀相賀〕"라고 한 데서 유래한 표현이다.

456 끝내는……되었으니 : 조씨 부인이 일찍 죽어 잠시 여관에 머물렀다 떠나듯이 새 집에서 오래 머물지 못했다는 말이다.

457 반씨와……한 : 아내를 잃은 슬픔이다. 반씨는 서진(西晉)의 반악(潘嶽)으로, 먼저 보낸 아내를 그리워하며 〈도망시(悼亡詩)〉 3수를 지었는데, 후대에 망처(亡妻)를 노래한 시들이 그 제목을 '도망(悼亡)'이라고 하게 된 것은 그에게서 비롯한 것이다. 《文選 卷23 哀傷》 위씨는 당(唐)나라 때의 시인 위응물(韋應物)이다. 그의 문집인 《위소주집(韋蘇州集)》 권6에 〈죽음을 슬퍼하며〔傷逝〕〉, 〈부평으로 가며 마음이 서글퍼〔往富平傷懷〕〉, 〈동덕정사 옛 거처에서 마음이 서글퍼〔同德精舍舊居傷懷〕〉 등 19수(首)의 연작시가 수록되어 있는데, 이 시들에는 16세에 시집와서 36세에 죽은 그의

이에 배나 더 서글프도다 於此倍悽悽

제3수 其三

네가 너의 오빠의 죽음[458]을 곡하면서 爾哭阿兄沒
상심하는 너의 부친을 몹시 걱정하였지 深憂乃父傷
어이하여 종효[459]를 맹세하더니 云胡終孝誓
끝내 해를 이어 죽었단 말이냐 終作比年亡
북쪽 마을에는 흐드러진 복사꽃 현란하고 北里崇桃炫
동쪽 시내에는 길쭉한 대가 푸르구나 東溪篧竹蒼
친정에 왔을 때의 지난 자취 가득하니 歸寧森宿迹
어느 곳인들 억장이 무너지지 않으랴 何處不摧腸

제4수 其四

취목[460]을 애초에 어찌 그리 급히 하였느냐 就木初何遽
산으로 돌아감[461]이 다만 지금쯤이겠구나 歸山只在今

부인 하남 원씨(河南元氏)를 추억하면서 슬퍼하는 마음이 잘 드러나 있다.

458 너의 오빠의 죽음 : 조씨 부인이 죽기 한 해 전인 1709년(숙종35)에 첫째 오빠 김우겸(金祐謙)이 죽은 것을 말한다.

459 종효 : 부모보다 먼저 세상을 뜨지 않고 끝까지 효를 마친다는 뜻이다.

460 취목 : 관으로 들어간다는 말이다. 《춘추좌씨전(春秋左氏傳)》 희공(僖公) 23년 조에, 중이(重耳)가 제(齊)나라로 가려 하면서 계외(季隗)에게 "나를 25년 동안 기다렸다가 돌아오지 않으면 시집가라."라고 하니, 계외가 "내 나이 지금 25세인데 다시 25년이 지난 뒤에 시집간다면 '관에 들어갈 때가 될 것이니〔就木〕' 저는 공자를 기다리겠습니다."라고 하였던 데서 유래한 표현이다.

461 산으로 돌아감 : 사람이 죽어 산에 묻히는 것을 이르는 말이다.

산 자와 죽은 자 모두 시간이 짧고[462] 存亡俱促景
하늘과 땅은 또 엄혹한 계절이구나 天地又窮陰
눈발은 명정의 글자를 어둡게 가리고 雪暗銘旌字
바람은 상여 이끄는 요령에 불어닥친다 風喈輓鐸音
영원[463]은 한 몸 같은 형제 잃어 애통해하고 鴒原一體慟
애가 끊어지는 원숭이 소리 상여 보내누나[464] 送以斷猿吟

462 산……짧고 : 죽은 조씨 부인도 짧은 생을 살았고, 살아 있는 삼연 자신도 여생이 얼마 남지 않았다는 말이다.

463 영원 : 형제를 뜻하는 말이다. 344쪽 주99 참조.

464 애가……보내누나 : 조씨 부인의 부친 김창업의 슬픔을 말한 것이다. 옛날에 환공(桓公)이 삼협(三峽)을 지날 때 그 부하 중의 한 사람이 원숭이 새끼를 잡아서 배에 싣고 오니, 그 어미가 계속 배를 뒤따라오다가 배 안으로 뛰어들어와서는 즉시 죽었다. 그 배를 갈라보니 창자가 마디마디 끊어져 있었다는 고사에서 온 표현이다. 《世說新語 黜免》

인제 족형에 대한 만사[465] 족형은 김성대이다
麟蹄族兄 盛大 挽

제1수

차가운 눈발 내리는 일천 봉우리에 거사비[466] 남았으니

寒雪千峯去思存

일전의 자리 얻어 밭 갈고 우물 파며 아우가 은혜 입었어라[467]

一廛耕鑿弟銜恩

노란 메조로 내는 세금 감해주니 밥 짓는 연기 통하고[468]

黃粱稅減通煙火

흰 널빤지로 지은 집 열리니 석문 있는 산중에 누웠도다

白板軒開臥石門

465 인제……만사 : 인제 족형이라 한 것은 김성대(金盛大, 1651~1710)의 마지막 관직이 인제 현감(麟蹄縣監)이기 때문이다. 김성대는 본관은 안동(安東), 자는 호연(浩然), 호는 지명당(知命堂)이다. 선공감 감역(繕工監監役), 군자감 주부(軍資監主簿), 의금부 도사(義禁府都事), 인제 현감 등을 역임하였다.

466 거사비 : 선정(善政)을 베푼 지방관이 교체되어 떠난 뒤에 그 공덕을 기리기 위해 백성들이 세운 비석이다. 김성대가 인제 현감으로 있으면서 선정을 베푼 사실을 드러낸 것이다.

467 일전의……입었어라 : 김성대가 다스리는 인제의 설악산에 삼연이 살면서 은혜를 입었다는 말이다. 김성대는 1704년(숙종30)부터 1707년까지 인제 현감으로 있었다. 일전은 평민 남자 한 사람에게 주어진 주거지로, 《맹자》 〈등문공 상(滕文公上)〉에 "일전을 받아서 백성이 되고자 합니다.〔願受一廛而爲氓〕"라고 한 데서 온 말이다.

468 밥……통하고 : 관대한 정사로 백성들이 흩어지지 않고 모여 살면서 밥 짓는 연기가 서로 통한다는 말이다.

서신을 지닌 꿩 자주 날아오고	書帶華蟲來數數
봄철에 현감 수레 따라 홍취 끊이지 않았지	春隨皁蓋興源源
지금부터 시내 앞 나무 베지 말지니[469]	從今勿剪臨溪樹
해마다 술방울 떨어진 자국에 눈물을 떨구겠네	淚落年年著酒痕

제2수 其二

산언덕에서 돌아와 관 앞에 나아가니	歸自山阿便柩前
목소리도 나지 않고 그저 눈물만 샘처럼 솟구치네	失聲惟有淚如泉
물거품과 허깨비[470]임을 알면서도 세상 살아가거니와	卽知泡幻猶居世
부침을 가지고서 하늘에 한번 물어볼 만하여라[471]	可把升沈更問天
꽃나무 아래에는 지금 우석에 오른 사람 드물고[472]	花樹今稀躋右席

469 시내……말지니 : 선정을 베풀던 인제 현감의 족적이 남은 나무를 베지 말고 그 자취를 영원히 기억하겠다는 말이다. 주 문왕(周文王) 때 서백(西伯)에 임명된 소공(召公)의 선정(善政)에 감사하는 뜻에서 백성들이 그가 머물고 쉬었던 감당나무를 소중히 여겨 "무성한 감당나무 자르지도 말고 베지도 말라. 소백께서 그 그늘에 쉬셨던 곳이니라."라고 노래했다 한다. 《詩經 召南 甘棠》

470 물거품과 허깨비 : 덧없는 인생을 표현하는 말이다. 《금강반야바라밀경(金剛般若波羅密經)》에 "일체 유위법은 꿈과 같고 허깨비와 같고 물거품과 같고 그림자와 같으며, 아침 이슬과 같고 또한 번개와도 같나니, 응당 이와 같이 관찰해야 한다.〔一切有爲法, 如夢幻泡影, 如露亦如電, 應作如是觀.〕"라고 하였다.

471 부침을……만하여라 : 덕이 있고 재능 있는 이가 세상에서 빛을 보지 못하고 죽는 것에 대해 하늘에 물어볼 만하다는 말이다. 본집 권30 〈인제 현감 김공 묘표(麟蹄縣監金公墓表)〉에서 삼연은 김성대에게 훌륭한 재능과 덕이 있어 반드시 큰일을 할 수 있다고 기대했는데 그렇게 되지 못하고 작은 고을의 수령으로 끝난 것에 의문을 가졌다.

472 꽃나무……드물고 : 김성대의 형제들이 지금 모두 관직을 떠나 있다는 말이다.

선영에는 새 묘소를 만들 틈이 없구나[473] 松楸無隙拓新阡
사람과 거문고 쇠해버리고 삼주는 차가운데[474] 人琴寥落三洲冷
두천을 건너는 상여를 어이 차마 전송하랴[475] 忍送靈車過斗川

꽃나무는 종족 간의 화합을 표현하는 매개물이다. 당(唐)나라 때의 명망 높던 위씨(韋氏) 가문이 꽃나무 아래 모여 일가가 술을 마셨는데, 잠삼(岑參)이 지은 〈위원외가화수가(韋員外家花樹歌)〉에 "그대의 집안 형제 훌륭하구나, 경도 있고 어사도 있고 상서랑도 있도다. 조회에서 돌아오면 꽃 아래에 늘 객이 모이고, 꽃이 옥 항아리에 떨어지니 봄 술이 향기롭구나.〔君家兄弟不可當, 列卿御史尙書郎. 朝回花底恒會客, 花撲玉缸春酒香.〕"라고 하였다. 우석은 재상의 높은 자리를 가리키는 말이다. 본집 권30 〈인제현감 김공 묘표(麟蹄縣監金公墓表)〉에서 삼연은 김성대가 죽기 전에 그의 형인 김성최(金成最)와 아우인 김성후(金盛後)가 모두 관직을 내던지고 재야에 있으면서 형제가 단란히 모여 즐거움을 누렸다고 기술하였다.

473 선영에는……없구나 : 많은 친족이 근년에 죽어 그만큼 선영에 무덤이 많다는 말이다.

474 사람과……차가운데 : 사람과 거문고가 쇠했다는 것은 형제의 죽음을 슬퍼하는 말이다. 진(晉)나라 때 왕휘지(王徽之)와 왕헌지(王獻之) 형제는 평소 우애가 두터웠는데, 아우 왕헌지가 병으로 먼저 죽자, 왕휘지가 조문 가서 왕헌지가 즐겨 타던 거문고를 꺼내 퉁겨 보았으나 음조가 맞지 않았다. 그러자 거문고를 던지며 "사람과 거문고가 모두 가버렸구나.〔人琴俱亡〕"라고 탄식한 고사가 있다. 《世說新語 傷逝》 삼주는 양주의 석실서원(石室書院) 주변을 일컫는 말이다. 곧 종족들이 자주 모이던 석실서원이 그곳에 자주 상주했던 김창협을 비롯하여 많은 이들이 세상을 떠나 차가워졌다는 뜻이다.

475 두천을……전송하랴 : 두천은 북두천(北斗川)이다. 북두천은 현재의 홍릉천으로, 남양주시 수석동과 삼패동을 동서로 나누며 흐르는 하천이다. 이 하천의 서안(西岸)에 석실서원이 있다.

연경으로 가는 박형성을 전송하며[476] 박형성은 박권이다
送朴衡聖 權 赴燕

제1수

구불구불 흐르는 패수[477]에 이별 정회 감도니　　浿水逶迤別思紆
풍류 넘치는 지난 자취[478]가 가는 길에 가득하리　　風流往迹滿征途
사신 수레 당도하는 날 오래 머물러 감상하기는 어려울 터이니
星軺到日難延賞
목란 노 저어 석호[479]로 내려가는 것만 못하리라　　不似蘭橈下石湖

제2수 其二

청노새 산 뒤로 몇 해나 흘렀나　　青騾買後幾秋風
헛되이 봉래산에 함께 오르려 하였지　　虛擬蓬萊杖屨同
일천 척의 무려산[480]에 눈이 내리면　　千尺巫閭山下雪
응당 말을 멈추고 관동을 추억하리라　　也應停轡憶關東

476 연경으로……전송하며 : 박권(朴權, 1658～1715)은 본관은 밀양(密陽), 자는 형성, 호는 귀암(歸菴)이다. 예조 참판, 대사간, 형조 판서, 이조 판서 등을 역임하였다. 이해 동지사(冬至使) 부사(副使)로 연경에 갔다.

477 패수 : 평양 대동강(大同江)의 이칭이다.

478 풍류……자취 : 박권이 1705년(숙종31)에 평안도 관찰사(平安道觀察使)를 지낸 적이 있으므로 이렇게 말한 것이다.

479 석호 : 대동강 연안에 있는 석호정(石湖亭)을 말한 것이다.

480 무려산 : 요령성(遼寧省) 북진현(北鎭縣) 서쪽에 있는 의무려산(醫巫閭山)이다.

제3수 其三

황금과 비단 바치러 가는 일에 신물이 나려 하니[481] 金繒事役齒生酸
강기가 모두 무너져 가는 길 험난하다 綱紀俱頹更路難
소무가 어찌 모절을 잃은 적 있으랴[482] 蘇武何嘗失旄節
부공은 요컨대 매서운 기개 있었도다[483] 富公要有烈心肝

제4수 其四

아득한 하늘 취해 있으니 어느 때나 깨어날까 悠悠天醉幾時醒
육십여 년 동안 자주 별이 모였거늘[484] 六十餘朞屢會星

481 황금과……하니 : 오랑캐인 청(淸)나라에 예물을 바치러 가는 일이 내키지 않는다는 말이다.

482 소무가……있으랴 : 소무는 한(漢)나라 무제(武帝) 때 사람이고, 모절은 물들인 짐승의 털을 층층으로 이어서 깃대 끝에 늘어뜨린 의장(儀仗)의 일종으로 사신의 표식을 말한다. 소무가 흉노(匈奴)에 사신으로 갔다가 억류되었는데, 흉노의 선우(單于)가 갖은 협박으로 회유해도 굴복하지 않다가 큰 구덩이 속에 갇힌 채 눈을 먹고 가죽을 씹으면서 지냈다. 그 뒤에 다시 북해(北海)로 옮겨져서 양을 치며 지냈는데, 그때에도 한나라의 부절(符節)을 그대로 잡고 있으면서 절개를 잃지 않았다. 갖은 고생을 하면서 19년 동안을 억류되었다가 소제(昭帝) 때 흉노와 화친하게 되어 비로소 한나라로 돌아왔다. 《漢書 卷54 蘇建傳》

483 부공은……있었도다 : 부공은 송(宋)나라 인종(仁宗) 때의 명신인 부필(富弼)이다. 인종 때에 거란이 두 차례나 국경에 군대를 이끌고 와서 송나라 황실과의 혼인과 세폐(歲幣)의 증액 등을 요구하였으나, 부필이 단신으로 거란의 임금과 담판하여 모두 거절하였다. 특히 거란에서 송나라가 세폐를 보낼 때 '헌(獻)' 자가 아니면 '납(納)' 자라도 써야 한다고 요구하자 부필이 두 글자는 결코 쓸 수 없다고 거절하였으며, 전쟁을 일으키겠다고 위협하자 부득이하게 전쟁이 일어난다면 곡직(曲直)을 가지고 승부를 결정할 것이라며 담대하게 거절하였다. 《宋史 卷313 富弼列傳》

484 육십여……모였거늘 : 육십여 년은 북벌(北伐)을 계획했던 효종(孝宗)의 즉위년

사해의 안위는 황극전[485]에 있고 四海安危皇極殿
삼한의 강역은 통군정[486]에 닿았어라 三韓疆場統軍亭

제5수 其五

유연의 저자에는 나귀가 울며 개가 짖고[487] 驢鳴狗吠幽燕市

인 1649년으로부터 지금까지의 세월을 말한 것이다. 별이 모이는 것은 왕자(王者)나 패자(霸者)가 출현하여 천하를 평정할 징조이다. 《송서(宋書)》 〈천문지(天文志)〉에 의하면, 예로부터 수(水), 화(火), 금(金), 목(木), 토(土)의 오성(五星)이 한데 모인 적이 세 번 있었는데, 오성이 한데 모인 상서로 인하여 주(周)나라와 한나라는 왕(王)이 되었고 제(齊)나라는 패(霸)가 되었는바, 주 무왕(周武王)이 은(殷)나라를 정벌할 적에는 오성이 방성(房星)에 모였고, 제 환공(齊桓公)이 패자가 될 무렵에는 오성이 기성(箕星)에 모였으며, 한 고조(漢高祖)가 진(秦)나라를 쳐들어갔을 때는 오성이 동정성(東井星)에 모였다고 하였다.

485 황극전 : 중국 자금성(紫禁城) 안에 있는 정전(正殿)이다. 이는 명(明)나라 때의 이름이고, 청나라 때에는 태화전(太和殿)이라 불렸다.

486 통군정 : 평안도 의주읍성(義州邑城)에서 제일 높은 압록강 기슭 삼각산(三角山) 봉우리에 자리 잡고 있다. 의주읍성의 북쪽 장대(將臺)로서 서북 방위의 거점이었던 의주성의 군사 지휘처로 쓰였다.

487 유연의……짖고 : 유연은 청나라의 수도인 연경(燕京)을 가리키는 말로, 이 일대의 땅이 전국 시대에는 연(燕)나라에 속하고 당(唐)나라 이전에는 유주(幽州)에 속하였기 때문에 생긴 명칭이다. 나귀가 울며 개가 짖는다는 것은 북방 문사들의 수준이 형편없다는 말이다. 당나라 장작(張鷟)의 《조야첨재(朝野僉載)》 권6에 "양(梁)나라 때 유신(庾信)이 남조(南朝)에서 북방(北方)에 갔을 때 북방의 문사 온자승(溫子昇)이 지은 〈한릉산사비(韓陵山寺碑)〉를 읽고 이를 베꼈다. 유신이 묻기를 "북방의 문사들이 어떠하던가?"라고 하니, 온자승이 대답하기를 "오직 한릉산의 한 조각돌은 함께 말을 할 만하고, 설도형(薛道衡)과 노사도(盧思道)가 조금 글 지을 줄 알고, 나머지는 나귀가 울고 개가 짖어 귀를 시끄럽게 할 뿐이다.〔唯有韓陵山一片石堪共語, 薛道衡・盧思道少解把筆, 自餘驢鳴犬吠, 聒耳而已.〕"라고 했던 데서 온 말이다.

초월의 유자들은 누에 실과 소털이로다[488]	蠶縷牛毛楚越儒
은연중에 규벽의 별빛이 움직임을 느끼나니	暗覺星文動奎壁
노생은 잠시라도 목숨을 잇기를 바라노라[489]	老生延喘願須臾

488 초월의……소털이로다 : 초나라와 월나라 지역인 남방 문사들의 수준이 높음을 말한 것이다. 원(元)나라 학자 오징(吳澄)이 주희의 화상을 그려놓고 〈회암선생 주문공 화상찬(晦庵先生朱文公畫像讚)〉을 지어 칭송하기를 "현묘하고 은미한 의리는, 누에 실과 소털처럼 자세히 분석했네.〔義理玄微, 蠶絲牛毛.〕"라고 한 데서 온 말이다.

489 은연중에……바라노라 : 박권이 중국에 가서 중국의 학자들과 학문과 문장을 교유하면서 그 빛을 드러나 앞으로 성대하게 알려질 것이므로 삼연이 더 오래 살아 그 광경을 보겠다는 말이다. 규벽은 이십팔수(二十八宿) 중 규수(奎宿)과 벽수(壁宿)의 병칭으로, 이 두 별자리는 모두 문운(文運)을 관장한다. 목숨을 잇기 바란다는 것은 《한서(漢書)》 권51 〈가산전(賈山傳)〉에 "산동의 관리가 조령을 선포하자 비록 늙고 병든 백성이라도 지팡이를 짚고 가서 듣고는 잠시라도 죽지 말아서 덕화가 이루어짐을 보기를 바란다.〔山東吏布詔令, 民雖老羸癃疾, 扶杖而往聽之, 願須臾毋死, 思見德化之成.〕"라고 한 데서 온 표현이다.

우연히 명행 및 다른 여러 사람들과 함께 수성동을 찾아 마음 가는 대로 읊고서 같이 놀러 온 사람들에게 화답하게 하다[490]

偶與明行諸人尋水聲洞漫吟 屬同遊和之

얼어붙은 시내 고요하며 쓸쓸하고 눈 쌓인 봉우리 우뚝한데 氷溪寂歷雪峥嶸

옥동의 이름은 오히려 수성을 띠고 있구나[491] 玉洞名猶帶水聲

풀을 다투고[492] 꽃을 꺾던 것 모두 지난날의 자취이니 鬪草折花皆往迹

센머리로 찾아와서 소년과 짝하여 행락하네 白頭來伴少年行

490 우연히……하다 : 명행은 삼연의 족손(族孫)이다. 자는 학고(學古), 호는 현원(玄元)이며, 임피 현령(臨陂縣令)을 지낸 김시택(金時澤)의 아들이다. 수성동은 인왕산 기슭의 계곡 이름이다.

491 옥동의……있구나 : 옥동은 인왕산 기슭의 옥류동(玉流洞)으로, 수성동과 서로 맞붙은 계곡이다. 겨울이라 물이 얼어붙어 물소리는 들리지 않는데 계곡의 이름은 수성동이므로 이렇게 말한 것이다.

492 풀을 다투고 : 세시 놀이의 하나로, 여러 가지 풀을 뜯어다가 서로 비교하여 다양한 풀들을 많이 뜯은 사람이 이기는 놀이이다. 《古今事文類聚 卷9 鬪草戲》 다만 유래는 이러하나, 풀싸움은 동아시아 문화권에서 두루 전승되던 놀이로 그 실제 내용은 나라마다 상이하였고, 우리나라도 지역마다 조금씩 차이가 있었다.

《주역》 강론의 노래. 사경에게 보이다[493]

講易吟 示士敬

어젯밤은 수성동 있었고 昨夜水聲洞
오늘은 성 남쪽의 시사(詩社)에 있도다 今日城南社
빙설 속에서 높이 읊조리며 살짝 취하니 高哦微酡氷雪中
천기가 더불어 함께 오르내리네 天機與之俱上下
듣자니 그대가 《주역》 읽고 이미 고무되어 聞君讀易已鼓舞
위편[494]을 가지고서 강론하고자 한다 하네 欲把韋編作講話
모름지기 하도(河圖)와 낙서(洛書)는 통발과 올무임을 알아야 하니[495]

493 주역……보이다 : 사경은 삼연의 족질(族姪) 김시보(金時保)의 자이다.

494 위편 : 《주역》의 별칭이다. 공자(孔子)가 만년에 《주역》을 좋아하여, 죽간(竹簡)을 묶은 가죽끈이 세 번이나 떨어질〔韋編三絶〕 정도로 탐독했던 고사에서 온 말이다. 《史記 卷47 孔子世家》

495 모름지기……하니 : 하도는 복희씨(伏羲氏) 때 황하(黃河)에서 용마(龍馬)가 나왔는데 그 등에 1에서부터 10까지 그려져 있었던 그림으로, 복희씨가 이것을 보고 《주역》의 8괘를 그었다고 한다. 낙서는 하우씨(夏禹氏)가 9년 동안의 홍수를 다스릴 때 낙수(洛水)에서 신귀(神龜)가 나왔는데 그 등에 박힌 무늬로, 하우씨가 이것을 보고 홍범구주(洪範九疇)의 내용을 썼다고 한다. 모두 역(易)의 근본 수가 된다. 《주역》 〈계사전 상(繫辭傳上)〉에 "황하에서 도가 나오고, 낙수에서 서가 나오자, 성인이 이를 본받았다.〔河出圖, 洛出書, 聖人則之.〕"라고 하였다. 통발과 올무는 모두 수단을 가리키는 말이다. 《장자(莊子)》 〈외물(外物)〉에 "통발은 물고기를 잡는 도구인데 물고기를 얻으면 통발은 잊고, 올무는 토끼를 잡는 도구인데 토끼를 잡으면 올무는 잊는다."라고 하였다. 곧 이 구절은 역의 이치를 깨닫되, 표면적으로 드러난 수단에 불과한 하도와 낙서에 집착해서는 안 된다는 말이다.

須知圖書是筌蹄

천마가 어찌 토끼 파는 자와 다름이 있으랴[496] 天馬何異賣兎者

눈에 보이는 모든 사물 떠나 따로 괘 있는 것 아니요 眼中無物不是卦

획을 긋기 전에 역이 있거늘 아는 자 드물도다 畫前有易會者寡

하나하나 삼십육궁의 봄이 頭頭三十六宮春

눈에 가득 인온함도 한 줌에 차지 않아라[497] 滿目氤氳不盈把

복희의 머리 위에서 왕래해야 할 것이요 伏羲頂上須去來

소옹의 다리 아래에서 쉬며 배회해야지 邵翁脚下休徘徊

만약 내년 어디에 우레 칠지 추리한다면[498] 若推明年何處雷

496 천마가……있으랴 : 앞 구절과 유사한 뜻으로, 천하의 모든 사물에서 역의 이치를 볼 수 있으니 굳이 하도와 낙서 등에 집착할 필요가 없다는 말이다. 이천(伊川) 정이(程頤)가 어느 날 토끼 파는 자를 보고는 "성인(聖人)이 하도와 낙서를 보고 8괘를 그리셨으나, 하필 하도와 낙서뿐이랴. 이 토끼만 보고서도 8괘를 만들 수 있으니, 수(數)가 곧 이 가운데에서 일어날 수 있는 것이다. 옛 성인은 다만 지극히 드러난 신물(神物)을 취하셨을 뿐이니, 수목(樹木) 같은 것에서도 수(數)를 볼 수 있다."라고 하였다. 《二程全書 卷18》《周易傳義 易說綱領》

497 하나하나……않아라 : 천지에 두루 가득 퍼져 조화하고 생성하는 음과 양의 모든 일들이 매우 광대해 보이지만, 하나의 역의 이치로 귀결될 때에는 한 줌에도 차지 않을 만큼 간단하게 응집할 수 있다는 말이다. 삼십육궁은 음과 양의 64괘를 가리킨다. 송(宋)나라 소옹(邵雍)의 〈관물음(觀物吟)〉에 "천근과 월굴이 한가로이 왕래하니, 삼십육궁이 모두 다 봄빛이로다.〔天根月窟閑往來, 三十六宮都是春.〕"라고 한 데서 온 말이다. 《擊壤集 卷16》 '인온(氤氳)'은 '인온(絪縕)'이라고도 쓰는데, 천지의 음과 양의 기운이 화합하고 조화하여 만물을 생성해내는 모습을 형용한 말이다. 《주역》 〈계사전 하(繫辭傳下)〉에 "하늘과 땅은 음과 양의 두 기운을 화합하여 만물을 생성한다.〔天地絪縕, 萬物化醇.〕"라고 하였다.

그대는 남쪽 매화 가지에 물어보게나　　　　君其問諸南枝梅

498 만약……추리한다면 : 양(陽)이 어느 곳에서 먼저 생동할지를 미루어본다는 말이다. 송나라 소옹의 〈관물음〉에 "지가 뇌를 만난 때 천근을 볼 수 있다.〔地逢雷處見天根〕"라고 하였는데, 천근은 양을 뜻하는 말이고, 지가 뇌를 만난다는 것은 일양(一陽)이 처음 생겨나는 지뢰복괘(地雷復卦)를 가리키는 말이다. 《擊壤集 卷16》

덕이의 생일에 그 맏이가 축수하는 술자리를 마련하고서 초청하였는데 사경을 비롯한 여러 사람과 함께 가서 밤에 술을 마시며 함께 장편시를 읊다[499]

德以生日 其胤設壽樽見邀 與士敬諸君赴 仍卜夜 同賦長篇

말년에 또 한겨울 맞으니	晩世又窮冬
촌락은 날로 소슬하네	墟里日蕭瑟
눈앞에 흐르는 풍계의 물	眼前楓溪水
시내는 세상과 함께 숱한 세월 흘러왔어라	川與世相閱
늙어가는 소나무에 여라 덩굴 얽혔고	松之垂老女蘿結
눈발 막 떨어지자 하얀 싸라기 빽빽하다	雪之初落素霰密
나는 온갖 감회에 쉬이 상한 정신으로	我懷百感易損神
취수당[500]에서 종족들과 함께 모였네	翠叟堂中會同人
남과 함께하되 종당(宗黨)과 함이 어찌 부끄러운 도이랴[501]	同人于宗豈吝道

499 덕이의……읊다 : 덕이는 삼연의 족질(族姪) 김시택(金時澤, 1660~1713)의 자이다. 김시택의 맏이는 김명행(金明行)이다. 김시택의 생일은 12월 초2일이므로 이 시 역시 이날 지은 것이다. 《鳳麓集 卷4 祖考行狀》

500 취수당 : 문맥상 김시택의 당호일 듯하나 미상이다.

501 남과……도이랴 : 《주역》 〈동인괘(同人卦) 육이(六二)〉에 "남과 함께하되 종당(宗黨)과 하니, 부끄럽다.〔同人于宗, 吝.〕"라고 하였는데, 이는 사사로이 편벽되게 친하여 도리에 있어 편협하므로 부끄러워할 만하다는 뜻이다. 그러나 삼연은 《주역》의 이 말과 달리 종당과 함께하는 것은 좋은 일이라고 한 것이다.

무릇 지금의 사람들은 나와 친한 이가 없거늘　凡今之人莫我親
당 중에 마련한 술이 민수처럼 많으니[502]　堂中有酒酒如澠
네가 뽕나무 활 건 날[503]이 오늘임을 알겠어라　知爾懸弧卽此辰
아이 시절 총죽[504] 가지고서 놀던 너희들　童時蔥竹爾後曹
어느새 오십 년 세월 흘러 지금은 하얀 머리 되었구나
　倏焉五十今霜毛
병을 앓은 뒤에 침상에서 매미 허물 벗었고[505]　病後衾枕脫蟬殼
흥취 일자 붓과 벼루에서 고래 파도 같은 문장 번드치네
　興來筆硯翻鯨濤
시가에 똑같이 성벽(性癖) 있는 사경이 이르니　詩歌同癖士敬至
강락이 형이요 혜련이 아우로다[506]　康樂爲昆惠連季
풍계에서 운자 나눴던 일 절로 옛 시령(詩令)[507]이요

502 당……많으니 : 민수는 전국 시대 제(齊)나라에 속했던 강물 이름이다. 춘추 시대에 진후(晉侯)가 제후(齊侯)에게 연회를 베풀었을 때 투호(投壺)를 하면서 서로 응답하였는데, 제후가 "술은 민수처럼 많고 고기는 언덕처럼 많다.〔有酒如澠, 有肉如陵.〕"라고 한 데서 온 말이다. 《春秋左氏傳 昭公 12年》

503 뽕나무……날 : 생일을 뜻하는 말이다. 《예기(禮記)》 〈내칙(內則)〉에 "자식을 낳으면 남자일 경우는 문 왼쪽에 뽕나무 활을 걸고, 여자일 경우는 문 오른쪽에 수건을 건다.〔子生, 男子設弧於門左, 女子設帨於門右.〕"라고 하였다.

504 총죽 : 파로 만든 피리와 대나무 말이다. 어렸을 때 함께 놀던 사이를 가리킨다.

505 매미 허물 벗었고 : 보통은 선탈(蟬脫)이라 하여 매미가 껍질을 벗듯 환골탈태(換骨奪胎)해서 신선이 된다는 말인데, 여기에서는 병을 앓고서 가볍게 털고 일어난 것을 형용한 말이다.

506 강락이……아우로다 : 강락은 강락공(康樂公)에 봉해진 남조(南朝) 송(宋)나라의 사영운(謝靈運)이다. 그의 아우가 사혜련(謝惠連)이었는데 형제가 모두 문장으로 이름이 났다. 김시보(金時保)를 사영운에 비기고, 김시택을 사혜련에 비긴 것이다.

楓溪分韻自舊令

오도에서 시통(詩筒) 전한 것은 또한 선조의 일 따른 것이라[508]

鰲島傳筒亦述事

앞에 동이 술 있어 시를 읊을 만하니　　前有樽酒可以賦

천금처럼 귀한 손님과 주인이 만년토록 이어질 뜻 나누노라

賓主千金萬年意

남산의 잔디와 북산의 쑥도 심상한 표현이니[509]　　南臺北萊亦尋常

백설과 유란[510]에 술을 권할 만하도다　　白雪幽蘭可侑觴

현랑은 화순하여 옥과 같이 윤택한 얼굴이니　　玄郎婉愉睟玉面

어찌 부형이 드시도록 하는 예모만 갖추었으랴[511]　　豈惟禮貌先生饌

507 시령(詩令) : 여럿이 모여 시를 지으면서, 시를 짓는 시간이나 짓지 못했을 때의 벌칙과 같은 시 짓기와 관련하여 정하는 규정을 말한다.

508 오도에서……것이라 : 오도가 어디인지는 미상이나, 혹 충청도 홍성의 오두촌(鰲頭村)을 가리키는 것은 아닌가 한다. 김시택의 증조 김광현(金光炫)이 오두촌에 우거하였으며, 김시택의 아내 나부인(羅夫人)이 오두(鰲頭)의 고제(故第)에서 죽었다는 기술이 있다. 또한 김시보의 시에도 제목에서는 '오두'라고 적고 시구 안에서는 '오도'라고 한 것이 보인다. 《文谷集 卷20 大司憲金公墓表》《茅洲集 卷1 有懷寄鰲頭, 卷10 學古墓誌銘》 아마도 삼연과 김시택, 김시보의 선대에 이곳에서 모여 시를 읊었던 일이 있었고, 이후 삼연 대에 와서도 똑같이 어울려 시를 읊었던 일이 있었던 듯하다.

509 남산의……표현이니 : 생일을 맞은 사람에게 만수무강하라고 하는 것은 평범한 축사에 지나지 않는다는 말이다. 《시경》 〈소아(小雅) 남산유대(南山有臺)〉에서 "남산에 잔디가 있고, 북산에 쑥이 있도다. 즐거운 군자여, 국가의 터전이로다. 즐거운 군자여, 만수무강하리로다.〔南山有臺, 北山有萊. 樂只君子, 邦家之基. 樂只君子, 萬壽無期.〕"라고 하였다.

510 백설과 유란 : 아름다운 거문고의 곡조이다. 초(楚)나라의 송옥(宋玉)이 만든 곡이라고 한다. 《文選註 卷13》

색동옷 입고서 잔치에서 춤을 추니[512] 斑爛之衣在舞筵

참으로 요대[513]에서 눈꽃 휘돌아 날리는 것 같아라 好逐瑤臺雪花翩

기쁜 기운이 온 집안에 가득 차니 喜氣盈堂復充宇

온화한 기운 속에 섣달 날씨인 것도 깨닫지 못하네 藹然未覺爲臘天

모름지기 사라지기 어려운 것이 이 즐거움임을 알지니

須知難朽是此樂

하룻밤 보내고 나뉘어 날아감[514]을 논하여 무엇하랴

何論分飛有一夕

서쪽에 솟은 산과 동쪽으로 흘러가는 물[515] 할 것 없이

遮莫西峙與東逝

시를 지어 해마다 멀리서 축원 부쳐야지 作詩年年寄遙祝

511 현랑은……갖추었으랴 : 현랑은 김시택의 맏이로 호가 현원(玄元)인 김명행을 가리킨다. 부형이 드시도록 하는 예모란 《논어》 〈위정(爲政)〉에 "얼굴빛을 온화하게 하기가 어려우니, 부형에게 일이 있으면 자제가 그 수고를 대신하고, 술과 밥이 있으면 부형이 드시도록 하는 것을 일찍이 효라고 할 수 있겠는가.〔色難, 有事, 弟子服其勞, 有酒食, 先生饌, 曾是以爲孝乎.〕"라고 한 말을 가리킨다. 즉 김명행이 단순히 겉으로 예모만 갖추었을 뿐 아니라 온화한 얼굴빛으로 부모를 진심으로 잘 봉양한다는 말이다.

512 색동옷……추니 : 김명행이 부친을 기쁘게 하기 위해 춤을 춘다는 말이다. 춘추시대 초(楚)나라의 은사(隱士)인 노래자(老萊子)가 70의 나이에도 불구하고 부모님을 기쁘게 해 드리기 위하여 어린아이처럼 색동옷을 입고 재롱을 부렸다. 《小學 稽古》

513 요대 : 옥으로 장식한 누대로 신선이 거처하는 곳을 가리킨다.

514 나뉘어 날아감 : 서로 이별한다는 말이다. 고악부(古樂府) 〈동비백로가(東飛伯勞歌)〉에 "동쪽으로는 백로가 날고 서쪽으로는 제비가 난다.〔東飛伯勞西飛燕〕"라고 한 데서 온 말이다.

515 서쪽에……물 : 서쪽과 동쪽으로 서로 나뉘어 사는 각자의 거주지를 말한 것이다.

옥배가

玉杯歌

옥 술잔 옥 술잔 어디에서 얻었나 玉杯玉杯何處得

수몽 선생[516] 댁에서 나온 것이로세 出自守夢先生宅

선생의 자질 아름다워 자리의 보배[517]라 일컬어졌으니 先生質美稱席珍

따뜻하고 윤택한 유호[518]에 덕을 비길 만했어라 溫潤肉好可比德

택상에게 전하기를 모두 두 번 하니[519] 傳之宅相凡再轉

516 수몽 선생 : 정엽(鄭曄, 1563~1625)으로, 본관은 초계(草溪), 자는 시회(時晦), 호는 수몽, 시호는 문숙(文肅)이다. 송익필(宋翼弼), 성혼(成渾), 이이(李珥)의 문인이며, 1583년(선조16) 문과에 급제하였다. 인목대비를 폐위하는 데 반대하여 벼슬을 그만두었다가 인조반정 후에 다시 벼슬하여 대사헌, 우참찬 등을 역임하였다. 저서에 《수몽집》이 있다.

517 자리의 보배 : 뛰어난 학덕을 소유한 유자(儒者)를 비유하는 표현이다. 춘추 시대 노(魯)나라 애공(哀公)이 공자에게 자리를 권하자, 공자가 모시고 앉아서 "유자는 자리 위에 귀한 보배를 준비해놓고서 초빙해주기를 기다리는 사람이다.〔儒有席上之珍以待聘〕"라고 말한 고사에서 유래하였다. 《禮記 儒行》

518 유호 : 둥근 옥기(玉器)이다. 유(肉)는 둘레의 변(邊)을 뜻하고, 호(好)는 가운데의 구멍을 뜻한다.

519 택상에게……하니 : 택상은 훌륭한 외손을 뜻한다. 진(晉)나라 위서(魏舒)가 어려서 외가인 영씨(寧氏) 집에서 자랐는데, 그 집터의 미래를 점친 자가 장차 귀한 외손이 나오게 될 것이라고 예언한 말대로, 위서가 나중에 사도(司徒)의 지위에까지 올랐다는 고사에서 비롯되었다. 《晉書 卷41 魏舒列傳》 정엽의 차녀는 나만갑(羅萬甲)에게 시집갔고, 나만갑의 손녀는 김시택(金時澤)에게 시집갔다. 택상에게 옥 술잔이 두 번 전해졌다는 것은 바로 이 계통대로 전해진 것이다. 《象村稿 卷28 鄭知事行狀》《茅洲集

현원[520]의 품속에 술잔 품게 되었구나 玄元襟懷亦抱白
열 겹으로 깔개 깔고 정중히 주고받으니 十襲爲藉謹付受
색동옷 입고 춤추는 저녁[521]에 손님들에게 자랑해 보였네
誇示諸賓舞綵夕
출렁이는 깊은 술동이에서 술을 부어 마신 후 瀲灩深樽斟酌餘
사람들 흩어지고 집은 고요한 이경의 촛불 켠 밤 人散軒靜二更燭
심지 돋워가며 내 비로소 자세히 살펴보노라니 剪燭吾始仔細看
나도 모르게 옷깃 여미고 눈을 비비게 되네 不覺斂衽仍拭目
정결한 경촌[522]이 많은 아름다움 온축하였으니 瑟然徑寸蘊諸美
중심부에 진백색을 품고 겉면은 녹색이어라 胸藏眞白肌猶綠
남전[523]의 따뜻한 안개가 눈 내리는 밤에 생겨나더니
藍田煖煙生雪夜
어두컴컴한 가운데 무지갯빛이 높은 지붕을 쏘누나
黯黯虹光射高屋
수정과 유리가 어찌 기이하지 않으랴만 水晶琉璃豈不奇
오히려 들썩이는 빛과 번득이는 색이 있네 猶有浮暉與閃色

卷10 學古墓誌銘》

520 현원 : 삼연의 족손(族孫)이자 김시택의 아들인 김명행(金明行)의 호이다.

521 색동옷……저녁 : 김명행의 부친 김시택의 생일날이다. 495쪽 주512 참조.

522 경촌 : 직경이 한 치 되는 보배를 가리키는 말이다. 전국 시대 제(齊)나라 위왕(威王)과 위(魏)나라 혜왕(惠王)이 회동했을 때, 혜왕이 위왕에게 말하기를 "과인(寡人)의 나라가 작지만 수레를 앞뒤로 각각 12승(乘)을 환히 비출 수 있는 경촌(徑寸)의 구슬이 10매(枚)나 있습니다."라고 한 데서 온 말이다. 《史記 卷46 田敬仲完世家》

523 남전 : 섬서성(陝西省)에 있는 고을 이름으로, 미옥(美玉)의 생산지로 유명하다.

때문에 군자는 취사선택함이 있으니 所以君子有取舍
이 옥만을 제단과 빈연에 올린다네 特薦祀壇或賓席
생각건대 변화가 쪼개지 않았을 적에 却思卞和未剖時
한 덩어리로 그저 곤산의 옥돌이었어라[524] 塊然只是崑山璞
좋은 옥을 쪼고 갈아낸 공력이 또한 세밀하니 良玉琢磨功亦密
먼저 몽치로 뚫고 이후에 모래와 돌로 갈았어라 先以椎鑿後沙石
좋은 자질 믿고서 스스로 닦음을 소홀히 하지 말지니 莫恃良質忽自修
현원아 현원아 너는 보중할지어다 玄元玄元爾珍惜

524 생각건대……옥돌이었어라 : 옥장(玉匠)이 다듬어 귀한 술잔으로 만들기 전에는 평범한 옥돌에 불과했다는 말이다. 변화는 춘추 시대 초(楚)나라 사람이다. 그가 옥돌을 얻어 초 여왕(楚厲王)에게 바쳤는데, 여왕이 옥인(玉人)을 시켜 감정한 결과 옥이 아니고 돌이라 하므로, 왕을 속였다 하여 벌로 변화의 왼쪽 발꿈치를 베었다. 그 후 무왕(武王) 때에 다시 바쳤으나 역시 속였다 하여 오른쪽 발꿈치를 베이는 형벌을 당하였다. 문왕(文王)이 즉위한 후에는 변화가 그 옥돌을 안고 초산(楚山) 아래 가서 주야를 울어대니 눈에서 피가 나올 지경이었는데, 왕에게 이 사실이 알려져 그제야 옥돌을 쪼개 보니 참으로 귀한 옥이므로 이것을 가지고 천하제일의 보배인 화씨벽(和氏璧)을 만들게 되었다는 고사가 전한다. 《韓非子 和氏》 곤산은 곤륜산으로, 옥돌이 지천에 깔린 곳이다. 한(漢)나라 환관(桓寬)의 《염철론(鹽鐵論)》에 "곤륜산 주변에서는 박옥을 던져 까치를 잡기도 한다.〔崑山之旁, 以玉璞抵烏鵲.〕"라고 하였다.

안현가[525]

鞍峴歌

정금남[526]은 진영웅이라	鄭錦南眞英雄
기골과 정신이 만인 중에서 출중하였네	骨聳精緊萬人中
기색과 풍모 분명한 주의봉이요[527]	氣候分明朱義封
흉금이 평온하고 고요한 왕사공이로다[528]	胸襟沈靜王司空

525 안현가 : 안현은 우리말로 '길마재'로 지금의 서울 무악재를 말한다. 1624년(인조2) 이괄(李适)이 난을 일으켰을 때 정충신(鄭忠信) 등이 반란군을 대파한 곳이다.

526 정금남 : 이괄의 난을 평정한 공로로 금남군(錦南君)에 봉해진 정충신(1576~1635)이다. 본관은 광주(光州), 자는 가행(可行), 호는 만운(晩雲), 시호는 충무(忠武)이다. 1592년(선조25)에 임진왜란이 일어나자 광주 목사(光州牧使) 권율(權慄)의 휘하에서 종군하였다. 안주 목사(安州牧使)로 방어사(防禦使)를 겸임하고 있던 중 1624년 이괄의 난이 일어나자 도원수 장만(張晩)의 휘하에서 전부대장(前部大將)이 되어 이괄의 군사를 황주와 서울 안현에서 무찌르고 진무공신(振武功臣) 1등으로 금남군에 봉해졌다. 정묘호란 때에는 부원수를 지냈고, 이후 경상도 병마절도사를 지냈다.

527 기색과……주의봉이요 : 주의봉은 삼국 시대 오(吳)나라 장수인 주연(朱然)으로, 의봉은 그의 자이다. 《삼국지(三國志)》 〈오지(吳志) 주연전(朱然傳)〉에 "주연은 키가 7척도 되지 않았으나, 기색과 풍모가 분명하고 지조와 품행이 고결하며, 다듬고 꾸미는 것은 오직 군기(軍器)였을 뿐 나머지 모든 것들은 질박하였으며, 종일토록 삼가고 조심하여 항상 전장에 있는 것처럼 하였다.〔然長不盈七尺, 氣候分明, 內行修潔, 其所文采, 惟施軍器, 餘皆質素, 終日欽欽, 常在戰場.〕"라고 하였다.

528 흉금이……왕사공이다 : 왕사공은 당(唐)나라 때 사공 벼슬에 증직된 왕사례(王思禮)이다. 본래 고구려(高句麗) 사람으로 시호는 무열(武烈)이다. 당나라에 들어가 곽자의(郭子儀)와 함께 안남(安南) 지방을 공략하는 등 여러 차례에 걸쳐 많은 전공을 세우고 뒤에 벼슬이 병부 상서(兵部尙書), 하동절도 부대사(河東節度副大使)에 이르

또한 《춘추》에 벽 있었고[529] 亦有春秋癖
《육도》를 꿰뚫고 《삼략》을 통달했어라[530] 經緯六韜三略通
평소 자신을 알아준 이는 이오성이요[531] 平生知遇李鰲城
한때에 섬긴 이는 장옥성이로다[532] 一時服事張玉城

렸다. 두보(杜甫)가 당나라의 현신(賢臣) 여덟 사람의 죽음을 애도하며 지은 〈팔애시(八哀詩)〉 중 왕사례를 추모한 부분에 "흉금이 날마다 평온하고 고요하다.〔胸襟日沈靜〕"라고 하였다. 《杜少陵詩集 卷16》

529 또한……있었고 : 벽(癖)은 무엇을 몹시 좋아하여 고치기 어려울 정도의 습관으로 굳어버렸다는 말이다. 《춘추》는 존왕(尊王)의 의리가 분명한 책이다. 진(晉)나라 때 대장군(大將軍)을 지낸 두예(杜預)가 《춘추좌씨전(春秋左氏傳)》을 몹시 좋아하여 스스로 '좌전벽(左傳癖)'이 있다고 하였다. 《晉書 卷34 杜預列傳》

530 육도를……통달했어라 : 《육도》는 주(周)나라 때 여망(呂望)이, 《삼략》은 한(漢)나라 때 황석공(黃石公)이 지었다고 전해지는 고대의 병법서로, 보통 병법을 지칭하는 말로 쓰인다.

531 평소……이오성이요 : 이오성은 오성부원군(鰲城府院君)에 봉해진 이항복(李恒福, 1556～1618)이다. 본관은 경주(慶州), 자는 자상(子常), 호는 필운(弼雲)·백사(白沙)·동강(東岡), 시호는 문충(文忠)이다.1590년(선조23) 정여립(鄭汝立)의 모반사건을 처리하여 평난공신(平難功臣) 3등에 녹훈되었다. 1592년 임진왜란이 일어나자 선조를 의주(義州)까지 호종하였다. 1600년 영의정이 되었으며, 1601년 호성공신(扈聖功臣) 1등에 녹훈되었다. 임진왜란 때 정충신이 17세의 어린 나이에 광주 목사(光州牧使) 권율(權慄)의 명으로 선조가 있는 의주까지 갔다가 당시 병조 판서로 있던 이항복의 눈에 들어 크게 칭찬을 받았고 그에게 사서(史書)를 배웠으며, 그해 가을에 행재소에서 실시하는 무과에 응시하여 합격하기까지 하였다. 후에 이항복이 인목대비(仁穆大妃)의 폐위를 반대한 일로 북청(北靑)으로 유배 가자 정충신이 함께 수행하였으며, 이항복이 세상을 떠나자 손수 염습하여 영구를 받들고 돌아와 심상(心喪) 3년을 지내기까지 하였다. 《芝湖集 卷11 錦南君鄭公行狀》

532 한때에……장옥성이로다 : 장옥성은 옥성부원군(玉城府院君)에 봉해진 장만(張晩, 1566～1629)이다. 본관은 인동(仁同), 자는 호고(好古), 호는 낙서(洛西)·이호주

관서의 도독부가 보잘것없어 關西督府載草草

진영과 성루는 반만 정비되고 병사는 조련되지 않았네

半繕營壘未鍊兵

벌 눈을 한 장군이 신속하게 거사하니[533] 蜂目將軍擧事速

병졸들 정예로워 조정 가볍게 여긴 지 오래로다 卒銳久已輕朝廷

승승장구 일만 기병 일으키는 먼지가 하늘 가리니 長驅萬騎蔽天塵

전모하는 청의가 수천 사람이었네[534] 前茅青衣數千人

인(梨湖主人), 시호는 충정(忠定)이다. 1591년(선조24) 별시 문과에 합격하여 정언, 지평, 봉산 군수(鳳山郡守), 대사간 등을 역임하고 주청부사(奏請副使)로서 두 차례 명나라에 다녀왔다. 이후 전라도와 함경도의 관찰사, 평안도 병마절도사, 형조와 병조의 판서 등을 지냈으며, 이괄(李适)의 반란을 진압한 공으로 진무공신(振武功臣) 1등에 책록되었다. 정충신은 어린 나이에 무과에 급제한 후 장만의 휘하에서 편비(褊裨)가 되어 함경도와 평안도 등에서 종사하였다. 《芝湖集 卷11 錦南君鄭公行狀》

533 벌……거사하니 : 벌 눈을 했다는 것은 성품이 사납고 흉악한 것을 비유하는데, 여기에서 벌 눈을 한 장군이란 곧 관서 지방에서 반란을 일으킨 이괄(李适)이다. 일찍이 조선 중기 때의 역술가 남사고(南師古)가 예언하기를 "벌 눈을 한 장군이 서방에서 일어난다."라고 하였는데, 뒤에 이괄이 영변(寧邊)에서 반란을 일으켰고, 이괄의 눈이 벌 눈 모양이었다고 한다. 《研經齋全集 卷54 草榭談獻1 南師古・鄭斗》

534 전모하는……사람이었네 : 전모는 선봉 부대가 앞에서 정찰하며 모정(茅旌)의 깃발을 들어서 후군(後軍)에게 경계하게 하는 것을 말한다. 곧 본대에 앞서가는 척후병 또는 선봉 부대의 의미이다. 청의는 왜적(倭賊)을 뜻한다. 임진왜란이 일어나기 전 역학(易學)에 능통했던 주부(主簿) 박상의(朴尙義)가 이정귀(李廷龜)에게 청의를 입은 도적이 도성의 동문과 남소문으로 들어올 것이라고 예언했는데, 과연 몇 해 지나지 않아 왜적이 쳐들어왔다. 정유재란 때 양호(楊鎬)가 도성에 들어와서 접반사(接伴使) 이덕형(李德馨)에게 청의를 입은 도적에 대한 예언을 한 사람이 있는 것을 알고 있으니 만나게 해달라고 하였고, 박상의를 자신의 막하에 두고 군사(軍師)로 대우하면서 전투에 관한 일을 항상 자문하였다. 《頤齋遺藁 卷22 主簿朴公傳》 이괄은 영변에서 반란을

살수와 저탄[535]이 일시에 무너지니　　薩水猪灘一勢潰
백관들은 맨발로 도망치고 임금도 피신하였지　　百官跣足千乘奔
원수는 후퇴하여 그저 대책 없이 있으니　　元戎左次但袖手
왕은 적 앞에 있고 우리 군은 뒤에 처져 있었어라[536]　　王在賊前我在後
장군이 이에 매처럼 날랜 병사를 시험하여　　將軍於此試鷹騰
남이흥이 좌우에서 이끌며 도왔도다[537]　　左提右挈南以興
기회를 결단하여 먼저 북산을 점거하자 외치니　　決機先唱據北山
아기를 구름 사이에 높이 꽂았네[538]　　牙旗高挿雲之間

일으킬 당시 임진왜란 때 포로로 잡힌 항왜(降倭)들을 선봉으로 세웠다.

535 살수와 저탄 : 살수는 평안도 안주(安州)의 청천강(淸川江)이며, 저탄은 황해도 평산(平山)의 예성강(禮成江) 상류 지역이다.

536 원수는……있었어라 : 당시 이괄의 군대가 신속히 도성으로 진격하여 장만의 군대가 뒤를 좇았으나 이미 이괄의 군대는 최후 방어선으로 설정했던 임진강을 넘었고 인조도 남쪽의 공주로 피신한 상태였다. 이에 장만이 군대를 물리고 이괄의 군대와 교전할 수 없다고 하면서 도강하여 왕의 행차를 좇아가고자 하였다. 《記言 別集 卷23 宜春君碑》

537 장군이……도왔도다 : 남이흥(1576～1627)은 본관은 의령(宜寧), 자는 사호(士豪), 호는 성은(城隱), 시호는 충장(忠壯)이다. 1602년(선조35) 무과에 급제하고 이괄(李适)의 난 때 장만의 휘하에서 공을 세워 의춘군(宜春君)에 봉해졌다. 1627년 평안도 병마절도사 겸 영변 부사로 재직 중 정묘호란이 일어나자 후금(後金) 군대와 맞서 싸우다 미리 준비한 화약 상자에 불을 붙여 적군과 함께 장렬히 전사했다. 이괄의 난 당시 장만이 적군과 교전을 멈추고 왕의 행차를 좇아가고자 하자 남이흥이 이에 반대하며 정충신과 함께 적과의 교전을 주장하였고, 이에 안현에 진을 치고 적과 싸우게 되었다. 《記言 別集 卷23 宜春君碑》

538 기회를……꽂았네 : 당시 장만이 장수들과 함께 군대를 진격하여 이괄의 군대와 교전할지 여부를 논의하였는데, 정충신이 방책을 건의하여 “병법에 따르면 먼저 북산을

적군이 벌과 개미 떼처럼 모여 화살을 비처럼 퍼부으며 올라왔는데 蜂攅蟻集仰萬弩

바람이 서쪽에서 불어와 하늘의 노여움을 떨쳤어라[539] 風自西來鼓天怒

한양성 온 거리에 지붕 기와 들썩이고 漢城千街屋瓦震

필운대[540] 삼면에 회오리 모래 춤추었네 弼雲三面飆沙舞

어지러이 쏟아지는 포탄 아래 적들은 남김없이 사라지고 亂砲之下賊無餘

용의는 화천 가에서 피 칠갑을 하였도다[541] 龍衣衺血禾川滸

차지하는 자가 승리합니다. 우리 군대가 만약 안현을 차지하고 진을 쳐서 유리한 형세를 얻는다면 반드시 적을 격파할 것입니다."라고 하였다. 이 계책이 받아들여져 아군이 급히 안현을 점거하고 적의 봉졸(烽卒)을 생포하여 아무 일도 없다는 뜻의 봉화를 올려 적군을 속이고 기선을 제압하였다.《嘉梧藁略 15冊 副元帥錦南君忠武鄭公神道碑》 북산을 점거한다는 것은, 전국 시대 진(秦)나라가 한(韓)나라를 치기 위해 알여(閼與)로 진군해오자, 조왕(趙王)이 조사(趙奢)를 보내 알여를 구원하도록 했던 일에서 온 말이다. 당시 조사의 군대가 진나라 군대와 대치하고 있을 때 허력(許歷)이라는 병사가 "먼저 북산의 정상을 점령하는 쪽이 이길 것이니, 나중에 도착하는 쪽은 질 것입니다."라고 한 건의를 받아들여 승리하였다. 북산은 알여 부근의 산 이름이다.《史記 卷81 廉頗藺相如列傳》

539 바람이……떨쳤어라 : 적들이 아군이 안현에 진을 친 것을 보고 개미 떼처럼 몰려들었는데, 갑자기 홀연 바람이 방향을 바꾸어 불자 아군의 기세가 더욱 올라가 마침내 적을 퇴각시켰다.《嘉梧藁略 15冊 副元帥錦南君忠武鄭公神道碑》

540 필운대 : 397쪽 주264 참조.

541 용의는……하였도다 : 용의는 당시 이괄의 반란군에 의해 임금으로 추대된 흥안군(興安君) 이제(李瑅)를 가리킨다.《남한일기(南漢日記)》 안의 〈십승보신지지(十勝保身之地)〉 항목과 《정감록(鄭鑑錄)》에 이괄의 난을 예언한 말 중에 "적들이 화천에서 패망한다.〔敵亡禾川〕"라는 말이 있다.

개선가 북소리 둥둥 울리니 종거가 완전하고[542] 凱鼓淵淵鐘簴完
어가(御駕)가 천천히 금강을 건너 돌아오셨네 翠華徐渡錦水還
길 좌측에서 서인의 복장으로 엎드리니[543] 道左匍匐庶人服
공훈 드높되 마음 근신함을 왕이 찬탄하였어라 功高心小王乃嘆
한강이 띠처럼 되고 정악이 숫돌 되도록 공훈 기리며
漢水如帶鼎嶽礪
백마의 붉은 피를 구리 쟁반에 담아 맹세하도다[544] 白馬朱血登銅盤
돈의문 남쪽에 화극이 섰으니 敦義門南畫戟竪

542 종거가 완전하고 : 무사히 난이 평정되었다는 말이다. 종거는 종묘에서 종을 매다는 틀이다. 당나라 때 이성(李晟)이 주자(朱泚)의 반란을 평정하고 수도를 수복한 뒤 임금에게 우공이(于公異)를 시켜 보고한 글에 “종거가 여전하며 종묘의 모습도 예전과 같습니다.〔鍾簴不移, 廟貌如故.〕”라고 한 데서 온 말이다. 《新唐書 卷203 列傳 文藝下 于公異》

543 길……엎드리니 : 이는 정충신의 행적이 아니라 장만의 행적이다. 장만은 어가가 도성으로 돌아올 때 서인의 복장을 하고 길 좌측에 엎드려 “적을 늦게야 소탕하는 바람에 상께서 몽진(蒙塵)하시도록 만들었다.”라고 하면서 죄를 청하였다. 한편 정충신은 다른 장수들이 모두 어가를 맞이할 때 홀로 관서의 본진(本鎭)으로 돌아가면서 “내가 역적을 속히 없애지 못하여 임금을 몽진하게 했으니 어찌 감히 공을 자처하겠는가.”라고 하였다. 《谿谷集 卷13 竭誠奮威出氣效力振武功臣輔國崇祿大夫行議政府右贊成玉城府院君張公神道碑銘》《芝湖集 卷11 錦南君鄭公行狀》《嘉梧藁略 15冊 副元帥錦南君忠武鄭公神道碑》

544 한강이……맹세하도다 : 공신의 공훈을 기리며 맹약하는 것이다. 한(漢)나라 고조(高祖) 유방(劉邦)이 개국 공신들을 책봉하면서 “황하가 변하여 끈처럼 되고, 태산이 바뀌어 숫돌처럼 될 때까지, 그대들의 나라가 영원히 존속되어, 후손들에게 전해지도록 할 것을 맹세한다.〔使河如帶, 泰山若礪, 國家永寧, 爰及苗裔.〕”라고 하였다. 《史記 卷18 高祖功臣侯者年表》 또한 옛날에는 공신들과 맹약할 때 백마의 피를 사용하였다. 정악은 북한산의 별칭이다.

철권을 보관한 공이 살던 집 남아 있네　鐵券所藏遺棟宇
공은 산하와 함께하여 사라지지 않거니와　功在山河不可泯
집은 여관과 같은지라 몇 번이나 주인이 바뀌었나　屋如傳舍幾易主
눈 속에 말을 타고 변변찮은 유자가 지나니　雪天鞍馬小儒過
집 앞의 안현은 아직도 드높구나　軒前鞍峴猶嵯峩
지금껏 나라가 명맥 이은 것은 이 고개 덕이니　到今國活賴此峴
장군이 없었더라면 나라가 어찌 되었으랴　不有將軍國如何
근자에 등래에 일이 벌어질 기색 있으니[545]　近者登萊有風色
비고의 생각 일어남에 이목(李牧)과 염파(廉頗) 떠올리네[546]　鼙鼓興思在牧頗

545 근자에……있으니 : 등래는 중국의 등주(登州)와 내주(萊州)로 오늘날 산동(山東) 지방이다. 당시 청(淸)나라에서는 반청(反淸) 무장 세력의 활동이 빈발하였는데, 특히 중국 동부 해안 일대에서는 정금(鄭錦), 장비호(張飛虎) 등 해적의 활동이 활발하였다. 1709년(숙종35)에 귀국한 동지사(冬至使) 민진후(閔鎭厚)가 청나라의 내부 사정에 대해 보고한 내용과 1710년의 평안도 관찰사 권성(權惺)의 장계, 의금부 도사 이언위(李彦緯) 등의 상소 등에, 해적의 출몰로 금주위(金州衛)의 연해(沿海) 마을이 텅 비었다든지, 해적 장만종(張萬鍾)이 등래, 청주(靑州), 삼산(三山), 타기(鼉磯) 등지에서 출몰하였다는 등의 소문이 확인되며, 해랑적의 조선 침범에 대한 우려와 그 방비를 고려하는 문제 등에 대한 언급이 보인다.《肅宗實錄 35年 3月 23日, 36年 9月 28日》《承政院日記 肅宗 36年 10月 20日》

546 비고의……떠올리네 : 전쟁이 일어날 조짐이 보이는 이때에 훌륭한 명장을 간절히 생각한다는 말이다. 비고는 군대에서 사용하던 소고(小鼓)와 대고(大鼓)로, 여기에서는 전쟁을 뜻한다. 이목과 염파는 모두 전국 시대 조(趙)나라의 명장들이다. 한나라 문제(文帝)가 일찍이 풍당(馮唐)으로부터 이목과 염파의 뛰어남에 대해 듣고 "아, 나는 다만 염파, 이목과 시대가 맞지 않아서 그들을 장수로 삼지 못하였구나. 그런 사람을 장수로 삼는다면 어찌 흉노를 걱정하리오."라고 하였다.《史記 卷102 馮唐列傳》

병가에서 상대를 제어하여 승리를 취할 때는 기[547]를 중시하나니 兵家制勝貴用奇

어찌하여 어지러이 축성이나 많이 하랴 焉用紛紛築城多

공의 빼어나고 헌걸찬 모습 그리워하나 그런 사람 나오지 않으니 思公英偉不可作

기둥에 기대어 마침내 안현가를 짓노라 倚柱遂作鞍峴歌

547 기(奇) : 병법에서 상대방이 전혀 예측하지 못한 의외의 계책을 뜻한다.

옥류동(玉流洞)에서의 서글픈 감회

玉洞愴懷

제1수

골목의 버들 소슬하게 여덟아홉 그루 섰는데　　巷柳蕭條八九株
기울어진 둥지엔 왕래하는 까치 보이지 않네　　攲巢不見鵲出入
가득 내린 산의 눈과 자욱한 시내 구름　　山雪溪雲正霙靅
날은 이미 저물고 한 해도 섣달　　日已曛矣歲亦臘
못가 누대에서 풍악 울리며 옛날에 얼마나 즐거웠던가　　池臺鐘鼓昔何樂
색동옷 입고[548] 꽃 보며 물가에 섰었지　　綵服看花水邊立
모두가 상전벽해같이 이미 지난 일　　摠是滄桑以前事
온갖 회한 서린 나무에 바람은 어이 급히 부나[549]　　百恨風樹其何急
동쪽 집은 수연(壽宴) 술자리로 떠들썩하니　　東家有酒壽席熱
시 짓고 돌아오며 지팡이 짚고 우노라　　作詩歸來倚杖泣

548 색동옷 입고 : 옛날 부모를 모시고 놀던 때를 말한 것이다. 495쪽 주512 참조.

549 온갖……부나 : 돌아가신 부모를 그리며 슬퍼하는 풍수지탄(風樹之歎)의 감회를 말한 것이다. 공자(孔子)가 일찍이 길을 가는데 고어(皐魚)라는 사람이 슬피 울고 있기에 그 까닭을 물었더니 "나무는 고요하고자 하여도 바람이 그치지 않고, 자식이 봉양하고 싶어도 어버이는 기다려주지 않는다.〔樹欲靜而風不止, 子欲養而親不待.〕"라고 하였다.《韓詩外傳 卷9》

제2수 其二

이름난 정원 맑은 누각이 신선 거처라 일컬어졌더니 名園淸閣稱仙居
버들 사이 골목 나고 솔 사이로 길이 나네 柳間有巷松間途
새벽 종소리 드문드문해지자 저자 소리 들려오니 曉鐘聲歇市聲至
비록 시냇물 소리 있어도 없애지를 못하누나 雖有溪聲未驅除
빨래하는 아낙들 숱한 방망이질에 물은 죄 탁해지고 浣女千砧水盡濁
나무하는 아이들 무수한 도끼질에 산은 헐벗었다 樵兒萬斧山無膚
눈에는 마음 꺾는 일들만 무한히 들어오니 眼中無限敗意事
마음 멀기에 땅이 외지다는 말에서 나의 오활함 알겠구나[550] 心遠地偏知其迂
누가 이 골짝을 옮겨다가 誰能移此一丘壑
왕탄[551] 동쪽 석실 모퉁이에다 둘 수 있을까 置在王灘之東石室隅

550 마음……알겠구나 : 도잠(陶潛)의 〈잡시(雜詩)〉에 “사람들 사는 동네에 오두막 지었지만, 거마의 시끄러움 전혀 없다네. 묻노라 그대는 어떻게 그럴 수 있느뇨. 마음이 세속과 멀어져 초탈하니 땅이 절로 외지게 되는 것이라오.〔結廬在人境, 而無車馬喧. 問君何能爾? 心遠地自偏.〕”라고 하였다. 이는 마음이 세속과 멀어져 그윽한 경계에 머물게 되면 비록 시끄러운 사람들 틈 속에 있어도 궁벽진 곳에 사는 것과 다름이 없게 된다는 말이다. 《陶淵明集 卷3》《六臣註文選 卷13》 그런데 지금 삼연은 도잠과 같은 경지에 이르지 못했으므로 자신의 오활함을 알겠다고 한 것이다.

551 왕탄 : 지금의 구리와 남양주를 관통해 흐르는 왕숙천(王宿川)이다.

제3수 其三

옥류동 골짜기가 인왕산 모퉁이인데　玉流洞府西山隅
학개[552]로 그늘 이루고 골목에는 수레가 있네　鶴蓋成陰巷有車
행락객은 노래하며 웃고 주인은 곡을 하니　遊人歌笑主人哭
좋은 시절 나쁜 시절도 잠깐 사이에 바뀌누나　天時舒慘亦須臾
지난가을 우레와 비에 누각이 무너져　去秋雷雨菌閣頹
푸른 기와 붉은 난간 온데간데없어라　碧瓦朱欄眼中無
꽃과 돌에 마음 쓰며 가꾸는[553] 과부 형수 슬프고　花石關心寡嫂悲
약 달이는 데 신경 쏟는 아이 하나 여위었다　藥餌埋頭一兒癯
알겠어라 선대의 터전 이어가는 것이 쉬운 일 아니니
乃知堂構非易事
바위와 시내야 고금에 언제 다른 적 있으랴　巖泉何曾古今殊

552 학개 : 나는 학의 모양을 한 수레 덮개로, 지체 높은 사람의 좋은 수레를 말한 것이다.

553 꽃과……가꾸는 : 선대의 별업(別業)을 지키기 위해 애쓴다는 의미이다.

율북촌에서 순행에게 보이다[554]

栗北村示純行

해 저무는 율북촌	日暮栗北村
문 두드리며 누구를 찾아왔나	扣門訪阿誰
뜻을 함께하는 사람과 모이기 위한 것일 뿐 아니라	非惟會同人
겸하여 포희[555]에게도 배알하기 위함이라	兼亦謁庖羲
포희씨가 세상 떠난 지 천만 년 세월	庖羲氏沒千萬年
신묘하게 하여 밝히는 한마음 전하였네[556]	神而明之一心傳
온 천지간이 모두 하나의 이치이니	盈天地間皆一理

554 율북촌에서 순행에게 보이다 : 율북촌은 삼연의 선영이 있는 양주 율북리이다. 순행은 삼연의 족질(族姪) 김시보(金時保)의 아들이다.

555 포희 : 고대 전설상의 제왕 가운데 한 사람으로, 《주역》의 팔괘(八卦)를 만들어 졌다고 전해지며, 복희씨(伏羲氏)라고도 한다. 《주역》 〈계사전 하(繫辭傳下)〉에 "옛날 포희씨가 천하에 왕 노릇 할 때 위로는 하늘에서 상을 관찰하고 아래로는 땅에서 법을 관찰하며, 새와 짐승의 문(文)과 천지의 마땅함을 관찰하며, 가까이는 자신에게서 상을 취하고 멀리는 사물에서 취하였다. 이에 비로소 팔괘를 만들어 신명의 덕을 통하고 만물의 정을 분류하였다."라고 하였다.

556 신묘하게……전하였네 : 《주역》 〈계사전 상(繫辭傳上)〉에 "화하여 제재함은 변에 달려 있고, 미루어 행함은 통에 달려 있고, 신묘하게 하여 밝힘은 사람에게 달려 있다.〔化而裁之, 存乎變, 推而行之, 存乎通, 神而明之, 存乎其人.〕"라고 하였는데, 이는 《주역》의 괘효를 변통하고 그 도를 신묘하게 해서 밝히는 일은 역상(易象)에 달린 일이 아니라 사람에게 달려 있다는 말이다. 곧 《주역》의 도가 괘효의 역상에 의해 결정되는 것이 아니라 사람이 마음을 신묘하게 하여 밝히는 데 있다는 이치를 전하였다는 뜻이다.

하도(河圖) 낙서(洛書)와 괘의 획이 어느 것이 먼저이랴[557]

圖書卦畫孰後先

초가집 옹기 들창 아래에서 촛불 돋워가면서　　茅簷甕牖燒燭短

위편[558]을 손에 잡고 읽으며 선천[559]을 보노라　　手閱韋編見先天

강론하며 삼경에 이르자 창의 반쯤 흰빛으로 차오르니

講到三更半牕白

일어나 숲에 내린 싸락눈이 뜰 앞에 쌓인 것 바라본다

起看林霰堆庭前

그대 묻기를 육출은 어떤 물건입니까　　君問六出何物事

하도의 가장 첫 번째 자리에서 나온 듯합니다 하네[560]

557 하도(河圖)……먼저이랴 : 하도와 낙서에 대해서는 489쪽 주495 참조. 곧 《주역》의 상징에 얽매여 구구하게 집착할 것이 아니라 그 근본 이치를 따져야 한다는 말이다.

558 위편 : 489쪽 주494 참조.

559 선천 : 보통 포희씨의 역을 선천역(先天易)이라 하고, 문왕(文王)의 역을 후천역(後天易)이라 한다. 선천상수학(先天象數學)을 확립한 북송(北宋)의 소옹(邵雍)은 "선천은 곧 천지(天地)·수화(水火) 등을 대응시킨 것으로서 체(體)가 되는 것"이고, "후천은 현상계를 나타낸 것으로서 용(用)이 되는 것"이라고 하였으며, "선천은 후천이 아니고서는 그 변화를 완성시킬 수가 없고, 후천은 선천 없이 홀로 행해질 수 없다."라고 하였다. 《皇極經世書 心易發微一 先天八卦圖·後天八卦圖》

560 그대……하네 : 육출은 눈의 별칭이다. 다른 초목은 대부분 다섯 개의 꽃잎을 가지고 있는 반면 눈꽃은 육각의 결정이기 때문에 붙여진 이름이다. 하도의 가장 첫 번째 자리인 천일(天一)은 수(水)를 낳는 자리이다. 이 말을 앞뒤 문맥과 연결 지어 해석하면, 곧 천하 만물의 모든 모습에서 역(易)을 도출해낼 수 있으니, 하도나 낙서나 그 밖의 괘효(卦爻)의 상에 집착할 필요가 없다는 뜻이다. 이는 역의 도를 밝힘이 사람에게 달려 있다는 앞서의 언급과도 일맥상통하며, 토끼 파는 사람을 보고 역의 도를

似自河圖第一位

사상[561]을 모름지기 여기에서부터 미루어 가야 하니

四象須從此推去

어지럽고 많은 만물들을 분류해낼 수 있느니라 萬有紛綸可觸類

그대가 담박하게 마음 씻어낼 수 있다면 君能淡泊以洗心

깨끗하고 고요하고 정밀하고 은미한 뜻[562]에 계합하리라

可契潔淨精微義

바람 타고 우레 채찍질함이 장부의 즐거움이나니[563]

駕風鞭霆丈夫樂

이 몸뚱이 밖의 쓸데없는 일이 어찌 한량 있으랴 何限悠悠身外事

도출해낼 수 있다고 말한 정이(程頤)의 견해, 그리고 그 견해를 지지한 삼연의 논리와도 맥이 닿는다. 정이의 견해에 대해서는 490쪽 주496 참조.

561 사상(四象) : 태양(太陽)·태음(太陰)·소양(少陽)·소음(少陰)을 말한다.

562 깨끗하고……뜻 : 《주역》의 뜻이다. 《예기(禮記)》 〈경해(經解)〉에서 각 경전의 가르침을 설명하면서 "깨끗하고 고요하고 정밀하고 은미한 것이 《주역》의 가르침이다.〔潔靜精微, 易教也.〕"라고 하였다.

563 바람……즐거움이나니 : 주희(朱熹)가 선천상수학에 밝았던 소옹(邵雍)의 학문을 찬미하면서 "하늘이 인걸을 내놓아, 뛰어난 자질 세상을 뒤덮었네. 바람을 타고 우레를 채찍질하여, 끝없이 두루 살폈네. 손으로 월굴(月窟)을 만지고, 발로 천근(天根)을 밟았도다. 고요함 속에 고금을 넘나들고, 취한 중에 건곤을 보았도다.〔天挺人豪, 英邁蓋世. 駕風鞭霆, 歷覽無際. 手深月窟, 足躡天根. 閑中今古, 醉裏乾坤.〕"라고 하였다. 《晦庵集 卷85 六先生畫像贊》

원운서에게 주다[564] 원운서는 원해익이다

贈元雲瑞 海翼

세상 피해 숨어 살며 이리저리 바삐 떠도느라 정처 없으니

避地紛紛孰定居

눈 내리는 창가에 외로이 앉아 삼여[565]를 아까워하노라

雪牕孤坐惜三餘

전쟁 이어지던 진나라 한나라 때 분전이 없더니[566] 干戈秦漢無墳典

복씨 늙은이[567] 흉중에 몇 권 책이 있었도다 伏叟胸中數卷書

564 원운서에게 주다 : 원해익의 자세한 행력은 미상이다. 김창협(金昌協)의 문인으로 1700년(숙종26)부터 문하에 출입하였다. 1705년 과거 시험장에서 일어난 소동과 관련하여 정거(停擧)당한 뒤 과거를 단념하였고, 이후 도학(道學)에 뜻을 두어 삼연을 따라 살악산에서 머물며 강학하기도 하였다. 삼연은 원해익을 선인(善人)이라고 평가하였다. 본집 권23에 〈산을 내려가는 원운서에게 주는 서문〔贈元雲瑞出山序〕〉이 있다. 《農巖集 別集 卷2 祭文》《農巖集 卷20 答元海翼》《三淵集拾遺 卷31 語錄》

565 삼여 : 독서하기 좋은 세 시기로, 겨울과 밤과 흐리고 비 오는 때이다. 《三國志 卷63 王肅傳》

566 전쟁……없더니 : 분전은 삼분오전(三墳五典)의 준말이다. 본래 삼황(三皇)이 남긴 책을 '삼분'이라 하고, 오제(五帝)가 남긴 책을 '오전'이라 하는데, 이를 통틀어 옛 전적을 의미하는 말로 쓰인다. 진(秦)나라의 분서갱유(焚書坑儒)로 수많은 전적이 불타 없어지고 이어 진나라와 한(漢)나라의 전쟁 통에 또 수많은 전적이 사라졌음을 말한 것이다.

567 복씨 늙은이 : 제남(濟南) 사람 복생(伏生)이다. 한나라가 천하를 통일한 후 소실된 경전을 복원하는 작업을 진행하면서 문제(文帝)가 《상서(尙書)》를 외울 수 있는 사람을 찾았는데, 복생만이 그 내용을 기억하고 있었다. 복생의 이름은 승(勝)으로, 진나라 때 박사(博士)를 지낸 바 있었다. 복생의 나이 당시 90여 세로 거동이 불편하였

으므로 문제는 조조(鼂錯)를 보내어 그가 구술하는 내용을 받아오게 하였고 그 결과 29편을 얻었으니, 그것이 곧 《금문상서(今文尙書)》이다. 《史記 卷121 儒林列傳 伏生》

꿩고기를 먹고 장난스레 읊어 순행과 이덕재에게 보이다[568]

食雉戲吟 示純行李德載

띠집에서 《주역》 읽으며 문 열지 않고 있는데	茅茨讀易門未開
까악까악 까마귀 울며 나무를 맴도네	款款烏啼遶樹廻
순행의 점괘에 주작이 움직이더니	純郎卦上朱雀動
덕재의 소매에서 화충이 왔구나[569]	載郎袖裏華蟲來
아침에 나눈 낭설이 저녁에 징험되니	朝來浪說暮則驗
신명이 고해준 것이 또한 수고롭도다	神明之告亦勞哉
참으로 알겠어라 한번 배부르는 것도 모두 운수 있으니	信知一飽皆有數
만사에 어찌 노심초사하리오	萬事豈可愁肝腑
야심한 시각에 구워서 주방에서 내와	夜深炮炙出山廚
등불로 고기 담은 쟁반 비춰 기름진 고기 썬다	燈照鸞盤割黃腴
또한 맑은 죽엽춘 술이 있으니	亦有淸醥竹葉春
조풍[570]이 얼굴에 이르러 따뜻한 기운 도누나	條風到面生氤氳
오늘 밤 취하고 배부름이 또한 만족스러우니	今宵醉飽亦云足
태평 시절 누리며 석복[571]해야지	太平受用須惜福

568 꿩고기를……보이다 : 이덕재는 삼연의 사위이다.

569 순행의……왔구나 : 주작은 남방을 상징하는 동물이다. 아마도 삼연과 함께 《주역》을 보고 있는 순행의 점괘에 남방을 뜻하는 괘가 나왔는데, 남쪽에서 이덕재가 꿩을 가지고 찾아온 것을 장난스럽게 말한 듯하다. 화충은 꿩을 뜻한다.

570 조풍 : 절기별로 부는 팔풍(八風) 가운데 하나로 입춘(立春)에 부는 바람이다.

너무 맘껏 음식 탐하지 말라고 소년들을 경계하노니

少年戒之勿恣饞

그대 보지 못했나 낙양의 호방한 선비가 황량한 골짝에 찬축됨을[572]

君不見洛陽豪士竄荒谷

571 석복 : 자신에게 주어진 복을 소중하게 여기고 검소한 생활을 영위하여 이를 길이 누리는 것을 이르는 말이다.

572 너무……찬축됨을 : 당(唐)나라 때 이백(李白)의 일을 말한 것이다. 이백이 일찍이 영왕(永王) 이린(李璘)의 막좌(幕佐)가 되었는데, 이린이 역모(逆謀)를 했다가 실패하자 여기에 연좌되어 사형을 당하게 되었으나, 곽자의(郭子儀)의 주선으로 야랑(夜郎) 땅에 귀양 가는 것으로 그쳤고, 곧이어 사면을 받았는데 이때 쓴 시에 "참새 새끼가 사람의 그물에 걸리니……나라를 떠나 야랑에서 수심에 젖어, 황량한 골짝에 몸을 던져 찬축되었어라.〔黃口爲人羅,……去國愁夜郎, 投身竄荒谷.〕"라는 말이 나온다. 참새 새끼가 그물에 걸린다는 것은《공자가어(孔子家語)》권4에 나오는 내용을 인용한 것이다. 공자가 그물로 새를 잡는 사람을 만났는데, 잡힌 것이 모두 참새 새끼였다. 이에 공자가 어찌하여 큰 참새는 없느냐고 물으니, 새를 잡는 사람이 큰 참새는 그물을 보면 잘 놀라 도망가는데 참새 새끼는 먹을 것을 탐하느라 그물에 잡힌다고 하였다. 곧 처신을 삼가지 않다가 재앙을 만난 것을 비유한 말이다.《李太白集註 卷11 流夜郎半道承恩放還兼欣剋復之美書懷示息秀才》

녹수정의 노래. 이계상에게 주다[573]

綠水亭吟 贈李季祥

위에는 황벽계 있고　上有黃檗溪
아래에는 녹수정 있네　下有綠水亭
녹수정 주인 있으니　綠水亭有主
청강[574] 이 선생이라　淸江李先生
문무의 재주 겸비하였으되 공명을 싫어하여　文武才全厭功名
이 도구[575]를 지어 경영하였어라　作此菟裘費經營
거문고와 술로 유유자적하며 물고기와 새 짝하였더니　優游琴酒狎魚鳥
모두 다 지난 일 정자는 텅 비어 여울 소리만 들리네　事往亭空灘有聲
청강이 조상이니 어찌 내손과 외손 구분 있으랴　淸江爲祖何內外
똑같이 자손이고 보면 곧 형제지간이로다[576]　等是其孫卽弟兄

573 녹수정의……주다 : 녹수정은 양주에 있던 정자이다. 황해도 관찰사를 지낸 이만웅(李萬雄)이 자신의 선조인 이제신(李濟臣)의 옛터에 띠풀로 지어 만들었다.《文谷集 卷21 觀察使李公行狀》 이계상은 이징하(李徵夏, 1655~1727)로, 본관은 전의(全義)이며, 계상은 그의 자이다. 이만웅의 아들이 이징하이며, 이징하의 아들 이덕재(李德載)는 삼연의 사위이다.

574 청강 : 이제신의 호이다.

575 도구 : 지금의 산동성 사수현(泗水縣) 북쪽에 있는 노(魯)나라의 고을 이름인데, 노 은공(魯隱公)이 "도구에 별장을 경영하라. 내 장차 거기에 가서 늙으리라."라고 한 데서 후에 만년의 은거지를 뜻하는 말로 쓰였다.《春秋左氏傳 隱公 11年》

그대 보시게 시냇물이 본디 근원을 같이하니　君看溪水本同源
아득히 한 갈래 물이 용문산에서 흘러나왔네　遙遙一派發龍門
혼인 맺은 연고로 정의가 더욱 돈독하고　婚姻之故誼更敦
사는 곳 가까움은 주진촌[577]과 같도다　住近便是朱陳村
삼가 생각건대 당시 두 선공[578]께서　恭惟當日兩先公
금화와 옥서[579]에서 함께하셨네　接武金華玉署中
옥서의 벽 반을 차지한 그림을 은 촛불로 비춰보며　玉署銀燭半壁畫
장한이 강동으로 돌아가는 모습[580] 손으로 가리켰어라　指點張翰歸江東

576 청강이……형제지간이로다 : 청강 이제신의 집안과 삼연 집안 간의 혈연관계는 삼연의 스승이자 형 김창협(金昌協)의 장인인 이단상(李端相)에게서 찾을 수 있다. 이단상의 아들 이희조(李喜朝)도 삼연의 백부 김수흥(金壽興)의 딸과 결혼했을 정도로 이단상과 삼연 집안은 혼맥으로 얽혀 있었는데, 바로 이 이단상의 아내 전의 이씨(全義李氏)는 이제신의 증손인 이행원(李行遠)의 딸이다. 《全義李氏姓譜》《農巖集 卷27 貞夫人全義李氏墓誌銘》

577 주진촌 : 옛날에 중국 서주(徐州) 고풍현(古灃縣) 어느 마을에 주씨(朱氏)와 진씨(陳氏) 두 성씨만이 살면서 대대로 두 집안끼리 통혼(通婚)하며 정의가 두텁게 살았다고 한다. 《白氏長慶集 卷10 朱陳村》

578 두 선공 : 삼연의 부친인 김수항(金壽恒)과 이징하의 부친인 이만웅을 가리킨 것이다.

579 금화와 옥서 : 금화는 금화전(金華殿)으로, 한(漢)나라 미앙궁(未央宮) 안에 있던 궁전 이름이다. 한나라 성제(成帝) 때 정관중(鄭寬中)과 장우(張禹)가 이곳에서 《상서(尙書)》와 《논어》를 진강(進講)한 고사에 의거하여 학사원(學士院)의 별칭으로 쓰이게 되었다. 경연(經筵)이나 서연(書筵)을 가리키기도 한다. 옥서는 홍문관의 별칭이다.

580 장한이……모습 : 359쪽 주148 참조.

미원[581]에서 이웃 되는 것이 나의 소원[582]이니　迷源作隣我家願
사랑하고 좋아하는 몽탄옹[583]과 수레 타고 함께 가리　惠好同車夢灘翁
녹수 보며 끝내 몸을 돌이켜 돌아간 거북을 부러워하고[584]　綠水終羨返身龜
청운 속에 있으면서 두 마리 잠룡이 되지 못하였구나[585]　青雲未作雙潛龍
참으로 육일이 몹시도 돌아가고파 한 것과 같으니　眞同六一苦思歸
사영시 남겨 후인들 슬퍼하도다[586]　思穎詩留後人悲

581 미원 : 양근(楊根)의 속현(屬縣) 이름이다.

582 나의 소원 : 삼연의 부친 김수항과 이징하의 부친 이만웅이 함께 근무할 때 이만웅이 녹수정의 승경을 가지고 있음을 자랑하였는데, 김수항 역시 선영과 가까운 그곳으로 돌아가고 싶은 마음이 간절하였고, 이에 이만웅이 그곳의 땅을 나누어주어 함께 늙어가기로 약속한 일이 있다.《文谷集 卷21 觀察使李公行狀》

583 몽탄옹 : 몽탄은 이만웅의 호이다.

584 녹수……부러워하고 : 좋은 땅을 가지고서도 그곳으로 돌아가지 못하고 조정에서 벼슬하고 있는 이만웅이나 김수항과는 달리, 옛날 이만웅의 선조 이제신이 벼슬을 버리고 고향으로 돌아와 지냈던 것이 부럽다는 말이다. 녹수와 거북은 반악(潘嶽)의 〈추흥부(秋興賦)〉에 "종묘에다가 거북 뼈로 제사를 지냄이여, 푸른 물로 몸 돌아가길 생각하누나.〔龜祀骨于宗祧兮, 思返身于綠水.〕"라고 한 표현을 활용한 것이다. 이제신은 자신을 미워하는 이들이 자신을 비방하자 소장을 올려 사직하고 고향으로 돌아와 문을 닫아 손님을 사절한 채 '귀우(歸愚)'라는 편액을 걸고 화초와 서적을 취미로 즐기며 지냈다.《象村稿 卷24 淸江先生墓誌銘》 반면 이만웅은 끝내 녹수정이 있는 곳으로 돌아가지 못한 채 벼슬살이하던 중 세상을 떠났고, 김수항 역시 벼슬에 몸이 묶여 양근으로 가지 못했다.《文谷集 卷21 觀察使李公行狀》

585 청운……못하였구나 : 위의 구절과 같은 뜻이다. 청운은 높은 지위나 벼슬을 뜻한다.

상전벽해처럼 변하는 시국에 피눈물 흘리며 나는 오히려 머물고[587]　滄桑血泣我猶留
선영 아래에서 만년에 그대 쉬고자 하는구나　松楸晩景子欲休
얼마 남지 않은 여생 귀밑털 세었고　餘年無幾鬢皤然
눈앞의 자녀들 보며 근심 풀 만하리라　兒女在眼可解愁
그대의 못난 며느리는 나의 고운 딸이니　君之騃婦我嬌女
그 딸이 또 딸을 낳아 아리땁게 웃고 말하네　女又生女巧笑語
색동옷 입고 무릎 위에 올라와 수염 당기기도 하니　斑裳登膝或挽鬚
이 일이 즐거워할 만한지라 참으로 없는 것보다 낫다네[588]　此事可樂眞勝無
황소의 젖을 짜와 눈처럼 하얀 타락죽 끓이고　黃牛奪乳雪色粥
비단 무늬 꿩고기 불 피워 붉은 화로에서 구워 먹누나　錦雉加火紅地爐
맑은 술과 연포[589]는 이빨 빠진 노인에게 알맞고　淸醥軟泡宜豁齒

586 참으로……슬퍼하도다 : 육일은 송(宋)나라 때 문장가 구양수(歐陽脩)의 호이다. 구양수가 영주 지사(潁州知事)로 부임한 뒤 그곳의 순박한 백성과 자연을 좋아하여 영주에서 여생을 마치려고 하였으나 뜻대로 되지 않아 그곳을 떠나게 되었는데, 영주에 대한 그리움을 담아 〈사영시〉를 지었다. 《文忠集 卷44 思潁詩後序》

587 상전벽해처럼……머물고 : 부친 김수항이 환국(換局)의 정국 속에 사사(賜死)된 일을 가리킨다. 부친이 머물고 싶어 했으나 머물지 못했던 곳에 삼연 자신이 머물고 있다는 말이다.

588 참으로……낫다네 : 손자가 없어 아쉽지만 귀여운 손녀의 즐거움이 있다는 말이다. 도잠(陶潛)의 〈유시상에게 화답하다〔和劉柴桑〕〉에 "연약한 딸이 비록 사내아이는 아니지만, 마음 달래주니 참으로 없는 것보다 낫다네.〔弱女雖非男, 慰情良勝無.〕"라고 하였다.

수수[590]가 어찌 노인이 먹어야 할 것 아니랴　滫瀡寧非老人需
삼양이 이미 돌아와 갈대 재가 날아 움직이니[591]　三陽已復動葭灰
온화한 기운 땅에 퍼지고 조풍[592]도 불어온다　淑氣布地條風來
얼음 녹아 십이탄[593]의 물 철철 흐르니　氷融腷腷十二灘
송월암[594] 가에서 배회할 만하도다　送月巖畔可徘徊
지금까지는 조야가 다행히 태평하거니와　迨今朝野幸太平

589 연포 : 두부를 꼬챙이에 꿰어 닭국에 익혀 먹는 것이다.

590 수수 : 녹말을 섞어 음식을 부드럽고 윤기 있게 조리한다는 뜻으로, 연하고 맛난 음식을 말한다. 《예기(禮記)》 〈내칙(內則)〉에 "쌀뜨물로 부드럽게 하고 기름기로 기름지게 하여, 부모나 시부모님이 맛보신 뒤에 물러난다.〔滫瀡以滑之, 脂膏以膏之, 父母舅姑, 必嘗之而後, 退.〕"라고 하였다.

591 삼양이……움직이니 : 정월의 봄날이 되었다는 말이다. 삼양은 음력 1월을 가리키는 말이다. 《주역》 태괘(泰卦)가 정월에 해당하는데, 태괘의 하삼효(下三爻)가 모두 양이므로 정월을 삼양이라고 부른다. 갈대 재가 날아 움직인다는 것은, 옛날에 갈대 재를 악기(樂器)의 율관(律管) 속에 넣어 기후(氣候)를 점치던 방식을 설명한 것이다. 세 겹으로 밀폐한 방 안에 나무 탁자 12개를 각각 방위에 따라 배치한 다음, 황종(黃鐘)·태주(太簇)·고선(姑洗)·유빈(蕤賓)·이칙(夷則)·무역(無射)·대려(大呂)·협종(夾鐘)·중려(仲呂)·임종(林鐘)·남려(南呂)·응종(應鐘) 등 십이율려(十二律呂)의 율관을 탁자 위에 각각 안치한다. 그리고 갈대 재를 각 율관에 채워 넣고 절기를 기다려 살피면 늘 한 절기가 이를 때마다 해당 율관의 재가 날아 움직이게 되는데, 정월에는 태주율관의 재가 움직인다. 《律呂新書》

592 조풍 : 515쪽 주570 참조.

593 십이탄 : 어디인지 미상이나, 본집 습유 권26 〈정관재 선생을 천장하는 제문〔祭靜觀齋先生遷葬文〕〉에 정관재 이단상(李端相)의 묘를 양주의 영지동(靈芝洞)으로 이장하면서 그 무덤이 십이탄 가에 있다는 표현이 나온다. 따라서 양주 영지동 인근에 있는 지명으로 짐작된다.

594 송월암 : 《정관재집(靜觀齋集)》 권2에 〈송월암에 올라 다시 앞의 운을 차운하다〔登送月巖又次前韻〕〉라는 시가 있는 것으로 볼 때 이 역시 고유지명이다.

내일 일을 어찌 알랴 우선 술잔을 잡아야지	明日何知且把杯
아랑[595]이여 아랑이여 너는 자리를 옮겨다	阿郎阿郎爾移席
석대에 눈을 쓸고 오래된 매화를 찾아볼지어다	石臺掃雪訪古梅
오호라 몽탄공이 손수 심으신 것이니	嗚呼夢灘所手植
내 날마다 취해 그 아래 누워 돌아가지 않고저	吾欲日醉其下臥不廻

595 아랑 : '아(阿)'는 상대방을 친근하게 부르는 표현이다. 여기에서는 이징하의 아들이자 삼연의 사위인 이덕재를 가리킨 말이다.

유 고성에 대한 만사[596] 유 고성은 유성운이다
柳高城 成運 挽

제1수

지금 세상에 문헌의 선비[597] 없으니 今世無文獻
오직 공만이 박식하고 단아하였네 惟公博雅能
가슴에는 석거[598]의 풍부한 지식 품었고 胸包石渠富
보무는 목천으로 날아오름에 가까웠도다[599] 步近木天昇
물러나 전전하며 바람을 따르는 익조요 退轉隨風鷁
낮게 날개 드리우고 물을 치는 붕새로다[600] 低垂擊水鵬

596 유……만사 : 유성운(柳成運, 1651~1710)은 본관은 진주(晉州), 자는 집중(集仲), 호는 묵수(默守)이다. 윤증(尹拯)의 문인으로 송시열(宋時烈) 측의 노론과는 대척점에 있었다. 이러한 까닭에 여러 차례 청망(淸望)에 올랐으나 배척을 받아 크게 현달하지 못하였다. 세자시강원 문학(世子侍講院文學), 제용감 정(濟用監正), 고성군수(高城郡守) 등을 역임하였다. 《國朝榜目》《承政院日記》

597 문헌의 선비 : 전장(典章)과 전고(典故)에 박식한 선비를 말한다.

598 석거 : 전한(前漢) 때 장안의 미앙궁(未央宮) 북쪽에 있던 석거각(石渠閣)이다. 황실의 서적을 소장하던 곳인데, 유성운의 박학을 비유한 말이다.

599 보무는……가까웠도다 : 목천은 당(唐)나라 때 한림들이 있었던 비서각(秘書閣)이다. 이 비서각 건물이 가장 높고 컸으므로 목천이라 불렀는데, 이 역시 유성운의 박학을 비유한 말이다. 이 구절은 이렇듯 박학한 문헌의 선비인 유성운이 청망에 충분한 자격을 가지고 있었음을 말하였다.

600 물러나……붕새로다 : 유성운이 뛰어난 재주에도 불구하고 그에 맞게 현달하지 못했다는 말이다. 물러난 익조는 관직에서 좌천되거나 현달하지 못함을 비유한 말이다. 《춘추좌씨전(春秋左氏傳)》 희공(僖公) 16년 조에 "여섯 익새가 바람에 밀려 물러나

궁박과 통달 장수와 단명　窮通與脩促
운명을 관장하는 이에게 무슨 근거인지 따져 묻노라　司命詰何憑

제2수 其二

오십의 노쇠한 몸으로　五十衰軀殼
삼년상 치르느라 기운이 쇠미해졌네[601]　三年一息微
거무튀튀한 모습으로 그대로 병석에 눕고　墨形仍病簀
벼슬에는 이미 생각을 접었어라　灰念已朝衣
세교가 표창하고 구별함이 없으니[602]　世教無旌別
명도는 시비를 따지기에 충분하도다[603]　名途足是非
시인이 소관을 탄식하였으니　詩人素冠歎

뒤로 날아서 송나라 도읍을 지나갔다.〔六鷁退飛, 過宋都.〕"라고 한 데서 온 말이다. 붕새에 대해서는 451쪽 주389 참조. 붕새는 《장자(莊子)》 〈소요유(逍遙遊)〉에 나온 것처럼 본디 큰 포부를 펼침을 비유하는 말인데, 여기에서는 낮게 난다고 말하여 큰 뜻을 가진 사람이 포부를 펼치지 못하는 의미로 쓰였다.

601 오십의……쇠미해졌네 : 《승정원일기》 숙종 30년(1704) 기사들을 보면, 유성운이 노모(老母)의 병을 돌보면서 휴가를 청하는 기사들이 보이고, 이어 숙종 33년(1707)까지 관직을 역임한 기사가 없는 것으로 볼 때, 1704년에 모친상을 당하고 1707년에 관직에 복귀한 것으로 보인다.

602 세교가……없으니 : 시속이 선한 이와 악한 이를 구분하지 못하고 있다는 말이다. 《서경》 〈주서(周書) 필명(畢命)〉에 "선과 악을 표창하고 구별하여 거주하는 마을을 정표하며, 선을 표창하고 악을 징치하여 명성을 세워준다.〔旌別淑慝, 表厥宅里, 彰善癉惡, 樹之風聲.〕"라고 하였다.

603 명도는……충분하도다 : 명도는 청현직(淸顯職)의 높은 벼슬자리를 뜻한다. 지금 유성운과 같이 거상(居喪)을 잘 해낸 훌륭한 사람이 청현직에 오르지 못하였으니 그 시비를 따질 만하다는 말이다.

내 그대와 함께 돌아가리로다[604]　　吾欲與同歸

제3수 其三

일찍부터 서로의 흉금이 맞았으니　　夙有襟期在

단지 중표[605]의 정만 있었던 것 아니라네　　非徒中表情

맹공의 서간 끊이지 않았고[606]　　聯翩孟公牘

여남의 인물평 평론하였지[607]　　揚搉汝南評

설악산 기슭[608]에서 노쇠한 모습으로 서로 만났다가　　嶽麓衰相對

604 시인이……돌아가리로다 : 소관은 상인(喪人)이 쓰는 관이다. 《시경》〈회풍(檜風) 소관(素冠)〉은 당시 사람들이 모두 삼년상을 제대로 행하지 않는 것을 탄식한 시인데, 그 시에 "행여 흰 상복을 입은 사람을 볼 수 있을까? 내 마음 아프고 서글프니, 애오라지 그대와 함께 돌아가리라.〔庶見素衣兮, 我心傷悲兮, 聊與子同歸兮.〕"라고 하였다. 함께 돌아간다는 것은 삼년상을 잘 치른 사람을 사랑하고 사모하여 그와 함께하겠다는 말이다. 곧 삼년상을 온 슬픔을 다해 잘 치러낸 유성운과 같은 효성 있는 훌륭한 사람과 삼연이 함께하겠다는 말이다.

605 중표(中表) : 내종, 외종, 이종사촌 형제를 아울러 이르는 말이다. 삼연의 족부(族父)인 김수창(金壽昌)이 유성운의 종조부(從曾父)인 유순(柳焞)의 사위였다. 유순은 본래 이름이 유언명(柳彦明)이므로 문헌에 따라 유언명으로도 되어 있다. 《晉州柳氏世譜》《節谷集 卷4 祖考晩休堂府君行狀》

606 맹공의……않았고 : 서로 수없이 편지를 주고받았다는 말이다. 맹공은 한(漢)나라 때 진준(陳遵)의 자(字)이다. 진준은 척독(尺牘)에 능하여 서리(書吏) 10인을 불러 한 번에 수백 통의 편지를 서울의 친구들에게 보냈다고 한다. 《漢書 卷92 陳遵傳》

607 여남의 인물평 평론하였지 : 두 사람이 당대의 인물들을 평론하였다는 말이다. 후한(後漢) 영제(靈帝) 때 여남(汝南)의 명사인 허소(許劭)와 그의 종형제 허정(許靖)은 매달 초하루에 지방 사람들의 인물을 평했는데, 이 인물평이 정확해서 사람들은 '여남의 월단평(月旦評)'이라고 부르며 높이 평가하였다. 《後漢書 卷68 許劭列傳》

608 설악산 기슭 : 원문의 '악록(嶽麓)'은 다양한 곳으로 비정할 수 있으나 유성운이

금강산에 함께 가자는 약속 이루지 못했네　　蓬萊會不成
아양의 벗들[609] 손가락으로 꼽음에 다 사라져가거늘　　峩洋隨指盡
그나마 남은 눈물 뿌리며 우리 형님 보내노라　　殘涕送吾兄

강원도 고성 군수를 지냈으므로 설악산에서 만났을 개연성이 가장 높아 설악산으로 번역하였다.

609 아양의 벗들 : 자신의 뜻을 알아주는 지음(知音)을 말한다. 339쪽 주86 참조.

소 타는 노래

騎牛歌

소를 타세 소를 타 騎牛復騎牛
소 타는 게 말 타는 것보다 낫나니 騎牛勝騎馬
말을 타면 자빠지기 쉽지만 騎馬易顚蹶
소를 타면 그저 질박할 뿐이라네 騎牛只朴野
청운의 꿈 이룬 현달한 관원 나는 용을 몰듯이 靑雲達官飛龍馭
말에 단 옥 장식 울리고 수레 일산 받치고서 대궐에 내리누나 鳴珂擁蓋金闕下
아침에는 닭 울음 저녁에는 종소리 들으며 다투어 대열 따르니 朝雞夕鐘爭逐隊
정신없이 바쁜 이는 한가로운 이를 부러워할 틈도 없지 忙者何由羨閑者
소를 타고 채찍질도 아니 하고서 騎牛不用鞭
반나절 산언덕을 넘어가도다 半日歷岡坂
밤에 큰 눈 내려 온통 하얀데 夜來大雪白漫漫
쇠눈 높이만큼 깊게 쌓여[610] 걸음 더욱 느리네 深至牛目步愈緩
길을 끼고 선 푸른 소나무 규룡같이 뻗은 가지 夾路蒼松虯龍枝

610 쇠눈……쌓여 : 눈이 많이 내린 것을 표현할 때 쇠눈 높이만큼 쌓였다는 표현을 쓴다. 옛날에 위(魏)나라 혜왕(惠王)을 장사 지내려고 할 적에 눈이 소의 눈에 닿을 정도로 많이 내려 장사를 지내기가 어려웠던 고사에서 유래하였다. 《戰國策 魏策》

눈 무게 이기지 못하고 쓰러져 축 늘어졌네　　不勝頹壓偃且欹
고삐 잡고 때때로 떨어지는 눈을 올려다보니　　攬轡時時仰落雪
바람에 날리는 일만 점 눈송이가 수염과 눈썹에 엉겨 붙누나
風飄萬點氷鬚眉
소 타는 풍취 본디 기이하거니와　　騎牛之趣本自奇
눈 속에서 소 타는 맛이 또 이와 같도다　　雪中騎牛又如斯
뿔 두드리며 한 곡조 뽑나니　　扣角歌一曲
천고에 이 마음 알아줄 지음이 누구랴　　千古知音誰
관문에 떠오르는 자줏빛 기운 속 주하사[611]　　關門紫氣柱下史
여악에서 신령한 빛 발하던 유응지[612]　　廬嶽神光劉凝之
나는 그대들 드높은 행위와 풍모에 미칠 수 없거니와
吾不能及爾遐擧與高風
늙은 암소에 몸 맡겨 그 자취는 같다네　　託身老牸其迹同

611 관문에……주하사 : 옛날 함곡관(函谷關)의 관령(關令) 윤희(尹喜)가 동쪽에서 서쪽으로 옮겨오는 자줏빛 기운을 보고 진인(眞人)이 올 것이라 예상했는데, 과연 노자(老子)가 푸른 소를 타고 왔다는 전설이 있다. 주하사는 주(周)나라 때 궁중의 장서(藏書)를 담당하던 관직명인데, 노자가 이 관직을 지낸 적이 있다. 《列仙傳 卷上》

612 여악에서……유응지 : 유응지는 송(宋)나라 구양수(歐陽脩)와 동년(同年) 진사(進士) 출신으로 30년 동안 여산(廬山)에 은거한 유환(劉渙)이다. 그는 일찍이 〈소 타는 노래〔騎牛歌〕〉를 지어 "내가 소를 탄다고 그대는 비웃지 마소. 세간의 만물은 내 좋은 대로 따른다네.〔我騎牛君莫笑, 世間萬物從吾好.〕"라고 하였고, 이 시를 소재로 한 그림들도 그려졌다. 또한 황정견(黃庭堅)이 지은 〈유응지의 화상에 절하며〔拜劉凝之畫像〕〉 시에 "누가 사십 년 동안, 이 청정한 은거 생활 지켜냈던가. 계곡을 왕래하는 중에, 신령한 빛이 소의 등을 쏘도다.〔誰能四十年, 保此淸淨退? 往來澗谷中, 神光射牛背.〕"라고 하였다. 《宋書 卷93 劉凝之列傳》《山谷集 卷7》

남산 바위 정결하고 흰 돌은 반짝 南山矸白石爛

의도 가지고 〈상가〉 부른 이는 순수한 촌 노인이 아니로다[613] 有心商歌非田翁

소 타는 게 말 타는 것보다 낫나니 騎牛勝騎馬

어찌 제나라 승상의 네 마리 말 이끄는 높은 수레 타리오 焉用齊相駟馬高車

거적 깔개와 칡 등롱 苫韉與葛鐙

이 몸은 느긋하고 편안할시고 坐覺身舒舒

뿔 두드리며 노래하세 뿔 두드리며 扣角復扣角

노래 끝나자 저물녘 산 텅 비었구나 歌闋暮山虛

멍하니 소 등에서 태고를 노래하노니 嗒然牛背歌太古

신농 시대 이전의 유민일진저 神農以前遺民歟

말구가 어떤 본에는 "꿈에 사람이 물고기 되고 작은 기가 큰 기로 보이도다.〔衆維魚矣旐維旟〕"[614]로 되어 있다.

613 남산……아니로다 : 춘추 시대 위(衛)나라 영척(甯戚)이 제(齊)나라에 가서 빈궁하게 지내며 소에게 꼴을 먹이다가 제 환공(齊桓公)을 만나 쇠뿔을 치며 자기의 신세를 한탄하는 노래를 불렀다. 이에 환공이 그를 비범하게 여겨 수레에 태우고 와서 객경(客卿)에 임명한 고사가 있다. 영척이 불렀다는 노래를 〈반우가(飯牛歌)〉, 〈구각가(扣角歌)〉, 〈우각가(牛角歌)〉, 〈상가(商歌)〉라고 하는데, 그 노래 가사에 "남산 바위 정결하고 흰 돌은 반짝이네. 살아서는 요순의 선양을 만나지 못하고, 짧은 베 홑옷은 정강이도 가리지 못하네. 어두운 새벽부터 깊은 밤까지 소를 먹이니, 긴 밤은 언제쯤 밝을까.〔南山矸, 白石爛. 生不遭堯與舜禪, 短布單衣不掩骭. 從昏飯牛薄夜半, 長夜漫漫何時旦.〕"라고 하였다. 《呂氏春秋 擧難》

614 꿈에……보이도다 : 《시경》 〈소아(小雅) 무양(無羊)〉에 나오는 구절로, 풍년이 들고 집안이 번성할 징조를 뜻한다.

지은이 **김창흡(金昌翕)**

1653(효종4)~1722(경종2). 본관은 안동(安東), 자는 자익(子益), 호는 낙송자(洛誦子)·삼연(三淵), 시호는 문강(文康)이다. 영의정 김수항(金壽恒)의 6남 중 3남으로 태어났으며 위로 영의정을 지낸 노론(老論)의 영수 김창집(金昌集), 학문과 문학으로 이름을 떨친 김창협(金昌協)을 형으로 두었다. 아우 김창업(金昌業)·김창즙(金昌緝)·김창립(金昌立) 등도 모두 당대에 명성이 있었다. 이단상(李端相), 조성기(趙聖期) 등에게 수학하였으며, 21세(1673, 현종14)에 진사시에 합격하였으나 숙종대의 환국정치(換局政治)로 부친이 유배와 사사를 당하자 출사에 완전히 뜻을 접고 양주의 벽계(檗溪)와 설악산 등지를 오가며 은거의 삶을 살았다.

형 김창협과 더불어 학문과 시문으로 당대에 명성이 높았고 당대 학자와 문인들은 물론 후대까지 지대한 영향을 미치며 기호 학단(畿湖學團)에 깊은 궤적을 남겼다. 노론의 명문가로 소론(少論) 및 중인(中人)들과도 활발히 교류하였으며 불가의 승려들과도 교유하였다. 문학적으로는 《시경(詩經)》과 한위악부(漢魏樂府), 《문선(文選)》과 《장자(莊子)》 및 불전(佛典)과 소품문(小品文)에 이르기까지 다양한 장르를 두루 궁구하여, 형식과 격례(格例)에 얽매이는 구태의연한 문학적 관습을 배격하고 실상을 문학 속에 참되게 담아내었다. 이러한 그의 문학적 실험과 성과는 후대 조선 문단의 다양성에 풍부한 토양이 되었다. 학문적으로는 낙학(洛學)의 종주인 형 김창협의 학문적 특성과 대체적인 궤를 같이하되 세밀하고 구체적인 각론에 있어서는 면밀한 검토와 주장, 그리고 다양한 학자들과의 토론을 전개하며 자신만의 학문관을 구축하면서 역시 낙학의 종주로 자리매김하였다. 벼슬에 나아가 실제 정치 무대에서 활동한 적은 없으나 노론 명문가의 자제로 재야에서 학문과 문학 양방면 모두 뚜렷하고 지대한 영향력을 행사하면서 당대의 거두가 된 문인 학자이다.

옮긴이 **이승현(李承炫)**

1979년 경북 포항에서 태어났다. 성균관대학교 대학원에서 박사과정을 수료하였으며, 한국고전번역원 고전번역교육원 연수과정을 졸업하였다. 한국고전번역원 연구원으로 재직하며 번역 및 편찬에 참여하였고, 현재 성균관대학교 대동문화연구원에서 권역별거점번역연구소협동번역사업에 참여하고 있다. 번역서로 《창계집》, 《명고전집》, 《승정원일기》, 《동천유고》, 《고산유고》, 《역주 당송팔대가문초 구양수》, 《이계집》, 교점서로 《교감표점 승정원일기 인조41》, 《교감표점 창계집》, 편찬서로 《한국문집총간편람》, 《한국문집총간해제8·9》, 논문으로 〈초의 의순의 시문학 연구〉, 〈기리총화 연구〉, 〈김시습의 장량찬의 이면〉, 〈서형수의 명고전집 시고를 통해 본 원텍스트 훼손〉 등이 있다.

권역별거점연구소협동번역사업 연구진

연구책임자	이영호(성균관대학교 HK 교수)
공동연구원	안대회(성균관대학교 한문학과 교수)
	진재교(성균관대학교 한문교육과 교수)
책임연구원	이성민
	이승현
	서한석
	김내일
연구원	서혜준
번역	이승현
교열	이상하(前 한국고전번역교육원 교수)

삼연집 4

김창흡 지음 | 이승현 옮김

2025년 12월 31일 초판 1쇄 발행

편집 · 발행 성균관대학교 출판부 | 등록 1975. 5. 21. 제1975-9호

주소 (03063) 서울시 종로구 성균관로 25-2

전화 760-1253~4 | 팩스 762-7452 | 홈페이지 press.skku.edu

조판 김은하 | 인쇄 및 제본 영신사

값 25,000원

ISBN 979-11-5550-689-9 94810

979-11-5550-613-4 (세트)